edition suhrkamp 2538

Hinter der Gender-Debatte steht die Überzeugung: In der Moderne inszeniert sich der Mann als rationales Alphatier, die Frau gilt als seine Andere: als emotional und minderwertig. Diesen Mythos dekonstruiert Christoph Kucklick mit einem systemtheoretischen *close reading* kanonischer Texte zum Geschlechterverhältnis aus der Zeit um 1800. Er bringt eine ganz andere Redeordnung ans Licht: die negative Andrologie, in der der Mann als abschreckendes Produkt der Modernisierung erscheint: als gewalttätig, unmoralisch und triebgesteuert. Sogar Fichtes *Deduktion der Ehe* – bislang gelesen als Manifest des Machismo – kann so neu verstanden werden: als Anleitung zur Zivilisierung der »bösen Männer«.

Christoph Kucklick, geboren 1963, ist Soziologe und arbeitet als Journalist in Hamburg.

Christoph Kucklick

Das unmoralische Geschlecht

Zur Geburt der Negativen Andrologie

Suhrkamp

edition suhrkamp 2538
Erste Auflage 2008

Originalausgabe

Satz: Hümmer GmbH, Waldbüttelbrunn
Druck: Druckhaus Nomos, Sinzheim
Umschlag gestaltet nach einem Konzept
von Willy Fleckhaus: Rolf Staudt
Printed in Germany
ISBN 978-3-518-12538-0

1 2 3 4 5 6 – 13 12 11 10 09 08

Inhalt

Einleitung

1. Männlichkeit und Moderne

»Epistemologisch gesehen, ist die andere,
die negative Seite ebenso strukturbildend.«[1]

Die Moderne kultiviert ein Problem mit Männern, ein Unbehagen an Männlichkeit, das früheren Epochen gänzlich unbekannt war. Von der Antike bis ins 18. Jahrhundert galten Männer – genauer: bestimmte Formen von Männlichkeit – als Garanten der sozialen Ordnung, als Hüter der Moral und Verwirklicher des göttlichen Heilsplans. Das fand bis in die Begriffe seinen Widerhall: Das lateinische Wort für Tugend, *virtus*, leitet sich vom Wort für Mann ab, *vir*.[2] Weiblichkeit erschien dagegen als *fortuna*, als wankelmütiges Glück, als launisches Element, auf das eine soziale Ordnung zu gründen fatal gewesen wäre. Dass dieses Phantasma gefährlicher Weiblichkeit imaginär war (so wie es jede geschlechtliche Zuschreibung ist), versteht sich von selbst, aber es hatte gravierende Auswirkungen, von Hexenprozessen bis zu Sorgerechtsregelungen.

Heute dagegen werden die drängenden gesellschaftlichen Probleme männlich konnotiert: Gewalt, Kriminalität, ökologische Katastrophen, Terrorismus, Profitgier, Versachlichung, Gefühllosigkeit, Liebesunfähigkeit, soziale Kälte – sie gelten eher als Folgeschäden einer fehlgesteuerten Männlichkeit denn als Ausdruck von Weiblichkeit. Männer lassen lieben und entlassen Tausende, sie führen Kriege und sich selbst schlecht auf, sie stören die soziale Ordnung und den Schulunterricht. »Nicht Kriminalität und Gewalt bedrohen die Gesellschaft, sondern Männer«, schreibt der britische Soziologe Anthony Giddens und formuliert mit dieser schlichten Einschätzung das Wissen der Zeit.[3] Am Mann zerfällt die Gesellschaft, am Weib heilt sie.

Das Misstrauen gegen Männlichkeit ist allgegenwärtig. Im Popsong

1 Nassehi 2003, 61.
2 Williams 1999, 132.
3 zit. in Otten 2000, 43.

sind »Männer Schweine«, im Feuilleton avancieren sie »zu Feinden der Menschheit«[4] und Wissenschaftler fragen, »ob irgendetwas Gutes am Manne sei«.[5] Bestsellerautoren beschreiben Männer wahlweise als »dämonisch«,[6] entlarven sie als »Versager«[7] oder bescheinigen ihnen, sie seien für ein Leben in der Zivilisation schlicht nicht geschaffen.[8] Noch die turnusmäßig aufkeimenden Forderungen nach dem »Neuen Mann« speisen sich aus dem Unmut über den alten, den zu überwinden die zivilisatorische Vernunft verlange. Die Kaskaden des Unbehagens gelten dabei stets nicht (nur) einzelnen Männern, sondern der »Spezies« Mann,[9] der Idee von Männlichkeit selbst.

Es läge nahe, die Herrschaft des antimaskulinen Ressentiments im öffentlichen Diskurs als Triumph des Feminismus und der Gender Studies zu deuten. Schließlich wurde dort die Figur der negativen Männlichkeit in vielen Facetten ausgemalt und die Krise der Moderne als Krise der Männlichkeit gelesen – als das Produkt einer einseitigen, instrumentellen, entmenschlichten Maskulinität: »Die von Männern beherrschten Aktivitäten mit dem größten Prestige in unserer Gesellschaft – Politik, Wissenschaft, Technologie, Kriegstechnik, Geschäfte – bedrohen das Überleben unseres Planeten und der Menschheit. [...] Männliche Werte betonen Tod, Gewalt, Konkurrenz, Egoismus und die Unterdrückung von Körper, Sexualität und Gefühl.«[10] Zwar sind solche Positionen auf dem weiten Feld der Geschlechterwissenschaften umstritten, ihre Akzeptanz in der Öffentlichkeit könnte aber dafür sprechen, dass die ausdauernde Kritik am Patriarchat schließlich doch Eingang in den Mainstream gefunden und die »Wahrheit« über die Geschlechterverhältnisse ge-

4 *Die Zeit*, 11. 4. 2001.
5 Baumeister 2007.
6 Wrangham/Patterson 1996.
7 Otten 2000.
8 Schwanitz 2001, 24; ausnahmslos alle antimaskulinen Klischees versammelnd: Richter 2006.
9 Schwanitz 2001.
10 Young 1989, 46 f.; s. auch Mason 2001 mit weiteren Verweisen; ironisch: Klinger 1986.

gen alle Widerstände obsiegt hätte. Doch eine solche Deutung überschätzt die Strahlkraft akademischer Programme wie des Feminismus und der Gender Studies – und sie unterschätzt die historische Tiefendimension des Männlichkeitszweifels in der Moderne.

Diese Tiefendimension auszuloten ist das Ziel dieses Buches. Es fragt nach der Herkunft und dem systematischen Zusammenhang, in dem das Denken der negativen Männlichkeit entstanden ist. Oder kurz: Wie wurden die Männer zum unmoralischen Geschlecht? Es soll hier nicht darum gehen, ob Männer so »sind« oder nicht, denn darüber ließe sich lange streiten – zumal, wenn zuvor nicht der diskursive Rahmen geklärt worden ist, innerhalb dessen gestritten wird. Die Fragen zielt vielmehr auf die Genese dieses Diskurses und den Zusammenhang seiner Entstehung: Woher stammt dieses Denken, ist es ein Produkt jüngeren Datums oder zieht es schon seit längerem Kreise? In welchen Formen wurde es geboren und wie tradiert? Und worin schließlich liegen die Bedingungen und Gründe für sein Entstehen? Das Ergebnis widerspricht in vielerlei Hinsicht den bisherigen Erkenntnissen und zwingt dazu, über das Verhältnis von Geschlecht und Moderne neu nachzudenken.

Denn, so meine These, das Unbehagen an Männlichkeit ist keineswegs eine Erfindung des späten 20. Jahrhunderts, sondern seit Anbeginn in das Gewebe der Moderne geätzt. Nicht Frauenbewegung und Feminismus haben die grundsätzliche und systematische Kritik an Männlichkeit in die Welt gebracht, sondern diese entsteht weit früher: am Beginn der Moderne, in den Jahrzehnten um 1800. Und es sind ausgerechnet die bürgerlichen Meisterdenker, die den Männlichkeitszweifel als erste ausführlich und schonungslos formulieren: Es sind Johann Gottlieb Fichte, Wilhelm von Humboldt, Immanuel Kant, Georg Friedrich Wilhelm Hegel und viele weitere, weniger bekannte AutorInnen, die zwar Männlichkeit für etwas Besonderes halten, aber nicht für etwas besonders Erfreuliches, Gutes – ja, zum Teil sehen sie darin sogar das »absolut Böse«. Die grundlegenden Strukturen des modernen »Wissens« über Männer jedenfalls werden in jener Zeit vor-geschrieben.

Die neue Wahrheit von der negativen Männlichkeit wird innerhalb weniger Dekaden am Ende des 18. Jahrhunderts erfunden. Um 1750 noch sind kaum Spuren einer maskulinen Defektologie zu entdecken, um 1800 ist sie bereits weitgehend Konsens; die epistemische Revolution der »Sattelzeit« erfasst auch das Männliche und schreibt es grundlegend um.[11] Diese neue, moderne Männlichkeit erscheint als eine systematisch bedenkliche, erstmals werden Männer nicht als Stützen der Ordnung, sondern als gesellschaftliche Zentralbedrohung beschrieben. An Radikalität lässt sich das kaum überbieten: Der neue Diskurs charakterisiert Männer *ihrer »Natur« nach* als gewalttätig, egoistisch, asozial, unmoralisch, hypersexuell, triebhaft, gefühlskalt, kommunikationsunfähig und verantwortungslos.

Zugleich werden Männer als das Geschlecht aufgefasst, das bis ins Innerste von den Modernisierungs- und Differenzierungsprozessen der Gesellschaft geprägt ist. Die Idee einer zentrierten, vernünftigen und selbstlosen Maskulinität, wie sie zumindest als Möglichkeit die abendländische Geschichte durchzogen hat, zersplittert angesichts der Verdichtung der Funktionssysteme. Diese werden zwar als effizient und leistungsfähig, aber vor allem als fragmentierend, vernunftlos und amoralisch erachtet. Männlichkeit gilt fortan einerseits als Sinnbild der positiven Seiten der modernen Gesellschaft, als frei, tatkräftig und selbstbestimmt (es gab und gibt auch eine positive Männlichkeit), und als Symbol und Träger aller bedrohlichen Facetten: Abstraktheit, Fragmentierung, Rationalität, Differenzierung.

Eine Revolution des Männlichkeitsdenkens: Als erste Epoche erzählt die Moderne nicht eine Helden-, sondern eine Problemgeschichte der Männlichkeit. Zwar war auch in früheren Epochen scharfe Kritik an Männern üblich, aber stets galt zumindest eine Form von Männlichkeit als soziales Perfektionsideal, als unbestreitbare Spitze der Gesellschaft: im König, Krieger, Hausvater oder Er-

11 Die Epoche hat inzwischen viele Namen: Sattelzeit, Goethezeit, Epochenschwelle, Aufschreibesystem 1800, epistemischer Bruch. Ich bevorzuge »um 1800«, durchaus der »Brutalität« dieser Bezeichnung eingedenk (Stanitzek 1999). Unter dem Begriff Frauenbewegung soll auch deren erste Welle eingeschlossen sein.

löser.[12] Seit Beginn der Moderne hingegen erscheint Männlichkeit nicht mehr als im Prinzip gelungenes Projekt (bei Schwächen in der Ausführung), sondern als fundamental unmoralisches. Negative Moderne und negative Männlichkeit fusionieren um 1800 zu Zwillingen, die seither gemeinsam durch die Welt(geschichte) ziehen und gegenseitig für Erklärungen und Kausalitäten einstehen müssen: Das Unbehagen an der Moderne wird zum Unbehagen am Mann, und umgekehrt.

Das negative Denken der Männlichkeit ist demnach eines der am tiefsten sitzenden Stereotype des Moderne, ein eingefräster Topos, der sich seither stetig mit Plausibilität versorgt. Die Aufklärung über die »schlechte« Männlichkeit, wie sie (bis) heute in öffentlichen und wissenschaftlichen Diskursen betrieben wird, erscheint aus dieser Perspektive nicht als originäre oder originelle Perspektive, sondern als Erbschaft einer langen Tradition. Über dieses Erbe haben sich die Genderwissenschaften bislang nicht hinreichend selbst aufgeklärt. Sonst wäre deutlicher, dass noch die radikalsten Männlichkeitszweifel nicht eine Opposition zur modernen Gesellschaft markieren, sondern wesentlicher Teil von ihr sind. Die Kritik an Männlichkeit schwächt die Moderne nicht und dient nicht zu deren Überwindung, sondern ist stabiler Dauervollzug einer ihrer reflexiven Selbstdistanzierungen. Oder anders: In Männern fixiert die Moderne ihre Ressentiments gegen sich selbst. Das Misstrauen an Maskulinität ist also weder neu noch systemgefährdend, sondern gepflegter Bestand der Moderne. Sie hadert von Anfang mit »den Männern« und entwirft sich eine Männlichkeit, die ihr zutiefst unheimlich ist – um so die Unheimlichkeit ihrer selbst zu bündeln und zu bannen. Seither kultiviert die Gesellschaft via Männlichkeit ein gespaltenes Verhältnis zu sich selbst.

Die These von der Negativierung von Männlichkeit um 1800 widerspricht in wesentlichen Punkten der bisherigen Darstellung jener Zeit. In den historischen Gender Studies dominiert bislang die

12 Für verschiedene Epochen: Karras 2003, 153; Shepard 2003, 246; Harlow 1998, 155; Fisher 1998, 69 (mit Verweisen); Williams 1999, 133; Orgel 1996, 108, 124.

Ansicht, im bürgerlichen Zeitalter hätten die Männer ein überaus positives Bild von sich selbst entworfen – von Ressentiments gegen Männlichkeit keine Spur, von Abwertung des Maskulinen keine Rede. Vielmehr hätten die bürgerlichen Meisterdenker den Mann zum »allgemeinen Geschlecht« erklärt, zum Inbegriff der Menschheit: als rationales, autonomes, intellektuell und sittlich überlegenes Wesen, »als absolutes bürgerliches Subjekt«.[13] Frauen hingegen seien als eine Art Schwundform des Menschlichen abgewertet worden, als irrationale, der Natur verhaftete, intellektuell zweitrangige Geschöpfe. Die Allgemeinheitsthese wird so weiträumig vertreten, dass sie als Konsens der historischen Geschlechterwissenschaften gelten kann.[14]

Dieser These zufolge haben sich die Männer um 1800 als »souverän und fehlerlos«[15] wahrgenommen. Als Regel habe gegolten: »Mensch zu sein heißt, ein Mann zu sein, und ein Mann zu sein heißt, weitgehend perfekt zu sein.«[16] Die »Gleichsetzung von Mann und Mensch, von männlich und allgemein«[17] habe dazu geführt, dass Frauen abgewertet wurden als »Absenz positiver menschlicher Qualitäten«[18] und nur ausgestattet mit einer »instinkthaften, pathologischen und primitiven Natur«. Entsprechend setzten Männer alles daran, die minderwertige Weiblichkeit zu annihilieren: »Die Frau fungiert als Verkörperung all dessen, was abgewehrt und überwunden werden muss.«[19]

Die binäre Schematik von guter Männlichkeit und schlechter Weiblichkeit ist allerdings ebenso theoretisch unbefriedigend wie empi-

13 Brinks 2003, 27.

14 Eine kleine, unvollständige Auswahl allein deutscher Literatur jüngeren Datums: Kühne 1998, 176, 212; Frevert 1991, 33; Bublitz 2001, 279 und 1998, 41; Hausen 1998, 25 f., 36, 44; Mehlmann 1998, 96; Klinger 1995, 36; Bührmann 1998, 90; Heintz/Honegger 1981, 32; Stephan 2000, 80; Eder 2002, 133; Degele/Dries 2005, 208; Meyer 1983, 8.

15 Hendershot 1998, 99.

16 Lynn Segal, zit. in Edley/Wetherell 1995, 181. Die Urformulierung findet sich natürlich bei Simone de Beauvoir: »Der Mann vertritt [...] die Menschen schlechthin. Die Frau dagegen erscheint als das Negative.« (Beauvoir 1999 (1949), 11 f.)

17 Frevert 1991, 33.

18 Bennent 1985, 127.

19 Stephan 2000, 80.

risch fragwürdig. Die Allgemeinheitsthese reduziert das Geschlechterverhältnis auf eine lineare Hierarchie, die es so nie gegeben hat. Und sie ignoriert die Quellen, die in diesem Buch ausgebreitet werden, die den Diskurs einer »schlechten« Männlichkeit belegen – ja, diesen sogar als den eigentlichen Ankerpunkt des modernen Geschlechterverhältnisses ausweisen. Der Mythos vom allgemeinen Geschlecht konnte bis heute überleben zum einen, weil die Quellen aus der Zeit um 1800 nicht auf die Negativierung des Männlichen untersucht worden sind. Dies wird hier erstmals systematisch unternommen. Dabei greife ich auf jenen einschlägigen Quellenkorpus pragmatischer Texte um 1800 zurück, der auch in feministischen Gender Studien herangezogen wird, lese allerdings auch jene antimaskulinen Passagen, die bislang kaum eine Rolle spielten – weil sie sich der Einordnung in ein Schema von männlicher Über- und weiblicher Unterordnung nicht fügen.

Zum anderen hat der Mythos vom allgemeinen Geschlecht überdauert, weil er wesentlich von einer Theorie lebt, die Macht und Diskurs zu einer eindeutigen Genderhierarchie verrechnet. Maskuline Privilegien müssen nach dieser Lesart von diskursiver Aufwertung des Männlichen begleitet sein; ich komme auf diese gendertheoretische Selbsteinengung im zweiten Teil der Einleitung zurück. Nur so viel hier: Dem Hierarchie-Modell stelle ich ein heterarchisches Geschlechtermodell entgegen, das weder Privilegien noch Diskurspositionen eindeutig hierarchisch verteilt. Der Geschlechterdiskurs um 1800 hat mit verschiedenen Allgemeinheit*en* gearbeitet, auch mit solchen, in denen Männlichkeit zum allgemeinen Problem wurde. Es ist gerade die generelle Überordnung des Männlichen über das Weibliche, die in der Moderne zertrümmert wird. An ihre Stelle tritt ein komplexes, heterarchisches Geschlechtermodell, das als zentralen Baustein das negative Denken über Männlichkeit umfasst und strukturgenau auf die funktional differenzierte Gesellschaft der Moderne passt.

Wie wenig eine allein positive Allgemeinheit den Männlichkeitsdiskurs um 1800 erfasst und wie gründlich der Gesellschaft ihre

Männlichkeit suspekt wurde, kann vorab mit wenigen Belegen aus den Quellen skizziert werden, ohne sie bereits in einen systematischen Zusammenhang einzuordnen. Die bürgerlichen Männer, die traditionsgemäß ihre Stellung auch aus dem Bibelwissen beziehen, dass Gott sie (und nicht die Frauen) nach seinem Ebenbild geschaffen hat, wirken in dem neuen Diskurs als Urbedrohung des Sozialen:

> »Man kann gewiss seyn, daß die Welt längst zur großen, menschenleeren Wüste geworden wäre, wenn bloss Männer darauf gesetzt worden wären [...]. Sie würden unfehlbar in Kurzem sich alle einander gemordet haben. Die Welt weiss nicht wie viel sie in dieser Hinsicht dem andern Geschlechte zu danken hat.«[20]

Dies schreibt Jakob Sprengel 1798 in seinem Werk *Das andere Geschlecht das Bessere Geschlecht* und bringt damit das Denken der Zeit auf den Punkt: Nur in der femininen Zähmung des brutalen Mannes kann sich die bürgerliche Gesellschaft noch ihren Bestand denken. Denn, wie der schottische Philosoph William Alexander bereits 1779 in seiner mehrbändigen *History of Women* formuliert: »Der Mann, abgesondert von weiblicher Begleitung, ist nicht nur rau und unkultiviert, sondern ein gefährliches Tier für die Gesellschaft.«[21]

Aus dem vernunftgesteuerten Mann des traditionellen, heroischen *civic humanism* wird ein unbeherrschtes und (nahezu) unbeherrschbares Monster, das die Gesellschaft von innen heraus bedroht. Die Autoren der Zeit sehen im Manne eine Triebbestie, denn »das geheime Gelüste zum Geschlechte [...] ist bis in [des Mannes] tiefstes Bewußtsein hineingewurzelt«.[22] War bis dato vor allem Frauen sexuelle Unkontrollierbarkeit nachgesagt worden, die von Patriarchen und Priestern patrouilliert werden musste, so wird im späten 18. Jahrhundert der Trieb zum naturalen Charakteristikum der Männer, und zwar rückwirkend durch die gesamte Geschichte. Entsprechend wird (schon damals!) die Historie der Geschlechter als eine endlose

20 Sprengel 1798, 111.
21 Alexander 1779, I 325.
22 Pockels 1805, I 289.

Folge männlicher Unterdrückung der Frauen umgeschrieben, in der Männer eine »universale Prostitution« erzwingen.[23] Das radikalfeministische Diktum des späten 20. Jahrhunderts, dass alle Männer Vergewaltiger seien – es wird bereits 200 Jahre zuvor formuliert. Auch der zweite Strang, dem die Debatte um 1800 folgt, bietet sich nicht als Anker für eine ungebrochene Allgemeinheitsvermutung an. Dem schillernden Diskurs über die widerwärtige Natur des Mannes wird jener über seine soziale Zerrissenheit beigesellt. Die Denker der Zeit sehen den Mann zugleich als Täter und Opfer der funktional differenzierten Gesellschaft, die keine vernünftige Zentralperspektive mehr erlaubt. Diese Demoralisierung des Männlichen wird in vielen Facetten ausgemalt, als Einseitigkeit der beruflichen Orientierung, als Erkaltung der geselligen Talente, als Ziel- und Orientierungslosigkeit, als Liebesunfähigkeit und als Depersonalisierung. Die autonomen Wesen verwandeln sich in Schattenwesen, in Gestalten mit einem »dunklen Körper, der den Strahl der Freude von außen empfangen muß«.[24] Durch die frühmodernen Schriften weht eine grundstürzende maskuline Verlorenheit und Desorientierung, die einst autonome, selbstbestimmte Männlichkeit löst sich in Unbestimmtheit auf. In geradezu postmoderner Manier betritt ein Ich die Bühne, das nicht mehr ist als

> »ein im leeren Raume schwebender Riß, – nichts als ein Stück kalter Vernunft, dem noch die höhern Antriebe des Wirkens, – das *Herz*, fehlten, dem noch die gesellige Liebe unbekannt war, – ein schrecklicher Widerspruch mit sich selbst und der gesammten Natur«.[25]

Die Neuordnung des Geschlechterdenkens sprengt das Schema der traditionellen männlichen Suprematie und kann in Begriffen maskuliner Überlegenheit/Allgemeinheit nicht angemessen erfasst werden; die Hierarchie des Männlichen wird in die Heterarchie der modernen Geschlechterverhältnisse überführt, in der sozialer Wert, gesellschaftlicher Rang und geschlechterideologische Zuschreibun-

23 John Millar, zit. in Bowles 1984, 635.
24 Reinhard 1797, 55.
25 Pockels 1805, II 279.

gen ganz neue, komplexe Verbindungen eingehen. Was sich auch daran zeigt, dass es vor allem (aber nicht nur) Männer sind, die den Diskurs der bedenklichen Männlichkeit führen.

Vor einem Missverständnis muss bereits an dieser Stelle gewarnt werden: Aus der Zurückweisung einer positiven, überlegenen Männlichkeit zu schließen, man müsse den Diskurs um 1800 einfach spiegelverkehrt lesen, führt in die falsche Richtung. Zwar forciert die moderne Geschlechterideologie erstmals eine bis dato unbekannte Idealisierung von Weiblichkeit, in einer Art Umkehrung nun Weiblichkeit *generell* als überlegenes Geschlecht zu deuten, würde die Sache allerdings ebenso verfehlen. Die moderne Geschlechterideologie arbeitet vielmehr im Kern mit *parallelen* Abwertungen von Männlichkeit und Weiblichkeit, weil sie beide als strukturell defizient, mangelhaft beschreibt; die Moderne kann sich in keinem der Geschlechter mehr vollständig spiegeln, beide erscheinen als je spezifisch einseitig und defekt. Und nur über die Negation des jeweiligen anderen Negativen entsteht so etwas wie eine zerbrechliche Einheit der Geschlechter. Daher *bestätigt* diese Untersuchung auch weitgehend das Bild, das in den historischen Gender Studies von *Weiblichkeit* entworfen worden ist; nur knüpft sie ganz andere Verbindungen zwischen beiden Geschlechtern. Der zentrale Gedanke ist dabei, den Geschlechterdiskurs als die Supercodierung der Differenz von Interaktion und Gesellschaft zu verstehen; dieses Argument wird in Kapitel C entwickelt.

Mit der Revision der Allgemeinheitsthese muss auch die verbreitete Ansicht verabschiedet werden, dass Männlichkeit erst mit dem Aufkommen der kritischen Männerstudien im späten 20. Jahrhundert systematisch thematisiert worden sei – und zuvor unhinterfragt als problemlos galt: »Die wachsende Bedeutung der [heutigen] Männerforschung liegt darin, dass *zum erstenmal* in der Geschichte Männer über sich selbst als Männer reflektieren und damit auch ihre eigene Historie neu bewerten.«[26] Die Quellen belegen hingegen

26 Hollstein, zit. in Luserke-Jaqui 2002, 64; meine Hervorhebung, C. K.

deutlich, wie intensiv Männlichkeit um 1800 als Geschlecht reflektiert und kritisiert wurde; entsprechend kann auch keine Rede davon sein, dass im 18. Jahrhundert »[ü]ber das Geschlecht des Subjekts Mann [...] geschwiegen« wurde.[27] Um diese Zeit wurden vielmehr die ersten Bücher verfasst, die sich ausschließlich mit Männlichkeit befassten (etwa 1805 Pockels' *Der Mann. Ein anthropologisches Charaktergemälde seines Geschlechts*[28]), und die Erörterung der »Geschlechtscharaktere« umfasste stets auch extensiv den Mann. Hier zeigt sich erneut: Die Spätmoderne besitzt kein Innovationsprivileg in Bezug auf die Reflexion von Männlichkeit, sondern höchstens eine Vergessenheit der Tradition, in der sie steht.

Der Diskurs der negativen Männlichkeit wurde meines Wissens bislang noch nicht zusammenhängend dargestellt, allerdings betrachteten einzelne AutorInnen Ausschnitte. Sylvana Tomaselli und andere haben darauf hingewiesen, dass Männer um 1800 keineswegs als Kulturträger privilegiert worden seien, sondern als hochproblematische Naturwesen galten.[29] Charlotte Trepp und Rebekka Habermas haben in empirischen Studien gezeigt, wie wenig die Lebensverhältnisse im späten 18. Jahrhundert mit einer linear-hierarchischen Überordnung des Männlichen zur Deckung kommen.[30] Aus den Pionierstudien von Karin Hausen zur Polarisierung der Geschlechtscharaktere ergeben sich Anhaltspunkte, dass jene nicht in einer sauberen Hierarchie aufgehen.[31] Und Cornelia Klinger hat – allerdings mit anderem Impetus – auf den Umstand hingewiesen, dass es das maskuline »Ressentiment gegen sich selbst ist [...], das die Geschlech-

27 Mehlmann 1998, 102.

28 Der wiederum für *seine* Zeit den Mangel an bisheriger Reflexion von Männlichkeit beklagte: »dem männlichen Charakter hingegen hat man immer nur einige flüchtige Vergleichungen mit dem weiblichen geschenkt, und so ist er immer noch als eine wenig beachtete Erscheinung in der moralischen Welt, – wie ein Gemeinplatz, – der sich von selbst versteht, – stehen geblieben [...]«. (Pockels 1805 I, XXXI)

29 Tomaselli 1985; vgl. auch die kritischen Bedenken bei Elshtain 1984, Pomata 2001, Olenhusen 1998.

30 Trepp 1996; Habermas 2000. Bei Letzterer fällt die Diskrepanz zwischen dominanz-theoretischem Ansatz und empirischen Ergebnissen auf.

31 Hausen 1976.

terordnung der abendländischen Moderne von anderen Formen von Geschlechterherrschaft unterscheidet«.[32]

Schließlich ist die Krise der Männlichkeit in der Moderne intensiv behandelt worden, üblicherweise aber wird ihr Beginn auf das späte 19. Jahrhundert verlegt. Hannelore Bublitz etwa kam aus einer Foucaultschen Perspektive zur Diagnose, dass um 1900 »der Mann/das Männliche als Kulturträger [...] den Anspruch auf Verkörperung des Allgemein-Menschlichen aufgeben« muss und sich zugleich die »De-Personalisierung des männlichen Ichs« durchsetzt.[33] Ich glaube, diese Krise der Repräsentation muss um 100 Jahre vorverlegt werden. Damit ändert sich aber mehr als nur eine Jahreszahl. Wenn der Allgemeinheitsverlust bereits in der Frühphase der Moderne aufgetreten ist, so liegt die Vermutung nahe, dass er systematische Gründe hat, die mit der Entstehung der modernen Gesellschaft zusammenhängen. Dieser Grund wird hier in der funktionalen Differenzierung der Gesellschaft verortet, und die sich um 1800 entwickelnde Geschlechterordnung wird als semantisches Korrelat der Differenzierung gelesen. Um diesen Zusammenhang zu entschlüsseln, bedarf es eines konturierten Begriffs der modernen Gesellschaft. Diese Anforderung verlangt ein Theorie-Instrumentarium, das in den Gender Studies eher unpopulär ist: Gesellschafts- und Differenzierungstheorie. Dazu im folgenden Abschnitt mehr.

32 Klinger 2000, 32 f.
33 Bublitz 1998, 41.

2. Macht, Männlichkeit und Differenzierung

Die Geschlechterwissenschaften haben sich auf Machtanalytik festgelegt, nicht auf Gesellschaftstheorie. Das hat die Analyse der negativen Männlichkeit und den Blick auf den modernen Strukturwandel der Männlichkeit erschwert.

Vor allem die *Men's Studies*, die sich in den neunziger Jahren im Anschluss an Feminismus und Gender Studies etablieren und inzwischen eine beeindruckende Reihe von Studien vorgelegt haben,[1] »sind auf eine machttheoretische Analyse der Position des Mannes im Geschlechterverhältnis gerichtet. Über diese Fokussierung sind sich alle Vertreter einer kritischen Männerforschung einig.«[2] Sie gehen davon aus, dass im Verhältnis der Geschlechter grundsätzlich Männlichkeit die Position der Privilegierung und Kontrolle markiert. Die Differenz der Geschlechter wird gesellschaftlich als Dominanz des Männlichen reproduziert, und es geht darum, zu zeigen, »wie Differenz sich in und durch Dominanz herstellt«.[3] Prominent unter diesen Ansätzen sind Robert (jetzt: Raewyn) Connells Theorie der »hegemonialen Männlichkeiten«, Jeff Hearns postmarxistische Patriarchatskritik, Michael Kimmels Kritik der Geschlechtergesellschaft und im Anschluss an Bourdieus Aufsatz »Die männliche Herrschaft« die Theorie des männlichen Habitus.[4]

Holter bezeichnet diese Ansätze als »direkte Geschlechterhierarchie«-

1 Übersichten in Wedgwood/Connell 2004; Walter 2000; Whitehead/Barrett 2001; eher identitätstheoretisch inspiriert: Martschukat/Stieglitz 2005. Damit weicht die als »desolat« beklagte Lage der Männlichkeitsforschung (Habermas 2000, 21 Fn. 98; ähnlich: Kühne 1998, 212; Dinges 1998b, 8; Roper/Tosh 1991, 2; Hausen 1998, 51; Carrigan u. a. 2001, 39; Mosse 1996, 145; Cameron/Bernardes 1998, 673; Edley/Wetherell 1995, 3; Petersen 1988) einem freundlicheren Bild. Andererseits bemängelt Traister für die US-Wissenschaft inzwischen bereits eine Flut gehaltloser Studien zur Männlichkeit (2000).

2 Meuser 1998, 93.

3 ebd., 117; vgl. Carver 2004, 2.

4 Connell 1995; Hearn 1987, 1992; Kimmel 2000. Für Letzteren ist »männliche Dominanz« durch alle Geschichte »praktisch universell« (S. 53). Bourdieu, 2005; Meuser 1998; Brandes 2002.

Theorien und macht damit deutlich, dass in ihnen Macht, Dominanz und Hierarchie einander bedingen und zu einem Komplex verschmelzen.[5] Diese Perspektive habe zwar einen gewissen empirischen Rückhalt, so Holter, meistens aber handele es sich eher »um eine implizite Annahme denn um ein explizites Modell oder eine systematische Theorie«.[6] Diese Ausrichtung verbindet sie mit vielen nicht auf Männlichkeit fokussierten Gender-Studien, die ebenfalls mehrheitlich eine Analytik der Macht bevorzugen. Diese wird nicht mehr so rigide gehandhabt wie früher, vor allem das vergleichsweise junge Konzept der Heteronormativität erlaubt eine Vielzahl von Brechungen und Pluralisierungen, besonders mit Blick auf *queer studies* und Transmenschen.[7] Gleichwohl bleibt die Hierarchie der Geschlechter der analytische Dreh- und Angelpunkt der Geschlechterwissenschaften.[8]

Diese Perspektive ist vielfältig kritisiert worden, vor allem auch von Empirikern, die wissen, »dass das Bild komplexer ist«.[9] Die starke Betonung von Hierarchien führt dazu, dass jene Aspekte, die sich einem Dominanzgefälle nicht eindeutig fügen, aus dem Blickfeld geraten. Machtanomalien und Heterarchien werden nicht ignoriert, aber mangels methodischer Voreinstellungen vernachlässigt. Wenn von vorneherein feststeht, dass »*alles, wirklich alles:* ideell, materiell, körperlich, habituell [...] dichotomisch-geschlechtlich und asymmetrisch durch überlegene Männlichkeit markiert« ist,[10] dann fällt es schwer, anderes zu sehen, anderes zu suchen. Das trifft besonders auf den Diskurs der negativen Männlichkeit zu: Er verschwindet im blinden Fleck der Machtanalytik. Er ist die undenkbare Stelle der Theorie, die dunkle Zone der Geschlechtermatrix. Männlichkeiten, die voller Ressentiments gegen sich selbst stecken, eine Ge-

5 »In der gegenwärtigen Forschungslandschaft ist das Modell der ›direkten Geschlechterhierarchie‹ das bekannteste und verbreitetste; typischerweise betont es männliche Dominanz oder die Dominanz von Männern.« (Holter 2005, 17 f.)

6 ebd.

7 Bauer/Hoenes/Woltersdorff: Einleitung, in: dies. (Hg.) 2007, 12-26.

8 Degele 2007.

9 Holter 2005, 17.

10 Schmale 2003, 54 (meine Hervorhebung; C. K.); ähnlich Hanisch 2005, 12.

schlechterordnung, die ihrer Zentralposition misstraut – das sind (vermeintlich) logische Brüche, die eine hierarchiefixierte Betrachtung überfordern. Es sei denn, die Brüche werden verschwörungstheoretisch eingefangen: Dann würde noch die Perhorreszierung des Männlichen dazu dienen, die männliche Macht zu legitimieren, dann müsste noch der Schrecken, den die negative Männlichkeit verbreitet, die Dominanz stützen, indem sie ihr Fundament bezweifelt. Man kann das so sehen, aber dann bleibt erst recht die Frage, warum der frühmoderne Diskurs bislang nicht wenigstens in dieser Weise gelesen worden ist?

Wahrscheinlicher ist, dass die historisch belegbare Selbstbezweiflung der Männer die Linearität der Dominanzschematik sprengt und deswegen bislang nicht durchleuchtet wurde. Eine Theorie, die sich auf die generelle Überlegenheit des Männlichen kapriziert, um genau diese zu kritisieren, kommt an ihre Grenzen, wenn die Kritik bereits von den zu Kritisierenden geleistet, ja, wenn diese Kritik allererst als Selbstkritik in die Welt kommt. Dazu passt, dass eine Selbsteinordnung der kritischen Männerstudien in die Geschichte der Kritik von Männlichkeit bislang fehlt; noch behandeln die Studien sich selbst als gleichsam externe Beobachter einer Geschichte ohne Vorläufer.

Die Machtanalytik wird nicht selten von wissenssoziologischen Konsequenzargumenten flankiert, denen zufolge Männer ihre Dominanz durch entsprechende Diskurse abgesichert haben. Dieser »Herrschaftspflichtigkeit des Denkens«[11] folgend, seien vor allem die bürgerlichen Meisterdenker nicht so fahrlässig gewesen, ihre Machtposition durch Selbstkritik zu unterminieren.[12] Der Diskurs der negativen Männlichkeit erscheint so als widersinnige Verletzung der eigenen Interessen. Erkennbar hängt in diesem Modell alles an der Sprecherposition. Diskurse werden auf die Motive und Interessen

11 Klinger 1986, 65.

12 S. etwa: Kühne 1998, 176, 212; Frevert 1991, 33; Bublitz 2001, 279; Hausen 1998, 25 f., 36, 44; Bublitz 1998, 41; Mehlmann 1998, 96; Klinger 1995, 36; Bührmann 1998, 90; Irigaray 1976; Heintz/Honegger 1981, 32; Meuser 2001; Honegger 1991, 2; Hassauer-Roos 1983, 428; Bourdieu 1997, 160; Poeter 1995, 167 ff. Zur (empirischen) Kritik u. a.: Martschukat/Stieglitz 2003, 5; Fulford 1999, 17.

von Individual- oder Kollektivsubjekten zurückgeführt; entsprechend wird zum wissenssoziologisch entscheidenden Kriterium, ob Männer oder Frauen sprechen. »Die Produzenten des Aufklärungsdiskurses waren Männer, und keine andere soziologische Beobachtung ist für unsere Zwecke so bedeutsam wie diese«, schreibt Isabel Hull.[13] Noch expliziter wird Londa Schiebinger mit Bezug auf die medizinische Anthropologie des 18. Jahrhunderts: »Europäische Männer dominierten die akademischen Naturwissenschaften und kontrollierten genau, was als legitimes Wissen zu gelten hatte und wer dieses Wissen produzieren durfte.«[14]
Durch die Engführung von Dominanz und Diskurs wird theoretisch dafür gesorgt, dass der Herrschaft die passende Legitimation auf dem Fuß folgt. Das ist zweifach problematisch: Zum einen wird so die Diskursstruktur halbiert, die sich nach Foucault durch eine »doppelte Unterwerfung« auszeichnet: »[...] die Unterwerfung der sprechenden Subjekte unter die Diskurse und die Unterwerfung der Diskurse unter die Gruppe der sprechenden Individuen.«[15] Von der Eigenlogik der Diskurse bleibt nicht viel übrig, wenn sie einseitig von den sprechenden Subjekten beherrscht werden. Mit der Annahme, Männer artikulierten vor allem ihre Interessenlagen, werden jene Positionen ausgeblendet, die nicht in das Raster der vorgängig als »Interessen« definierten Zuschreibungen passen; diese Invisibilisierung des Abweichenden erscheint dann wiederum als Bestätigung der Ausgangsthese und ist doch vor allem ein Artefakt der Theorie.[16]

Es empfiehlt sich also, auf Macht, Hierarchie und Interessen zu verzichten. Genauer: auf Geschlechterhierarchie als privilegiertem Zugang zur Sache. Damit sollen keineswegs Machtstrukturen und Hierarchien zwischen den Geschlechtern geleugnet werden, im Ge-

13 Hull 1996, 207.
14 Schiebinger 1993, 49.
15 Foucault 1991, 29.
16 Ähnliche Kritik wird auch an den avanciertesten Gendertheorien geübt, etwa dem »doing gender« und dem (de)konstruktivistischen Ansatz von Judith Butler. (Weinbach 2004, 10, 145 ff.)

genteil. Auch Heterarchien sind machtgetränkt. Eine Heterarchie ist definiert als eine Relation, in der formal gilt: »A rangiert vor B; B rangiert vor C, doch C rangiert vor A.«[17] Das heißt zum einen, dass sie aus vielen lokalen Hierarchien besteht, in denen durchaus brutale Machtverhältnisse herrschen können. Doch es ist eine empirische Frage, wo und wie sie wirken. Zum anderen heißt es, dass sich die lokalen Hierarchien nicht auf eine Gesamthierarchie verrechnen lassen: Es gibt kein *»alles, wirklich alles«* zwischen den Geschlechtern. Daher sollte sich die Theorie nicht von vorneherein verpflichten, anderes als Hierarchie und Macht für irrelevant zu erachten. Die Frage lautet also: Was sieht man nicht, wenn man vor allem Hierarchie sieht? Und mit welchem Konzept sieht man, was man mit Hierarchie nicht sieht?

Der Vorschlag lautet: von Macht auf Semantik umstellen. Diese Anregung beinhaltet etliche Provokationen. Zum einen stammt der Begriff »Semantik« aus der soziologischen Systemtheorie von Niklas Luhmann, die im Ruf steht, mit Geschlechterfragen schlecht zurechtzukommen. Seit einer Polemik Luhmanns gegen die Frauenforschung[18] ist die beiderseitige Kommunikation gestört, auch wenn inzwischen einige neue Arbeiten die Systemtheorie für die Geschlechterforschung nutzbar machen.[19] Der Vorwurf aber bleibt, die Systemtheorie verfahre gewissermaßen »männlich«,»technizistisch« und daher weitgehend machtblind, was sie für Fragen der Geschlechterbeziehungen denkbar ungeeignet mache.[20] Zum anderen pflegt die Systemtheorie eine Nähe zu Modernisierungstheorien, die ebenfalls bislang nicht im Kanon der Geschlechterforschung verankert sind, sondern oft als »gegenläufige Strömungen« wahrgenommen werden. Ihnen wird von der Geschlechterforschung ein affirmativer Grundzug gegenüber der Moderne vorgeworfen, Androzentrismus sowie Versuche, das Geschlechterverhältnis zu retraditionalisieren.[21] Ich halte die Vorwürfe für unbegründet und werde versuchen, sie an

17 nach Gotthard Günther, zit. in Esposito 2003, 76.
18 Luhmann 2003.
19 Pasero, Weinbach etc.
20 Degele/Dries 2005, 206 ff.
21 ebd., 207 ff.

geeigneten Stellen zu entkräften. Hier sei nur die zentrale These erläutert.

Semantik wird nicht im Sinne der philosophischen Tradition verstanden, sondern nach Luhmann als die Gesamtheit der kognitiven oder kommunikativen Sinnverarbeitungsregeln einer Gesellschaft, die dabei helfen, Typisierungen und Muster zu schaffen, an denen sich die Kommunikation orientieren kann. Es geht also nicht um das Wissen über Einzelfälle, sondern um »höherstufig generalisierten, relativ situationsunabhängigen Sinn«.[22] Diese Ebene hat in verschiedenen Theorien die unterschiedlichsten Bezeichnungen erhalten: Code, Tiefensemantik, Archiv, historisches Apriori oder »positives Unbewusstes« (Foucault), als jene übergreifende oder unterliegende Logik, die die Formen und Inhalte des Wissens hervorbringt und strukturiert.[23]

Eine Semantik des Männlichen umfasst entsprechend alle Aspekte von Männlichkeit, die eine Gesellschaft parat hält. Dieser Ansatz verzichtet darauf, von vorneherein zu wissen, dass sich alle Geschlechterbeziehungen und -diskurse im Modus der Dominanz vollziehen. Er erlaubt, überrascht zu werden und andere Beziehungsformen zu entdecken (ohne deswegen beliebig zu werden, siehe unten). Um diese Offenheit auch terminologisch festzuhalten, schlage ich vor, die Semantik des Männlichen in einer Gesellschaft als *Andrologie* zu bezeichnen. Dieser Terminus setzt sich bewusst von den bisherigen Zentralbegriffen der Gender Studies ab, die meist die Machtanalytik bereits in der Nomenklatur fixieren: hegemoniale Männlichkeit, Patriarchat, Homophobie, Männerbünde etc.

Der Begriff Andrologie ist eine Leihgabe aus der Medizin, in der er das Feld der Männerheilkunde bezeichnet. Hier soll er in einem

22 Luhmann 1993a, 19. Luhmann entwickelt den Semantikbegriff aus der Sinnform und dem darin stets vorhandenen Überschuss an Verweisungsmöglichkeiten: Was sich jeweils als Sinn und Wissen aktualisiert, wird aus einem Horizont anderer Optionen ausgewählt. Damit diese Selektionen sozial anschlussfähig sind, müssen sie typisiert und schematisiert werden, ohne solche Typenbildung wäre Kommunikation undenkbar.

23 Foucault 1971, 9 ff., 436; Rieger 2003, 276 ff.

ganz anderen Sinne produktiv gemacht werden: als Bezeichnung für die Gesamtheit des Wissens, das eine Gesellschaft über Männlichkeiten besitzt, für den Fundus an Deutungen, Zuschreibungen und (meist) unhinterfragten Diskursen von Männlichkeiten. Der Begriff lässt sich vielfach weiter differenzieren, je nach Blick- und Untersuchungsrichtung; hier soll er nach einem relativ einfachen Schema unterschieden werden: in eine Positive Andrologie, also in die Aspekte von Männlichkeit, die überwiegend positiv konnotiert sind, und in eine Negative Andrologie. Diese soll im Vordergrund stehen.[24] Durch die hier benutzte Fassung wird der Begriff automatisch zu einem historischen, da Wertungen im Laufe der Geschichte variieren. Ob in der Andrologie Über- oder Unterlegenheiten, Privilegierungen oder Zumutungen fixiert werden, muss jeweils empirisch geklärt werden, ebenso, wie diese sich sozial, rechtlich, wirtschaftlich etc. auswirken.

Der entscheidende Vorteil der Semantik ist, dass sie engen Kontakt zur (System-)Theorie der Gesellschaft hält. Dadurch erhält der Begriff Kontur und verschwimmt nicht ins Ungreifbare. Denn Semantiken variieren nicht beliebig, sondern in Abhängigkeit von den grundlegenden Strukturen einer Gesellschaft, genauer: in Abhängigkeit von der Differenzierungsform, so die Annahme der Systemtheorie. In Semantiken scheint also mehr auf als nur die historisch wandelbare Kontingenz der Geschichte. In der Annahme der Nichtbeliebigkeit grundlegender semantischer Variationen unterscheidet sich die Systemtheorie am deutlichsten von diskursanalytischen Ansätzen, etwa dem Foucaultschen: Foucault nennt keine »letzten Gründe« für die spezifische Form der Diskurse und verweigert die Frage nach dem Warum der historischen Veränderungen. Dagegen nimmt Luhmann an, »dass die Semantik, mit der eine Gesellschaft die Welt beschreibt, mit der sie Schicksale, auch Unglück, Leid, Unrecht und so weiter verständlich zu machen versucht, nicht beliebig

24 Ich benutze den Begriff »negativ« also als Bezeichnung einer normativen (Ab-)Wertung und nicht in seinem anderen Sinne als formal negativ, so wie ihn etwa Sonnemann (1969) oder Adorno (1966) einsetzen. S. aber den formalen Gebrauch der Negativität in der kybernetischen Anthropologie in Abschnitt A.3.

formuliert ist. Sie ist kein Artefakt von Philosophen oder Priestern oder Intellektuellen, sondern es bestehen Zusammenhänge zwischen dem, was plausibel gemacht werden kann und evident ist, einerseits und den Sozialstrukturen, vor allem den Differenzierungsformen, andererseits.«[25]

Die Systemtheorie geht also davon aus, dass es einen »letzten Bezugspunkt« für die Variationen der sozialen Semantik gibt; er liegt »in der Nichtbeliebigkeit der Einstellung eines Systems auf seine eigene Komplexität«.[26] Wenn sich das Komplexitätsniveau einer Gesellschaft ändert, wird sich die Semantik dem anpassen, weil sie sonst den gesellschaftsstrukturellen Veränderungen nicht gerecht wird und gleichsam den »Kontakt zur Realität« verliert. Als zentraler Mechanismus der Komplexitätssteigerung hat sich historisch die Differenzierung der Gesellschaft erwiesen. Sie ist sowohl Bedingung der Möglichkeit als auch Motor zunehmender Komplexität; dabei geht es nicht um eine sich beliebig steigernde, unilineare Ausdifferenzierung, sondern um die Umstellung der primären *Form* der Differenzierung. Im Kern werden drei Differenzierungsformen unterschieden: segmentäre, stratifikatorische und funktionale – die Details müssen uns noch nicht interessieren. Die entscheidende These lautet hier, dass es im Übergang von der stratifikatorischen Differenzierung (Ständegesellschaft) zur funktionalen Differenzierung (Moderne), die im 18. Jahrhundert unumkehrbar geworden war, zu einer »konzeptionellen und epistemischen Revolution«[27] kam, in der auch der Begriff der Männlichkeit neu – und negativ – gefasst wurde.[28]

Als zentralen Bezugspunkt, um die Geschlechterverhältnisse und Männlichkeiten der Moderne zu verstehen, erachte ich also die funktionale Differenzierung und die mit ihr korrelierende Semantik. Der Umbruch der Moderne hat dabei gleichsam hinter dem Rücken

25 Luhmann 2005, 20.

26 Zur Kritik des Zusammenhangs von Gesellschaftsstruktur und Semantik: Stäheli 1998, der allerdings den komplexitätstheoretischen Letztbezug übersieht, sowie Martens 2003 und Göbel 2000, 135 ff. (156 ff.)

27 Wittrock u. a. 1998, 2; vgl. a. Koselleck 1975, 1975a, 1977; Moravia 1977; Mauser 1989, 6.

28 ausführlich: Luhmann 1993a.

der Männer und Frauen stattgefunden (also nicht als Ausdruck ihrer Interessen). Was auch daran ersichtlich wird, dass sich die Semantik auf Wegen durchgesetzt hat, die alles andere als offensichtlich sind. Zwei Stränge werden im Weiteren besonders verfolgt.

Mit der funktionalen Differenzierung geht eine Umdeutung dessen einher, wie die menschliche Natur zu verstehen sei. Aus der »dichten«, inhalts- und zielbestimmten Natur der Prämoderne wird eine unbestimmte, selbstreferentielle Natur. Diese übersetzt sich im 18. Jahrhundert zunehmend in die »Natur des Mannes«, daher (und nicht etwa aus beobachtbarem Handeln) leitet sich die neue Charakterisierung von Männlichkeit als egoistisch, gewalttätig, triebhaft ab. Die neue Natur wird im Mann verkörpert, dramatisiert und als dauerhaftes Problem der Gesellschaft verankert. Ab Mitte des 18. Jahrhunderts kann man beobachten, wie sich der anthropologische Diskurs Zug um Zug in eine geschlechtertypologische Gewissheit über Männlichkeit umsetzt – und wie parallel dazu ebenfalls Weiblichkeit neu gedacht wird. Maskuline Herrschaftsinteressen hätten dieses komplizierten Diskurses nicht bedurft. Die Umdeutung der maskulinen Natur aus einer kybernetischen Anthropologie steht in Kapitel A im Vordergrund.
Der zweite Strang, an dem die Entstehung der Negativen Andrologie aus der funktionalen Differenzierung deutlich wird, folgt in Kapitel B unter der Überschrift »Die Männlichkeit der Gesellschaft« der frühmodernen Debatte um die Fragmentierung und Depersonalisierung von Maskulinität. Er ist unmittelbarer mit den sozialen Veränderungen der Zeit verkoppelt als der Naturdiskurs, nimmt aber auch aus jenem einige Stichworte wieder auf und spinnt sie weiter. Männlichkeit erscheint in diesem andrologischen Komplex als bis ins Innerste, bis ins Denken und den Gefühlshaushalt hinein, geprägt von den Umbruchsprozessen der sich funktional differenzierenden Gesellschaft. Darin wird Männlichkeit zugleich bewundert (noch einmal: Es gab und gibt auch eine Positive Andrologie), aber auch als entfremdet und sozial unzuverlässig gebrandmarkt.
Beide Stränge, Natur und Fragmentierung, weisen auf die alles an-

dere als bloß optimistischen Ausgangsbedingungen der Moderne hin. In heutigen Maskulinitätsstudien werden diese Bedingungen häufig unterschlagen: die funktionale Differenzierung, die kulturelle Diversifizierung, die Unsicherheit des Wissens, die Krise der Repräsentation, die Dezentrierung des Subjekts. Nur wer diese Strukturaspekte der Moderne vergisst, kann von dem autonomen, selbstbestimmten Mann der Moderne sprechen, wie es in Gender-Studien oft geschieht. Die gesellschaftstheoretische Perspektive macht dagegen deutlich, dass Männlichkeit in der Moderne von vornherein konstitutionell unsicher und brüchig war – und ist – sowie heftig kritisiert wurde.

In Kapitel C wird im Anschluss an die Quellenanalyse der Blick auf die Geschlechterideologie um 1800 erweitert. Die neuartige Relationierung von Männlichem und Weiblichem wird als Supercodierung der Differenz von Interaktion und Gesellschaft gedeutet. Diese Unterscheidung ist zwar kein Effekt der funktionalen Differenzierung (es gibt sie in allen Gesellschaften), wird aber erst in der Moderne zu einer strukturell entscheidenden Verwerfungslinie. Geschlecht wird darin gleichsam dauerhaft verankert und erhält so seine überragende Bedeutung in der Moderne – bis heute. Die Theorie der Verbindung von Geschlecht und Interaktion/Gesellschaft dient explizit als Gegenentwurf gegen machttheoretische Positionen und soll zeigen, dass eine gesellschaftstheoretische Perspektive auf Geschlecht komplexer und strukturreicher verfahren kann. Hier wird auch der Gedanke der Geschlechterheterarchie vertieft.

Welche neuen Perspektiven der hier vorgestellte Ansatz erlaubt, zeigt Kapitel D an drei Beispielen. Dieser Teil steht unter der Überschrift »Korrekturen«, und damit ist ein doppelter Vorgang gemeint: zum einen die historische Korrektur der »schlechten« Männer, also jene moralische Regulation, der sich das 19. Jahrhundert wie kein anderes verschrieben hat; damit kommen die massiven Moralisierungs- und Disziplinierungsmaßnahmen in den Blick, denen sich Männer zunehmend ausgesetzt sahen. Zum anderen geht es um eine Korrektur dessen, wie heute die damaligen Geschlechterdiskurse gelesen werden, es geht also um Relektüre.

Neu gelesen wird zunächst Johann Gottlieb Fichtes »Deduktion der Ehe«, einer der bedeutendsten und umstrittensten Geschlechtertexte um 1800. Bislang wurde er allein als Manifest patriarchaler Machtansprüche gesehen. Die Relektüre ergibt hingegen, dass Fichte in enger Anlehnung an das Geschlechterbild der Zeit eine komplexe Geschlechterkybernetik entwirft, die vor allem dazu dienen soll, Männlichkeit, die er als das »absolut Böse« kennzeichnet, einzuhegen und zu zivilisieren. Im Anschluss lässt sich aus den Quellen das Phänomen des »weiblichen Blicks« entschlüsseln, der als Gegenblick zum *male gaze* den Mann sowohl durchleuchtet wie zur Subjektwerdung anregt; auch die Visualitätsregime wurden von der Neuformierung der Geschlechter berührt. Schließlich kann die Antionaniekampagne, die sich vom 18. Jahrhundert bis ins 20. Jahrhundert mit hartnäckiger Brutalität vor allem gegen Knaben und Männer richtete, neu verstanden werden: als Übersetzung und Fortführung der Negativen Andrologie auf dem Gebiet der Sexualität. Damit kommt einerseits in den Blick, dass man in der Moderne auch Männer massiv medizinalisierte, andererseits, wie Männlichkeit als Dauerproblem der modernen Gesellschaft inszeniert wurde.
In diesem Zusammenhang böte es sich auch an, auf das Thema Homosexualität einzugehen, zu dem der Ansatz der Negativen Andrologie neue Deutungen verspricht. Denn es liegt nahe, den Grund für die massive Unterdrückung der Homosexualität ab dem 19. Jahrhundert in der Negativierung von Männlichkeit zu sehen: Jegliche homosoziale Verbindung stand unter Generalverdacht und wurde nur in institutionell disziplinierten Formen, im Militär, der Schule, der Fabrik etc. geduldet. Was konnte es, als die Männer erst einmal zur Zentralgefahr der Gesellschaft geworden waren, Bedrohlicheres geben als die liebende (und, *horribile dictu*, sexuelle) Verbindung zweier Männer, die sich der femininen Aufsicht in der Ehe entzogen? Aber dieser Zusammenhang bedürfte ausführlicherer Studien, als sie hier geleistet werden können.
In jedem Fall geht es hier wie bei allen systemtheoretischen Bemühungen um die »Umschrift psychisch gedeuteter Prozesse auf Sozia-

lität«[29] – oder einfacher gesagt: um die Umgründung »von Eigenschaften des Menschen auf Eigenschaften von Problemen«.[30] Erst wenn man die Negative Andrologie als Problem eines Problems der Gesellschaft begreift und nicht als Problem von Männern, kann geklärt werden, wieso es Männer waren, die einen Diskurs begonnen haben, in dem sie selbst als Zentralgefahr der Gesellschaft erscheinen.

Bei aller Kritik an der Machtanalytik stehen die Überlegungen im Umfeld neuerer Werke der Gender Studies, die eine Neubewertung vornehmen sowohl von Männlichkeit als auch von den wissenschaftlichen Kategorien, mit denen diese erforscht wird.[31] Eine zentrale Forderung ist dabei die »Relativierung der von der jüngeren Forschung konstruierten Geschlechterstereotype«,[32] die vor allem von Männlichkeit ein simplifiziertes Bild zeichnen: »[D]ie Geschlechtszuschreibungen für Männer waren und sind widerspruchsvoller, fragwürdiger und weitaus komplizierter, als es einer in dieser Frage zuweilen eher holzschnittartig operierenden ›Frauenforschung‹ lange Zeit bewußt gewesen sein mag.«[33] Dagegen wird versucht, Maskulinität ebenfalls als Objekt von Geschlechterzuschreibungen zu erfassen, denen sich Männer ausgesetzt sehen: den Formvorschriften des Männlichen, den Zwängen von Habitus-Erwartungen, den Standards einer maskulinen *performance*.[34]

29 Fuchs 1998, 237
30 Luhmann 1996, 184. Das »Subjekt« erhält in diesem Denken keinerlei herausgehobenen Status, sondern wird – ob als männliches oder weibliches – rekonstruiert als Zurechnungspunkt von Kommunikationen, als Kondensat von Semantiken. Dieser dem Alltagsverständnis widersprechende Gedanke muss hier nicht ausgeführt werden, alles Weitere ist auch ohne Erklärung zu verstehen. Wegen dieses Subjektbegriffs interessieren auch die biographischen Hintergründe der hier behandelten AutorInnen nicht. Foucault würde vom Denken »in der Leere des verschwundenen Menschen« sprechen (1971, 412).
31 Erhart 2001; Mix 2001; Habermas 2000; Trepp 1996; Gollaher 2000; Friedman 2001; Pomata 2001; Zurstiege 1998; Fulford 1999; Martschukat/Stieglitz 2005.
32 Mix 2001, 205.
33 Erhart 2001, 7. Trepp beklagt, dass in der Forschung »über sie [Männer] noch klischeehaftere Vorstellungen bestehen als über Frauen« (1996, 13).
34 Dass es dabei nicht um die platte Klage geht, dass Männer *auch* benachteiligt seien, versteht sich von selbst (Benatar 2003; Farrell 1995).

Wenn hier die »Defektologie« des Maskulinen sowie einige ihrer Wirkungen herausgearbeitet werden, gleichsam die Konstruktionsprinzipien der Negativen Andrologie, dann weder um sie zu rechtfertigen noch um sie zu beklagen. Sondern um zu zeigen, dass noch die Kritik an Männlichkeit den Stereotypen, also den semantischen Formen, ihrer Zeit folgt, ja, dass diese Kritik selbst ein Stereotyp *ist*. Insofern bietet diese Arbeit auch eine Metabeobachtung jener Bereiche der Geschlechterforschung, die die Verkopplung von Männlichkeit mit den negativen Aspekten der Moderne unreflektiert fortführen. Zugleich kann diese Beobachtung aber nur in der Art einer explorativen Studie erfolgen. Längst nicht alle Aspekte, die sich bei der Behandlung des Themas anbieten, können hier verfolgt werden; es geht zunächst einmal allein darum, die Negative Andrologie grundsätzlich plausibel zu machen.

Damit versteht sich der Text als eine kulturwissenschaftliche Gender Studie im besten Sinne des Wortes: als Teil einer »Verunsicherungswissenschaft«, die versucht, vermeintlich Selbstverständliches seiner Selbstverständlichkeit zu berauben.[35] Sie ist nur denkbar auf der Grundlage von mehreren Jahrzehnten der Frauen- und Genderforschung und betrachtet sich selbst als eine Fortführung dieser Tradition. Im Zuge der Gender Studies sind alle Aspekte des Geschlechtlichen restlos entnaturalisiert und in ihrer kulturellen Konstruiertheit nachgezeichnet worden – bis hin zur Rede vom »Geschlecht« (*gender/sex*) und von »Mann« und »Frau« selbst.[36] Dies ist unhintergehbar. Auch Männlichkeit ist eine solche diskursive Formation, eine »Imagination unter anderen Imaginationen in einem imaginären Raum«,[37] nämlich der Gesellschaft. Aber diese Imaginationen haben Wirkungen, sie sind Semantiken, die Machteffekte produzieren für »Männer« wie »Frauen«. Ein solcher Diskurs kann nur über eine Dekonstruktion seiner Begriffe und Verfahren entschlüsselt werden, um den Identifikationen und Bewertungen nachzuspüren, die darin mitschwingen. Die Hoffnung wäre, auf diesem

35 Degele 2003.
36 Unausweichlich: Butler 1991.
37 Fuchs 2001, 168.

Wege negativ andrologische Deutungen in der Zukunft zu entmutigen. Nicht, weil sie per se »falsch« wären, sondern weil sie ein Wissen darstellen, das als solches nur gelten kann, solange es über sich selbst nichts weiß.

***

Dieses Buch ist die überarbeitete, gekürzte Fassung meiner Doktorarbeit am Kulturwissenschaftlichen Seminar der Humboldt-Universität zu Berlin, Philosophische Fakultät III. Ich danke Prof. Hartmut Böhme für die Unterstützung und Begleitung und Prof. Armin Nassehi von der Ludwig-Maximilians-Universität München für die großzügige Bereitschaft, das Zweitgutachten zu übernehmen. Außerdem danke ich den European Journalism Fellowships der Freien Universität Berlin sowie der Stiftung Presse-Haus NRZ für das Stipendium, das diese Arbeit ermöglicht hat.

A. Die Natur der Männlichkeit

»Der Mann, in jenem groben und unkultivierten Zustand, in dem er ursprünglich in allen Ländern auftritt, [...] ist ein Tier.«[1]

Als um 1800 die »Geschlechtscharaktere« von Mann und Frau zu griffigen Definitionen geronnen waren, nahm ein Autor Maß, der hier vor allem deshalb interessiert, weil er keine originellen Ideen, sondern die herrschende Meinung seiner Zeit artikulieren wollte. Der verspätete Aufklärer hieß Ernst Heinrich Kosengarte, 1816 veröffentlichte er ein Buch mit dem Titel *Der Mann in gesellschaftlichen Verhältnissen.* Im Untertitel verzichtete der Autor auf einen eigenständigen Ansatz: »Eine Anleitung zur Weltklugheit, Umgangskunst und praktischen Lebensweisheit überhaupt. Nach Knigge, Pockels, Heidenreich, Montaigne u. and. m.« Kosengarte wollte nur zusammenfassen, was Bürgern und Denkern als Konsens über Männlichkeit galt; die genannten Autoritäten, allesamt äußerst populär, sollten die Wahrheit dieses Wissens verbürgen.
Kosengarte ging in zeittypischer Manier vor. Zunächst beschrieb er die Natur des Mannes, wie sie vor aller gesellschaftlichen Einbindung erschien, sodann, wie diese Natur in die Gesellschaft einzupassen sei und schließlich, welche Verhaltensmaximen der gute Mann und Bürger zu beherzigen habe. Hier ist nur der erste Teil von Belang: die Beschreibung der männlichen Natur. So lässt Kosengarte sein Buch beginnen:

»Furchtbar steht der rohe Sohn der Natur vor uns, der nur einem einzigen Gesetze blindlings gehorcht: dem schreklichen *Gesetze der Stärke.* Was ihn zum Handeln bewegt, ist Egoismus der gröbsten Art, instinktmäßiger Eigennutz. Er gleicht dem Baume, der seine Wurzeln ausstreckt, so weit er kann, unbekümmert, ob er kleinern und edlern Gewächsen den nöthigen Nahrungssaft entziehe, bloß damit seine Krone voller blühe und er seine Aeste weiter verbreiten könne. Er gleicht dem Thiere, deren eines dem andern die Nahrung raubt, die es oft selbst nicht braucht, und das

1 Alexander 1779 I, 169.

schwächere aus seiner Wohnung treibt, um sie für sich in Besitz zu nehmen. [... E]r unterliegt dem physischen Zwang, und muß gefürchtet werden, um nicht selbst zu zittern, muß zerstören, um nicht zerstört zu werden.«[2]

Weitere Erläuterungen fehlen. Die drastischen Sätze stehen unkommentiert da, offensichtlich konnte Kosengarte davon ausgehen, dass seine Leser sie verstanden und akzeptierten: Seiner Natur nach ist der Mann egoistisch, instinkthaft, tierisch, gewalttätig, zerstörerisch. Wenige Sätze später allerdings beschreibt Kosengarte ebenso selbstverständlich, wie sich der rohe Sohn der Natur dem »Gesetz friedlicher, [...] liebender Geselligkeit« unterwirft und aus dem »Daseyn« ins »Leben« tritt. Auch das schien also möglich, wenn diese männliche Natur erst gezähmt, erzogen war – gleichsam eine Zivilisierung im Zeitraffer. Und auch diese Wandlung muss dem Leser jener Zeit vertraut gewesen sein.

Für den heutigen Beobachter werfen Kosengartes rasche Wendungen dagegen einige Fragen auf: Was genau war gemeint mit der männlichen Natur, wer wurde beschrieben? Der »rohe Sohn der Natur« erscheint merkwürdig ortlos und unbestimmt, es bleibt unklar, ob damit der Wilde der Urzeit, der Sohn aus bürgerlichen Verhältnissen oder gar der erwachsene Mann aus Kosengartes Zirkeln bezeichnet war. Und wie wurde das egoistische Raubtier gezähmt, wie konnte es zum ehrenwerten Mitglied der bürgerlichen Gesellschaft werden? Vor allem aber: Wieso sah sich Kosengarte offensichtlich gezwungen, die Natur des Mannes so und nicht anders zu beschreiben: freundlicher, weniger fürchterlich? Schließlich galten die Eigenschaften, die er ihm (und damit sich selbst) zusprach, als zutiefst verächtlich, als Inbegriff dessen, was die Gesellschaft von innen heraus zersetzte. Warum machte Kosengarte wie selbstverständlich diese zutiefst negative Männlichkeit zum Ausgangspunkt seiner Überlegungen?

Die Fragen werden im Folgenden beantwortet, wobei deutlich wird, dass Kosengarte keineswegs ein Einzelfall war, sondern einen breiten

2 Kosengarte 1816, 5 f.

Konsens artikulierte, der in vielen Texten um 1800 zum Ausdruck kam und in denen das Wissen gespeichert ist, das zu Beginn der Moderne von der und über die Natur der Männlichkeit herrschte.

1. Adams Vergewaltigung oder die universale Tyrannei der Männer

»Wo der Naturmensch seine Willkühr
noch so gesetzlos mißbraucht.«[1]

Das 18. Jahrhundert erfand den Naturzustand neu. Bereits die Antike kannte eine Art vorgesellschaftlichen Zustand, konnte aber wenig mit ihm anfangen, weil sie sich den Menschen nicht als isoliertes, präsoziales Wesen vorzustellen vermochte, sondern nur als *animal sociale*, als von Natur aus vergesellschaftet.[2] In der frühen Neuzeit – bei Bodin, Hobbes, Pufendorf, Locke etc. – diente der *status naturalis* als zentrale Begründungsfigur politischer Herrschaft; er wurde als methodische Konstruktion behandelt, als pseudohistorisches Gedankenspiel, wie die Individuen per Vertragsschluss die bürgerliche Gesellschaft konstituieren.[3] In der zweiten Hälfte des 18. Jahrhunderts wurde der Naturzustand zunehmend historisiert und empirisiert. Er galt immer weniger als Fiktion, sondern als die erste Stufe in der langen Zivilisationsgeschichte der Menschheit, als Ausgangspunkt aller weiteren humanen Entwicklung: Prolog in der Wildnis.[4]

Dieser Auftakt wurde um 1800 unter vielen Mutmaßungen und mit erheblichen Variationen rekonstruiert anhand von antiken Mythen sowie von Sitten und Gebräuchen »wilder« Völker, die inzwischen reichhaltig in ethnographischen Studien und Reiseberichten vorlagen.[5] Die Autoren der sich ab etwa 1760 europaweit explosions-

1 Schiller 2000, 30 (7. Br.).
2 Nippel 1990.
3 Kersting 1990; Nitschke 2002; Medick 1973; Hofmann 1982. Natürlich war es komplizierter: John Locke erachtete seinen *natural state* durchaus als empirisch, bei anderen verschmolzen »Realgenesis und Sinngenesis« (Maimon); s. etwa zur Frage, ob Samuel Pufendorfs einflussreiche Konstruktion historisch zu verstehen sei: Medick 1973, 39 ff. (bejahend), Behme 1995, 59 ff. (verneinend).
4 Bödecker/Hont 1995; Zedelmaier 2003, 185 ff.; Schwarz (1998, 45 ff.) spricht von »Empirisierungszwang«.
5 Für einen Eindruck, was Gelehrten zugänglich war, s. das 70-seitige Literaturver-

artig vermehrenden Universal-, Kultur- und Zivilisationsgeschichten, der Geschichtsphilosophien, der *theoretical histories* und *histoires hypotétiques* waren dabei motiviert von einer Rousseauschen »Suche nach den Ursprüngen«, nach dem Nullpunkt der menschlichen Geschichte; aus ihm sollte sich sowohl die Natur des Menschen als auch die Logik der Historie entschlüsseln lassen. Über die Ergebnisse dieser Suche ist bis heute viel geschrieben worden.[6] Selten beachtet wird allerdings, dass die Historiker des späten 18. Jahrhunderts am Anfang der Geschichte nicht mehr *den* Menschen entdeckten, sondern Mann und Frau. Der Naturzustand der Spätaufklärung war zutiefst geschlechtlich segregiert, darin bestand – neben anderem – eine zentrale Neuerung gegenüber der frühneuzeitlichen Tradition. Der wilde Mann und die wilde Frau teilten zwar ein Habitat, nicht aber eine Lebenswelt. Sie unterschieden sich dramatisch in ihren Verhaltensweisen, in der inneren Empfindungs- und Triebstruktur sowie in ihrem zivilisatorischen Potential. Und es war nicht mehr der Mann, der als Hoffnungsträger der Menschheit galt, sondern die Frau. Der Mann war der eigentliche Wilde, das Monster der Vorzeit.

Einer der Ersten, die den neuen Naturzustand skizzierten, war Isaak Iselin (1728-1782), Historiker und Philosoph aus Basel, einer der bedeutendsten Vertreter der Spätaufklärung.[7] 1764 veröffentlichte er zunächst anonym ein zweibändiges Buch mit dem Titel *Philosophische Muthmaßungen. Ueber die Geschichte der Menschheit*, mit dem tatsächlich »eine ›neue‹ Welt« begann.[8] Das populäre, übersichtliche Werk unterschied sich von den bis dato gängigen Historiographien nicht nur in Form und Darstellung – handliches Format, kleinteilig

zeichnis in Meiners 1793. Zur Rolle des »Wilden« in Imaginations- und Geistesgeschichte: Fink-Eitel 1994; Harbsmeier 1994; Nippel 1990.

6 Im Problem des Ursprungs (der Erde und der Geschichte) bündelten sich um 1800 viele Fragen, die mit der Ablösung der christlichen Kosmologie verbunden waren. Entsprechend hitzig wurde es diskutiert: Günter 1975; Gumbrecht 1978; Koselleck 1975, 1977, 1979; Nassehi 1993; Zedelmaier 2003; Cartier 2000; van Laak 1989, Roberts 2000.

7 Zu Leben und Werk: Im Hof 1967.

8 Zedelmaier 2003, 248; ich zitiere im Folgenden aus der revidierten und mit neuem Titel versehenen Ausgabe von 1768.

gegliedert, weitgehender Verzicht auf Fußnoten –, sondern auch im Inhalt: Als einer der ersten deutschsprachigen Autoren rekonstruierte Iselin die Geschichte der Menschheit in Analogie zur Entwicklung des individuellen Menschen. So wie ein Mensch von Kindheit über Jugend zum Erwachsenen und zur Reife des Alters fortschreitet, so auch die Menschheit von ihren primitiven Anfängen zur aufgeklärten Vernunft einer goldenen Zukunft.

Die Lebensaltertheorie wurde im ausgehenden 18. Jahrhundert überaus populär, trotz ihrer vielfältigen Probleme (wird der Höhepunkt der Vernunftentwicklung im erwachsenen Mann erreicht oder, *horribile dictu*, im schwächlichen Greis? Ist die Entwicklung natural oder bedarf es zufälliger oder zielgerichteter Steuerungen?). In den soziologisch anspruchsvolleren Entwicklungsmodellen vor allem der schottischen Historiker trat die Analogie mit den Lebensaltern zurück hinter die Erkenntnis, dass die geschichtlichen Stufen auf unterschiedlichen Formen der Subsistenz beruhten; die daraus entstehende Theorie einer gesellschaftlichen Differenzierung wurde mit der Lebensaltertheorie vielfach eingekreuzt und gebar ein buntes Spektrum von Modellen der Entwicklung, die meist vier, manchmal aber auch fünf, sechs, sieben oder zehn Stufen des Fortschritts aufführten.[9]

Bei Iselin war dieser Variantenreichtum noch sehr begrenzt und letztlich auf zwei Formen eingeschränkt. Die »Weltweisheit« unterscheide gewöhnlich »den natürlichen Menschen von dem policierten, den *Stand der Natur* von dem *Stande der Sitten*«, wobei Ersterer in klassisch-naturrechtlicher Manier als Abwesenheit dessen galt, was Zivilisation ausmacht, als *status negativus* der Kultur: Vom »gemeinen Verstande« und von der »Weisheit und Tugend« zeigen sich »nicht einmal die ersten Keime«, von »geselligen Neigungen« gibt es nur einen »dunklen Trieb«, der »keine wahre Gesellschaft« erzeugt, und die einzige Verbindung, die Menschen eingehen, ist »die flüchtige Vergnügung eines unbestimmten Triebes zur Fortpflanzung«. Aus dieser erwachsen allerdings keine dauerhaften Bindungen, denn

9 Zehn etwa bei Condorcet 1796.

> Und das Leben dieser Gehilfinn, das ihm so theuer seyn sollte, siehet es als einen gleichgültigen Gegenstand seines unbedachtsamen Eigensinnes, und seiner rohen Willkühr an. Ihren Ungehorsam strafet er wol gar nach Gutbefinden mit dem Tode.«[11]

Die ursprüngliche Gleichgültigkeit asymmetrisierte sich zu einer tödlichen Konstellation, in der sich der Mann selbst alles und die Frau ihm nichts gilt – und entsprechend, so kann man schließen, der Frau der Mann alles gelten muss und sie sich selbst nichts. Schon allein, um die Launen des Mannes zu antizipieren und seinen tödlichen Schlägen zuvorzukommen. Ohne weitere Erläuterung führte Iselin als offensichtlich entscheidendes Element die größere körperliche Stärke des Mannes ein, die diesem erst die Tyrannei gestattet.

Diese bleibt nicht auf die Frau beschränkt. Auch der Nachwuchs leidet im Naturzustand, das Kind ist gleichfalls Eigentum des Mannes, sein Sklave, und »er verkaufet solches nach Gutbefinden. Es muß nach seinem Wohlgefallen leben, oder sterben. – Es wird erst [...] eine Person, wenn sein Vater stirbet.« Allerdings kann dem Mann im Alter ein ähnliches Schicksal widerfahren, wenn ihm die Kräfte sinken und er sich nicht mehr wehren kann gegen seine Kinder: »[...] so kömmt die Reihe der Unterdrückung an ihn«, schrieb Iselin gleichermaßen mit Abscheu wie mit Genugtuung, »so werfen ihn seine Kinder weg, oder sie verkaufen ihn; – oder sie machen sich selbst eine Mahlzeit aus demselben, und dadurch üben sie eine Art von Menschlichkeit aus« – wobei Iselin offen ließ, ob die Humanität im Beseitigen des Tyrannen besteht oder darin, ihn von seiner Altersschwäche zu erlösen.[12] Der wilde Mann zeigt sich bei Iselin stets von seiner schlechtesten Seite. Er ist falsch, unbeständig, leichtgläubig, verwegen, feige, träge, zumindest, wenn er nicht gerade Krieg führt. Er ist »unfühlbar« gegen alles Schöne, hat einen »Geist der Zerstörung« und einen Hang zum Trinken und zum Aberglauben.[13] Diese Eigenschaften stechen energisch ab von denen der Frau, aber

11 ebd., 218.
12 ebd., 219, 220.
13 ebd., 244 ff.; 260 ff.; 294.

das dringt dem Barbaren nicht ins Bewusstsein, benutzt er jene doch nur als Arbeitstier.[14]

Dass Iselin tatsächlich einen geschlechtsdifferenten Diskurs präsentierte und nicht etwa den Mann pro toto als Vertreter der wilden Menschheit nahm, zeigt sich spätestens an jenen Passagen, die er der Frau widmete. Sie tritt gleichsam als Gegenpol zum sinnlich-tyrannischen Mann auf, als Lichtgestalt im dunklen Reich der Triebe. Denn Frauen haben »Vorzüge«:

> »Indessen ist es auch richtig, daß bey allen Völkern die Weibspersonen eher zu vernünftigen Beschäftigungen reif werden, als die Männer. Die Anlage ihrer Leiber ist immer zärter, und die Empfindlichkeit ihrer Seelen grösser. Jeder Gegenstand macht in dieselben einen schnellen und lebhaften Eindruck. [...] Sie beobachten so gar die Beschaffenheiten und die Verhältnisse der Dinge viel leichter und viel begieriger; ihr Gedächtniß behält dieselben viel besser auf; sie vergleichen dieselben viel geschwinder, und sie ziehen mit einer weit größeren Fertigkeit allgemeine Begriffe und Sätze aus ihren Wahrnehmungen.«[15]

Hinter dieser Vorstellung steckten konventionelle psychologische Annahmen der Zeit. Iselin berief sich explizit auf Autoritäten wie Sulzer, Mendelssohn und Baumgarten. Auch dass die sowohl schwächeren wie sensibleren Frauen besser geeignet seien, Sinneseindrücke zu verarbeiten und zu sortieren, war kein ungewöhnlicher Gedanke.[16] Aber Iselin war einer der Ersten, die diese Idee systematisch mit Geschichtsphilosophie und Lebensaltertheorie verbanden. Mit den Fähigkeiten ihrer Einbildungskraft repräsentieren die wilden Frauen den Lebensabschnitt der Jugend und der knospenden Vernunft, während die wilden Männer in der Kindheit verharren. Die Frauen haben den ersten Schritt der Zivilisationsleiter bereits erklommen, sie sind, entwicklungshistorisch und -psychologisch, den Männern einen Schritt voraus. Entsprechend sind sie die Keimzelle der Kultur, die Bedingung einer bürgerlichen Gesellschaft. Den wei-

14 ebd., 257 f.
15 ebd., 259.
16 Zedelmaier 2003, 250 ff.; zur Forschungslage: Riedel 1994.

teren Verlauf der Entwicklung entwarf Iselin als ein Wechselspiel aus Geschlecht und anderen Faktoren wie Klima, Besitzverhältnissen, Sitten, Technologien, Regierungsverfassungen, doch diese Aspekte blieben bei ihm im Vergleich etwa mit den schottischen Historikern bruchstückhaft und systematisch wenig ausgearbeitet. Ich komme an anderer Stelle auf diese Faktoren zurück. Hier geht es nur darum, die geschlechtliche Segregation des Naturzustandes und der Geschlechternaturen festzuhalten.

Um das Neue dieser Ansätze schärfer zu konturieren, sei es knapp mit dem naturrechtlichen Denken der frühen Neuzeit verglichen. Das war *nicht* der zentrale Bezugspunkt von Iselin, aber für unsere Zwecke ist diese Referenz aufschlussreich. Im hypothetischen Naturzustand bei Hobbes herrschte weitgehende Geschlechtergleichheit,[17] gerade sie diente ihm als Grundlage für seine Kritik am Patriarchat. Aus dem Geschlecht des Mannes ergaben sich für Hobbes keine Vorrechte, weder in Bezug auf die Kinder noch als Herrschaftsanspruch über die Frau oder über die Gemeinschaft. Im Gegenteil: Hobbes erwähnte ausdrücklich die Möglichkeit, dass »der Vater der Mutter untertan« sein könne.[18] Auch war keine Rede von einer körperlichen Überlegenheit des Mannes, vielmehr kann der Stärkste vom Schwächsten umgebracht werden (und sei es im Schlaf), und der Mann lebt nicht sicherer als die Frau. Jeder kann jeden töten – diese fundamentale Unsicherheit nötigt zur Einigung auf den starken Staat. Eine Tyrannei des Mannes war für Hobbes undenkbar, sie hätte den Zweck seiner Theorie unterwandert: Wäre der Mann ohne Gegenwehr zu herrschen in der Lage, so würde er einem Vertrag zur Abtretung aller seiner Rechte an den Leviathan niemals zustimmen.

Auch John Locke konzipierte seine beiden *Abhandlungen über die Regierung* explizit gegen das traditionelle Patriarchat und postulierte die Gleichheit auch der Geschlechter im Naturzustand. Wichtiger

17 Das ist umstritten, s. Pateman 1989; Brennan/Pateman 1979, die Hobbes als erste moderne Variante des bürgerlichen Patriarchalismus lesen. Dagegen Hansen 1993, Bürgin 1998. S. a. Jamieson 1996.

18 Hobbes 1991, 157 (20. Buch).

war bei ihm allerdings die Aufgeräumtheit, die Geordnetheit des Naturzustandes. Dieser war »*kein* Zustand der Zügellosigkeit«,[19] sondern bevölkert mit Individuen, die über Rechte verfügen und sie auch ausüben – wenngleich mit unsicherem Ausgang, was ihnen die Staatsgründung nahelegt. Aber niemand hat darin »die absolute und willkürliche Gewalt«, andere »so zu behandeln, wie es seiner hitzigen Leidenschaft und der unbegrenzten Zügellosigkeit seines Willens vielleicht entspricht«.[20] Der wilde Mann Iselins wäre im Lockeschen *state of nature* ein Monster, das wegzusperren jedermann und -frau die Verpflichtung hätte.

Hinter diesen Unterschieden zwischen Iselin und den frühneuzeitlichen Vorläufern steckte eine grundlegende Differenz, die sich als Verschiebung von Vernunft zu Natur (Trieb) beschreiben lässt. In den naturrechtlichen Entwürfen zeigte sich weniger die Natur als vielmehr die Vernunft des Menschen (bzw. die vernünftige Natur). Ganz gleich, wie die Theoretiker die Natur des Menschen veranschlagten, ob eher egoistisch und kriegerisch (Hobbes) oder freundlich und gesittet (Bodin; Locke) – stets waren die vorgesellschaftlichen Menschen vernünftig genug, gemeinsam einen Staat zu gründen, der die Rechte der Einzelnen zugleich garantierte und vor dem Zugriff der anderen schützte. Der Naturzustand bestand aus einer philosophisch höchst wirkungsvollen, aber durchsichtigen Konstruktion: Die Vernunft, ihren Egoismus einzudämmen, war in den rohen Individuen der Vorzeit stets bereits angelegt.[21] Das entsprach dem alteuropäisch-christlichen Bild einer zwar sündhaften, aber vernünftigen Natur des Menschen. Der Wilde war nicht so wild, in seinem Zustand verharren zu wollen; er war der Zivilisierte, der seine eigene Zivilisiertheit nur noch nicht realisiert hatte. Streng genommen gab es keine Wilden, nur Protozivilisierte.

Das änderte sich in dem Moment, in dem der Naturzustand nicht mehr als Gründungskulisse einer vernünftigen Vergesellschaftung

19 ebd., 203.
20 ebd., 204.
21 Noch der Krieg aller gegen alle entsprang rationalem Kalkül (Kersting 1990, 918).

diente, sondern als Ausgangspunkt der Geschichte und als historischer Kontrast zur Fortschrittlichkeit der Moderne. Der *status naturalis* wendete sich einerseits zum »Anderen« der Zivilisation, musste andererseits aber auch als Emanation der einen, universalen Natur des Menschen fungieren. Darin konnte sich keine Vernunft mehr verstecken, sonst hätte der Naturzustand davon infiziert sein müssen, was nicht denkbar war, wenn dieser die primitivsten Regungen des Menschen verkörperte. Die Natur des Menschen musste jetzt alles abdecken, den wilden Beginn und die vernünftige Gegenwart (oder Zukunft). Es ließ sich von ihr nur noch sagen: Bei und mit ihr ist alles möglich, man hat jetzt auch das Schlechte von ihr zu erwarten. Auf die Vernunft gewendet, bedeutete das: Sie mutierte von einer Gabe des Menschen zu dessen Aufgabe – zu verwirklichen im Lauf der Geschichte, im Zuge des Fortschritts. An die Stelle eines guten Anfangs trat ein schlechter, der es erlaubte, sowohl eine historische Theodizee wie deren Überwindung durch Zivilisation zu denken. Die Geschichte wurde zum Disziplinierungs- und Normierungsprozess ihrer selbst und beinhaltete zugleich die ständige Gefahr, zurückzufallen in die überwundene (maskuline) Tyrannei. Aber warum repräsentierte vor allem der Mann die neue Natur und nicht (auch) die Frau?

Bevor ich mich mit dieser Frage und dem darin verborgenen Naturbegriff beschäftige, soll Iselins Spur im ausgehenden 18. Jahrhundert verfolgt werden, wobei »Spur« ein wenig zu hoch gegriffen erscheint. Iselin war einer der ersten Autoren, die den neuen Naturzustand auf den Begriff brachten, aber ihn als Vater einer Bewegung zu sehen wäre übertrieben. Nahezu zeitgleich setzte sich in Westeuropa das neue Fortschrittskonzept in sehr verschiedenen »Schulen« durch (von Turgot bis zu den schottischen Aufklärern, von Herder bis zu den Historikern der Göttinger Schule), was auf systematische Gründe hindeutet, nicht auf personale Einflussnetzwerke.[22] Nach 1750 verfiel innerhalb von kaum zwei Jahrzehnten die naturale Männlichkeit dem Verdikt der Tyrannei und Triebhaftigkeit. Aus der mas-

22 Den Einfluss Iselins scheint mir Zedelmaier unter Vernachlässigung der systematisch-semantischen Relevanz überzubewerten (2003, 251).

kulinen Natur wurde die Vernunft evakuiert und durch Gewalt und Selbstsucht ersetzt, die Erzeugung einer »positiven« Männlichkeit überantwortet man dem Wirken der Geschichte, den Kräften der Zivilisation und der Erziehung. Die Wildheit ging ganz auf den Mann über. Das knüpfte zwar an die lange Tradition des *homo silvestris* an, des Waldmenschen der Mythen und Legenden, die aber hatte stets eine Außenseiter-Männlichkeit gekennzeichnet, die Abweichung am Rande der Gesellschaft.[23] Jetzt brach die wilde Natur im Kern des Geschichts- und Naturdenkens auf, im Zentrum des Selbstverständnisses der Moderne. Eine *tour d'horizon* durch die unterschiedlichsten historischen Werke verdeutlicht die Breite dieses Konsenses.

Noch vergleichsweise zurückhaltend skizzierte der französische Sensualist Antoine-Léonard Thomas (1732-1785) das ursprüngliche Geschlechterverhältnis und die Despotie des Mannes:

> »Mehr als die Hälfte des Globus ist von Wilden bewohnt; & bei allen diesen Völkern sind die Frauen sehr – unglücklich. Der wilde Mann, zugleich grausam und gleichgültig, aktiv aus Notwendigkeit, aber unwiderstehlich zur Trägheit neigend, ohne Ahnung von der Beschaffenheit der Liebe, & ohne irgendwelche moralischen Vorstellungen, die allein das Reich der Gewalt besänftigen könnten, die er als das einzige Gesetz der Natur erachtet, befehligt er despotisch jene, die ihm die Vernunft zu Gleichen macht, aber die Schwäche ihm unterwirft.«[24]

In seiner Rezension von Thomas' Werk bemängelte Denis Diderot zwar den langweiligen Stil des Autors, in der Sache aber stimmte ihm der Enzyklopädist zu, wobei er die Grausamkeit der Vorzeit nahtlos in die Gegenwart verlängerte:

> »In fast jedem Land hat sich die Grausamkeit des positiven Rechts mit der Grausamkeit der Natur gegen die Frauen vereint. Sie wurden wie dumme Kinder behandelt. Es gibt keine Quälerei, die Männer zivilisierter Völker nicht ungestraft gegen Frauen

23 Bartra 2000.

24 Thomas 1773, 6 f.; zur Einordnung Thomas' in die Denkgeschichte: Steinbrügge 1992.

> ausführen dürften; jede Vergeltung ihrerseits führt zu häuslichem Streit und zu Verachtung, deren Maß abhängt vom Maß der Zivilität, die eine Nation erreicht hat. Es gibt keine Quälerei, die der Wilde nicht gegen seine Frau ausführt; die unglückliche Frau in den Städten ist weit unglücklicher noch als die Frau in den Wäldern.«[25]

Wildheit und Zivilisation verschmolzen nahtlos vor dem Hintergrund der andauernden Unterdrückung der Frau durch den Mann. Es gab kaum eine Diskussion im 18. Jahrhundert über den Status der Frauen, die den Urzustand nicht in die Jetztzeit verlängerte und die Tyrannei des Anfangs als Dauerproblem geißelte. Auch der konservative Göttinger Professor der Geschichte und Weltweisheit, Christoph Meiners, einer der renommiertesten Historiker seiner Zeit, weichte geographische und zeitliche Einschränkungen auf:

> »Die Geschichte keines Volks, und keines andern Standes bietet ein so empörendes, und Abscheu und Mitleiden in so hohen Graden erregendes Schauspiel dar, als die Geschichte des Zustandes des weiblichen Geschlechts unter den meisten Völkern der Erde. [Es] war das ganze irdische Daseyn von Weibern eine aneinander hängende Kette von Mühseligkeiten, und Erniedrigungen, deren stilles Dulden die Kräfte der menschlichen Natur zu übersteigen scheint; und der Zustand von Mädchen, Frauen und Witwen war ein Zustand von immer steigender Knechtschaft und Elend.«[26]

Schilderungen wie diese traten um 1800 stereotyp in den unterschiedlichsten Kontexten auf.[27] Dass der tyrannische Mann die Frau im Naturzustand und in den meisten folgenden Epochen der Geschichte brutal versklavt – diese Auffassung ist mit Recht als »Enlighten-

25 zit. in Tomaselli 1985, 109.

26 Meiners 1788, I 1-3; vgl. a. ders. 1793, 183. Meiners nimmt direkten Bezug auf Iselin als ersten Menschheitsgeschichtler in Deutschland (1793, 34).

27 Kleine, unvollständige Auswahl: Fordyce 1765, 48; Reinhard 1797, 199; Chamfort 1796, 94; Hippel 1977, 26; Sprengel 1798, 2; Condorcet 1796, 29; Mauvillon 1791, 500; Kosengarte 1816, 113; Ewald 1804, 109; Berlepsch 1791, 91; Forster AA III, 252, 228, 318 f.; Macaulay 1988, 208; Heydenreich 1798, 109; als Vorläufer Poulain de la Barre 1673, 59.

ment consensus« bezeichnet worden.[28] Es fällt dabei auf, dass theoretische Ausgangsdifferenzen kaum einen Unterschied machten: ob französischer Sensualismus, deutsche Menschheitsgeschichte, schottischer Empirismus, Transzendentalphilosophie oder Sozialökonomie – in diesem Punkt konvergierte das Denken der Zeit. Sogar Rousseau, in den Annalen der Geschlechterforschung nicht als Frauenfreund geführt, erregte sich in seinem frühen Aufsatz »Über die Frauen«: die Tyrannei der Männer verberge den Umstand, dass, würden Frauen nicht »versklavt«, sie die Männer längst in allen »Beweisen von Tugend und Mut« übertroffen hätten.[29] Im 19. Jahrhundert erhielt diese Sicht auf die Geschichte Eingang in die Lexika und wurde kanonisch. Das Deutsche Staats-Wörterbuch von 1858 ließ keinen Zweifel, dass die Frau auf der untersten »Stufe der Roheit [...] rechtlos der Gewalt der stärkeren Männer Preis gegeben, ihnen zur Befriedigung sinnlicher Triebe und als Lustthier dient« – wobei, nationalistisch gewendet, nur die »schon frühe [...] den Deutschen eigenthümliche hohe Achtung der Frauen« eine Ausnahme gemacht habe.[30]

Stets geht es in diesem Diskurs um die gleichen Strukturmuster: Der Mann ist geprägt von grenzenloser Selbstsucht und Egoismus, die ihn gepaart mit seiner überlegenen körperlichen Stärke zu Willkür und Gewalt führt. Weil er nichts zu fürchten hat und nichts respektieren kann außer seiner selbst, wird er zum Menetekel der Menschlichkeit. Am Anfang der Geschichte stand also für die Aufklärer der Verlust von weiblicher Freiheit und Selbstbestimmung; besser: deren *Raub* durch die Männer. Die Denker ließen wenig Zweifel daran, dass der Mann sich das Recht zur Tyrannei allein aufgrund seiner größeren Körperkraft anmaßte. Darin lag, wie bereits ausgeführt, eine weitreichende Vorentscheidung. Anders als bei Hobbes war die Frau nun die »naturhaft« Schwächere. Das besiegelte ihr Schicksal, aber auch das des Mannes. Weil er als stärker galt, musste er auch als der Grausamere, der Gewalttätigere erscheinen. Was als seine Frei-

28 Tomaselli 1985, 121.
29 zit. in ebd., 1985, 112.
30 Dt. Staats-Wörterbuch 1858, 3:632.

heit erschien, erniedrigte ihn zugleich zum moralischen Monster, das gezähmt werden musste. Die naturalisierten Vorentscheidungen, die in den Naturzustand einflossen, verteilten die Rollen von Tyrann und Sklavin zwischen Mann und Frau – und zwar ganz unabhängig von dem ethnologischen Material, welches die Autoren zusätzlich noch verwendet haben mochten oder nicht.

Man darf die Bedeutung dieser Sicht nicht unterschätzen: Sie kam einer Revolution des Geschlechterverhältnisses gleich. Zum ersten Mal in der Geschichte wurde das *Wesen* der Geschlechterbeziehung systematisch als Unterdrückung der Frau durch den Mann gedacht. Zwar hat die Klage über maskuline Despotie eine lange Tradition bis in die Antike. Aber um 1800 änderte sich der Ton grundlegend: Nun wurden nicht mehr Pro und Contra eines traditionellen Patriarchalismus verhandelt, der mit seiner von Gott verliehenen Pflicht des Mannes, Frau und Haushalt nach verbindlichen Kriterien christlicher Lebensführung zu regieren, vergleichsweise benevolent wirkte. In der geschlechtsdifferenten Naturdebatte um 1800 waren alle sozialen Institutionen, die den Umgang von Mann und Frau regulieren könnten, beseitigt, und es trat ein nacktes Macht- und Gewaltverhältnis zutage. Der Unterschied an körperlicher Kraft konstituierte dabei zugleich eine moralische Differenz. Das Geschlechterverhältnis wurde zum Kampf: von Stärke und Schwäche, Tyrannei und Mitleid, Gut und Böse. Dabei wurden die naturalen Ausgangsdifferenzen oft kaum wahrnehmbar hingetuscht. Der schottische Aufklärer William Alexander hat diesem Kampf in seiner zweibändigen Werk *History of Women* höchste Aufmerksamkeit geschenkt. Darin findet sich die Urszene des Geschlechterdenkens am Beginn der Moderne:

> »Der Mann, in jenem groben und unkultivierten Zustand, in dem er ursprünglich in allen Ländern auftritt, bevor er durch die Gesellschaft geformt und durch Erfahrung belehrt wurde, ist ein Tier und nur wenig verschieden von den wilden Bestien um ihn herum. [...] Zu seinen wenigen sinnlichen Genüssen können wir das Vergnügen zählen, das aus dem Verkehr mit dem anderen Geschlecht erwächst: wenn wir, im Leben des Wilden, diesen Ver-

kehr ein Vergnügen nennen können, in dem, bar jeglicher gegenseitiger Zuneigung und jeden intellektuellen Empfindung, *die Männer völlig gleichgültig sind, welche Gefühle ihre weiblichen Partner für sie hegen*, so lange sie sich zahm unterordnen und ihre Gelüste befriedigen; und in dem Frauen die Männer als Herren und Meister betrachten, denen sie, in allen Dingen, verpflichtet sind, zu gehorchen.«[31]

Zunächst scheint es, als spräche Alexander neutral vom Wilden als Gattungswesen (im Sinne von *man* = Mensch). Doch in die kalte Urbegegnung der Geschlechter ist jene bereits von Iselin bekannte winzige, vielsagende Asymmetrie eingebaut: Während die Frauen bereits über *sentiments* verfügen, über Gefühle, hat der Mann nur wahllose Lust (*appetites*). Er ist noch ganz das Tier, die Frau schon ein klein wenig Mensch. Die Frauen, so kann man jener Szene entnehmen, hätten eigentlich nichts mit diesen Wesen zu schaffen, denn was sollte die rudimentär empfindende Frau mit einem Triebtäter anfangen, der nur seine eigene Lust an ihr befriedigt? Allein die körperliche Stärke, die Macht und die Libido des Mannes stellen eine Beziehung zwischen den Geschlechtern her, eine Gewaltbeziehung von Anfang an. Der Mann, der hier in der Tiefe der Geschichte auftaucht, ist ein Vergewaltiger, ein Frauenschänder, der eine »universale Prostitution« erzwingt.[32] Alle Männer sind Vergewaltiger – diese radikalfeministische These des späten 20. Jahrhunderts wurde bereits 200 Jahre früher formuliert, und zwar von Männern.[33] Theodor Gottlieb von Hippel, Freund Immanuel Kants und Philosoph der Frauenemanzipation, bündelte die ursprüngliche mo-

31 Alexander 1779, I 169 f. (meine Hervorhebung, C. K).

32 John Millar, *An historical view of the English government*, zit. in Bowles 1984, 635.

33 Man kann die radikalfeministischen Klassiker als Modernisierung des Naturzustandsdenkens des 18. Jahrhunderts lesen unter Ausdehnung auf die gesamte Geschichte: »Durch die anatomische Bestimmung – die unausweichliche Form ihrer Genitalien – war das menschliche Männchen ein natürliches Raubtier und das menschliche Weibchen diente als dessen natürliche Beute.« (Susan Brownmiller 1976: »Gegen unseren Willen: Männer, Frauen und Vergewaltigung«, zit. in Kaufman 2001, 142). Für Catherine MacKinnon sind »*alle* heterosexuellen Frauen [...] Opfer und *alle* heterosexuellen Männer sind Vergewaltiger« (Messerschmidt 1993, 42) – was *common sense* war im 18. Jahrhundert, wenngleich auf den Naturzustand beschränkt.

ralische Differenz der Geschlechter in einen heute komisch anmutenden, damals allgemeingültigen Satz: »Ohne *Eva* ist *Adam* ein Tier, und *Eva* ohne *Adam* eine Klosterjungfer.«[34] Das sind frappierende Begriffe für eine Zeit, die heute bevorzugt als von Grund auf misogyn und frauenfeindlich geschildert wird. Warum dieser Diskurs bislang überlesen wurde, dazu später. Hier sei nur darauf hingewiesen, dass gilt, was Patricia Spacks bereits 1974 festgestellt hat: »Weibliche Unschuld ist männliche Unterdrückung; die Begriffe sind heutig, aber diese Wahrnehmung war Frauen des 18. Jahrhunderts durchaus vertraut.«[35]

Es dürfte zudem deutlich geworden sein, dass in der Debatte keineswegs der Mann der Kultur und die Frau der Natur subsumiert wurde, sondern, wenn überhaupt, der Mann der Natur und die Frau der Zivilisation. Mehr noch: Der Ur-Mann erschien explizit als das »Andere« der Zivilisation, als Vernichter der Menschheit: »[...] die Gefühllosigkeit der Männer [...] vernichtet die Menschlichkeit.«[36] Dagegen verfügte die Frau auch in der Wildnis über die »sentimentalen Empfindungen der Liebe«,[37] die bereits den Vorentwurf der Moralität in sich trugen. Der Abstand zwischen Wildnis und Zivilisation wurde als Abstand zwischen der Natur von Männlichkeit und Weiblichkeit definiert. Die Frau wies also den Weg in die Zivilisation, sowohl kognitiv, moralisch, ästhetisch als auch technologisch: »wo es auf Vernunftgebrauch ankam, scheint immer das Weib die Bahn gebrochen zu haben«.[38] Ebenso entwickelten Frauen früher als Männer einen Sinn für Schönheit[39] und waren gemeinsam mit Sklaven »unstreitig die ersten Erdbauer«,[40] schufen also die Grundlage der Agrarwirtschaft mit ihren affekthemmenden und pazifizierenden Folgen. Ich werde auf diesen feminin gesteuerten Zivilisationsprozess zurückkommen.

34 Hippel 1977, 212.
35 Spacks 1995 (1974), 48 f.
36 Alexander 1779 I, 212; s. a. Pockels 1805 I, X.
37 Alexander 1779 I, 212.
38 Hippel 1977, 59.
39 Reinhard 1797, 199; Schiller 2000, 107 ff. (26. Br).
40 Meiners 1793, 136.

Die radikale Demoralisierung des (wilden) Mannes und die Idee der Sklaverei der zivilisatorisch überlegenen Frau wurden seit etwa 1750 in ungezählten Varianten und Wiederholungen durchgespielt. Aus ihnen heraus gewann die moderne Anthropologie des Mannes Kontur. Erstaunlicherweise kollabierten dabei auch alle Unterschiede zwischen »Weißen« und »Schwarzen«, zwischen »zivilisierten« und »barbarischen« Völkern, auf die in anderen Zusammenhängen, vor allem im Kolonialdiskurs, peinlich geachtet wurde. Autor um Autor malte »ein verstörendes Bild [...] der Bedingungen von Frauen in dieser frühen Menschheitsphase«[41] und ein nicht minder bestürzendes Bild des grausamen, »nach Blute dürstenden Mannes«.[42] Eine Parade männlicher Brutalität und weiblicher Unterdrückung zog vor den Augen des Lesers vorbei, meist illustriert mit mehr oder weniger instruktiven ethnographischen Belegen, wobei die Beschwerden in recht wahlloser Folge von Sklaverei bis Arbeitsüberlastung reichten.

Bei den »Negern« an der Sklavenküste Afrikas müsse die Frau, wolle sie zu ihrem Gatten sprechen, zuvor niederknien, bei den Indianern Südamerikas herrschten die Männer »mit despotischer Gewalt über die Frauen, die wie irgendein beliebiges Stück Eigentum angesehen werden«, die Germanier seien »absolute, tyrannische Herrscher«.[43] In der Tartarei liehen die Väter ihre Töchter bedenkenlos an Fremde zwecks sexuellen Gebrauches, in Potany hielten sich die Männer weibliche Sexsklaven, in Grönland müssten Frauen die schweren Seerobben an Land ziehen, bei den Hottentotten verprügelten frisch initiierte Knaben ihre Mütter, und am Orinoko brächten Mütter ihre Töchter um, weil der Tod immer noch besser sei als ein Leben als Sklavin des Mannes.[44]

Letzteres war eine weitverbreitete Schauergeschichte des 18. Jahrhunderts, die gleichsam die Debatte in einer Episode bündelte. Der wilde Mann zeichnet sich zudem durch unberechenbare Lau-

41 Bowles 1984, 627 über John Millar.
42 Hippel 1977, 57.
43 Millar 1968, 74 ff.
44 Alexander 1779 I, 172 ff.

nen und mangelnde Affekthemmung aus. »Beim geringsten Widerstand entfacht sich sein Zorn«, der ihn so aufbringt, »daß seine Gewalttätigkeiten zu einem unglücklichen Ausgang, nämlich zum Tod der Frau führen können«.[45] Auch seinen eigenen Kindern gegenüber ist der wilde Vater bar jedes menschlichen Empfindens, sie müssen »oft seine plötzlichen gefährlichen Zornesausbrüche erdulden« und sich »jeder Brutalität und Willkür des Vaters unterwerfen«.[46]
Angesichts des Schreckensbildes kann es nicht verwundern, dass William Alexander sogar die Kastration von Männern begrüßte – zum Schutze der Frauen vor der Männerwelt. Die Eunuchen in den Harems des Orients seien zwar »Schufte« und »barbarisch unnatürlich«, erfüllten aber eine durchaus notwendige Funktion. Da Frauen den männlichen »Raubtieren« schutzlos ausgeliefert seien, könne es sinnvoll sein, das weibliche Geschlecht beschützen zu lassen von »neutralen Wesen«, denen der Geschlechtstrieb gekappt worden sei.[47] Das war ohne Zweifel das äußerste Extrem, das im 18. Jahrhundert abgesteckt wurde, aber es folgte einer Logik, die seither immer wieder erörtert wird: Männlichkeit ist so bedrohlich, dass nur Entmannung Abhilfe verheißt.[48] In den Schriften der Aufklärer wurde die Grundlage dieses Denkens gelegt, die Grundlage der Negativen Andrologie.
In dem Diskurs fällt zweierlei auf. Zum einen die nahezu gänzlich fehlende Differenzierung, die vermeintliche Einfachheit des Naturzustandes hat die Autoren zu holzschnittartigen Zuspitzungen und Einseitigkeiten verführt. Etwas anderes als der grausame Mann und die tyrannisierte Frau taucht selten am Horizont des Naturpanoramas auf. Zum anderen verwundert die geradezu obsessive Ausmalung der Details, die nicht nachlassende Dramatisierung des Grundbefundes, William Alexander vermochte die Idee gar auf zwei

45 Millar 1968, 79
46 ebd., 130 f.
47 Alexander 1779 II, 12 ff. Kant bestätigt den Anspruch der Frau, »vom männlichen Teile gegen Männer geschützt zu werden« (1977, Bd. XII: Anthrop. in prag. Hins., 649).
48 Oder Verhinderung von Männern: »Wenn wir es uns einfach machen wollten, dann würden wir die Geburt von Männern verhindern« (Breiling zit. in Mariani 1995, 138).

umfangreiche Bände zu strecken. Man könnte aus dem Bisherigen dem Schluss von Sylvana Tomaselli folgen, den sie kritisch gegen die feministischen Historiographien der Zeit gewendet hat:

> »In dem Diskurs ist es der Mann, der Natur ist, wenn man es so sehen will, und die Frau ist die Kultur. Die Geschichte ist die Geschichte der Feminisierung, der Verweiblichung, und der Kampf der Geschlechter wird offensichtlich vom schwächeren Geschlecht gewonnen.«[49]

Aber diese Umkehrung wäre zu einfach. Das zeigt sich, wenn man der Frage nachgeht, warum die Männernatur im 18. Jahrhundert überhaupt in dieser Weise bestimmt wurde? Bevor dies beantwortet werden kann, bedarf es einiger Vorklärungen; sie stehen im Mittelpunkt des nächsten Kapitels.

49 Tomaselli 1985, 122.

2. Ganz *vir*: Heroen und Fühlmänner

»[I]m Wahren ist man nur, wenn man den Regeln einer diskursiven ›Polizei‹ gehorcht, die man in jedem seiner Diskurse reaktivieren muss.«[1]

An dem geschilderten Bild der männlichen Natur fallen noch weitere verblüffende Aspekte auf: Sie lassen sich aus heutiger Sicht ordnen als zeitlicher Bezug dieses Männlichkeitsdiskurses zur Tradition (vorgestern) und zu seiner sozialen Umgebung (gestern).

2.1 Traditionsbruch (vorgestern)

Zunächst überrascht an der harschen Darstellung egoistischer, unmoralischer Männlichkeit die Abkehr von traditionalen Deutungen. Zwar hatte in der Prämoderne die Kategorie Geschlecht nicht den Stellenwert, den die Moderne ihr zumisst;[2] auch kann keine Rede davon sein, dass es je *eine* universale Form von Männlichkeit gegeben hat. Zwischen den Idealen etwa einer christlich-monastischen und einer adlig-ritterlichen Männlichkeit herrschten gravierende Differenzen und Spannungen.[3] Ebenso war es buchstäblich undenkbar, einen Bauern und einen Fürsten vor dem Hintergrund einer vermeintlich geteilten Männlichkeit zu vergleichen; das wäre nicht verstanden worden, allenfalls als Frechheit. Es konnte nur Männlichkeit*en* geben, weil die Erwartungen an Männer abhingen von deren Positionen innerhalb der gesellschaftlichen Hierarchie und den damit verknüpften Rollenbündeln. Das schloss weder Widersprüche noch eine starke Stellung von Frauen aus.[4]

1 Foucault 1991, 25.
2 »[...] in der ständischen Gesellschaft [besaß] die ›Kategorie Geschlecht‹ nicht die universelle Strukturierungskraft wie in der bürgerlichen Gesellschaft des 19. Jahrhunderts.« (Wunder 1992, 264)
3 Studt 2003.
4 Wunder 1992, 264; s. a. Schmale 2003 (speziell 152 ff.), Shepard 2003, 2 u. 250.

Dennoch konnte sich die stratifizierte Gesellschaft nur als männliche selbst repräsentieren. Die ständische Differenzierungsform setzt eine sichtbare Repräsentation der Ordnung voraus, eine konkurrenzfreie Position für die richtige Beschreibung der Welt und der Gesellschaft, nämlich die Spitze der Hierarchie. Dafür kam nur adlige Männlichkeit in Betracht.[5] Sie galt als Perfektionsideal. Sowohl Tugendschema als auch ideale Körperlichkeit waren nach ihrem Modell geformt und im *civic humanism* codifiziert; die darin enthaltene heroische *virtú* war fester Bestandteil der europäischen (männlichen) Elitenbildung und repräsentierte zugleich das Gute der sozialen Ordnung.[6] »Die größere Würde liegt beim männlichen Geschlecht«, heißt es in den Digesten, und damit lässt sich »die allgemein konsentierte Haltung zu der Beziehung zwischen Mann und Frau im Humanismus auf eine kurze Formel bringen«[7] – und zwar nicht nur im Humanismus, sondern in der klassischen Antike, im Mittelalter und der frühen Neuzeit.[8]
Es war daher selbstverständlich, dass der Mann die Frau erzog, nicht umgekehrt: »Der Mann korrigiert die Frau, nicht die Frau den Mann.«[9] Frauen galten als das unzuverlässige, störende Element der *fortuna*, das die vorbildlichen Unternehmungen der Männer zu unterwandern drohte und das ausgiebig mit Häme und Spott bedacht wurde. Umgekehrt haben protofeministische Autoren stets darum gekämpft, Weiblichkeit als zumindest *ebenso* tugendhaft wie Männlichkeit darzustellen, Frauen also erst einmal zu den moralischen Qualitäten der Männer aufschließen zu lassen.[10] Von überlegener weiblicher Sittlichkeit war in nennenswertem Maße erst ab dem späten 17. Jahrhundert die Rede. Die Selbstrepräsentation der Gesell-

5 Luhmann 1997, 894.
6 vgl. Luhmann 2003, 26; zum *civic humanism* grundlegend: Pocock 1975; 1985; Pitkin 1984; Linton 2001; Wolin 1960. Zum Mechanismus der »guten« Selbstrepräsentation der ständischen Gesellschaft: Kieserling 2001.
7 Koch 1991, 1. »Maior dignitas est in sexu virili«.
8 Wunder 1996; Karras 2003, 153; s. a. Cadden 1993; Shepard 2003, 246 ff.; McNamara 1994, 4 f.; Fisher 1998; Harlow 1998.
9 zit. in Luhmann 2003, 31.
10 Green 1995, 27 ff.; Conley 2002.

schaft in ihrer maskulin dominierten Spitze schloss harsche Kritik an Männern nicht aus. Für Männer wie für Frauen stand ein kompletter Moralkatalog zur Verfügung, Lob wie Tadel. In mittelalterlichen Mären, Spottgedichten und in der Schwankliteratur etwa findet sich ein erstaunlich hohes Maß an »misandrischen« Elementen: Männer wurden von den Frauen als tumbe Toren oder als Schlappschwänze verlacht.[11]

Entscheidend an solchen Vorhaltungen war, dass sie sich auf männliches Verhalten bezogen, nicht auf Männlichkeit als solche. Sanktioniert wurde die *Abweichung* von den Geschlechtervorschriften, die Korruption dessen, was als Telos der (maskulinen) Natur gedacht wurde. Oder um eine Unterscheidung von Thomas Kühne zu verwenden: Die Praxis des *Mannseins* konnte strenger Kritik ausgesetzt werden, die innere Stimmigkeit des Konzeptes einer *Männlichkeit* an der Spitze der sozialen Hierarchie kaum. Dies hängt mit der Differenzierungsform der Gesellschaft zusammen: »*Daß* es eine solche Spitze gibt und daß sie besetzt ist, ist [...] unwegdenkbares Ordnungsprinzip« einer stratifikatorischen Differenzierung.[12] Die Gesellschaft akzeptiert sich selbst nur im Modus der Hierarchie, die meist über sie selbst hinaus verlängert wird in eine höhere Welt. In der irdischen aber fällt die Spitze stets mit einem Perfektionsideal des Männlichen zusammen; Frauen mögen temporär die Spitze besetzt haben (man denke an die englischen Königinnen), aber dann nur, indem sie handelten *wie* Männer.[13] Davon setzte sich die von der funktionalen Differenzierung durchwirkte Debatte des 18. Jahrhunderts nachdrücklich ab. Im Naturzustand erschien nicht die Abweichung von einer an sich wünschenswerten Männlichkeit als das Problem, sondern gerade deren Verwirklichung: Wenn der Mann ist, wie ihn die Natur eingerichtet hat, wird er zum gewalttätigen Tyrann. Darin lag eine dramatische epistemologische Umpolung: Das Verhältnis von Natur und Verhalten wird neu schematisiert.

11 Bachorski 1998; s. a. Parker 1996, Mathes 2001, 44 ff.; Fischer-Homberger 1983, 61 ff.
12 Luhmann 1993b.
13 Williams 1999, 133.

Die Tradition setzte eine an sich positive – weil von Gott geschaffene – Natur voraus und fürchtete deren Negation durch Männer. Um 1800 wurde dagegen die männliche Natur selbst negativ gedeutet – und erwartet wurde die Negation dieser Natur, um zu einem zivilisierten Menschen zu werden. Konnte sich der Mann zuvor prinzipiell in seiner Naturform als Telos erfüllen (auch wenn das Erkennen dieser Form der Erziehung bedurfte zur Verhinderung von Korruption und Verderbnis), so konnte er sich jetzt nur in der Überwindung seiner Natur zu einem nützlichen Wesen entwickeln: als Negation der Negation. Das verlangte ebenfalls nach Erziehung, aber erkennbar nach einer wesentlich radikaleren und tiefer gehenden. Ich komme in Abschnitt A.9 darauf zurück.

2.2 Pazifizierung (gestern)

Die zweite Verblüffung über die Negativisierung der männlichen Natur ergibt sich mit Blick auf sozialhistorische Entwicklungen im 18. Jahrhundert. Auf die Frage, warum sich die Skepsis gegen die maskuline Naturbasis entwickelt hat, wäre eine denkbare Antwort: Sie beruhte auf Beobachtung. Aufgrund sozio-ökonomischer oder anderer Veränderungen könnte eine umfassende Transformation von Männlichkeit stattgefunden haben, die als sozial problematische Verschlechterung wahrgenommen wurde – etwa als zunehmende Gewalt, Kriminalität oder Kriegslust. Dieser Negativtrend wäre dann in die Beschreibung von Männlichkeit eingeflossen.

Eine soziale Transformation hat es tatsächlich gegeben, nur verlief sie nicht in Richtung gesteigerte Gewalttätigkeit, sondern im Gegenteil hin zu einer zunehmenden Pazifizierung der Gesellschaft. Das 18. Jahrhundert stand im Zeichen jener langfristigen Entwicklung, die Norbert Elias als »Prozess der Zivilisation« bezeichnet hat.[14] In seinem groß angelegten figurationstheoretischen Entwurf verfolgt Elias die wechselseitige Verschränkung der Soziogenese der

14 Elias 1976.

modernen Gesellschaft mit der Psychogenese ihrer Mitglieder, in dessen Verlauf sich auf Seiten der Individuen neue Verhaltensweisen ausprägen. Elias beschreibt sie mit den Begriffen gesteigerte Selbstdistanzierung, zunehmende Affekt- und Triebkontrolle, Abnahme interpersonaler Gewalt, kurz: »ebenmäßigere, allseitigere und stabilere Selbstkontrollmuster«.[15] Unabhängig davon, ob Elias' Analyse im Einzelnen zutrifft, decken sich die empirischen Befunde etwa bei der Kriminalität erstaunlich genau mit seiner Theorie.[16] Zwischen dem späten 16. und der Mitte des 20. Jahrhunderts hat interpersonelle Gewalt – gemessen z. B. an der Mordrate pro Kopf der Bevölkerung – in Europa drastisch abgenommen: um den Faktor zehn bis fünfzig, je nach Studie, Statistik und Region.[17] Die Abnahme lässt sich – wiederum sehr grob – vor allem durch eine geringere Gewalttätigkeit unter Männern erklären, die sich ab etwa 1700 bemerkbar machte.[18] Daran hatten etliche zivilisierende Anstrengungen ihren Anteil, auf die hier nicht eingegangen werden muss.

In jedem Fall wurde die traditionelle, auf Gewaltbereitschaft und das Prinzip der persönlichen Ehre gegründete Männlichkeit im 18. Jahrhundert im Zuge eines tiefgreifenden Mentalitätswandels zunehmend mit dem Gegenmodell einer »sanften Männlichkeit« (F. Schlegel) konfrontiert, mit dem sprichwörtlichen »good-natured man«,[19] der sich durch Empfindsamkeit, Emotionalität, Gewaltverzicht, öffentliche Wohltätigkeit und Häuslichkeit auszeichnete.[20] Dieses Ideal von Männlichkeit war etwas Neues, für das es kaum Vorläufer gab. »Weder in der Antike noch im Mittelalter noch im 16. Jahrhundert noch im England der Puritaner und Kavaliere war der ›gefühlvolle Mann‹ jemals populär gewesen.«[21] Die umfassende

15 Elias 1995, 410; vgl. Hammer 1997; Schroer 2000, 339 ff.
16 Eisner 2003, 87; z. Kritik: Dinges 1998a.
17 ebd., 88.
18 ebd., 119; Wiener 1998; Shoemaker 2001; King 1999.
19 Sheriff 1982.
20 Trepp 1996.
21 Crane 1934, 206 f.; s. a. Gassenmeier 1972. Die mönchische Sanftheit und Gewaltabstinenz florierte stets nur als Spezialtugend, nicht als massentaugliche Formvorschrift.

Sittenreform und Neudefinition von Männlichkeit war eines der zentralen Projekte der Aufklärer. Sie beruhte auf weitreichenden semantischen und sozialen Umbauten, denen hier nicht im Detail nachgegangen werden kann.[22] Das Bild des neuen Mannes wurde in sentimentalen Romanen ebenso verbreitet wie in den moralischen Wochenschriften oder den populärphilosophischen Traktaten der »Empfindsamkeit«; die aufklärerischen Gesellschaften dienten maßgeblich dieser maskulinen Selbsttransformation, auch von den protestantischen Kanzeln herab wurde sie gepredigt. Das lizenzierte bis dato unerhörtes Verhalten, darunter als sichtbarstes Zeichen den öffentlichen Tränenfluss: »Weinen aus moralischen Gründen [moral weeping] ist das Zeichen einer so noblen Leidenschaft, dass man fragen muss, ob Männer, die niemals weinen, überhaupt rechte Männer sind.«[23] Die Herausbildung dieses »neuen Mannes« wurde von Ängsten über dessen Verweiblichung und Verweichlichung begleitet, und stets war umstritten, wie weit die Emotionalisierung gehen sollte. Aber als Typus hat er die Männlichkeit geprägt wie kein anderer im 18. Jahrhundert und war an dessen Ende diejenige Ausdrucksform bürgerlicher Männer, in der sie sich bevorzugt präsentierten.

Dieser Befund stellt die weitere Analyse vor erhebliche Schwierigkeiten. Sie kann sich nicht ohne weiteres auf ein sozialhistorisches Substrat stützen, das die Neudefinition der Männernatur plausibel machen könnte. Der Entwurf der unmoralischen, egoistischen, gewalttätigen, triebhaften Natur des Mannes im 18. Jahrhundert hat offenbar wenig mit dem beobachteten Sozialverhalten von Männern zu tun. Überspitzt: Je »besser« der Mann handelte, desto »schlechter« wurde seine Natur gedeutet. Diese Dissoziation ist ein weiterer Grund dafür, die Semantik des Männlichen aus abstrakteren Umbrüchen zu rekonstruieren und nicht auf Intentionen von Akteuren zurückzugreifen, sondern das neue Bild der maskulinen Natur aus der funktionalen Differenzierung der Gesellschaft abzuleiten.

22 Für große Überblicke: Taylor 1996; Kondylis 1986; McKenzie 1990; Barker-Benfield 1992; Koschorke 1999.

23 Anon. (1755), zit. in Crane 1934, 206.

3. Kybernetische Anthropologie oder das Drama der Selbstreferenz

»Gleichsam obsessiv wird das Theater
der Unbestimmtheit in immer neuen Aufführungen
und mit immer neuen Namen wiederholt.«[1]

Im 18. Jahrhundert wurde der Begriff der menschlichen Natur endgültig umgestellt.[2] Knapp gesagt: Der Mensch wurde von Fremdreferenz (Gott, Polis) auf Selbstreferenz (Selbst) umgepolt.[3] Alles, was er fortan tat und was über ihn gesagt werden konnte, musste mit diesem Selbstbezug rechnen. Die Kennzeichung als Natur besagte dabei nur noch, dass dieser Selbstbezug unbezweifelbar galt und Voraussetzung der Sozialität war. Was sich daraus ergeben würde, konnte allerdings nicht mehr im Vorhinein beurteilt werden: Selbstreferenz erzeugt Unbestimmtheit. Wenn sich das Selbst erst im Laufe des Lebens selbst bestimmen (oder bestimmen *lassen*) muss, wird das Ergebnis unsicher und nicht vorhersehbar. Statt Herkunft zählte nun Zukunft.

Dies war das Ergebnis eines langen, mehr als 200 Jahre währenden Prozesses, in dem der Mensch seine Bestimmung verlor. Genauer: Seine Bestimmung war es fortan, keine mehr zu besitzen. Traditionell waren der Natur des Menschen unveränderliche, gute Zwecke eingeschrieben gewesen, die ihn auf ein vorab definiertes Ziel zusteuern ließen und die zugleich garantierten, dass alle Menschen miteinander in einem geordneten, gottgewollten sozialen Zusammenhang standen. Das galt nun nicht länger; das 18. Jahrhundert betrieb das Ende

1 Gamm 1994, 23.

2 Der Naturbegriff des 18. Jahrhunderts ist natürlich überaus schillernd und vielgestaltig (Schippers 1978; Ammermann 1978; Schwarz 1998, 45 ff.), er wird hier sehr selektiv betrachtet.

3 Dass systemtheoretisch jede Selbstreferenz nur in Unterscheidung zur Fremdreferenz Sinn macht (also konstituiert durch die Unterscheidung von System und Umwelt), versteht sich von selbst; es geht also nicht um gegenseitigen Ausschluss, sondern in diesem Fall um Präferenz.

aller substantialistischen, teleologischen Anthropologie. Wo Zwecke und Ziele nicht mehr im Sein der Natur verankert waren, konnte der Mensch nur noch als nicht festgelegtes, als unbestimmtes Wesen definiert werden. Diese Wandlung des Menschenbildes ist heute weitgehend unstrittig und kann daher höchst selektiv verfolgt werden.[4] Der zentrale semantische Indikator dieses Unbestimmtwerdens ist eine seit dem frühen 16. Jahrhundert zu beobachtende »Verselbstung« der Begriffe.[5] Selbstliebe, Selbsterhaltung, Selbsterkenntnis, Eigeninteresse, Selbsttäuschung markierten den Prozess des Reflexivwerdens des menschlichen Selbst-Verständnisses. Spätestens ab dem 17. Jahrhundert wurde Selbstliebe (*amour-propre, self-love, self-interest*) zum »zentralen Motiv des neuzeitlichen Denkens«.[6] Zunächst aus religiöser Perspektive negativ konnotiert, wurde sie zum Urantrieb des Menschen generalisiert, der allen menschlichen Tätigkeiten zugrunde liegt: »Die Selbstliebe ist naturgegeben und als solche innere Kausalität unumgängliches Motiv menschlichen Handelns.«[7] Seither gilt: Was immer der Mensch tut, er tut es in erster Linie für sich selbst und mit Bezug auf sich selbst.

Dass man daran gleichwohl moralische Erwartungen anknüpfen konnte, war zumindest in der ersten Hälfte des 18. Jahrhunderts noch gängige Meinung. Die Stabilität der sozialen Welt ließ noch keine grundlegenden Zweifel daran aufkommen, dass die neue Natur mit den alten Werten zu verbinden war. Eine Zeitlang wurde dann versucht, die »guten« Aspekte der Selbstliebe von den »schlechten« zu scheiden, etwa in der Differenz von *amour de soi* vs. *amour-propre* (Rousseau) oder *gross* vs. *refined self-interest* (Hartley), aber es blieb die grundlegende Schwierigkeit, dass der Selbstbezug per se keine Bestimmungen zulässt. Der Mensch wird nur noch als selbstreferenziell organisierte Negativität fassbar, negativ hier in strikt formalem Sinne: als formal leer, als unbestimmt. Daher lässt sich von einer negativen oder kybernetischen Anthropologie sprechen; der Begriff

4 Ich folge maßgeblich: Gamm 1994; Kondylis 1986; Luhmann 1993a, 162 ff.
5 Heilbron 1998; Vollhardt 2001; Luhmann 1993c; Fuchs 1997; Taylor 1996; Zweig 1968.
6 Kondylis 1986, 413, 422, 493, 721.
7 ebd., 414.

der Kybernetik betont den selbstbezüglichen Charakter dieses Menschenbildes, auch wenn der Terminus Kybernetik zu jener Zeit noch nicht im Schwange war – er findet hier gleichwohl Verwendung, weil er auf das spezifisch Moderne der Entwicklung hinweist.[8] Ludwig Schlözer konnte den Grundgedanken schon 1772 wie beiläufig in seine »UniversalHistorie« einsetzen: »Der Mensch ist von Natur nichts und kann durch Conjuncturen alles werden: die Unbestimmtheit macht den zweiten Teil seines Wesens aus.«[9] Die Grundausstattung des Menschen zeigt sich damit als eine Disposition, die alles ermöglicht unter der Bedingung, dass sie eingeschränkt wird, oder mit Rousseau formuliert: Der Mensch ist nicht mehr (von Natur aus) perfekt, sondern nur noch (durch Erziehung, Gesellschaft, Geschichte) perfektibel.

Doch warum diese schwierige begriffliche Neuerung? Die systemtheoretische Antwort lautet: aufgrund der funktionalen Differenzierung. Die ständische Gesellschaft hatte die Individuen gewissermaßen total konditioniert, hatte ihnen einen festen Platz im sozialen Gefüge samt der dazugehörigen Natur zugewiesen. In der funktional differenzierten Gesellschaft werden die Individuen nicht mehr verbindlich platziert, sondern jeweils nach Maßgabe der unterschiedlichen Funktionssysteme angesprochen. Diese operieren nach ihren je eigenen Codes und Programmen, brauchen also jeweils »unterschiedliche« Menschen: Der Homo oeconomicus des Wirtschaftssystems hat einen anderen Zuschnitt als der Zögling im Erziehungs- oder der Vater im Familiensystem. Eine einheitliche, vorab festgelegte humane Natur wäre den jeweiligen Funktionslogiken hinderlich. Die Neubestimmung des Menschen als selbstreferenziell organisierte Negativität ermöglichte also die jeweils funktionssystemabhängige An-

8 zu Letzterem Rieger 2003.

9 Schlözer 1772, 221. Wobei diese Conjuncturen natürlich keine ökonomischen Zyklen sind, sondern soziale Verbindungen, die den Menschen aus seiner Selbstreferenz führen. Die optimistische Variante las sich so: »Der unterscheidende Charakter der menschlichen Natur ist die Unbestimmtheit. Dieser negative Vorzug des Menschen ist die Quelle aller [...] Vollkommenheiten.« (Ernst Christian Trapp 1780: Versuch einer Pädagogik, zit. in Luhmann 1993c, 210) Selbstgefühl wird das Stichwort der Zeit: Lavater 1771; Schmidt 1772; Suabedissen 1808.

kopplung der Individuen. Oder kurz: Warum kein Telos mehr, keine Bestimmung? »Um Funktionsanschlüsse zu erlauben!«[10]

Das soll natürlich nicht heißen, dass die semantische Neubestimmung des Menschen eine *gezielte* Erfindung in Hinblick auf die funktionale Differenzierung war, sondern nur, dass in Bezug auf die gesellschaftsstrukturellen Veränderungen bestimmte Semantiken, die in ganz anderen Zusammenhängen entwickelt worden sein mochten, bevorzugt selektiert und weiterentwickelt wurden; es handelte sich um einen evolutionären, nicht um einen intendierten Prozess. Die kybernetische Anthropologie war dabei nur ein Teil einer grundsätzlichen Neujustierung des Verhältnisses von Individuum und Gesellschaft. War in der stratifizierten Gesellschaft das Individuum stets voll inkludiert gewesen, wurde es jetzt gleichsam exkludiert, zumindest im Hinblick auf die Funktionssysteme. Diese greifen nach eigenen Erfordernissen auf die Individuen zu, verzichten dabei aber darauf, sie als Ganzes zu erfassen. Es lässt sich kein komplettes Leben allein im Rechts- oder im Kunstsystem verbringen. Auf die Auswirkungen dieser Exlusionsindividualität auf die Männlichkeit gehe ich unten ein.

10 Luhmann 1993c, 193; der Gedankengang sehr viel ausführlicher in ebd., 162 ff.; ders. 1997, 618 ff.; Nassehi 2003, 98 ff.

4. Ein im leeren Raume schwebender Riß

»[D]as Element der [...] reinen
Reflexion des Ich in sich.«[1]

Die unbestimmte menschliche Natur wurde im Laufe des späten 18. Jahrhunderts zur Natur des Mannes, und nicht der Frau. Die kybernetische Grundlegung des Menschen mag im 18. Jahrhundert als zwingend und selbstverständlich erachtet worden sein – dennoch hat sie ein spezifisches Problem erzeugt, das um 1800 zu *dem* Problem heranwächst. Und zu *dem* Problem der Männlichkeit. Es ist das Problem der »Conjuncturen«, von denen Schlözer spricht, den Verbindungen also, die aus der unbestimmten Selbstreferenz erst *etwas* machen. Wenn Selbstreferenz allem zugrunde liegt, so drängt sich die Frage auf: Wenn das Selbst immer nur auf sich selbst verweist, wie kann es auf etwas anderes, auf »die Welt« gelenkt werden? Wenn das Selbst sich nur in Beziehung auf sich selbst bestimmt, erkennt und motiviert, wie wird dann nicht nur garantiert, dass es sich selbst überhaupt zu irgendetwas bestimmt, sondern auch noch zu etwas Nützlichem, zu einem brauchbaren Mitglied der Gemeinschaft? Wie kann die Zirkelhaftigkeit des Selbstbezugs gebrochen, die »ins Beliebige führende Kurzschlüssigkeit« vermieden werden?[2]
Das mag abstrakt klingen, wächst sich aber um 1800 zum alles überragenden Problem aus. Ein kleiner Schwenk zur Philosophie macht die Dimension der Schwierigkeit deutlich. An der Frage der inneren Leere und Beliebigkeit von Selbstreferenz kristallisierte sich die Denkgeschichte des späten 18. Jahrhunderts heraus, namentlich im deutschen Idealismus, in der Frühromantik und bei Hegel. Der Selbstbezug tauchte spätestens mit Kants »Selbstgebärung der Vernunft« als Zentralproblem des Denkens auf. Die »kopernikanische Wende« bestand ja in nichts weniger als dem radikalen Bruch mit allen vorherigen Ideen vom Selbst, indem sie die Subjektivität auf das reine

1 Hegel 1970, Bd. 7 (Grundl. d. Philos. d. Rechts), 49.
2 Luhmann 1993d, 43.

Setzen ihrer selbst stellte – was sich bald als ein *Nichts* entpuppte.[3] Mit dem späten Fichte wurde die Brüchigkeit der Konstruktion offenbar. Nach seinem Versuch, alle Bestimmungen der Welt und des Subjekts auf die Freiheit des absoluten Ich zu stützen, das keinerlei Bindungen kennt, stieß der Philosoph auf die Unhaltbarkeit und innere Unendlichkeit des Subjekts. Er zeigte, dass jeder Versuch, die Selbstreferenz des Menschen zur Basis zu machen, im Nichts endet oder in der Dekonstruktion von Subjektivität.

> »Es giebt überall kein Dauerndes, weder ausser mir, noch in mir, sondern nur einen unaufhörlichen Wechsel. Ich weiss überall von keinem Seyn, und auch nicht von meinem eigenen. Es ist kein Seyn. – *Ich selbst* weiss überhaupt nicht, und bin nicht.«[4]

Diese Entdeckung des radikal Negativen im Kern der Subjektivität, der bis zum Wahnsinn »abgründigen« Mitte des Selbst (Schlegel), trieb auch Hegels Denken an. Er nahm explizit den Gedanken der Unbestimmtheit des Menschen auf und definierte sie als Freiheit, »in welcher jede Beschränkung, jeder durch die Natur, die Bedürfnisse, Begierden und Triebe unmittelbar vorhandene [...] und bestimmte Inhalt aufgelöst ist«. Freiheit wie Unbestimmtheit zeichnen sich durch die formale Abwesenheit jeglicher inhaltlicher Festlegungen aus, sie sind »diese *absolute Möglichkeit*, von jeder Bestimmung [...] *abstrahieren* zu können«. Der Mensch – ein Ab-straktum, ein Abgezogenes, eigentlich ein Sub-traktum von jeglichem Fremdbezug. Hegel sah allerdings deutlich, dass daraus bloß eine »Freiheit der Leere« entspringt, aus der nichts und vor allem nichts Gutes erwachsen kann. Denn dieser »negative Wille« kann nur existieren, wenn er das, was ihn binden könnte, zerstört, wenn er die »Zertrümmerung aller bestehenden gesellschaftlichen Ordnung« betreibt. Die reine Selbstreferenz ist per se ordnungsfeindlich, weil sie als Absehen von dieser Ordnung definiert ist. In diesem Sinne bezeichnete sie Hegel voller Abscheu als »Furie des Zerstörens«.[5]

3 Ich folge im Weiteren überwiegend Gamm 1994, 30 ff.
4 zit. in Gamm 2000, 59 f.
5 alle Zitate: Hegel 1970, Bd. 7, 49. Mit der Definition des Bösen als reiner Selbstbezug steht Hegel in einer langen Tradition, die von Augustinus (vgl. Taylor 1996, 256) über Fichte (s. u.) bis zum Translogiker Gotthard Günther reicht: Böse ist

Die selbstbezügliche Leere ist zugleich Abwesenheit jeder Individualität. Denn zur Individualität »gehört wesentlich Bestimmtheit«[6] als das Setzen von Unterscheidungen, um überhaupt etwas erkennen zu können, um überhaupt Welt jenseits von reinem Selbstbezug zu erzeugen. Wo Individualität fehlt, also nur Unbestimmtheit ist, erkannte Hegel in treffend paradoxaler Formulierung eine »Situation der Situationslosigkeit«.[7] In ihr ist das abstrakte Ich »noch zu keiner Beziehung auf Anderes« fähig, sondern bleibt »in der innern und äußern Beschlossenheit der Einheit mit sich« verkrochen: »Dies gibt die Situationslosigkeit [...].«[8] Wo das nackte Ich sich nicht zum Anschluss an Anderes bestimmt, wo es keine Verbindungen, keine »Conjuncturen« im Schlözerschen Sinn stiftet, da kann es weder Individuum noch Welt geben. Es herrscht die reine Selbstreferenz oder, wenn man so sagen darf, die pure *-losigkeit*, mit allen dazugehörigen semantischen Assoziationen von Verlorenheit bis Aufgelöstsein.

Es fällt nicht schwer, in dieser Situationslosigkeit den Naturzustand der Männlichkeit wiederzuerkennen. Der wilde Mann wird geradezu *definiert* durch eben jene »inner[e] und äußer[e] Beschlossenheit mit sich«, also durch seine Unfähigkeit, sich anzuschließen, durch seinen ungehemmten Selbstbezug. Er *ist* gleichsam die Verkörperung der anthroplogischen Unbestimmtheit und wird dadurch zur »Furie des Zerstörens«. Seine Gewalt und Tyrannei sind nicht Effekte eines Naturzwecks, sondern Ausdruck genau der fehlenden Zweckbestimmung, von der Hegel sprach. Sie sind Ausdruck dessen, was der Mensch tut, *da* und *solange* er unbestimmt ist und nichts anderes hat als den Selbstbezug. Oder um es im Rahmen der kybernetischen Anthropologie zu formulieren: Solange er nicht negierte Negativität ist.

Im Naturzustand wird also das Drama der Selbstreferenz am Beispiel des Mannes inszeniert. Auf abstrakter Ebene stand um 1800

jener Prozess, »der sich nicht selbst-los im Anderen spiegelt, sondern sich auf sich selbst rückbezieht«. (Zit. in Meyer 1983, 177)

6 Hegel 1970, Bd. 12, 258.

7 ebd., 261.

8 ebd., 262.

noch nicht die Begrifflichkeit bereit, die Folgen des neuen Menschenbildes zu ermessen; so wurden sie in den Naturzustand projiziert, von wo sie als eigentümlich klar umrissene Vorstellungen von Männlichkeit zurückschienen. Das war immer auch eine Dramatisierung, eine Inszenierung, aber eine mit systematischem Hintergrund. Die perhorreszierenden Beschreibungen der männlichen Tyrannei, die exzessiven, viele Hunderte von Seiten füllenden Ausmalungen seiner Grausamkeiten und Brutalitäten – sie waren Versuche, jener sich immer wieder entziehenden, bedrohlichen Selbstbeziehung ein Gesicht zu geben, eine Geschichte, einen Körper. Die neue Männlichkeit beruht also auf dem fundamentalen epistemischen Bruch der modernen Anthropologie; die Heftigkeit des Wechsels lässt sich nicht mit gleichbleibenden maskulinen Herrschaftsinteressen erklären, die einer solchen drastischen Umpolung kaum bedurft hätten. Sie war vielmehr eine Konsequenz der kybernetischen Anthropologie und damit der funktionalen Differenzierung. Ihr entsprang jene zugleich unbezweifelbare und unbehagliche selbstreferenzielle Subjektivität, die zunächst nur als maskuline gedacht werden konnte. Der neue Diskurs formierte sich dabei nicht durch Hegemonieinteressen der schreibenden Akteure, sondern im Gegenteil als diskursive Notlage, als Selbstbewegung des Diskurses.

Wie eng der Männlichkeitsdiskurs mit dem der kybernetischen Anthropologie verwoben war, lässt sich an verschiedenen Aspekten demonstrieren. Der bei Hegel abstrakt ausgeführte Kontext von Selbstverweisung, unbestimmter Natur und Gewalt wurde in den verschiedensten Zusammenhängen explizit auf den Naturmenschen bezogen, etwa bei Friedrich Schiller. In den Ästhetischen Briefen spricht er vom »natürlichen Charakter des Menschen, der, selbstsüchtig und gewaltthätig, vielmehr auf Zerstörung, als auf Erhaltung der Gesellschaft zielt«, als Antipode des sittlichen Subjekts.[9] Das klingt wie ein Echo auf Hegel, kam diesem aber einige Jahre zuvor, was darauf hinweist, dass hier nicht einzelne Autoren oder Werkzusammenhänge entscheidend sind, sondern dass die Problemlage eines

9 Schiller 2000, 13 (3. Br.).

Diskurses sich ihre ebenso unterschiedlichen wie ähnlichen Ausdrucksformen sucht.

Im Jahre 1805/06 veröffentlichte der Populärphilosoph und braunschweigsche Hofrath Carl Friedrich Pockels (1757-1814) eines der wichtigsten Werke zum Männlichkeitsdiskurs um 1800, das zweibändige *Der Mann. Ein anthropologisches Charaktergemälde seines Geschlechts* – nach Angaben des Verfassers die erste Buchveröffentlichung in deutscher Sprache, die sich ausschließlich dem Thema Männlichkeit widmete. Darin machte Pockels das Problem der leeren Natur zum Ausgangspunkt seiner Überlegungen und münzte sie explizit und exklusiv auf den Mann. Nur der Mann in seiner ursprünglichen Form erschien ihm als »anthropologisches Ich«, als eine »eingeschränkte Form«, als »ein abstrakter Einsiedler seines Wesens, das keine Mittheilung kennt, und nur sich selbst fühlt«.[10] In geradezu postmoderner Metaphorik skizzierte Pockels die *-losigkeit* dieses Wesens. Denn ein solches Ich sei nichts als

> »ein im leeren Raume schwebender Riß,– nichts als ein Stück kalter Vernunft, dem noch die höhern Antriebe des Wirkens, – das *Herz*, fehlten, dem noch die gesellige Liebe unbekannt war, – ein schrecklicher Widerspruch mit sich selbst und der gesammten Natur«.[11]

Die formale, negative Natur der Männlichkeit stand bei Pockels im Gegensatz zur traditionellen, zweckgesättigten »gesammten« Natur, die stets mit Inhalten und mit (weiblichem) *Herz* gefüllt sei; diese zweite, feminine Variante des Naturbegriffs wird uns noch beschäftigen. Der »schwebende Riß« namens Männlichkeit aber schmerzte, er musste gekittet oder vernäht werden, darauf zielten Pockels' pädagogische Bestrebungen ebenso wie die der anderen Autoren seiner Zeit. Denn im Riß verbirgt sich der pure Selbstbezug oder, wie es bei Pockels heißt, »der ideale Egoist«. Der aber ist als solcher nicht lebensfähig, weil er sich von der menschlichen Gemeinschaft absondert. Die »total ungesellige Ichheit muß sogleich verschwinden« forderte Pockels und postulierte zugleich, dass man »den *for-*

10 Pockels 1805 II, 278.
11 ebd., 279.

mellen Naturmenschen in den *materiellen* oder wirklichen *Gesellschaftsmenschen* verwandeln« müsse.[12] Wo bloße Form ist, muss Inhalt werden, oder, wie es bei Pockels heißt: Füllung. Dafür wird eine ganze Batterie von Sozialisationsagenten aufgeboten, allen voran die Frau.

Die Frage nach der Selbstreferenz prägte auch die schwierige Abgrenzung von Mann und Tier. Die Unbestimmtheit des naturalen Mannes setzte den Mann in ein doppeldeutiges Verhältnis zur Kreatur. Zum einen erschien die tierische Natur als Inbegriff des Selbstbezuges, da sie offensichtlich zu keiner Entwicklung fähig war. »Die thierische Natur dreht sich ewig in einerley Kreise [...]«, bewegt nur von den inneren Regungen der »Triebe und Kräfte [...] in streitenden Richtungen: bellum omnium contra omnes«[13] – weswegen die Wildnis von sich aus nie vergehen würde. Aus eigenem Antrieb bleibe der Mensch »dem Viehe mehr ähnlich als dem Menschen«.[14] Andererseits erschien der Mann als noch bedrohlicher als das Tier, als animalischer, da unbestimmt. Denn während das Tier einprogrammierte Verhaltensweisen besitzt, Äquivalente zu einer positiven Bestimmtheit, fehlt dergleichen beim instinkt-entkoppelten Menschen. Die brutale Tyrannei des wilden Mannes über sein Weib resultiere vor allem aus dieser fehlenden inneren Triebbegrenzung, wie William Alexander feststellte. Beobachtungen belegten, so Alexander, dass ein Hahn seine Nahrung mit den Hennen teile, dass alle Vögel ihre Partner in der Brutzeit versorgten und dass sogar Vierbeiner ihre Weibchen unterstützten; nur die Wilden hätten keine Hemmungen, ihre Frauen »ohne Gnade zu schlagen und zu missbrauchen«.[15] Die vielfältigen Bemerkungen in der Männlichkeitsliteratur um 1800, der Mann sei noch tiefer gesunken als das Tier, haben ihren Grund in dessen naturaler Unbestimmtheit.

Eine andere charakteristische Ambivalenz ergibt sich daraus, dass die Unbestimmtheit des Mannes, ganz im Sinne Hegels, sowohl als

12 ebd., 278 f.
13 Reinhard 1797, 62, 91.
14 Anon. 1797, 467.
15 Alexander 1779 I, 211 f.

Willkür wie als Freiheit gelesen wurde. »Wo der Naturmensch seine Willkühr noch so gesetzlos mißbraucht«,[16] da bedient er sich auch einer schrankenlosen formalen Freiheit. Diesen Zusammenhang umkreiste vor allem Wilhelm von Humboldt in seinem Horenaufsatz »Ueber die männliche und weibliche Form«. Auch bei ihm drückt der »uncultivirte männliche Naturcharakter [...] den Zügen das Gepräge der Härte und Gewaltthätigkeit auf [...]«, was Humboldt ebenso wie seine Zeitgenossen als »furchtbar und zurückstossend« empfand. Allerdings mischte sich bei ihm auch eine unübersehbare Faszination für den Naturburschen hinein, ein »Interesse und Staunen« über die »rohe [...] Wildheit«.[17]

Umstandsloser als andere verzichtete Humboldt darauf, den Wilden vom zeitgenössischen Mann abzugrenzen. Für ihn verschmolzen sie in der Einheit des »männlichen Geschlechts« als überhistorische, ewige Größe. In seiner Geschlechtermetaphysik verflachen alle zeitlichen Differenzierungen in der Komplementarität beider Geschlechter. So wurde bei ihm buchstäblich von einer Seite seines Artikels auf die andere der unkultivierte männliche Naturcharakter zum Charakter des Mannes als solchem. Beide Wesen vereine der »Ausdruck männlicher Unabhängigkeit«, Unbestimmtheit, die allerdings leicht »in einen Ausdruck gesetzloser Willkühr« ausartet.[18] Humboldt ließ keinen Zweifel daran, wie er diese Willkür bewertete, auch wenn sich das aus heutiger Sicht zunächst missverständlich liest. Denn »die blinde Herrschaft der Willkühr, die den Mann, ehe er sich der Herrschaft der Vernunft unterwirft, in eine bedenkliche Anarchie versetzt, kündigt sich als moralische Freiheit an«.[19] Moralisch bedeutet hier nicht »ethisch erwünscht«, sondern wird verwandt als Äquivalent zu »Verhalten, Handlung«, ein Gebrauch, der um 1800 weit verbreitet war. Humboldt stellte hier also schlicht fest, dass die männliche Willkür – eben weil sie nicht von Vernunft bestimmt sei – als Handlungs-Freiheit auftrete. Es wäre ein Missver-

16 Schiller 2000, 30 (7. Br.).
17 Humboldt 1795, 18 f.
18 ebd., 20.
19 ebd., 23.

ständnis, diese als Freiheit des autonomen, überlegenen männlichen Subjekts zu deuten, wie es oft geschieht. Das männliche Subjekt in seiner Naturform ist weder autonom noch rational, sondern ein von der solipsistisch zirkulierenden Triebenergie beherrschtes Wesen, dessen Kraft nichts als »Einseitigkeit« und »Mangel« ist. Erst wenn er »seine natürliche Thätigkeit an ein festes Gesetz binden« kann,[20] also eine Conjunctur stiftet, wird er zum vollwertigen Menschen: »Denn die Frau werde und bleibe nur innerhalb ihrer eigenen Geschlechtersphäre Mensch, während sich der Mann von seinem Geschlecht lossagen und sich dem Weiblichen nähern müsse, um wahrer Mensch zu werden.«[21] Nur wenn der Mann seine Geschlechtsnatur negiert, wird er zum Menschen.

Einen weiteren Hinweis darauf, wie wichtig Selbstreferenzialität bei der Wahrnehmung der naturalen Männlichkeit um 1800 war, ergibt sich aus dem Diskurs über die sogenannten »wilden Kinder«, die damals obsessive Aufmerksamkeit erhielten und die gerne als lebende »Belege« für die neue Sicht der menschlichen Natur herangezogen wurden.[22] Im Laufe des 18. Jahrhunderts wurden verschiedene ausgesetzte Kinder entdeckt, Marie (Memmie) von Champagne, Peter von Hannover, der als Schauobjekt der besseren Kreise von London zu kurzer, trauriger Berühmtheit gelangte,[23] aber vor allem Victor von Aveyron, der am sorgfältigsten dokumentierte Fall der Zeit. Er wurde im Alter von zwölf Jahren aufgegriffen, nach Paris gebracht und von diversen Ärzten und Experten eingehend untersucht und beobachtet. Die Kriterien ihrer Analyse bezogen die Wissenschaftler dabei vor allem aus dem zeitgenössischen Diskurs über Wilde, den Naturzustand und Männlichkeit.[24] Wider alle Erwartung verbesserte sich Victors Zustand in der zivilisierten, bürgerlichen Welt nicht, was die gängigen Theorien über die unbegrenzte Plastizität menschlichen Lernens erschütterte. Als nicht mehr zu bezweifeln war, dass Victor ein Wilder bleiben (und auch seine Lieblingsbeschäftigung,

20 Humboldt 1795a, 130.
21 Olenhusen 1998, 277.
22 etwa bei Montesquieu 1994, 101: s. Douthwaite 1997; Bartra 2000.
23 Nash 2003, 42 ff.
24 Yousef 2001; Bartra 2000.

das ausdauernde Onanieren, nicht aufgeben) würde, schloss sein Arzt Jean-Jacques Virey die Untersuchungen mit einem Fazit, das die Schriften über naturhafte Männlichkeit exakt spiegelte:

»Er [Victor] fühlt nichts, er ist eine unteilbare Einheit, purer Egoismus; er bindet sich an niemanden, an kein Wesen auf der Welt; er erkennt seinen Wärter, weil er ihm Essen bringt und weil er ihn betreut, aber er spürt keinerlei Zuneigung zu ihm [...]. Er scheint unempfänglich für Zuneigung, sein Herz ist umschlossen von Gleichgültigkeit wie von hundert Eisenstäben, die ihn perfekt abschotten.«[25]

Hier sind gleichsam alle Aspekte der männlichen Natur vereint: die Einheit des Selbstbezugs als Egoismus, die Gefühllosigkeit und mangelnde *affection*, die fehlender Vorstellung von anderen entspringt, schließlich die innere Isolation und Trennung von der Welt.

Abschließend soll gleichsam per Gegenprobe demonstriert werden, wie sehr die naturzuständliche Idee einer grausamen Männlichkeit an deren Unbestimmtheit hing. Sowie nämlich maskuline Natur in traditioneller Weise als zweck- und inhaltsbestimmt gedacht wurde, verschwanden alle Brutalitäten und auch der Naturzustand. Auch diese Position fand sich um 1800, allerdings relativ selten und – nicht zufällig – bei Autoren, die einer religiösen Kosmologie und Geschichtsdeutung nachhingen.[26] Prominent unter ihnen war Daniel Jenisch (1762-1804), der 1801 einen zweibändigen *Univeralhistorischen Ueberblick der Entwicklung des Menschengeschlechts* veröffentlichte. In ungewöhnlich fantasievoller und konkreter Weise malte er zunächst den Wilden aus:

»[...] mit wild um Haupt und Antlitz herumwehenden gewaltigen Zottellocken, mit dichtverwachsenem Haargebüsch an den Brüsten, unter den Armen, an den Schaamtheilen, stier=geheftet oder wild=funkelnd und unstätt=schweifend den Blick, lang und scharf an Hand und Fuß, gleich den Krallen an den Pfoten fleischfressender Thiere, die Nägel, die jetzt die Stelle der Haaken und

25 Virey, zit. in Yousef 2001, 254.

26 Zu nennen wären etwa Gatterer 1761-64; ders. 1767, oder Autoren mit Ersatztheologie in Form einer Vernunft- oder Liebesreligion: Pölitz 1795, Kraft 1766.

> Zangen und Schaufeln vertreten; die Zähne fletschend, gleichfalls wie ein fleischfressendes Thier im Augenblick der Heißgier nach Speise, groß von Gestalt, vollkräftig an jedem Glied, jeder Muskel gespannt, jede Ader straff, mit einer Keule, dem Werkzeug der Zerstörung, in der Faust [...].«[27]

Dieser »Thier=Mann« will, was alle (Männer) im Naturzustand wollen: Sex und Nahrung. Und natürlich wird auch bei Jenisch der Wilde erst durch die Frau bzw. durch die Familie zum Menschen: Zum Schritt in die Zivilisation gelangt der Mann »insbesondere durch das Zusammenleben mit Weib und Kleinen, durch den Eintritt also in das häusliche Leben!«[28] So weit, so erwartbar. Ungewöhnlich ist die geradezu männerbewegte Wendung, die Jenisch der Entwicklung verlieh. Er beklagte, dass viele »neuern Philosophen« den zivilisierenden Impuls im Urzustand ausschließlich der Frau zuschrieben und den Mann vernachlässigten. Insbesondere bemängelte er, dass allein den Frauen elterliche Gefühle zugesprochen und sie damit zu den Trägerinnen der Familie würden, während Männer als »unväterlich« und »gleichgültig« gegenüber ihren Kindern gälten. Dies verleugne die angeborene Väterlichkeit und Fürsorglichkeit der Männer, eine Leugnung, die Jenisch als »erniedrigenden Haß und Neid gegen jede gute Eigenschaft unseres Geschlechts« wertete.[29] In einem heftigen Ausbruch beklagte er die naturale Privilegierung der Frau:

> »Denn bis dahin sind, wenn mein Gedächtniß mich nicht täuscht, selbst die unverschämtesten Verläumder der Menschen=Natur unter den Philosophen nicht gegangen, der menschlichen *Thier=Mutter* eine gänzliche Gleichgültigkeit gegen das Kind ihre Busens beyzulegen: hier wenigstens schien ihnen Mitgefühl und Zartsinn zu unbezwingbar=tief in den Springfedern lebendiger Natur zu haften [...]«[30]

Jenisch war einer der ganz wenigen Autoren, der die *gender-bias* im Naturzustand explizit machte und ihn nicht als gegeben reprodu-

27 I, 399 f.
28 I, 429.
29 Jenisch 1801 I, 441.
30 ebd., I, 442; vgl. II, 30 ff.

zierte. Die Gründe dafür lagen in einem von der biblischen Überlieferung inspirierten Geschichtsbild, das im Urzustand den guten Patriarchen Adam ansiedelte und nicht die leere Triebformalität der modernen Männlichkeit. So fühlte sich Jenisch bemüßigt, den »Fehler« der anderen Philosophen zu korrigieren und Geschlechtergleichheit im Naturzustand zu schaffen: Der Mann war bei ihm nicht mehr purer Selbstbezug, reiner Egoist, sondern ebenso inhaltlich-positiv bestimmt wie die Frau. Auch dem »Thier-Mann« gestand er einen Vaterinstinkt zu, eine »Vater=Treue«, mochte sie auch »bey weitem nicht« die Innigkeit des »Mutter=Gefühles« erreichen. Aber immerhin:

> »[...] der Anblick des neu=gebornen Wesens durchregt sein ganzes Innere mit geheimen, bis dahin nie empfundenen Schauern, die wir, in unserer Sprache, *wehmüthige Zärtlichkeit* nennen würden, und dergleichen unfehlbar auch in jedem Thier=Vater bey dem Anblick seiner hülflosen Kleinen statt finden.«[31]

Ähnliche Empfindungen fühlt er auch beim Anblick der Frau, so dass er nach dem ersten Geschlechtsverkehr an ihrer Seite bleibt und nicht weiter rastlos und lüstern durch die Wälder streift. Entsprechend kurz währt der Naturzustand, »kaum einige Monate« nur, nämlich »bis zur Geburt des ersten Menschen=Kindes«, durch die er [der Tiermann] *vermittelst des geselligen Zusammenlebens mit dem Weibe seines Herzens und den Kindern seiner Liebe*, aus dem allerrohesten Natur=Stande in den »Stand der *Vermenschlichung*« gesetzt wird.[32] Angesichts der Kürze dieses Naturzustandes war sich Jenisch am Ende nicht einmal sicher, ob es diesen je gegeben hatte, ob er »vielleicht gar nicht existirte«. Die Pointe liegt auf der Hand: Sowie der Mann nicht mehr als leere, unbestimmte, egoistische Natur gedacht wird, entfällt der tyrannische Naturzustand. Ein zärtlicher, empfindsamer immer schon *sozialer* Mann erzeugt kein Drama, keine Grausamkeiten, keine Tyrannei. Die brennende Frage, die sich aus der naturalen Männlichkeit ergibt, lautet folgerichtig: Wie kann der Mann zum »Vater=Thier« transformiert werden, wie kann der

31 ebd., I, 440.
32 ebd., I, 460 f.

Ur-Mann sich selbst und der zerstörerischen Tautologie seiner Selbstreferenz entrissen und sozialen, vernünftigen Zwecken zugeführt werden?

5. Das Brechen des Zirkels

»Der Mann nähert sich dem Weibe nicht,
um das zu finden, was er schon selbst hat,
sondern um das, was ihm fehlt.«[1]

Bloße Selbstverweisung ist unendliche Repetition. Man sieht es im Naturzustand: Er kann von sich aus nicht enden. In die Endlosschleife der (Selbst-)Befriedigungen ist kein Entkommen einprogrammiert – es sei denn, sie wird aufgebrochen, und das bloße Verweisen des Selbst auf sich wird umgelenkt auf das Verweisen auf anderes. So lautete in Kürze das Problem von Sozialität und moderner Subjektivität, wie es sich um 1800 stellte und vor allem als Problem von Männlichkeit behandelt wurde.

In systemtheoretischen Begriffen lässt sich die Lösung dieses Problems als die Unterbrechung von Selbstreferenz oder als Asymmetrisierung beschreiben. Um unproduktive Zirkel zu vermeiden, sind Systeme, soziale (Gesellschaft) wie psychische (Menschen), darauf angewiesen, sich intern zu asymmetrisieren und gewissermaßen Widerstände einbauen, die verhindern, dass sie sich immer nur auf sich selbst beziehen.[2] Das geschieht, indem sie die innere Interdependenz der Verweisungen unterbrechen und »Fremdmaterial« einbauen, also ihren inneren Kosmos mit »Zusatzsinn« anreichern.[3] Dabei müssen sie in ein paradoxales Selbstverhältnis eintreten, in dem sie etwas anderes als sich selbst für wertvoller erachten als sich selbst – und sich darauf beziehen. Dieser Einbau von Asymmetrien und externen Referenzen in die eigene Selbstbeschreibung ermöglicht zu-

1 Kosengarte 1816, 107.
2 Luhmann 1993d, 32; Rieger 2002, 82; Kieserling 1999, 422.
3 Luhmann 1984, 631. Luhmann hat ein reiches Repertoire an Formen der Asymmetrisierung vorgeschlagen (1984, 631 ff.; ders. 1993b, 32 ff.). Es ist nicht nötig, diese Formen im Einzelnen vorzustellen. Hier muss der Hinweis genügen, dass die meisten dieser Formen im Geschlechterverhältnis eingesetzt worden sind und werden, ja, dass es ersichtlich durch Formen der Asymmetrisierung mehrfach überdeterminiert ist. Wichtig auch: Asymmetrisierung entspricht nicht per se einer Hierarchisierung, der Begriff trägt weiter.

gleich die Bestimmbarkeit der anthropologischen Unbestimmtheit.[4] Das Überwinden der selbstreferenziellen Beliebigkeit besteht gerade, um mit Hegel zu sprechen, im »Übergehen [...] zur *Unterscheidung, Bestimmen* und *Setzen* einer Bestimmtheit als eines Inhalts und Gegenstands«.[5] Oder einfacher: Er muss lernen, sich anzuschließen und etwas anderes außerhalb seiner Selbst für schützens- und erhaltenswert zu erachten. Oder ganz einfach und, so die Hoffnung, auch für einen Wilden im Naturzustand verständlich: Er darf nicht mehr immer nur an sich denken. Genauso ist das Problem im 18. Jahrhundert gefasst worden: als Frage nach den Bedingungen der Möglichkeit von selbstbestimmter Fremdbestimmung der Subjekte.

Im Laufe des Jahrhunderts wurden unterschiedlichste Interdependenzunterbrecher propagiert. In der ersten Hälfte war es vor allem das Eigentum, durch welches »das freie Ausleben der Gelüste [...] eingedämmt wird«,[6] und der »doux commerce«, der die Männer miteinander verband und dadurch zähmte: »Der Handel [...] schleift barbarische Sitten ab und mäßigt sie.«[7] Darüber hinaus entstand der Kult der empfindsamen Freundschaft, die bis weit ins 19. Jahrhundert als spezifisch androsoziale Unterbrechung des Selbstbezugs fungierte. Auf abstrakter Ebene wurden zunächst Geschichte/Fortschritt, dann konkreter: Staat, Nation, Gesellschaft, Sittlichkeit als Negation der selbstreferenziellen Negativität eingespannt, also als Bestimmung. Als entscheidendes Medium der Bestimmung von Männlichkeit trat um 1800 jedoch das Geschlecht auf, konkreter gesagt: die Frau samt der ihr assoziierten Elemente Ehe und Kinder (Vaterschaft). Die Frau erschien im Geschlechterdispositiv der frü-

4 Im systemtheoretischen Kontext ist es wichtig zu betonen, dass diese Asymmetrisierung auf der semantischen Ebene der Selbstbeschreibung stattfindet; auf operationaler Ebene (der Verknüpfung der Elemente mit den Elementen) bleibt die Selbstreferenz als Bestandsvoraussetzung der Systeme natürlich erhalten. Oder anders gesagt: Auch die Referenz auf Externes wird intern und nur intern erzeugt.

5 1970, Bd. 7, 52.

6 Millar 1967, 70.

7 Montesquieu 1994, 326; vgl. Hirschman 1987, 65 ff., ders. 1986, 106 ff. Bei Defoe etwa noch: »Der Kredit eines Händlers [...] ist seiner Natur nach dasselbe wie Tugend bei einer Dame.« (Zit. in Justman 1993, 31)

hen Moderne als wichtigste Unterbrechung der männlichen Selbstreferenz. Der Geschlechtercode erfuhr durch die Neudeutung der menschlichen Natur eine grundlegende Transformation und wurde anhand der Unterscheidung des Problems der Unbestimmtheit der menschlichen Subjektivität und damit am Problem von Selbst- und Fremdreferenz neu ausgerichtet, also entlang eines basalen Problems der funktional differenzierten Gesellschaft. Dadurch erhielt Geschlecht seine grundlegende und ubiquitäre Präsenz in der Moderne: Es wurde gleichsam an einer der Fundamentalfragen der Gesellschaft angeflanscht und haftet seither als Parasit an den meisten ihrer Operationen. Die darin liegende Paradoxie wird so zugleich verdeckt wie handhabbar gemacht als Geschlechtsunterschied. Aus der Perspektive von Weiblichkeit gesagt: Die Frau tritt als determinierende Negation der männlichen Negativität auf – darin besteht ihre zivilisatorische und gesellschaftsstiftende Funktion. In dieser Funktion besteht *ihre* Allgemeinheit. Aus der Perspektive von Männlichkeit: Der Mann tritt als anthropologisches Prinzip der Moderne auf, darin besteht *seine* Allgemeinheit. Beide sind Aspekte *eines* Strukturproblems.

Die Frau war das alternative Strukturelement in der Anomie des Anfangs. An ihr musste sich der männliche Selbstbezug brechen, sie war der »Zusatzsinn«, der Geschichte erzeugt. Geschlecht wurde zur zwingenden Voraussetzung gesellschaftlicher Evolution, also zur Erklärung der Entstehung der bürgerlichen Gesellschaft. Auch das entsprach einer Revolution gegenüber der patriarchalen Tradition christlichen Denkens. Die anthropologischen Strukturprobleme machten den Rekurs auf Geschlecht zu einer nahezu unausweichlichen Option. Die andere Folge bestand allerdings darin, dass die Frau ihre Rolle als Zivilisatorin nur unter der Voraussetzung erhalten konnte, dass sie nicht war wie der Mann. Und das bedeutete: dass sie von anderer Natur sein musste.

6. Die große menschenleere Wüste

»Noch nie ist mir ein gutes, verständiges,
weibliches Wesen vorgekommen, das im Ernste gewünschet
hätte, männlichen Geschlechtes zu seyn.«[1]

Die tiefe Aversion der Geschlechterliteratur um 1800, die Gleichheit von Mann und Frau zu denken, wird üblicherweise als Versuch der Männer gelesen, sich als etwas Besseres zu stilisieren: Sie wollten den Platz an der Macht nicht teilen und werteten daher die Frau ab. Aber im Naturzustand, wo die Männer die Minderwertigen waren? Welche Logik sorgte dafür, dass auch hier die Differenz betont wurde – zu Lasten der Männer? Die Antwort liegt im Problem der Selbstreferenz. Wenn alle Menschen Männer wären – wie sollte dann ein Ausgang aus dem Zirkel der Tyrannei gefunden werden? Wenn die ungehemmte maskuline (T)autologie der Grund für die unerträglichen Natur-Zustände war, wie würde dann erst eine Welt aussehen, in der es nur Männer gibt und keinerlei Gegenkraft? Das Gedankenexperiment einer rein männlichen Welt wurde um 1800 in der Tat wieder und wieder angestellt.

Das Unvermögen der Männer, eine lebenswerte und überlebensfähige Welt zu schaffen, hing dabei nicht an ihrer Unfähigkeit, Kinder zu gebären, wie der geheime preußische Kriegsrath Erhard Valentin Sprengel (gest. 1804) 1798 in *Das andere Geschlecht das Bessere Geschlecht* klarstellte, sondern an ihrer sozialen Unverträglichkeit. Nicht der uterine Mangel der Männer gefährdet die Welt, sondern deren Überschuss an Egoismus.

Autoren wie Sprengel oder William Alexander formulierten diese Einsichten aus der Perspektive einer bereits zivilisierten Welt, die aber ständig zurückzufallen drohte in den Naturzustand. Kaum werden Männer aus der Aufsicht der Frauen entlassen, kommt wieder das Tier zum Vorschein, das selbstsüchtige Wesen der Vorzeit. Ge-

1 Sprengel 1798, 44.

trennt von Frauen, so Alexander, werden Männer »die rohesten und unkultiviertesten aller Tiere«, sie »vernachlässigen in jeder Hinsicht ihre Erziehung und Gefälligkeit und erscheinen nur noch als *Kreaturen der bloßen Natur*«.[2] Frauen dagegen, die von Männern getrennt leben, verlieren nichts von ihrer »Weichheit und Zartheit« – was in diesem Fall in ethischem Sinne zu verstehen ist: Sie verlieren nichts von ihrer Friedfertigkeit und Soziabilität. Als illustrierende Beispiele wählte Alexander Nonnenkloster samt ihrer inneren Harmonie als Kontrast zu Männergesellschaften, etwa auf Segelschiffen, in Seehäfen oder unter Tage, wo die Männer noch brutaler würden als sonst und eine Frau, die allein unterwegs sei, »in der brutalsten und ungezügelsten Weise angreifen«.[3] Auch Pockels griff diesen Gedanken auf und fragte, was wäre, wenn wir in einer Welt lebten, »worin nur *ein* Geschlecht existierte« – er meinte das männliche. Es wäre eine Welt, in der wir

> »[...] nichts als ewigen Krieg [erblickten], mithin kein Anschließen und Hingeben der Herzen, keine Freundschaft und Liebe [...], sondern einen hartnäckigen Kampf des Starken mit dem Starken, er mag nun wirklich stark seyn, oder sich nur dafür halten«.[4]

Der Mangel an gegenseitigem Anschluss könne nur behoben werden, indem Männer zwingend auf Frauen verwiesen würden, indem sie des anderen Geschlechts notwendig bedürften, indem die Frauen also dafür sorgten, dass die Männer sie lieben. So erst werde »die Menschheit [...] durch die gegenseitige Geschlechtsliebe in sich selbst befestigt, vereinfacht und vollendet werden«.[5] Liebe galt als *das* Antidot gegen gesellschaftlichen Zerfall im 18. Jahrhundert, das ist bekannt. Selten wurde aber die Herleitung und »Notwendigkeit« dieses Gedankens bezeichnet: aus der selbstbezüglichen Subjektivität der männlichen Natur. Liebe ist Abwehr der Gefahr, die

2 ebd., 326, Hervorhebung, C. K.
3 ebd., 315 f.
4 Pockels 1805 I, 11; vgl. ähnlich Iselin 1768, 139 und Mauvillon 1791, 496.
5 ebd., 7.

in der männlichen Natur steckt, Ehe die Institutionalisierung dieser Gefahrenabwehr.

Bei Wilhelm von Humboldt wird das Vermögen der geschlechtlichen Asymmetrisierung schließlich konsequent zur Bestandsvoraussetzung von Natur und Welt universalisiert. Den Unterschied der Geschlechter wollte Humboldt aus der beschränkten Sphäre von Mann und Frau in das »unermeßliche Feld« einer Natur- und Kräftemetaphysik übertragen, in der die Welt und alles, was sich in ihr findet, aufgrund des Wesensunterschiedes von Männlichkeit und Weiblichkeit konstituiert wird. Ohne diese Differenz stünde das »Räderwerk« der Natur still und es träte eine »langweilige und erschlaffende Gleichheit« ein.[6] Daher müsse einerseits die empfangende, stetige »Stofflichkeit« der Frau durch das männliche Prinzip ergänzt und ausgeglichen, andererseits die männliche »Heftigkeit«, deren »unaufgehaltene Wirkung [...] überall Trennung und Zerstörung« bedeutet,[7] durch die Wechselwirkung mit Weiblichkeit entschärft werden. Diese Komplementarität als eine maskuline Überlegenheitsphantasie zu deuten hieße die vielfältigen Hinweise überlesen, dass Humboldt vor allem die »Härte und Gewaltthätigkeit« der Männlichkeit als Bedrohung ansah.[8] Er imaginierte die weibliche Natur als Bollwerk gegen die männliche, als ein Abwehrriegel gegen des Mannes »zerstörerische Heftigkeit [und] Rastlosigkeit«. Um Männlichkeit zu begrenzen, bedürfe es einer Gegenkraft, die *ganz anders* strukturiert sein müsse. Sonst könnte sie den Fehler der Männlichkeit nicht beheben, sondern wäre wie jene: »Sollte der Zerstörung drohenden Heftigkeit der männlichen Kraft eine andre entgegengestellt werden, so dürfte es *keine gleichartige* seyn. [...]«[9]

Das männliche Prinzip erfordert *zwingend* ein Gegenprinzip, Männlichkeit allein wäre das Ende der Menschheit. Während Weiblichkeit von sich aus die Welt nicht zeugen kann, kann Männlichkeit die Welt von sich aus nur zerstören. Hier ging es ersichtlich nicht

6 Humboldt 1795a, 99.
7 ebd., 121.
8 ebd., 18.
9 Humboldt 1795a, 119 f.; meine Hervorhebung, C. K.

um eine Überordnung von Männlichkeit über Weiblichkeit. Die Gleichheit der Geschlechter wurde nicht verwehrt, weil sich die Männer als »besser« darstellten, sondern im Gegenteil: weil sie sich als »schlechter« dachten. Da Männlichkeit in ihrer Urform bloß Vernichtung garantiert, bedarf es einer Weiblichkeit, die auf keinen Fall so geschaffen sein darf wie Männlichkeit. Die Frau muss das »Andere« des Mannes sein, weil sein »Eigenes« keine Stabilität gewährleistet. In dieser Logik liegt der Grund für die ausdauernde Beschwörung der Geschlechterkomplementarität um 1800, etwa bei Immanuel Kant:

> »Zur Einheit und Unauflöslichkeit einer Verbindung ist das beliebige Zusammentreten zweier Personen nicht hinreichend; ein Teil mußte dem andern *unterworfen* und wechselseitig einer dem andern irgendworin überlegen sein, um ihn beherrschen oder regieren zu können. [...] Ein Teil muß im *Fortgange der Kultur* auf heterogene Art überlegen sein: der Mann dem Weibe durch sein körperliches Vermögen und seinen Mut, das Weib aber dem Mann durch ihre Naturgabe, sich der Neigung des Mannes zu ihr zu bemeistern.«[10]

Gerade die heterogene Art der Überlegenheit sichert den Bestand der Menschheit. Die wechselweise und gleichzeitige Überlegenheit des Mannes über die Frau (Stärke) *und* der Frau über den Mann (Anschluss) übersetzt Tyrannei in gegenseitige Erziehung. Lineare Hierarchie herrscht im Naturzustand: die totale Herrschaft des Mannes über die Frau. Die Zivilisation zeichnet sich gerade dadurch aus, dass sie diese Herrschaft in geschlechtliche Heterarchie überführt hat. So konnte Pockels schreiben, das Schlimmste, was einer Frau passieren könne, sei, dass sie »*ganz* in die Gewalt des Mannes sinkt«.[11] Es lohnt, sich an dieser Stelle vor Augen zu führen, was dieses Modell alles *nicht* ausschließt. Es schließt nicht abwertende Rede sowohl über Frauen wie Männer aus – im Gegenteil: Es

10 Kant 1977 (Bd. XII: Anthr. I. pragm. Hins.), 648. S. a. Kant 1991, 50. Zur Bedeutung des geschlechtlichen »Gleichgewichtskonzepts« in der Medizin um 1800: Wernz 1993, 188 ff.

11 Pockels 1805 I, 399.

erfordert sie. Nur wenn beide Geschlechter Defizite haben, können sie einander korrigieren – »so hebt der doppelte Fehler beider Geschlechter sich selbst wieder auf«.[12] Misogynie wie Negative Andrologie sind also kein Widerspruch des Diskurses, sondern ein systematisches Erfordernis. Auch lässt sich so die zivilisatorische Kraft der Frau durchaus mit ihrem Ausschluss aus wesentlichen Positionen der Gesellschaft vereinbaren (wie sich zeigen wird: sogar nahelegen, s. Kapitel C). Ebenso erleidet die von allen bisher zitierten Autoren in keiner Weise bezweifelte häusliche Herrschaft des Mannes über die Frau keinen Abbruch durch die negativ konnotierte männliche Natur. All das wird im weiteren Fortgang deutlicher.

12 Humboldt 1795a, 130.

7. Natur, zweifach

»Das Moralische in der edlen feinen Weiblichkeit werden wir nicht erreichen.«[1]

Hier möchte ich nun dem »Wesen« der weiblichen »Natur« nachgehen. Wenn die Frau keinesfalls sein darf wie der Mann, wie ist sie dann? Die Antwort kann in dem hier verfolgten Ansatz nur lauten: Sie müsste über keine oder über eine andere Form von Selbstreferenz verfügen. Oder anders: Wenn das Kernproblem der Männlichkeit deren frei flottierende Selbstbezüglichkeit und mangelnde Verbundenheit ist, dann müsste die komplementäre Frau als immer schon verbundene, als immer schon mit Fremdreferenz ausgestattete imaginiert worden sein. Sie dürfte dort, wo der Mann versagt, ihre Sternstunde haben: im Bezug auf andere, auf Anschluss, auf Asymmetrisierung. Es ist kein Geheimnis, dass Weiblichkeit um 1800 genau so entworfen wurde.

> »Wenn es endlich in dem Menschen ein wirkliches Princip,– uneigennützig zum Wohlseyn eines andern menschlichen Wesens – zu handeln, geben kann; so würde man es wohl am ersten in dem veredelten Willen des Weibes aufsuchen müssen [...]; in diesem zärtlich=heroischen Willen, der schon tausendmahl das Leben selbst in einem heiligen Diensteifer für andere hingab, und, in Entsagung seiner Redlichkeit, mit philosophischer Entsagung alles Eigennutzes, muthig den Undank und die Lieblosigkeit der Menschen trug [...].
> In diesen Rücksichten hat man es wagen können und dürfen, das weibliche Geschlecht bisweilen das bessere zu nennen, weil es im Allgemeinen weniger egoistisch ist, und, ohne seinen Charakter zu verlieren, aus reinem Gutmeinen – sich selbst hingebend, gleichsam in einem zweyten und dritten Wesen wohnen kann.«[2]

Die Frau lebt, ganz buchstäblich, in anderen und für andere. Das

1 Brandes 1802, 42.
2 Pockels 1805 II, 118 f.

ist *ihre* Natur. Wo der Mann nur an sich selbst denkt, richtet sich die Frau außerhalb ihrer selbst ein, meist in ihrem Gatten und in ihren Kindern (und in Gott). Ihr paradoxes Wesen besteht darin, sie selbst zu sein, indem sie ihr Selbst auslagert. Sie ist geborener Fremdbezug. Die Stereotypie des Weiblichen um 1800 ist so oft beschrieben worden,[3] dass hier wenige Skizzen reichen. Frauen sind fromm, sorgend, friedlich, bescheiden, zärtlich, empfindlich, sie verfügen über eine edlere Seele, ihre Gefühle sind verfeinerter und raffinierter; sie sind keusch, sittlich, unterwürfig, passiv, empfangend, bewahrend, schwach, liebevoll, sie verströmen Takt, Anmut und Schicklichkeit.[4] Üblicherweise wird daraus ein Gegensatz von Tugendhaftigkeit und Schwäche abgeleitet, wonach Frauen als stark, aber zerbrechlich imaginiert wurden, als gleichermaßen kompetent wie inkompetent, bemitleidenswert und vorbildhaft – eine »instabile Dichotomie«, die endlose Nuancen und Variationen im Diskurs der Weiblichkeit freisetzte.[5]
Was als Instabilität erscheint, verfestigt sich, wenn man es mit der Unterscheidung von Selbst- und Fremdreferenz betrachtet. Dann wird deutlich, dass die weibliche Schwäche ihre Stärke *ist*, denn durch sie ist es der Frau ebenso verwehrt, ihre eigenen Bedürfnisse mit Gewalt durchzusetzen, wie die der anderen abzuwehren. Weiblichkeit ist in doppelter Bewegung eingefroren: von »Natur« aus zu anderen strebend (Tugend, Liebe) und zugleich unfähig, sich abzukapseln (Schwäche). Ihre »natürliche« Liebe stiftet Conjuncturen, ihre Sanftmut verhindert Abgrenzung gegen andere, ihre Schwäche blockiert den Versuch, ihre eigenen Interessen durchzusetzen, und die Religiösität ermahnt sie im Namen Gottes zum Selbstverzicht. Alles am Weib ist auf Anschluss, auf Asymmetrie angelegt. Die Begrifflichkeit, in der sich die Neudeutung von Weiblichkeit im 18. Jahrhundert vollzog, war überaus präzise: Selbstverleugnung, Selbstlosigkeit, Selbstschwäche – in der Frau wurde die Verselbstung

3 Hausen 1976, 368; Bloch 1987; Bovenschen 1979; Honegger 1992; Wägenbaur 1996, 19 ff.
4 vgl. Biermann 2002.
5 Hunt 1999, 83 f.

des Menschenbildes eingedämmt und die Selbstreflexivität der anthropologischen Kategorien limitiert. Das bedeutet nicht, dass die Frau nicht auch über Selbstliebe verfügte, also den Kern menschlicher Selbstbeziehung in sich trug. Aber ihr Selbst war immer schon gekoppelt an andere Selbste, die Probleme des maskulinen Solipsismus sollte sie nicht kennen.

Das zeigt sich am deutlichsten im Konzept der Liebe. Die Frau wurde als das liebende Geschlecht betrachtet, denn dazu besitze sie von Natur aus Talent und Bestimmung. Moralische Liebe wurde wiederum als Inbegriff des Nichtselbst und der puren Fremdreferenz gedeutet. Das Codewort der Zeit für diesen Zusammenhang lautete bekanntlich: Keuschheit. Sie ist jene Selbstliebe, die sich selbst *nicht* nachgibt. Jungfräulichkeit ist ihre Signatur. Diese weiblichen Qualitäten wurden zugleich in ihrer Natur versenkt wie in den Rang einer transzendenten Qualität erhoben. Der Naturgedanke diente zur Verankerung der vermeintlichen Eigenschaften jenseits des menschlichen Zugriffs. Und zur Lösung des Erziehungsparadoxes: Die Erzieherin der Menschheit muss nicht selbst erzogen werden, sie bringt ihr Rüstzeug immer schon mit. »Die Mäßigkeit des Weibes ist nicht sowohl eine ihr *durch* die *Erziehung* gegebene Einrichtung des Charakters, obgleich die Erziehung darauf achten muß, als vielmehr eine im Plane der Natur liegende Gesetzlichkeit zur Ehre ihres Geschlechts, und zwar in physischer und moralischer Hinsicht.«[6] Zugleich erforderte dies soziale Losgelöstheit von allen konkreten Vorkommnissen. Wenn die Frau der triebgesteuerten Geschäftigkeit des Mannes etwas entgegensetzen will, dann muss sie gleichsam unabhängig von allen tatsächlichen Ereignissen an ihrer natural bestimmten Sozialität festhalten. Wenn sie schon bestimmt ist, darf sie sich nicht mehr bestimmen lassen; Weltverzicht, also Häuslichkeit, gehörte konsequenterweise zum Modell dieser Weiblichkeit.

So kam Emilie von Berlepsch dazu, den Frauen ihrer Zeit gar eine »Autonomie« zuzusprechen, nämlich die »natürliche oder erlangte

6 Pockels 1805 I, 395 f.

Fertigkeit, sein Gefühl, so warm und lebhaft es seyn möge, von der Willkühr und Einwirkung äusserer Gegenstände so *unabhängig* zu machen, daß es nicht leicht gereizt und aufgebracht werden könne«.[7] Wenn die Frau sich perfekt gegen die Zufälligkeiten des Lebens isoliert, kann sie an ihrer ewigen Aufgabe der Zivilisierung festhalten. Sie ist ständig irritabel, um zu erkennen, wo sie gebraucht wird, und zugleich durch nichts zu irritieren, immer ansprechbar und nie im Widerspruch – weder zu sich noch zu anderen. So erschien sie als Garantin von Sozialität, und damit verfügte sie auch über all jene Tugenden, die der geselligen Harmonie zuträglich sind.[8] Sie war Katalysator der Gesellschaft, weil die soziale Erreichbarkeit ihres Selbst (im Gegensatz zum männlichen) außer Frage stand. Die Frau hatte stets eine soziale Adresse, auch wenn sich dahinter ein Ich als Nicht-Ich verbarg.

Die hier vertretene Deutung ähnelt dem feministischen Grundtheorem, wonach Weiblichkeit um 1800 die Subjektivität abgesprochen worden sei.[9] Das wird hier aber zum einen nicht auf ein patriarchalisches Herrschaftsbedürfnis zurückgeführt, sondern auf das Unbehagen an der Subjektivität selbst, wodurch in den Blick kommt, dass auch (und gerade) das männliche Selbst umstritten und befehdet war. Zum anderen wird keine strikte Polarität behauptet: hier Subjektivität, dort keine, sondern diese Dichotomie durch das Schema von Selbst- und Fremdreferenz ersetzt, das erlaubt, unterschiedliche *Typen* von Subjektivität und Natur zu denken. Der Diskurs um 1800 wies also nicht der Frau die Natur zu und dem Mann die Kultur, sondern beiden unterschiedliche Naturen – und damit auch unterschiedliche Kulturen. Der Geschlechterdiskurs arbeitete mit zwei verschiedenen Naturbegriffen, einem formal-negativen, unbestimmten und einem inhaltlich-positiven, bestimmten. Der Mann verfügte gleichsam über die »moderne« Natur und *daher* über die unheimlichere, instabilere, gefährlichere – allerdings auch über die

7 Berlepsch 1791, 70 (meine Hervorhebung, C. K.).
8 »Das Frauenzimmer ist zur Gesellschaft geboren.« (So die moralische Wochenschrift »Der Gesellige«, zit. in Mauser 1989, 26)
9 »Weibliche Identität konstituiert sich als Mangel: Erst in der Aufgabe ihres Selbst findet die Frau zu sich.« (Heintz/Honegger 1981, 32)

dynamischere, die größere Leistungen und vielfältigere Möglichkeiten versprach. Die Frau erhielt als teleologisches Wesen eine solidere, stabilere, vertrautere Naturausstattung, *deswegen* sowohl die moralischere, verlässlichere als auch die beschränktere, die betulichere, die zu virtuosen Leistungen nicht geeignete.[10] Dies wurde wiederum mit der Differenz von Interaktion und Gesellschaft verknüpft, auf die ich im dritten Teil eingehe. Insgesamt ergaben sich daraus um 1800 vielfach überkreuzte, multiperspektivische Beobachtungen und Bewertungen der Geschlechter, inklusive vielfältiger Machteffekte.

Die doppelte Naturhaftigkeit erklärt, was bislang vor allem als »Paradox« wahrgenommen wurde, nämlich der Umstand, dass um 1800 Frauen »paradoxerweise nicht mehr die Unordnung verkörpern, die Männer fürchten, sondern die Werte, die Männer anstreben«.[11] Auf dem Hintergrund des formal-negativen Naturbegriffs der Männlichkeit wird deutlich, dass Männer als nicht mehr in der Lage galten, aus sich heraus Ordnung zu stiften und Werte zu garantieren. Dies konnten nur Frauen, und zwar gerade weil sie diese Werte *nicht* erlernen mussten, sondern immer schon natural über sie verfügten. Kant konnte sie daher gleichermaßen als »natürliche Demokraten« und als selbsterziehend beschreiben,[12] ein verbreiteter Gedanke, der wiederum die Frauenbildung behindern sollte. Das Telos von Weiblichkeit, wenn man so will: ihr naturales »Veraltetsein«, machte sie fortan zum Fundament von Sittlichkeit und sozialer Ordnung, von Religion und Staat: »Es ist bemerkenswert, dass Familie, Religion und Staat nun mit der Frau identifiziert werden statt [wie früher] als von ihr bedroht.«[13] Dass diese Deutung um 1800 tief in das bürgerliche Selbstverständnis eingedrungen war und als unbestreitbare »Wahrheit« begann, das Verhältnis der Geschlechter zu prägen und

10 Ähnlich, wenngleich ohne Analyse der Männlichkeit, Steinbrügge 1992: Ende des 18. Jahrhunderts werde »die Ebenbürtigkeit der Frau nicht mehr egalistisch verstanden im Sinne einer Gleichheit identischer Fähigkeiten, sondern als Gleichwertigkeit *verschiedener* Naturen«. (28)

11 Nussbaum 1984, 161.

12 Shell 2001, 73 f.; Elliott 2002, 25.

13 LeGates 1976, 30.

die Rollen von Mann und Frau neu zu formieren, ist mittlerweile historisch gut belegt.[14]

14 Für den deutschen Raum: Trepp 1996; Habermas 2000.

8. Muskularisch, spermatisch, heroisch, sensitiv

»Das Weib, dem das eigentliche
Geschäft der Vermenschlichung der göttlichen
Schöpfung anvertraut ward.«[1]

Eine andere paradoxe Konsequenz dieser Justierung von Weiblichkeit bestand darin, dass die Frau gerade aufgrund ihrer fremdreferenziellen Natur zur geschichtsmächtigen Kraft wurde: Sie galt in vielen Universalhistorien um 1800 als die eigentliche Erzeugerin der bürgerlichen Gesellschaft, als Mutter aller Zivilisationen und Zivilisierungen. Ohne sie wäre die Welt im ewigen Naturzustand verkümmert.

Diese Deutung widerspricht dem Mainstream der feministischen Historiographie. Demnach wurde seit »dem 18. Jahrhundert [...] in immer neuen Diskursen daran gearbeitet, Frauen aus der Geschichte herauszunehmen«,[2] wie es noch in jüngsten Veröffentlichungen heißt: »Die Aufklärungshistorie schied Mann und Frau in Wesen der Kultur und Wesen der Natur und sprach folgerichtig der Frau als Naturwesen ihre Geschichtlichkeit ab [...].«[3] Der Fortschritt der Zivilisation wurde um 1800 demnach allein als ein Fortschritt der Männer erachtet. Ihre unaufhörliche Weiter- und Höherentwicklung war allerdings nur um den Preis der Auslöschung von Femininität und Natur möglich: »Im Zivilisationsprozess wird die Natur zum Objekt der Unterwerfung und Überwindung. Überwindung der Natur aber heißt Vernichtung von Weiblichkeit [...].«[4] Dieser feministische Mainstream ist vereinzelt und ohne nachhaltige Wirkung auch innerhalb der Gender Studies kritisiert worden. Ich verweise auf die Gegenstimmen von Steinbrügge und Tomaselli, die über den Geschichtsdiskurs im 18. Jahrhundert zu dem Schluss kommt:

1 Hippel 1977, 27.
2 Hausen 1998, 42.
3 Habermas 2000, 17 Fn. 77; in Bezug auf Rousseau: Bovenschen 1979, 176; ansonsten: Kubes-Hoffmann 1993.
4 Stephan 2000, 89.

> »Innerhalb dieser Tradition waren Frauen also alles andere als passive Rezipienten der Kultur. Im Unterschied zu jener These, die die Frau mit Natur verbindet, wird sie in dem Diskurs, den wir untersucht haben, keineswegs aus der Geschichte ausgeschlossen. Im Gegenteil: Sie macht diese Geschichte.«[5]

Die Perspektive einer Negativen Andrologie bestätigt nicht nur diesen Befund, sondern versucht auch zu beantworten, warum es ihn gegeben hat – eine Frage, die Tomaselli offen lässt. Der systematische Ort der femininen Geschichtsmächtigkeit liegt in der Notwendigkeit, den männlichen Zirkel der Selbstverweisung zu durchbrechen. Dem Übergang vom Naturzustand zur Zivilisation kommt um 1800 daher exemplarische Bedeutung für das Geschlechterverhältnis zu.

Wie kann der tyrannische Leerlauf der maskulinen Selbstbezogenheit asymmetrisiert werden? Dafür boten die Schriften um 1800 vor allem zwei Lösungen an. Die erste und wichtigste war, wie gesehen, die Frau. Als zweite Option kam die geschichtliche Evolution selbst in Frage, die mit der »Erfindung« des Eigentums begann. Beide Versionen überlappten und verstärkten sich gegenseitig, man sollte sie nicht als einander ausschließende Geschichtstheorien lesen. Stets ging es um Einschränkung von (männlichen) Freiheitsgraden, also um Strukturgewinn, also um Ordnung, also um die Ermöglichung von Freiheit.[6] Wo »es auf Vernunftgebrauch ankam, scheint immer das Weib die Bahn gebrochen zu haben [...]«, schrieb, wie gesehen, Theodor Gottlieb von Hippel und gab damit den Konsens seiner Zeit wieder.[7] Die Frau stimuliert die Vernunft allerdings nicht, weil sie intelligenter wäre, sondern weil sie den Prozess der gegenseitigen Achtung und Anerkennung zwischen den Menschen in Gang bringt. Die spekulative Geschichtsschreibung um 1800 imaginierte verschiedene Auslöser dieses Prozesses. Am verbreitets-

5 Tomaselli 1985, 121.

6 Hinter dieser Reihung steckt erkennbar ein systemtheoretischer Ordnungsbegriff, der Ordnung nicht als »intersubjektive« Orientierung an geteilten Werten auffasst, sondern als Optionseinschränkung, als Reduktion von Möglichkeiten, als Limitation von Kontingenz. (Nassehi 2003, 55 ff.)

7 Hippel 1977, 59.

ten waren Mutterschaft, naturale Empfindsamkeit sowie der weibliche Hang zur Schönheit.

In die Mutter ist der Selbstverzicht stets eingebaut, so die Vorstellung des 18. Jahrhunderts. Die Mutter-Kind-Dyade wurde zum Fundament aller Zivilisation.[8] Hatten zuvor Familien, agnatische, also über den Mann laufende Abstammungslinien sowie die *potestas* des Hausvaters die Reproduktion der Gattung garantiert, sorgte nun das Intimdual von Mutter und Baby für die Zukunft. Dafür wurde Schwangerschaft mit neuer Bedeutung aufgeladen. Sie erschien nun als Modell der Einheit von Selbst- und Fremdreferenz: Wenn die Schwangere sich auf sich selbst bezieht, bezieht sie sich immer schon auf etwas anderes (das Kind). Die paradoxe Konstruktion erlaubte es, im weiblichen Körper das Konstitutionsproblem moderner Subjektivität zugleich zu entfalten und unsichtbar zu machen, es verschwand ganz buchstäblich im Bauch der Schwangeren:

> »Aber während der Mann ungehindert seine Kraft über Alles ausdehnen kann, was außer seinem Leibe vorhanden ist, wird der Bildungstrieb des Weibes durch die eigenthümliche Bestimmung ihres Leibes auf diesen Leib selber zurückgewiesen; denn nicht außer ihm sondern in ihm wird sich ihre schaffende Kraft in ihrer höchsten Vollkommenheit offenbaren, und darum ist nicht die Welt außer ihm, sondern Er selbst, diese Pflanzstätte menschlicher Gattungswesen, der vornehmste Gegenstand ihrer Triebe, ihrer Sorge, ihrer Zuneigung.«[9]

In der gebärenden Weiblichkeit und Leiblichkeit erscheinen Selbst- und Fremdsorge als Einheit, die schwangere Frau kann sich einen ungehemmten Selbstbezug erlauben, nämlich die Rückverweisung »ihres Leibes auf diesen Leib selber«, weil sie immer schon den Bezug auf das Kind enthält. Das wurde als unhintergehbare leibliche Asymmetrisierung gedeutet. Die weibliche Selbsterhaltung ist *zugleich* die Selbsterhaltung der Gattung, in der uterinen Einheit von Eige-

8 Bekanntlich bis heute als ursprüngliche Fremdreferenz fundamentalisiert inner- und außerhalb des Feminismus (etwa bei John Bowlby und seiner Attachment-Theorie).

9 Reinhard 1797, 287.

nem und Anderem fusionieren Individuum und Gattung. Aus den (Gebär-)Müttern wurden portable Bestandsgarantien der Menschheit, allerdings nicht so sehr aufgrund ihrer reproduktiven Fähigkeiten (die wurden auch schon früher verehrt), sondern wegen ihrer paradoxieabsorbierenden Effekte. An der prä- und postnatalen Conjunctur von Mutter und Kind zerschellte alle anthropologische Unbestimmtheit: Mutter und Neugeborenes waren immer schon verbunden, sonst gäbe es beide nicht.[10] Der *moderne* Mythos der Mutterschaft hat in diesem tröstenden Amalgam aus Selbst- und Fremdreferenz seinen Ursprung: Die Frau kümmert sich in sich um etwas Höheres als sich selbst. Entsprechend pries Betty Gleim ihren Geschlechtsgenossinnen die Mutterliebe an als »unermüdliche Beschränkung und Bekämpfung der Eigenliebe; ernste Wachsamkeit und unerbittliche Strenge gegen sich selbst, aber immer sich gleich bleibende Sanftmuth, Nachsicht und Geduld mit Andern«.[11]

Das wurde in den Naturzustand zurückprojiziert und aus ihm begründet. Mit der maternalen Verschmelzung von Selbst- und Fremdinteresse beginnt die Menschheit, die Zivilisation. Dies wurde auf verschiedene Weisen ausgemalt. Im Urzustand haben bei John Millar »Kinder eine viel engere Verbindung mit der Mutter als mit dem Vater«, wodurch sie ganz »im Schutz ihrer Sorge und Zärtlichkeit« aufwachsen und sich ihrer »Autorität« beugen. So lernen sie ein Achtungsmodell kennen, das nicht auf den väterlichen »kriegerische[n] Fähigkeiten« basiert, sondern gleichsam eine friedliche, sozialverträgliche Alternative bietet. Unter Umständen kann es aber auch dazu führen, dass Frauen sich die Macht aneignen und dann genauso tyrannisch werden wie die Männer.[12] Bei Hippel übersetzte sich Schwangerschaft in vorausschauende Vernunft. Weil die Schwangere im Naturzustand weiß, dass sie in der Zeit der Niederkunft keine Nahrung mehr suchen kann, wird sie »kraft des instinktarti-

10 Victoria Held spricht noch heute von der Mutter-Kind-Dyade als »nicht-vertragliche Gesellschaft« (1987).

11 Gleim 1810, 95; für Pockels »ist die Mutterliebe die allerhöchste und schönste Stufe eines vollkommen uneigennützigen Charakters« (1805 I, 120).

12 Millar 1967, 81 ff.

gen Gefühls zur Selbsterhaltung, die ihm wegen der Erhaltung des Säuglinges noch dringender ward«, Vorräte anlegen und damit einen wichtigen Schritt aus der tierischen Ökonomie tun. »Ohne Zweifel [wurde] zuerst das Weib auf diese Experimentalunterweisung« geleitet, und zwar nicht durch Zufall, sondern durch »Beobachtungsanlage«.[13]

Das setzt sich fort auf den nächsten Stufen der Entwicklung, und ich raffe hier weitläufige Argumentationen auf das Allerkürzeste. Die Frau wird zur Herrin über Haustiere und Haushalt und damit zur Treuhänderin des Fortschritts: »[...] und so ward durch das Weib vielleicht beides, das Hirtenleben und der Ackerbau, erfunden oder zustande gebracht«.[14] Das aber macht die Frau bald wieder zur Sklavin des Mannes, der sich ihre Arbeitskraft aneignet, und selbst nur der Jagd frönt, dem Urübel der Menschheit, weil es die Gewalttätigkeit aus dem Naturzustand bis in die Gegenwart perpetuiert. Jene Historiker, die annahmen, dass »die Weibspersonen eher zu vernünftigen Beschäftigungen reif werden, als die Männer«,[15] sahen die Gründe dafür grundsätzlich *nicht* in einer intellektuellen Überlegenheit der Frauen, sondern in deren naturalen Schwäche und Empfindsamkeit. Die Frau ist weiterentwickelt, weil sie *nicht* im Körper des Mannes steckt, der zwar stark ist, deswegen aber auch selbstgenügsam und entwicklungsresistent. Auf die vermeintliche körperliche Beschaffenheit des Weibes wurde eine ganze Ontologie und Dialektik der Schwäche gepfropft: weil schwächer, daher abhängiger, daher empfindsamer, daher weniger gewalttätig, daher einfallsreicher/vernünftiger, daher tugendhafter, daher zivilisierend, daher schützenswerter, daher dem Manne Untertan – der Diskurs lief wie ein endlos changierendes Band von sich verschiebenden Bedeutungen und Bewertungen. Im Kern aber blieb die Geburt der Menschheit aus dem Leib der Schwäche – »[o]hne Schwäche hört der Mensch auf, Mensch zu sein«.[16] Und das alles nicht als Leistung

13 Hippel 1977, 59.
14 ebd., 61.
15 Iselin 1768, I 259.
16 ebd., 29.

der Frau, sondern als (diskursiv erzeugter) »natürlicher« Effekt *ihrer* Körperlichkeit (im Unterschied zur maskulinen).

> »Die Weiblichkeiten heißen Schwächen. Man spaßt darüber; Toren treiben damit ihren Spott, Vernünftige aber sehen sehr gut, daß sie gerade die Hebezeuge sind, die Männlichkeit zu lenken und sie zu jener ihrer Absicht zu gebrauchen.«[17]

Diese Schwäche müsse der Natur nach »Weisheit« sein, so Kant, sonst ergäbe sie keinen Sinn und wäre ein überflüssiges, törichtes Element im Weltenplan. Im Weiteren scheute Kant keine Mühe, um die Schwäche weiter zu fundamentalisieren. Sie hänge nämlich nicht etwa »von unserer Wahl« ab, sondern »von einer höheren Absicht mit dem menschlichen Geschlecht«, beruhe also auf göttlichem Wollen. Und worauf zielt dieses? Auf »1. die Erhaltung der Art, 2. die Kultur der Gesellschaft und Verfeinerung derselben durch die Weiblichkeit.«[18] Es geht also um nichts weniger als das Fundament der Menschheit und der Gesellschaft. Aber warum sollte das ausgerechnet aus weiblicher Schwäche bestehen?

Kant verfolgte offenbar eine doppelte Strategie. Er reagierte auf den Verlust des traditionellen Geschichtsdenkens, das in Gott und der von ihm gestifteten menschlichen Natur die Garanten der guten Ordnung sah. Diese »Entgötterung der Natur« (Hegel) entthronte den einstigen Schöpfer (auch wenn er pro forma als letzte Referenz weiterexistiert) und setzte statt seiner Stärke die weibliche Schwäche. Stärke ist stets unsicher und gefährdet, Schwäche immer garantiert und harmlos. Zur Stärke muss man sich entscheiden, was ein prekärer Vorgang ist, zudem wird jeder Starke früher oder später schwach. Kant stellte gleichsam auf einen negativen Begründungsmodus um, der die eigentlich »unerwünschte« Seite zur Bestandsgarantie des Ganzen erklärt, weil diese a) nicht zu erschüttern ist und b), weil sie »nicht von unserer Wahl« abhängt. In der Unterscheidung stark/schwach ist schwach die starke, weil immer präsente Seite, daher muss sie das Zivilisationsgebäude tragen. Das hatte gravierende Folgen. Denn die ethische Güte, die in der Schwä-

17 Kant 1977, Bd. XII, 649.
18 ebd., 651.

che konserviert ist, darf der Frau nicht verfügbar sein, sonst müsste die aufwändige doppelte Absicherung, der Entzug der Wahlmöglichkeit, wieder kassiert werden. Daher darf sie zur höchsten Form der Moralität, die erst durch *freiwillige*, vernünftige Unterwerfung unter das Sittengesetz entsteht, weder befähigt noch genötigt sein, es würde die naturhafte Schwäche durch die Kontingenz der Reflexion bedrohen. Dieses Argument findet sich auch bei Kant, aber deutlicher hat den Gedanken Wilhelm von Humboldt ausgedrückt:

> »Daher ruht die weibliche Moralität mehr auf der Natur, als auf Ueberlegung und Charakterstärke, und daher gewährt das weibliche Gemüth so oft das schöne Schauspiel einer freiwilligen Herrschaft edler Gesinnungen, da das männliche mehr das erhabene einzelner glücklich errungener Kämpfe darbietet. Dass es dem andern Geschlechte indes ebensowenig nothwendig an der Kraft gebricht, welche zu diesen erfordert wird, zeigen häufige Beispiele, nur dass freilich die unverbrüchliche Anhänglichkeit an reine Sittlichkeit mehr aus einmal in die Natur selbst übergegangenen Gesinnungen, als aus unmittelbarer Achtung für das Gesetz hervorgehen wird.«[19]

Die Absicherung gegen die gewalttätige Tyrannei des Mannes landete also ein weiteres Mal in der Charakterisierung der Frau als naturhaft unterlegene Überlegene. Es war um 1800 gewissermaßen zu riskant, das Geschäft der Menschheit an die Freiheit der selbstbezüglichen Subjektivität und Unbestimmtheit zu knüpfen, daher wurde es in der natürlichen Sittlichkeit der Frau verankert und dort als Schwäche fixiert. Man sieht daran einmal mehr, wie Geschichtsphilosophie, Geschlechterdenken und die Nötigungen der funktionalen Differenzierung immer wieder eine moralische, aber schwache Weiblichkeit und eine starke, aber unmoralische Männlichkeit produzierten.

Für die Rolle der Frau als historische Zivilisatorin ist die Doppelstruktur aus Schwäche und Empfindsamkeit konstitutiv.[20] Sie zwingt Frauen zur Aufmerksamkeit. Das macht sie, verglichen mit dem

19 Humboldt 1960b, 375.
20 Skinner 1999, 10.

tyrannischen Mann, zu Menschen und eröffnet ihnen die ästhetische Dimension des Lebens. »Sie, welche nicht die Stärke ihres Leibes, nicht seine Tauglichkeit zu bestimmten Zweken, als Vorzug erkennet, wird früher als der Mann des Wohlgefallens an der bloßen Form empfänglich«[21] und entwickelt die Fähigkeit, die Erscheinung der Welt zu differenzieren und Kriterien jenseits der eigenen Lust und der eigenen Triebbefriedigung zu entwickeln. Das Gefühl des Schönen oder das Wohlgefallen an der Form des Leibes ist eine der frühesten Empfindungen, die den Menschen über die Rohheit der Naturhaftigkeit erhebt. Schönheit humanisiert, weil sie nichts als Schein ist und einen ästhetischen Surplus enthält, der die tierische Ökonomie übersteigt. Friedrich Schiller universalisierte den Gedanken bekanntlich zu einer anthropologischen Konstante, durch welche sich »bey dem Wilden der Eintritt in die Menschheit verkündigt«: durch den Spieltrieb.[22] Es kann nicht überraschen, dass sich in der spielerischen Lust am Schein und am Putze die Selbstlosigkeit der weiblichen Natur spiegelt, der Verzicht auf das eigene Interesse. Nur wo sich die »Spuren einer uninteressierten freyen Schätzung des reinen Scheins entdecken« lassen, kann man auf eine »Umwälzung der Natur und den eigentlichen Anfang der Menschheit in ihm schließen«.[23] Schönheit ist das Absehen von sich selbst, darin besteht nicht nur ihr utopischer Charakter in Schillers Ästhetik, sondern auch ihr geschichtsphilosophischer als Genese der Menschheit. Das wird oft übersehen, und noch häufiger, dass damit ein zutiefst geschlechtsdifferenter Vorgang einhergeht: die Zähmung des wilden Mannes.

Die Erfindung des Ästhetischen durch das Weib zieht den Mann in ihre Sphäre, sie ist der Köder, der den Mann von sich selbst absehen lässt und sein Interesse auf anderes lenkt. Die weibliche Schönheit ist das Trojanische Pferd des Urzustandes, der Hebel, über den die männliche Tyrannei überwunden wird. Das ist auf Seiten des Mannes ein ganz vernunftloser Prozess, er weiß nicht einmal, was mit ihm geschieht; er reagiert auf die weibliche Schönheit (wenn er

21 Reinhard 1797, 199.
22 Schiller 2000, 107 (26. Br.).
23 ebd., 114 (27. Br.).

denn auf sie reagiert) und wird, »in die Gesellschaft hineingetrickst durch den natürlichen Appetit zwischen den Geschlechtern«.[24] Der weibliche Köder funktioniert, weil das Einzige, das Konstanz beim Mann verspricht, seine Triebhaftigkeit ist. Diese drängt ihn zum anderen Geschlecht und macht ihn so empfänglich für dessen Schönheit. Der Trieb des Mannes besiegt sich letztlich, via weibliche Schönheit, selbst. Und die Menschheit kann beginnen.

Nicht in allen Historiographien der Zeit aber war die Frau der entscheidende Motor. Das Bündel der Geschichtsfaktoren war groß und reichte vom bloßen Zufall über Kulturaspekte bis zu komplexen Modellen der Eigentumsentstehung und zu machtsoziologischen Studien, die die verschiedenen Formen der Herrschaft während der Menschheitsentwicklung analysieren. Als vorherrschendes Geschichtskonzept setzte sich das Vier-Stufen-Modell durch, das den Fortschritt anhand der Subsistenzformen von Jäger/Sammler, Viehhaltung, Ackerbau und *commercial society* rekonstruierte und daran Vor- und Nachteile der einzelnen Gesellschaftsformen ablas; es ist nicht möglich, der weit verzweigten Debatte hier nachzugehen. Auch dort aber, wo die Frau nicht als der maßgebliche Faktor der Entwicklung beschrieben wurde, galt sie als hauptsächliche Nutznießerin der allmählichen Zivilisierung der Welt bzw. wurde der Fortschritt als effeminierende Veranstaltung gelesen. Am knappsten hat Johann Georg Forster diesen Zusammenhang ausgedrückt. Er übersetzte die vier Subsistenzstufen in ein leiblich-geschlechtliches Modell und sprach in aufsteigender Linie von der »*muskularischen, spermatischen, heroischen* und *sensitiven*« Phase der Menschheit[25] – Geschichte als Überführung des männlichen Soma in die weibliche Empfindung. Entsprechend konnte der Grad der weiblichen Freiheit als Barometer der Zivilisiertheit gelesen werden:

> »[...] demnach markieren der Stand und die Verhältnisse, in welchen sich Frauen in einem Land befinden, mit der größten Präzision den exakten Punkt auf der Skala der Zivilisation, den das Volk des Landes erreicht hat; und würde ihre Geschichte über

24 Hume zit. in Eriksson 1993, 255.
25 Forster 1789, 283.

jeden anderen Aspekt schweigen und nur die Art und Weise verraten, wie die Frauen behandelt werden, könnten wir daran ein verlässliches Urteil ihrer Grausamkeit oder Kultiviertheit bilden.«[26]

Einfacher und plastischer sagte es etwas später Charles Fourier: »Der Grad der weiblichen Emanzipation ist das natürliche Maß der allgemeinen Emanzipation.«[27] Das war ein überaus verbreiteter Gedanke.[28] Die bürgerliche Gesellschaft verstand sich in jenen Tagen als im historisch einmaligem Maße gynophil, und ausgerechnet das, was später als Beginn der modernen Unterdrückung der Frau gewertet werden sollte, galt dafür als deutlicher Indikator: die Befreiung einiger Frauen von der Arbeit.[29] Das war, betrachtet man die sozialgeschichtlichen Daten zur tatsächlichen Arbeitsbelastung auch im bürgerlichen Milieu, eine imaginierte Befreiung, die daher umso mehr in den Vordergrund gerückt wurde. Der femininen Liberalisierung steht maskuline Einschränkung gegenüber, so die Vorstellung. Männer verlieren im Laufe der Geschichte ihre Macht und ihre Freiheiten, auch jene, die Frauen zu unterdrücken. Die Geschichte erhielt wie so vieles andere eine komplementäre Geschlechtlichkeit: Was der Frau als Freiheit erscheint, sollte dem Mann als Unfreiheit vorkommen.

Zugleich veränderte sich damit das Repräsentationsschema des Guten in der Gesellschaft. Wo früher adlige Männlichkeit das Perfektionsideal verkörpert hatte, trat zunehmend die keusche, tugendhafte Frau an diese Stelle und wurde zur Repräsentantin der Gesamtgesellschaft. »The people are Clarissa«, sagte John Adams in Bezug auf die Heldin aus Samuel Richardsons sentimentalem Roman »Clarissa Harlowe«, jenem Prototyp reiner empfindsamer Weib-

26 Alexander 1779, I 103.

27 zit. in Grass/Koselleck 1975, 186 ; s. a. Fourier 1992, 259.

28 Kleine, unvollständige Auswahl: Kant 1977, Bd. XII 648 ff.; W. v. Humboldt GS XIV, 83; Fordyce 1765, 48; Sprengel 1798, 112; Iselin 1768, 328 ff.; Forster AA III, 252, 228, 318 f.; Ewald 1804, 109; Berlepsch 1791, 85; Mauvillon 1791, 500; Kosengarte 1816, 113; Meiners 1799, I 8; Condorcet 1796, 29, 309; Thomas 1773; Müller 1967, 22 f. Im 19. Jahrhundert wurde dieses Modell rückwirkend auf die Französische Revolution als gleichsam zweite Geburt der Zivilisation durch die Frauen angewandt: Michelet 1984/1854; Goncourt/Goncourt 1986. S. dagegen: Hegewisch 1789; Heynig 1803.

29 Alexander 1779 I, 102.

lichkeit.[30] Kritik der Zivilisation und Geschichte der Frauen konvergierten in diesem spätaufklärerischen Diskurs und produzierten neue gesellschaftsinterne Gefährdungs- und Verteidigungsszenarien. Die Bedrohung einer Frau durch einen Mann war nicht mehr nur als individuelles Verbrechen denkbar (an dem, wie es früher hieß, die Frau oft die Mit- oder gar alleinige Schuld trug), sondern beschwor nun den Zivilisationsprozess samt dessen Fragilität herauf, und bald schon stellten sich Gesetzestexte und Richtersprüche darauf ein. Das wäre in einer Geschichte der Kriminalität im 19. Jahrhundert weiterzuverfolgen.
Sozialgeschichtlich stellt sich die Frage, warum die weibliche Emanzipation um 1800 politisch, wirtschaftlich und kulturell nicht weiter (oder genauer: überhaupt) betrieben wurde, sondern sich jene hinlänglich bekannte geschlechtliche »Arbeitsteilung« herauskristallisierte, die Frauen Zugang zu entscheidenden gesellschaftlichen Positionen verwehrte. Die Antwort ist genau dort zu suchen, von wo aus wir den bisherigen Gedankengang abgeleitet haben, aus der funktionalen Differenzierung. Sie hat einerseits – über die kybernetische Anthropologie der Unbestimmtheit – als Motor der Formulierung einer negativen Männlichkeit und einer natural-positiven Weiblichkeit fungiert. Sie hat andererseits – und teilweise *aufgrund* des bisher Gesagten – zu einem bestimmten Exklusions-/Inklusionsschema von Frauen und Männern geführt, bei dem gerade der Ausschluss von Frauen aus zentralen Funktionssystemen der Gesellschaft (Politik, Wirtschaft, Wissenschaft etc.) als Indiz und Voraussetzung ihrer überlegenen Moralität dienen konnte. Ich komme darauf in Kapitel C zurück.
Zuvor aber muss die naturale Männlichkeit weiterverfolgt werden. Was im Naturzustand bereits erkennbar war, setzte sich in die Wohnstuben der bürgerlichen Gesellschaft fort. Die Natur des Mannes wich nicht von ihm, der Sohn und der Gatte waren ebenso suspekt wie der Wilde. Und die Frau musste es zivilisatorisch richten, wie allseits betont wurde: »Es lässt sich [um 1800] kaum noch eine Pre-

30 zit. in Fliegelman 1982, 89; vgl. Roulston 1998, 26 ff.

digt finden, in der nicht die besondere weibliche Zuständigkeit für die Aufrechterhaltung von Sitte und Anstand hervorgehoben wurde.«[31] Doch wo die Frau als unerschütterliche moralische Instanz galt, hing der Zustand der Welt an der Bereitschaft des Mannes, sich erziehen zu lassen. Aus ganz anderer Perspektive ist Jan Lewis zum selben Ergebnis gekommen:

> »Der Dreh- und Angelpunkt des Geschlechterparadigmas war nicht weibliche Moralität – die vorausgesetzt wurde –, sondern männliche Empfänglichkeit [*susceptibility*]. Entsprechend lag das Problem nicht bei den Frauen, sondern bei den Männern.«[32]

Das wurde in den Romanen des 18. Jahrhunderts immer wieder durchgespielt: Was lässt der Mann die tugendhafte Frau an sich bewirken? (Das Ergebnis lautete meist: nicht genug.[33]) Auch in der Geschlechterliteratur wurde es zum zentralen Thema gemacht. Das kann nicht überraschen: *susceptibility*, das lässt sich in der hier verwendeten Theoriesprache als die Anleitung des Mannes zur selbstbestimmten Fremdbestimmung übersetzen, als Asymmetrisierung.[34] Worin ich von Jan Lewis abweiche, ist die Einschätzung der Folgen für das Männlichkeitsbild. Lewis glaubt, dass »weibliche Selbstlosigkeit als Gegengewicht für männliche Lasterhaftigkeit propagiert zu haben, hätte bedeutet, männliche Unmoral einzuräumen« – und das sei undenkbar gewesen. Ich halte dagegen: Es war nicht nur nicht undenkbar, sondern ein Pol des Geschlechterdiskurses. Es gab um 1800 keine Sperre gegen den Diskurs männlicher Unmoral; er wurde ausführlich und in alle Verästelungen betrieben. Und doch hat er sich auf bestimmte Typen verdichtet. Sie gelten bis heute als die zentralen Problemfälle zivilisatorischer Anstrengungen: der Jüngling (heute: der Pubertierende) und der triebhafte Mann.

31 Habermas 2000, 212.

32 1992, 148 – mit Bezug auf die USA des Antebellum.

33 Speziell in den *gothic novels* stand die »maskuline Leidenschaft unregulierter, individualistischer, habgieriger Begehren« im Zentrum (M. Poovey, zit. in Andriopoulos 1999, 749); s.a. Hendershot 1998, Brinks 2003.

34 Es geht also um die *andauernde* Überwindung des Naturzustandes: »Die Achtung und der Respekt der Männer muss auf ihre eigne Empfänglichkeit gegründet werden; [...] die durch die geistigen Qualifikationen und die persönliche Schönheit der Frauen hervorgebracht werden muss.« (Alexander 1779 I, 171)

9. Jünglingsembryonen und Herz-Eunuchen

»Der Jüngling ist im
Kleinen das Bild des Wilden.«[1]

Der Wilde lebte – im Knaben. Das Wissen, das im Naturzustand gewonnen wurde, fand im Jüngling seine gelebte Gegenwart. Der Wilde, das Wolfskind Victor und der bürgerliche Knabe wurden übereinandergeblendet; was sie verband, war die Annahme, sie lebten in einem präsozialen Raum, in vorgesellschaftlicher Latenz: angetrieben nur von einer egozentrierten, zwischen Kindlichkeit und Grausamkeit schwankenden Energie. So kam die Natur in die Gesellschaft. Johann Georg Forster, der nach seiner Weltumrundung mit James Cook als Autorität gelten konnte, schrieb in der populären Monatsschrift *Neues Deutsches Museum*: Der Wilde »fühlt seine Kraft im Vernichten; im Taumel der Siegesfreude stampft er unwillkürlich die Erde mit seinen Füßen; alles an sich, ist unbändiger Knabenmutwille, und inneres Streben ohne Richtung«.[2]

Das lässt sich problemlos umdrehen: Der Knabe gibt den Wilden. Beide zeichnen dieselben Charakteristika aus: Egoismus, Sinnlichkeit, überschäumende Kraft, Rücksichtslosigkeit, Unmoral, Tyrannei. Johann Gottlieb Fichte, der Philosophenheld des deutschen Idealismus, dem heute tiefsitzender Frauenhass nachgesagt wird, befand, der Knabe sei »wild, zerstörerisch, egoistisch« und »von Natur selbstsüchtig«.[3] Texte von Progressiven wie Reaktionären, von Frauen wie Männern lesen sich wie ein Echo dieser Naturalisierungen; die Idealisierung der kindlichen und vor allem knabenhaften Unschuld, die parallel zur Romantik einsetzte, war in der Spätaufklärung noch weitgehend unbekannt. Den Knabencharakter des späten 18. Jahrhunderts hat besonders deutlich Carl Friedrich Pockels

1 Pockels 1805 I, 34.
2 Forster 1789, 280: s. a. Jenisch 1801 I, 417.
3 Fichte RD, 390 f.

in seinem bereits erwähnten *Der Mann* ausgemalt.[4] Schon der Knabe besitze demnach jenes »Kraftgefühl des Geschlechts«, das den Mann vor der Frau auszeichne, aber diese Kraft unterliege noch allein der Willkür eines ungezähmten Egos. So führe der Knabe »schon Kriege mit seines Gleichen«, »mordet und martert [er] wehrlose Thiere mit kalter Gleichgültigkeit, und jubelt bey ihren Qualen«, was ein erster Ausdruck der »größeren Gefühllosigkeit im männlichen Charakter« sei. Die zeigte sich besonders im Betragen gegenüber dem weiblichen Geschlecht, vor dem der Knabe sich als Wilder reinsten Wassers gebärde:

> »Er betrachtet seine [...] Schwestern als ein Art Sclavinnen, die nur zu seiner Bedienung vorhanden wären; er mißhandelt sie und ihre Gespielinnen; er schreibt ihnen Gesetze vor, er fordert sie gleichsam vor Gericht, er weiß alles besser, als sie; er läßt sich kaum durch Thränen rühren, – gnädig gegen sie zu seyn, wenn sie den kleinen Despoten beleidigt haben [...].«[5]

Pockels schilderte das in typischer Ambivalenz von Empörung und väterlicher Nachsicht. Denn einerseits seien die Anlagen des Mannes kein »blinder Griff« der Natur gewesen, sondern ließen im Knaben/Manne »die mächtigere und gebietendere Sprache ihres Willens« sprechen, dem der Wille des Weibes sich zu unterwerfen habe.[6] Andererseits feiere dieser Triumph des Willens nur »unbedeutende Siege«. Der Jüngling »will eigentlich nichts«, er lebe, da er nur in seiner eigenen Sphäre kreise, ein sinnentleertes Leben in »zügellose[m] Egoismus«.[7] Pockels erteilte seinem Knaben eine Lizenz zur Despotie, die er umgehend wieder einzog

Pockels und andere Autoren strichen allerdings die positiven Konnotationen der männlichen Kraft deutlich stärker heraus. Denn die Jünglinge »als die Blüte einer künftigen Generation; als die künftigen Gesezgeber, Lehrer, Vertheidiger, Wohlthäter ihres Vaterlandes; als die Beglücker des weiblichen, und die Väter eines künftigen Ge-

4 Pockels 1805; hier: I 34 ff.
5 ebd., 36.
6 ebd., 29, 37.
7 ebd., 34, 54, 48.

schlechts«[8] konnten offenkundig nicht der gleichen Verdammung anheimfallen wie die Wilden. Vermutlich haben die verzagteren Momente, die auch damals bei Jungen zu beobachten gewesen sein dürften, das Urteil abgemildert. Aber erstaunlicherweise findet man kaum etwas davon in den Werken der Geschlechterliteratur, nur in Romanen und den verbreiteten Ratgebern, in denen Väter ihren Söhnen die wichtigsten Lektionen des Lebens erteilen. In den Werken, die hier untersucht werden, erscheinen die Jungen dagegen wie um eine Dimension verkürzt, wie Vexierbilder, die entweder unbewussten Heldenmut oder Gewalt zeigen, aber kaum Zwischentöne, geschweige denn sanftere, weniger rabaukenhafte Facetten.

Die dennoch gegenüber dem Wilden etwas freundlichere Bewertung resultierte nicht zuletzt daraus, dass der Egoismus des Jünglings nicht in historischer, in Millennien zu berechnender Zivilisationsarbeit gebrochen werden musste, sondern in den kurzen, heftigen Jahren der Pubertät. Die Struktur der Läuterung und Zähmung des Jünglings allerdings entsprach exakt jener der Zivilisierung des Wilden. Das bedeutet: Ohne Frau geht es nicht. Der pubertierende Egoist lebe in einer »Periode unbestimmter [!] Thätigkeit«, die allzu oft zu Verwirrungen führe.[9] Erst durch »eine liebevolle Gattin und Kinder« könne er »gebunden seyn ans Menschengeschlecht und an die Erde« und sich in einen »arbeitsamen, vernünftigen, tugendhaften Mann[e]«[10] verwandeln. Dieser zivilisatorische Übergang bedinge »eine noch nie empfundene Krise seiner ganzen Natur«,[11] was nicht verwundern kann angesichts der Anstrengung, die nötig ist, um die wilde Knabennatur mit den zivilisatorischen Erfordernissen zu überschreiben. Sie erfordert eine vollkommene Transformation: Des Jünglings »plattes und gleichgültiges Wesen« gegenüber dem weiblichen Geschlecht muss sich in »Bescheidenheit, Toleranz und Entgegenkommen, seine stürmende Leidenschaft in Dulden und Ausharren, seine Herrschsucht in Gehorsam und Nachgeben« ver-

8 Ewald 1804, 3.
9 ebd., 283.
10 Faust 1791, 10.
11 Pockels 1805 I, 49.

wandeln[12] – was in der Codierung der Aufklärung nichts anderes bedeutete als die Verweiblichung des Mannes. Entgegenkommen, Dulden, Ausharren, Gehorsam und Nachgeben – sie gehörten zum femininen Tugendkanon der Zeit.

So wie die wilde Frau im Naturzustand die Pionierin des Vernunftgebrauchs war, so erhält auch der Junge seine Vernunft vom Mädchen. Das widerspricht der geläufigen Einschätzung, der Mann der Aufklärung habe sein Selbstverständnis vornehmlich daraus gesogen, sich selbst als rationales Wesen zu verstehen. In einer aufschlussreichen Passage formulierte Pockels eine Gegensicht, die in der Logik der selbstreferenziellen Subjektivität liegt. Demnach schwankt der Pubertierende verwirrt durchs Leben,

> »[...] bis ihm eine ernste Liebe und ein vernünftiges Mädchen gleichsam seine männliche Vernunft wiedergiebt. [...] Nun ist er beharrlich in ihr und durch sie, wie diese zärtlichen Gefühle selbst seinen Stolz und seine Kraft nähren, – denn indem er besiegt wird, betrachtet er sich selbst als Sieger, und tauscht, seiner Meinung nach, ein unendlich vortreffliches Herz gegen das seinige – ein.«[13]

Dieser Tausch erst macht den Mann zum Mann: »Den Absichten der Natur gemäß, soll der Jüngling an der Hand der Liebe zum – Manne hinüberschreiten [...].«[14] Der Geburt des Mannes geht also eine vierfache Verwandlung voraus: von der wilden Natur des Knaben über die verliebte Heftigkeit des Pubertierenden zur ernsten Liebe des jungen Mannes und schließlich zur reifen Vernunft des Erwachsenen und dessen Belebung mit Gefühl. Wesentlich aber ist, dass bei Pockels die weibliche Vernunft der männlichen vorausgeht. Das widerspricht zwar den meisten heutigen Deutungen des damaligen Geschlechterverhältnisses, erscheint aber plausibel angesichts der Charakterisierung der Knabennatur: Wo sollte dort Vernunft sein? Mit ihrer Negativen Andrologie des Jünglings versperrten sich die Aufklärer den Weg, eine Kontinuität der maskulinen Rationalität

12 ebd., 51.
13 ebd.
14 Pockels 1805 I, 53; »hinüberschreiten« im Original gesperrt.

zu denken. Stattdessen mussten sie einen äußeren Impuls, einen Katalysator der Verwandlung annehmen, sodass die vermeintliche Autonomie des »vernünftigen« Mannes von vornherein eine geborgte war. Pockels konnte diesen Vorgang nur schwach kaschieren. Dass das Mädchen dem Jüngling »seine männliche Vernunft *wieder*gibt«, ist ein Euphemismus, der eine Historie der Vernunft fingiert, die der Jüngling nicht besitzt; zugleich wird so – sehr durchsichtig – die weibliche Geburtshilfe verdeckt.

Zusätzlich muss sich der junge Mann allerdings auch das Herz leihen, das in der Ikonographie um 1800 das Sinnbild gelebter Sittlichkeit und menschlicher Wärme darstellte. Für den Akt der koronalen Leihgabe bemühte Pockels die Begriffe einer ökonomischen Transaktion: Der Mann *tauscht* »ein unendlich vortreffliches Herz gegen das seinige« ein. *Sein* Vorteil liegt auf der Hand, er erhält ein besseres Herz, aber worin besteht der *ihrige*? Ein Tausch setzt die Gleichwertigkeit des Getauschten voraus, nur bleibt unklar, was die Frau überhaupt Brauchbares erhält. An anderer Stelle benannte Pockels als maskuline Gegenleistung den Schutz, den der stärkere, mutigere Mann biete. Doch ist dies ein Schutz vor der Wolfsnatur der anderen Männer – womit der Mann gleichermaßen Teil des Problems wie der Lösung ist.

Die Metaphorik des Tausches überdeckt den eigentlichen Kern des Pockelsschen Bildes, das keine ökonomische, sondern eine medicomoralische Operation beschreibt. Im strengen Sinne handelt es sich um eine Herztransplantation: Der Mann setzt sich das weibliche Herz in seine Brust. Oder wahrscheinlicher, die Frau *spendet* ihr Herz zwecks Rettung des Mannes und als Zeichen ihrer Uneigennützigkeit. Die Herzlosigkeit des Mannes wird durch die Selbstlosigkeit der Frau kompensiert, die koronale Gabe konstituiert einen Liebesakt, der überhaupt erst die Befähigung des Jünglings zur Liebe und zur Vernunft ermöglicht. Doch es bleiben viele Fragen offen: Wohin verschwindet das männliche Herz? Warum ist es so problemlos zu ersetzen – oder schlägt es weiter als Zweitherz? Das bleibt ebenso unbeantwortet wie die Frage, ob das weibliche Herz verdoppelt oder geteilt wird, ob die Frau fortan auf ihr eigenes Herz verzichtet oder

im Gegenteil mit ihrem das männliche gleichsam wie ein Mutterherz bei einem Embryo mitversorgt?

In jedem Fall bewirkt die Herztransplantation eine Animation des Jünglings in der ursprünglichen Bedeutung des Wortes, eine emotionale *Belebung* – kurz: die Geburt des Mannes aus der Kraft des weiblichen Herzens. Das ist eben keine *Re*-Animation. Die Belebung gelingt, weil die Frau ihr liebendes Herz von Natur her besitzt, also nicht ihrerseits belebt werden muss; fehlte die naturale weibliche Herzensgüte und Liebesfähigkeit, dann würden die Geschlechter in endlosen Schleifen kreisen, bei dem das eine Geschlecht dem anderen nicht geben kann, was ihm selbst fehlt. Wieder erlaubt der Frau ihr zivilisatorischer und emotionaler Vorsprung, den Mann – als Jüngling – aus seiner negativ-unbestimmten Natur zu befreien, per Herzoperation anzuschließen und mit Fremdreferenz zu versehen.[15] Dieser Anschluss nähre zwar naturgemäß, so Pockels, des Mannes »Stolz und seine Kraft«, und er könne sich der Illusion hingeben, »Sieger« zu sein. Doch eigentlich sei er »besiegt«, denn seine vorherige Existenz sei ausgelöscht. Der Jüngling/Wilde muss untergehen, weil er sich nicht in die Zivilisation einfügen lässt. Es ist dies eine heikle Operation, die oft genug fehlschlägt, wie sich beim erwachsenen Mann zeigen wird.

Das Bild der Verpflanzung hat auch Sprengel aufgegriffen. Auch für ihn verfügten die Männer nicht von sich aus über »Grundsätze von Mäßigung im Zorne, [...] von Lindigkeit, von Versöhnlichkeit, von Toleranz, von göttlichem Verzeihen«. Diese zivilisatorischen Kerntugenden müssten erst »aus dem milden Boden weiblicher Herzen in denjenigen der Männer verpflanzet, und mit zarter, weiblicher Hand in dem selben genähret, gepfleget und zur erquickenden Reife gebracht« werden.[16] Wer heutzutage durch die Lektüre von Sekundärliteratur darauf trainiert ist, vor allem die männlichen Eingriffe in das weibliche Leben zu registrieren, den könnte überraschen, in wel-

15 »Das Bürger-Selbst wird zum Mann mit dem Herz und der Seele einer Frau.« (Lewis 1992, 153)

16 Sprengel, 112. Pestalozzi schreibt den Müttern die Aufgabe zu, »die Keime des Edlen und Hohen in den jungen Herzen der Söhne wie Töchter zu pflanzen und zu pflegen«. (Zit. in Habermas 2000, 369)

chem Maße Frauen die symbolische Verfügungshoheit über Körper, Geist und Seele der Männer eingeräumt wurde. Mit sanfter Hand schließen sie das Innerste des Mannes auf, um im Grenzgebiet zwischen medizinischem Eingriff und botanischer Hege die maskuline Innenwelt neu zu arrangieren. Der Mann als Beet der Gärtnerin. Zuweilen wurde der Geburtsvorgang des Mannes aus dem Jüngling direkt benannt. Johann Ludwig Ewald (1747-1822) sprach von den »Jünglingsembryonen«, die es auszutragen gelte.[17] Eine Inversion der Verpflanzung: Hier wird das Weibliche nicht in den Mann transplantiert, sondern das Männliche in die Gebär-Mutter – was oder wer könnte sonst Embryonen ausbrüten? Das entspricht einer zweiten Geburt: Im weiblichen Inkubator muss nachgeformt werden, was die Natur nur als rüden Rohstoff zur Verfügung zu stellen vermochte. Darin schwingt jene Logik der Schwangerschaft mit, die schon am Ausgang aus dem Naturzustand zu finden war (s. Abschnitt A.8).

Es dürfte deutlich geworden sein, dass sich der Diskurs im Rahmen des oben skizzierten Schemas von Selbst- und Fremdreferenz hielt, also ebenso Korrelat der funktionalen Differenzierung war wie die Naturzustandsdebatte. Der Jüngling als selbstbezüglicher Egoist, Mädchen/Frau/Mutter als selbstlose Asymmetrisierungsexpertin, von der allerdings wesentlich aktiveres und bewussteres Handeln verlangt wurde als im Naturzustand. Die Verbindung mit der Frau ist für den Jüngling von entscheidender Bedeutung, weil sie als erste soziale Kopplung überhaupt die Grundlage legt für alle folgenden Asymmetrisierungen und den Einbau von fremdem Zusatzsinn in die Selbstverweisungen des Mannes. Scheitert diese ursprüngliche Conjunctur, misslingt die basale Zivilisierung, ist die maskuline Gewalt und Willkür kaum noch einzudämmen.

Weil der weibliche Schöpfungsakt samt Herzverpflanzung oder Jünglings-Schwangerschaft so bedeutsam war, mussten alle Ablenkungen energisch bekämpft werden. Laut wurde Klage geführt über jene Herrenrunden, »wo der noch unbärtige Knabe schon Spöttereyen,

17 Ewald 1804, 29.

freche Scherze und hämische Anspielungen nachlallen lernt, gegen ein Geschlecht, welches die heiligsten Gesetze und Bande der Natur ihm theuer und ehrwürdig machen sollten«, wie Emilie von Berlepsch schrieb.[18] Alles, was den Pubertierenden von den Frauen fernhält, gefährdet seine zivilisatorische Nutzbarmachung. Sprengel berichtete, dass er seinen Sohn stets angehalten habe, dessen Schwestern »schlechterdings mit der möglichsten Zärtlichkeit [zu] behandeln«[19] sowie die hohen Verdienste der Mutter zu schätzen. Das erforderte systematisches Kausalitätsmanagement:

> »Ich stellte selbst die verdorbensten weiblichen Wesen ihm nie als verabscheuungswerth, wohl aber höchst elend und bejammerungswürdig vor, indem ich, aller Wahrheit und Erfahrung gemäss, ihm zeigte, dass bloss die Männer die Urheber des grenzenlos schrecklichen Zustandes derselben sind.«[20]

Die pauschale männliche Selbstbezichtigung produzierte als paradoxe Konsequenz einerseits eine Frau, die nicht mehr für sich selbst verantwortlich gemacht wurde, und andererseits einen Mann, der schuldlos am weiblichen Elend nur sein konnte, wenn er nicht wie ein Mann handelte. Beide Selbst-Entfremdungen wurden durch ein hohes Ziel gerechtfertigt, schließlich ging es in der Verehrung des Weiblichen darum, gravierendes Unheil von der Welt abzuwenden:

> »Ich bin nämlich überzeugt, dass man unendlich vielem Bösen vorbeugen, unendlich viel Gutes gründen könnte, wenn man der männlichen Jugend vom frühesten Alter an, eine besondere Art der *Achtung und Werthschätzung* des andern Geschlechts, die ihren Sitz im Herzen, und nicht bloss in den Manieren haben, einzuflössen suchte.«[21]

Auch dieser Vorgang verlangte also nach einer Herzoperation, und zwar nach der Befüllung des männlichen Herzens (»einflößen«) mit Achtung und Werthschätzung für das Feminine, also der Überschreibung der männlichen Natur mit der Idee des Weiblichen. Dass es

18 Berlepsch 1791, 82; vgl. Sprengel 1798, XII.
19 Sprengel 1798, XXIII.
20 ebd., XXIV; ganz ähnlich: Alexander 1779 I, 2; Mauvillon 1791, 309 f.; Hippel 1977, 248; Faust 1791, 3; Bauer 1791, 157; Baur 1798, 8. S. a. Clinton 1975, 290.
21 ebd., XXII.

sich tatsächlich um einen Schreib- und Einschreibevorgang handelte, bestätigte Freiherr von Knigge, der notierte, dass nichts so geeignet sei, letzte Hand an die Bildung des Jünglings zu legen, als der Umgang mit tugendhaften und gesitteten Frauen: »Da werden die sanfteren Tinten in den Charakter eingetragen [...].«[22] Gegen diese Signatur durften keine anderen Schriften konkurrieren, daher riet Ewald den Jünglingen zu gewissenhafter Kontrolle der eigenen Lektüre, »um die Fantasie rein zu erhalten«; vor allem Romane seien schädlich, aber auch alle Bilder, »die Szenen der Wollust darstellen«.[23] Das entsprach dem Erziehungsprogramm für Mädchen. Vor dem Umgang mit anderen Jünglingen wurde ausdrücklich gewarnt, aber nicht aus Furcht vor homoerotischen Begegnungen, die spielte noch kaum eine Rolle im bürgerlichen Angstpanorama des 18. Jahrhunderts. Sondern weil der »Umgang mit Ihres Gleichen« die Jungen, wie es für reine Männergesellschaften typisch ist, »leicht, roh, barsch, eigensinnig machen« kann[24] – also unzugänglich für weiblichen Einfluss. Denn es »sind und bleiben Eunuchen an Sinn und Herz [..., die] kein Weib lieben« können[25] – bei denen die Herztransplantation also nicht gelungen ist. Nicht allen Autoren war wohl bei dieser Fixierung auf das Weib zwecks Beförderung des Guten und Verhinderung von Herz-Eunuchen. In den Sätzen des bekannten Pädagogen Samuel Baur (1768-1832) lässt sich der Widerwillen spüren: »Hätten wir eine bessere Sittenschule, wie den Umgang mit Frauenzimmer, so wollte ich dir sagen, lieber Jüngling, meide diese, damit du dich nicht der Gefahr aussezt, durch sie unglücklich zu werden.«[26] Aber auch Baur sah keine Alternativen und konnte dem Jüngling nur empfehlen, sich in Gesellschaft von anständigen Frauen zu begeben, um sich an »die guten Sitten« zu gewöhnen.[27] Baur schrieb dies im Jahre 1790, das weibliche Tugendmodell hatte bereits keine Konkurrenz mehr.

22 Knigge 1977, 189.
23 Ewald 1804, 91 ff.
24 ebd., 106.
25 ebd., II 252.
26 Baur 1790, 15.
27 ebd., 16.

Die radikale Ausrichtung auf die Frau war eine Entwicklung des späten 18. Jahrhunderts und zeigte an, dass die übrigen Sozialisationsagenten an Bedeutung für die Männlichkeitsentwicklung verloren. Frau und Mutter übernahmen dieses Geschäft in einer Weise, die vorher undenkbar gewesen war. Beim populären Moralphilosophen Fürchtegott Gellert etwa klangen in den 1760er Jahren zwar ähnliche Deutungen der Jünglingsnatur an; auch für ihn war der Knabe »kühn, heftig und unbeständig« und zeigte »eine unstete Ruhmbegierde, einen natürliche Neigung alles hastig nachzuahmen, ein[en] gewaltige[n] Trieb zu sinnlichen Vergnügungen«, wenngleich auch mit »einer edlen Schamhaftigkeit ausgerüstet«.[28] Aber noch war der Knabe nicht vor allem an die Frau, sondern »durch geheime Bande an die kleine Welt seiner Familie und Verwandten so weise gefesselt«, dass er sich deren »Leitungen ergiebt«. Von einer besonderen Rolle der Mutter/Frau war nicht die Rede, dagegen aber etwa von der »sanften Erinnerung eines Freundes«, die wie eine »eindringende Sittenlehre« sei.[29] Diese selbstverständliche Einbettung in den sozialen Kosmos war um 1800 zerbrochen, die Einführung in die Welt der Ordnung übernahm nun die Frau. Dabei entstanden vor allem im Verhältnis der Mutter zum Sohn ganz neue Gefahren, wie Pockels deutlich sah:

> »Ein [...] geheimer Zug des geschlechtlichen Wohlwollens kann da seyn, ohne daß sich die Mutter selbst hiervon Rechenschaft zu geben weiß; – es kann den Müttern sogar in feurige Liebe gegen ihre Söhne ausarten, ohne daß sie sich darunter etwas anders, als das wohlwollende Mutterherz, denken. Ein dunkles Gefühl sagt der keuschen Mutter, daß ihr Sohn dereinst lieben und durch die Liebe glücklich seyn wird; [...] Schon jetzt kann sie mit einer Art von Entzückung an die reife und schöne Form des männlichen erwachten Körpers denken [...]. Wenn sie nicht seine Mutter wäre, sie könnte seine Geliebte seyn.«[30]

28 Gellert 1770, 297.
29 ebd., 298; zur Funktion von Jugend in prämodernen Zeiten: Schindler 1996; Rosenbaum 1982, 77 ff.; Gillis 1996, 142.
30 1805 II, 366.

100 Jahre später nimmt sich Freud der Sache an, die diskursiven Voraussetzungen aber wurden hier bereits gelegt. Die Transplantation des Weiblichen in den Jüngling zwecks Gebärens des zivilisierten Mannes konnte nicht ohne Verwirrungen ablaufen. Das »Mutterherz« im Sohne und das Frauenherz im reifen Mann schlagen laut, aber nicht immer im Gleichtakt. Und der Mann? Natürlich wurde er als zivilisierbar gedacht und als ausgestattet mit der »Fähigkeit, immer vollkommener zu werden«.[31] Doch zugleich formulierte das 18. Jahrhundert auch ein gravierendes Bedenken: Womöglich erzielte die Transplantation nicht immer die gewünschten Resultate.

31 Niemeyer, zit. in Luhmann 1997, 977.

10. Zwischen Trieb und Gewalt: oberherrlich

»Wem Wollust nie den Nacken bog
Und der Gesundheit Mark entsog,–
Dem steht ein stolzes Wort wohl an,
Das Heldenwort: *Ich bin ein Mann.*«[1]

Der zivilisierte Mann ist stark, energisch, mutig, durchsetzungsfähig, selbstbewusst, kreativ. Er hat die unbestimmten Kräfte der Natur und seine eigensinnigen Triebe gezähmt und macht sie – und dadurch sich selbst – in der Gesellschaft nutzbar. So lautete die gute Nachricht. Es waren Eigenschaften, auf die die bürgerliche Gesellschaft nicht verzichten konnte und wollte. Entsprechend wurden die positiven Eigenschaften des Mannseins ausgiebig zelebriert. Es ist aufschlussreich, einer solchen typischen Beschreibung etwas länger zu folgen. Sie findet sich in Philipp Christian Reinhards *Versuch einer Theorie des gesellschaftlichen Menschen* (1797), der darin, wiewohl noch moraltheoretisch verpuppt, zaghafte Ansätze zu einer soziologischen Gesellschaftstheorie formuliert hat. Die naturalen Unterschiede zwischen Mann und Frau waren für Reinhard wesentliche Bausteine jeder Gesellschaft; an Positivem bringe der Mann Folgendes mit:

»Daher äussert sich die Selbstthätigkeit des Mannes vornehmlich als producirende Kraft, als angreifende Stärke, als überwindender Muth. Er hat die Fähigkeit und den Trieb durch die Spontaneität des Verstandes Ideen zu schaffen, das Reich der Kenntnisse zu erweitern, immer neue Zwecke zu bilden, Plane auf Plane zu bauen, das Vorhandene zu zerstören, um etwas neues nach seinen Vorstellungen schaffen zu können und Wissenschaften wie Kunstwerke aus dem Nichts hervorzurufen. Er hat die Kraft und den Trieb, durch die Stärke seines Arms, so wie durch die Stärke seiner Gedanken alles was ihm widerstehet, anzugreifen und zu überwältigen, die im Raume vorhandenen Objekte dadurch zu

1 Becker 1992, 56.

> seinen Mitteln zu machen, das Untaugliche zu zertrümmern, und das seinen Zweken anpassende mit Gewalt zu verbinden. Er hat die Kraft und den Trieb, Gefahren furchtlos entgegen zu gehen, in Schlachten zu rennen, Meeresstürmen zu trozen, und nichts für schwer oder unmöglich zu halten, was dem Verstande, oder dem Arm und seinen Werkzeugen zugänglich ist.«[2]

Man kann darin umstandslos den Wilden erkennen, nur dass sich jetzt die »Selbstthätigkeiten« auf Sinnvolles wenden, auf Erwerb von Kenntnissen, Aufbau von Wissenschaften. Die unabdingbare »Selbstthätigkeit« aber bleibt, der Mann schöpft aus sich, Anschluss an andere Menschen fällt ihm schwer. Es bedarf also nur einer winzigen Verschiebung der naturalen (Un-)Bestimmungen, einer minimalen Änderung des Kontextes, und aus den Verbrechen der Urzeit werden bürgerliche Nützlichkeiten. Aber der Subtext verrät auch, wie prekär das jederzeit ist, wie schnell »Stärke« und »Zertrümmerung« sich verselbständigen könnten; Reinhards Männlichkeit verströmt alles andere als beruhigende Sicherheit, denn Gewalt ist zu ihrer ersten Natur geworden. Um sich zu verwirklichen, muss auch der zivilisierte Mann zerstören, angreifen, überwältigen und das Nutzdienliche mit Gewalt verbinden. Er ist ein Gott mit einem Vorschlaghammer, kreativ und grob zugleich. Was fehlt ihm? Das, was ihm auch schon im Naturzustand mangelte. Mitgefühl, Aufmerksamkeit, Hingabe. Er könne nicht empfangen wie das Weib, sondern nur sein monotones »Kraftgefühl« von sich geben, so Reinhard im unmittelbaren Anschluss an die obige Passage:

> »Wie wenig hingegen versteht er die Kunst, das Fremde aufzunehmen, Anderer Denkungsart und Lage zu begreifen, Anderer Zweke zu den seinigen zu machen! wie schwach ist er da, wo er nicht angreiffen, sondern widerstehen soll! wie sinket sein Muth, wie leicht giebt er der Verzweiflung sich hin, wenn er nicht mehr von seiner eigenen Kraft, nur von der Zeit und der Gunst des Schiksals Hülfe erwarten kan!«[3]

2 Reinhard 1797, 43.
3 ebd., 43 f.

Auch der zivilisierte, erwachsene Mann blieb unerbittlich auf Selbstreferenz festgelegt, oder schnöder: auf Egoismus. Andere Umschreibungen lauteten: Seelenlosigkeit, Sympathiemangel, Willkür, Sinnlichkeit – das ganze begriffliche Arsenal aus dem Naturzustand. Geradezu obsessiv umkreisten die »Meisterdenker« der Männlichkeit diesen Tatbestand, allen voran Pockels, der Hunderte von Seiten mit mehr oder weniger ironischen Invektiven gegen die Selbstherrlichkeit füllte und gegen den Tatbestand, dass dem Mann »sein Ich mit allen seinen Fehlern und Gebrechen lieber, als alles andere in der Welt ist, und daß er eben darum lebenslang mit sich selbst so liebreich, säuberlich und nachsichtig umgeht«.[4]

Der Mann ist »oberherrlich« (19), »sein ganzes System ist auf Einnahmen, nicht auf Ausgaben berechnet« (20), er denkt seinen »Selbstwerth als unendliche Größe« (20), er ist darum »ein Gemüthskranker und fast wie ein Wahnsinniger« (22), er vollführt »Gaukeleyen eines subtilen Stolzes« (23), als religiöser Schwärmer ist er im »Anschauen der Gottheit demüthig; im Anschauen der Menschheit fühlt er sich um desto größer« (27 f.), bei schwachen Männern drückt sich der Egoismus in »Despotismus« aus, dem »egoistischen Mißbrauch des Befehlens« (36), der alle zu »Sclaven« erniedrigt, etc. etc. Aber letztlich stecke hinter dieser unablässigen Feier des eigenen Egos nichts als ein »kleines mattes Ich« (30), ein Parvenu der Selbstinszenierung, der aus seiner inneren Verlorenheit nicht entfliehen könne. Dies bedrohte sogar des Mannes Zugehörigkeit zur menschlichen Welt:

> »Das schwächere, sympathetische Gefühlsvermögen [...] scheint eine Negation seiner Humanität zu seyn, und ihn unter den gefühlvollern Charakter des Weibes moralisch zu erniedrigen; allein dieß kann doch nur so scheinen, weil die Natur keine Ungerechtigkeit kennt. Denn auch jene Gemüthshärte des Mannes geht eben so, wie sein Egoismus, sein Muth und Selbstständigkeit, aus dem größern Gefühle seiner Kraft hervor, die Theils physisch, als Naturanlage, Theils moralisch durch Pflicht und Vernunft-

4 Pockels 1805 I, 13.

> gründe, weniger zärtlich und empfindsam, als die weibliche Natur, seyn soll.«[5]

Bezeichnenderweise widerlegte Pockels den Einwand *nicht*, sondern bestätigte ihn: Die Naturanlage *soll* weniger empfindsam, nach damaligem Verständnis also weniger *moralisch* sein. Ein Herz-Eunuch, auch als Erwachsener. Wo das Herz fehlt oder die Transplantation gescheitert ist, gerät der Mensch in Widerspruch zur Welt, weil er von Natur aus angelegt ist auf soziale Verbindung und sie zugleich nicht aufnehmen kann. Er ist Mensch – ohne Menschheit.

Michel Foucault ist in anderem Zusammenhang auf das gleiche Phänomen gestoßen: bei der Frage danach, was im 18. Jahrhundert als das Gemeinsame von Kriminellen und Despoten erachtet wurde. Beide, so Foucault, ließen ihren Launen, ihrer Gewaltsamkeit freien Lauf, der Kriminelle als »zeitweiliger Despot« spontan und oft ungeplant, der politische Despot dagegen systematisch und dauerhaft. Beide erhöben ihr Eigeninteresse »zu einem willkürlichen Gesetz, das sie anderen auferlegen möchten«. Das mache vor allem Letzteren zu einem Menetekel der Gesellschaft: »Der Despot [...] ist der permanent Außergesetzliche, das Individuum ohne soziale Bindung«, der »alleinstehende Mensch«. Auch er gerate in Widerspruch zu sich selbst, denn er sei derjenige, »dessen Natur mit einer Gegen-Natur identisch ist«.[6] Genau wie in der männlichen Natur verschmelzen beim Despoten Norm und Antinorm, Herrschaft und Missbrauch in einer Figur, das Pathologische wird zum Normalzustand, ja, beides ununterscheidbar.

Die definitorische Affinität zwischen Despotie und Männlichkeit ist früh gesehen worden. Bei Montesquieu war die Unterdrückung der Frau durch den Mann zentral für seine Kritik an der Monarchie; gute Gesetze, an die sich alle, inklusive des Herrschers, halten müssten, schützten die Frauen und die Demokratie.[7] In vielen Romanen der Zeit wurde dieser Zusammenhang ebenso gesehen.[8]

5 Pockels 1805 II, IX f.
6 Foucault 2003, 125 f.
7 Montesquieu 1994; Tomaselli 1985, 113.
8 Skinner 1999, 140 ff.

Weiblichkeit als unterdrückte Demokratie, Männlichkeit als Despotie – der Naturzustand lebte im Bürgertum auf der Ebene der Geschlechterdifferenz weiter. Auch diesen Zusammenhang hat wieder Pockels am grellsten ausgemalt; in seinen schrilleren Passagen geißelte er die männliche Selbstsucht in fulminanten seitenlangen Männerbeschimpfungen, in Invektivkaskaden, in deren Zentrum stets die mangelnde *susceptibility* stand. Da Männer »weniger reizbar, weniger empfindlich, weniger empfänglich« seien, würden sie ihre Mitmenschen skrupellos unterjochen. Nur unter Männern finden sich nach Pockels daher »Menschen von einer totalen Seelenlosigkeit«, »Barbaren und Unmenschen«, »Tyrannen«, »kalte Blutrichter, finstere Religiosen, Mord und Verwüstung predigende Revolutionäre«, »Feinde und Mörder«, die »das Menschengeschlecht untergehen sehen [könnten], ohne eine Thräne zu vergießen«. Dabei darf man sich diese Typen nicht als sozial Auffällige vorstellen, im Gegenteil: Sie erregen kaum Aufsehen, es sind »ruhige Banditen, ruhige Vaterlandsverräter, ruhige Verfolger der Vernunft und des Rechts, kurz, ruhige Missethäter«. Die Banalität des Bösen ist hier bereits vorgezeichnet.[9]

Es war ein langer Weg von der Annahme einer unbestimmten Natur bis zu diesen Bestimmungen und Charakterzeichnungen des Mannes. In den Schriften des späten 18. Jahrhunderts lässt sich nahezu prototypisch beobachten, wie ein theoretischer Diskurs sich gleichsam verhärtete und konkretistische Selbstverständlichkeiten erzeugte, die kurz vorher noch undenkbar gewesen waren. Das Problem der unbestimmten Menschennatur wurde transformiert in das Beschreibungsraster einer ganz bestimmten Männlichkeit; es wurde also immer weniger als anthropologisches Problem der (»neuen«) Menschennatur gehandhabt, sondern als Gewissheit über das »Wesen« von Männlichkeit. Aus dem Unbestimmten entstand der Egoist und Tyrann, aus einem diskursiven Problem eine reale Gefahr. Die formale Amoral des unbestimmten Menschen wurde zur kon-

9 Pockels 1805 II, 285 ff. S. dagg. Petersens These (1998, 55), die Vorstellung, Männer seien aggressiver, habe sich erst in der zweiten Hälfte des 19. Jahrhunderts durchgesetzt.

kreten Unmoral des Mannes umgedeutet. Die unterschwellige Ausgangsfrage, wie die Selbstreferenz des Menschen zu brechen sei, wurde so in eine restlos geschlechtsdifferenzierte Semantik übersetzt und dadurch zugleich entschärft. Die Paradoxie der sich selbst bestimmenden Unbestimmtheit wurde invisibilisiert und tauchte als Problem von »Männern« und »Frauen« wieder auf. Was als epistemologischer Bruch in der Bestimmung des Menschen in der frühen Neuzeit begann, gerann um 1800 zu einer »positiven« negativen Form des Mannes.

10.1 Der brutale, genusssuchende Sinn des Mannes

> »Die Sinnenlust kann man lieben, suchen, begehren,
> Vergnügen über ihren Genuß empfinden:
> aber nimmermehr kann man sie achten.«[10]

Noch bedenklicher als die männliche Gewalt wirkte die Sexualität. Genau wie jene wurde sie als Ausdruck der maskulinen Selbstsucht gelesen – und der Mann als restlos von seiner Lust beherrschtes, also unbeherrschtes Wesen. Der Mann ist »sinnlicher, affectvoller, feuriger und unersättlicher, als das Weib«.[11] In ihm »ist ursprünglich nicht Liebe, sondern Geschlechtstrieb«,[12] was »als blinder Trieb wirkend einen sehr unmoralischen Charakter hervorbringt«.[13] Es ist nur konsequent, dass daher »der Mann, – nicht das Weib – die Wollüste nebst ihren Raffinements erfunden, und in das gesellige Leben eingeführt« hat.[14] Kein Wunder also, dass sich, so Sprengel, »nur selten [...] ein edler rechtschaffener Mann [...] voll Gefühl und feinern Sinnes« finde, der die Damen nicht bloß verführe, um sie sogleich zu verstoßen.[15] Das tut der Lüstling mit charakteristischer Regungs-

10 Fichte SL, 279.
11 Pockels 1805 I, 99; vgl. Brandes 1802, 102, 159; Sprengel 1798, 72.
12 Fichte GN, 100.
13 Fichte SL 176.
14 ebd., 111.
15 Sprengel 1798, 37.

losigkeit: »Das Herz des Mannes zittert dabei überhaupt nicht; seine Sinne gebieten, und er gehorcht«, notierte Diderot.[16] Die Dauererregung, dieser »Seelenpriapismus«,[17] kann tödlich enden. Gottfried Wilhelm Becker, Pädagoge und Autor eines populären ehelichen Sexualmanuals, geißelte die Lust des Mannes mit scharfen Worten. Jedes Tier halte sich während der Schwangerschaft vom Weibchen fern, allein der angeblich mit »Vernunft« begabte Mann nicht, wie Becker voller Ekel schrieb: »Nur der vernünftige Mensch, der Ehegatte will das Werk seines Fortpflanzungsvermögens, die zarte Ehefrucht seiner Lüsternheit, seiner Geilheit aufopfern« – was ihn zu einem Mörder wider besseres Wissen macht. Wegen der »übertriebenen Lüsternheit der Ehemänner« gingen jedes Jahr »viele Kinder« dem Vaterland verloren, pränatale Opfer der väterlichen Libido. Nicht einmal »Nigriten« in Afrika sänken so tief.[18]

Der Trieb hat seine Operationsbasis in der Physiologie des Mannes. Als man im späten 18. Jahrhundert begann, die körperlichen Unterschiede der Geschlechter zu erfassen, in der Hoffnung Belege auch für soziale und psychologische Differenzen zu finden, wurde die Vielfalt von widersprüchlichen, inkonsistenten Befunden rasch und vor allem außerhalb der Naturwissenschaften auf eine simple Dichotomie verkürzt.[19] Und der männliche Körper wurde zum Ort der groben Geilheit. Die dickeren Nerven, die stärkeren Muskeln, die unempfindliche Haut verdammten ihn zum Trieb und hinderten ihn an der Liebe, wie Mariane Ehrmann wusste, denn »die meisten unter euch [Männern] können Liebe nur nachaffektiren, weil ihnen ihre fingerdicken Nerven dieß heilige reelle Gefühl nicht wirklich zuzulassen scheinen«.[20] Das war eine neue Entwicklung. Bis weit

16 Diderot 1961b, 231.
17 Wieland zit. in Gebauer 1931, 89.
18 Becker 1992, 66 ff.
19 Zur geschlechtsdualistischen Zurückhaltung in der naturwissenschaftlichen Anthropologie: Olenhusen 1998. Einer der ersten Geschlechter-Anthropologen, Jakob Fidelis Ackermann, kam zu keinem abschließenden Bild und war sich nur einer Sache sicher: Frauen können besser denken als Männer (1788, 147 ff.). Entgegen vielfachen Behauptungen ist also der erste Anthropologe, der »einen klar verorteten Geschlechterunterschied« anerkennt (so Honegger 1989, 146 ff.), nicht von der geistigen Unter-, sondern Überlegenheit der Frau ausgegangen.
20 Ehrmann 1784, 11. Eine Position, die noch heute in der Psychologie vertreten

ins 18. Jahrhundert hatte man angenommen, dass die *schwächeren* Nerven der Frau für die höhere *weibliche* sexuelle Sinnlichkeit verantwortlich seien. Überhaupt galten bis in diese Zeit Frauen als ausgestattet mit dem gefährlicheren sexuellen Instinkt, was sich bis in die Strafgesetzgebung niedergeschlagen hatte.[21] In der populären Wochenschrift »Der Mensch« las sich das noch 1751 so: »Die Liebe des Weibes sei stärker, feuriger und heftiger *wegen* der feineren Nerven ihres Körpers und der zärtlicheren Kräfte ihres Herzens. Die Frau sei daher auch leichter zur Untreue zu verleiten. Ihre Liebe neige mehr zur Sinnlichkeit, werde auch sehr leicht *nur* eine sinnliche. Dann werde die Frau nicht selten wie ein Vieh, jeder könne sie überwinden und besitzen.«[22]

Dies ist einer der letzten Ausläufer des stereotypen christlichen Denkens, das seit dem Mittelalter in unzähligen Satiren und Spottversen vorgetragen und zugleich verdammt worden war. Innerhalb weniger Jahrzehnte kippte die Vorstellung ins Gegenteil. Fortan wurde der Mann mit einer triebhaften Sinnlichkeit identifiziert. »Die von der Natur den Männern so tief eingepflanzte Begierde zur Befriedigung des Geschlechtstriebes« prägte das Wesen des Mannes fortan bis in seine letzten Regungen.[23] Er wurde zu *dem* Geschlechtswesen. Dabei kann dem »von Natur thierischern Manne« die Sinnlichkeit so stark werden, dass er »nichts Ernstes mehr ohne ein muthwilliges Spiel seines versinnlichten Gemüths denken kann«.[24] Aber damit muss er sich abfinden: »Die Tendenz seiner Organisation als Mann, das geheime Gelüste zum Geschlechte, kann in ihm nicht ausgetilgt werden, denn sie ist bis in sein tiefstes Bewußtsein hineingewurzelt [...].«[25]

Alles hängt beim Mann am Geschlecht, am Trieb. Entsprechend wurde die männliche (Selbst-)Beherrschung zum dominanten The-

wird: »[...] wobei die Frau ein feinnervigeres, aufnahmefähiges und aufnahmebereites Wesen, der Mann dagegen ein robustes, eindringendes, prägendes Wesen ist.« (Pfrang 1987, 69)

21 Rublack 1999.

22 Der Mensch. 2. Bd., Paraphrase von Gebauer 1923, 102.

23 Brandes 1802, 155.

24 Pockels 1805 I, 102.

25 ebd., 289.

ma der Zeit und des folgenden Jahrhunderts. Die Forderung nach männlicher Selbstzügelung und die Erkenntnis der triebhaften Natur des Mannes verstärkten sich dabei gegenseitig. Je mehr gemahnt wurde, desto mehr erschien die Natur als Faktum, mit dem zu rechnen war, was neue Mahnungen hervorbrachte. Jede Lösung erzeugt auch das Problem, das sie zu lösen vorgibt, die Triebhaftigkeit des Mannes bildet da keine Ausnahme; jedenfalls ist es unwahrscheinlich, dass diese sich im 18. Jahrhundert in wenigen Jahren derart verschärfte, dass deswegen die Hysterie um den männlichen Trieb erklärbar wäre.

10.2 Selbst/Beherrschung

> »Ja, es gehört selbst eine innere muthige
> Kraft dazu, wenn das Gute, z. B. die Selbstbeherrschung,
> in uns erhalten werden soll.«[26]

Heute wird die damals als Forderung vorgetragene Selbstbeherrschung allzu oft als Charaktermerkmal von Männern gelesen, ohne zu beachten, woher sie ihre Brisanz erhielt: aus der vorgängig konstruierten, nahezu unbezwingbaren Sexualität des Mannes. Der Mann wurde auf einen ewigen Kampf mit seinen inneren Dämonen verpflichtet, die Wildheit musste ständig neu besiegt werden. Selbstbeherrschung war Defektkorrektur.

Wenn man die maskuline Selbstbeherrschung heute rückblickend als problemlos und stets gegeben erachtet, gleichsam als Charakterzug der Männlichkeit, führt dies zu merkwürdigen, allzu optimistischen Einschätzungen des damaligen Bildes männlicher Sexualität. So behauptet Isabel Hull in ihrer preisgekrönten Studie über *Sexuality, State, and Civil Society*, das Sexualmodell des 18. Jahrhunderts »schrieb Männern ein mächtiges, aber selbst-beherrschtes sexuelles Verlangen zu, dessen Bestandteile – egoistische Energie, Selbstbe-

26 Pockels 1805 II, 189.

stimmung [*self-willing*] und rationale Selbstbegrenzung – metaphorische Einübungen der Argumente für politische Freiheit waren«.[27] Männliche Sexualität erscheint bei ihr weitgehend unproblematisiert als Ausdruck patriarchaler Potenz, männlicher Vernunft und bürgerlicher Selbstbehauptung.[28] Es verwundert allerdings, dass Hull trotz extensiver Erfassung der Literatur um 1800 die vielen – hier dargelegten – Gegenbeispiele nicht erwähnt. Die einzige »abweichende« Stimme, die bei ihr zu Wort kommt, stammt von Karl Gottlieb Horstig (1763-1835), der 1792 in einem Artikel für das *Schleswigische Journal* Zweifel an der Möglichkeit männlicher Selbstbeherrschung äußerte. Hull aber behandelt ihn nur als einsamen Irrläufer:

> »Der einzige merkwürdige Teil von Horstigs Szenarium für das 18. Jahrhundert ist, dass er Männern die Fähigkeit zur sexuellen Selbstkontrolle absprach, die die restliche Geschlechterideologie als deren eigentliche Definiton feierte. Diese Merkwürdigkeit ist, so glaube ich, nur ein Effekt der widerstreitenden Prinzipien Sexualtrieb und Ehe und der Versuch, die beiden aus sozialen Gründen zusammenzubinden.«[29]

Wie wir gesehen haben, war Horstig keineswegs eine »merkwürdige« Ausnahme. Er nannte drei Gründe, warum so viele Ehen unglücklich seien: 1. das Gefühl der Eheleute, sich nicht mehr für ihr Glück anstrengen zu müssen, 2. die »Hastigkeit« des Eheschlusses sowie 3. und am ausführlichsten: die Triebhaftigkeit des Mannes, »der mit Gierigkeit über seine errungene Beute herfällt« und »in seiner Gattin nichts weiter als das Werkzeug erblickt, durch dessen Gebrauch er sich für seine bisherige Enthaltsamkeit entschädigen will«.[30] Es in der Tat aufklärerische Standard-Überzeugung,

> »daß sich in der Regel der Mann weniger, als das Weib, versagen, weniger entbehren kann; daß er mehr genießen will, als sie; daß seine Genüsse von gröberer Art sind; daß er sich dabey weniger, als das Weib, beherrschen kann, und daß er ihnen alles, selbst sein

27 1996, 248.
28 ebd., 229 ff.
29 Horstig 1792; Hull 1996, 291.
30 Horstig 1792, 439 f.

> Leben, aufzuopfern fähig ist, wenn sich nicht irgend ein wohlthätiger Schutzgott ihm in den Weg stellt«.[31]

Oft genug allerdings muss jener Gott gefehlt haben, sonst gäbe es nicht so viele weibliche »Schlachtopfer männlicher Unredlichkeit, Unbeständigkeit und Unfähigkeit, ihre [der Männer] Leidenschaften zu besiegen«.[32] Als imaginierte Norm männlichen Verhaltens erschienen zunehmend eher die Frauen entehrenden »Bösewichter aus teuflischem Verführungsplane«,[33] und nicht zufällig wandelte sich in jener Zeit der Inbegriff des Verführers vom adligen Libertin zum männlichen Universalcharakter.[34] Man würde die Literatur jener Zeit allerdings ebenfalls missverstehen, ginge man davon aus, dass durch die beharrliche Erwähnung des männlichen Triebes und die Schwierigkeiten, ihn einzudämmen, eine Lizenz zum Verführen, Vergewaltigen oder sonstiger »patriarchaler« Herrschafts- und Gewaltausübung erteilt worden wäre. Diese Deutung ist verbreitet und liegt bei Hull ebenfalls nahe, wenn sie sagt, dass im späten 18. Jahrhundert Zurückhaltung bedeutet hätte, »der Essenz des männlichen Selbst Gewalt anzutun«.[35] Ein irritierender Satz: Zurückhaltung soll gegen das Ideal der Männlichkeit verstoßen haben? Völlige sexuelle Freiheit für die Männer? Davon kann keine Rede gewesen sein; eine solche Interpretation drängt sich nur auf, wenn das massive Unbehagen an männlicher Sexualität überlesen und die Doppelstruktur aus imaginativer Übersteigerung des männlichen Triebes und der simultanen Kritik daran ausgeblendet wird. Die männliche Selbstbeherrschung galt zwar als fragil, wurde aber dennoch (oder gerade deswegen) energisch gefordert. Wer sich nicht beherrschen konnte, verwirkte alle bürgerlichen Rechte und trat wieder in die Wildheit zurück.

Die Annahme Isabel Hulls, die Natur des Mannes sei am Beginn

31 Pockels 1805 I, 100 f. ; vgl. a. 393; ganz ähnlich, in Auswahl: Bauer 1791, 63 ff., 129 ff.; Fischer 1800/1990, 11, 28; Mauvillon 1791, 36; Malthus 1803, 489; Hippel 1977/1793, 94, 205; Becker 1992, 66 f.; Meiners 1788, Bd. 1: 200; Ramdohr 1798 I, 65 f.; Kosengarte 1816, 113; Fordyce 1765 I, 212; Wollstonecraft 1988, 137.

32 Mauvillon 1791, 324.

33 Sprengel 1798, 37.

34 etwa bei Brandes 1802, 111.

35 Hull 1996, 289.

der Moderne vor allem als selbstbeherrscht und rational gedacht worden, erscheint schließlich auch aus systematischen Gründen wenig plausibel. Perfekte Selbstbeherrschung hätte die Selbstreferenzialität des Mannes nur noch gefördert; dann hätte der Mann endgültig keines anderen Wesens mehr bedurft, und jede Hoffnung auf Fremdreferenz hätte erlöschen müssen. Es war eben nicht männliche Unabhängigkeit, die angestrebt wurde, sondern Abhängigkeit, Einbindung, Anschluss. Paradoxerweise erhielt der männliche Trieb genau deswegen wieder eine erwünschte Rolle im Geschlechterdrama. Schließlich war der Trieb dasjenige Naturmerkmal des Mannes, das ihn immer wieder zur Frau hindrängte. Der Trieb war gefährlich, aber ohne ihn hätte der Mann seinen Solipsismus überhaupt nicht mehr sprengen können. So konstituierte sich eine ambivalente Doppelstruktur. Auf der einen Seite war der Trieb das zu Zähmende, zu Beherrschende. Andererseits galt er als jene Kraft, die den Mann aus seiner sinnlichen, egoistischen Selbstbezüglichkeit herausführen konnte. Streng genommen sollte nicht der Mann sich selbst beherrschen, sondern sich von der Liebe, der Ehe beherrschen lassen.

> »Der natürliche Egoismus unseres [der Männer] Seyens würde die ganze Schöpfung zerstören, hätte die Natur ihn nicht durch den Geschlechtstrieb gemildert. Hieran knüpfte sie die Erhaltung unserer Gattung; hiermit vereinigte sie die Gefühle der Liebe, des Wohlwollens, und des Mitleids, und hierdurch begründete sie die einzige unveränderliche Gleichheit, vor welcher alle Unterschiede der Gesellschaft verschwinden.«[36]

Der Gedanke nahm ein populäres Motiv des 17. und 18. Jahrhunderts auf, dem zufolge die Leidenschaften sich gegenseitig begrenzen und mäßigen, wenn sie nur auf das richtige Ziel gelenkt werden.[37] Dieses Ziel konnte nur die Frau sein. Der Trieb macht den Mann abhängig und dadurch steuerbar – was eine kluge Frau auszunutzen verstand.

36 Fischer 1800, 11; vgl. a. Bahrdt 1789, 291.
37 vgl. für die Wirtschaft: Hirschman 1987, für die Selbstregulierungsidee der »romantischen Ökonomie«: Vogl 2002, 246 ff.

> »Denn eben in der so verächtlich erscheinenden Sinnlichkeit des Mannes liegt das magische Band, wodurch das sanftere Geschlecht den ungestümen Charakter des Mannes *leitet*, und ihn gleichsam aus dem Thiere zum Menschen umbildet. Das Stärkste, was in dem Manne liegt, – seine Begierde, – sollte ihn nach und nach selbst wieder entwaffnen, indem er sich dem Weibe ergeben muß, und dadurch seine Sinnesart von der Sanftheit und Güte des weiblichen Charakters, zur Milderung seiner Roheit, abhängig macht. – Hierdurch ist das Schwächere dem Stärkeren nothwendig geworden, weil der Mann durch seine Begierde – des Weibes Erbe und Eigenthum wird, – weil sie ihn dadurch an sich fest hält, und ihn gewissermaßen zwingen kann, in ihren Armen freundlichere Sitten und verschönerte Gefühle für das häusliche und gesellige Leben anzunehmen.«[38]

Der Zwang zur Güte erschien als »Wunder« der moralischen Umwandlung, die durch »keine andere Kraft bewirkt werden konnte« als durch die Frau.[39] Das war die ideale Seite der geschlechtlichen Verbindung. Die Ehe war der soziale Kern der Gesellschaft, und Männer ließen sich nur dadurch an ihn binden, weil sie darin ohne großen Aufwand ihren Trieb verlässlich befriedigen konnten. Aus dieser Perspektive war es die Ehe, die die Welt gegen den Naturzustand abdämmte. Die andere Seite dieses prekären Vertrauens in die Ehe war der Dauerzweifel, ob sie ihre Aufgabe wirklich erfüllen und den männlichen Trieb einhegen könne. Die Autoren durchlöcherten die Zuversicht mit immer neuen Einwänden, nach denen die Frau auch in der Ehe keineswegs vor der Mannesnatur sicher sei. Denn: »So lange ein Mann sich um ein Weib bewirbt, ist er ein Engel, so bald er sie gewonnen hat, ist sie verlohren [...].«[40] Am vernehmlichsten haderte der viel gelesene Pädagoge und Schriftsteller Joachim Heinrich Campe (1746-1818), der 1796 mit seinem *Väterlichen Rath an meine Tochter* das berühmteste Beispiel der el-

38 Pockels 1805 I, 116.
39 ebd.
40 Baur 1790, 32.

terlichen Ratgeberliteratur vorlegte.[41] Darin ließ er seiner Tochter wenig Spielraum für Illusionen:

> »Nimm es immer – wenigstens um mehrerer Sicherheit willen – zur Regel an, daß der Mann, selbst der bessere, wenn er wirklich *Mann* ist, und nicht bloß den äußern Umriß der Mannheit an sich trägt, ein mehr oder weniger, aber doch immer in einigem Grade stolzes, gebieterisches, herrschsüchtiges, oft auch aufbrausendes und in der Hitze der Leidenschaft oft bis zur Ungerechtigkeit hartes und fühlloses Geschöpf ist.«[42]

Die Phase der männlichen Verliebtheit findet mit dem Eheschluss ihr jähes Ende, und der Mann tritt »aus dem vorübergehenden Zustand des Liebhabers wieder *in den bleibenden Zustand des Mannes*« zurück – und darin ist er »kalt, übellaunig, knurrig und mürrisch«.[43] So wie der Mann gestern die Geliebte vergötterte, so schmälert er ihr heute »die Rechte der Menschheit«, was ihm gestern gefiel, rechnet er ihr jetzt als Fehler an, was er anbetete, das ist ihm nun »gleichgültig«.[44]

Die Sorge über die Kurzlebigkeit führte zu Begründungsmustern, die heute skurril anmuten. Jakob Mauvillon, ein frauenfreundlicher und populärer jakobinischer Schriftsteller aus Braunschweig,[45] argumentierte vehement *gegen* die Möglichkeit einer Ehescheidung – und zwar zum Schutz der Frauen vor der Sinnlichkeit des Mannes. »Bey unsrer natürlichen Veränderlichkeit der Liebe« würden die Männer, diese »unbarmherzigen Egoisten«, eine Frau nach der anderen verbrauchen und nach Ermattung der Zuneigung verstoßen in »das traurige Leben« der Verlassenen, deren Zahl »überschwenglich groß« würde.[46] Auf die Idee, nach den strukturellen Benachteiligungen von geschiedenen Frauen zu fragen, kam Mauvillon nicht, gefangen wie er war im Modell der Ehe als einzig möglicher Existenz- und Läuterungsform. Der Wilde tobt auch in der Ehe wei-

41 Hull 1996, 283; zur Einordnung in die Pädagogik der Zeit: Kersting 1992.
42 Campe 1796, 26.
43 ebd., 31; meine Hervorhebung, C. K.
44 ebd., 30 f.
45 s. Hoffmann 1981, Honegger 1989, 63 ff.
46 Mauvillon 1791, 357, 372.

ter. Darum lautete die Empfehlung an die Frauen einhellig: Unterwerfung. Nicht weil sie unterlegen, weniger vernünftig, dümmer wären, sondern weil ihr Widerstand keine Chance hätte. Die Ehe ist ein offenes Gewaltverhältnis: »Widerstände sie [die Frau] allen Reitzungen, so würde sie von dem durch ihre Weigerung aufgebrachten männlichen Geschlechte tausend Unrecht, Bedrückung und Herzeleid erdulden müsen.«[47] Denn:

> »Allein mit Gewalt können Weiber nichts durchsetzen; auch dann nicht, wenn sie künstliche Mittel besitzen, ihren Widerstand zu unterstützen. Denn der Mann ist allezeit vermögend, sie höchst unglücklich zu machen, und das zu erzwingen, was sie nicht gutwillig thun wollten.«[48]

Auch Mariane Ehrmann empfahl Demut, aber nicht in Befolgung einer weiblichen »Natur«, sondern als einzig denkbare Strategie, um die größten Qualen in der Ehe abzuwenden:

> »Die erste und wichtigste Eigenschaft eines Weibs ist Sanftmuth. Geschaffen, einem so unvollkommenen Geschöpf, als der Mensch ist, zu gehorchen, der oft so lasterhaft, und immer so fehlerhaft ist, muß sie frühe selbst die Ungerechtigkeit ihres Manns ohne Murren ertragen lernen, denn – Widerwärtigkeit, und – Halsstarrigkeit haben nur immer die Uebel der Weiber, und das schlimme Verfahren der Männer vermehrt, weil diese fühlten, daß das nicht die Waffen seyen, mit denen man sie bezwingen müsse.«[49]

Allerdings mochte sich Ehrmann nicht von der Hoffnung trennen, dass die Frau ihren Mann, wenn er »nur nicht eben gar ein Unthier ist«, auf den richtigen Pfad bringen werde und dass »frühe oder spät ihr der Triumph über ihn gewiß« sei.[50] Das erforderte allerdings eine nicht nachlassende Anstrengung weiblicher Simulation und Dissimulation sowie einen chamäleonesken Anpassungswillen der Frau, »sich seinem Charakter so anzuschmiegen wie sie es thun muß«, vor allem auch bei »dem nicht selbst gewählten Manne«. Realistischer

47 Mauvillon 1791, 45.
48 ebd., 497.
49 Ehrmann 1784, 59; vgl. Campe 1796, 26.
50 ebd., 60.

bedeutete es aber vor allem, wie Mauvillon knapp feststellte: eine »heldenmäßige Geduld im Leiden«.[51] Auf diesem fürchterlichen Optimismus über die weibliche Leidensfähigkeit beruhte im frühmodernen Geschlechterverhältnis die Aussicht, den Mann – trotz aller vorgängigen Dämonisierung – wieder einzufangen und zu zivilisieren. Als weiteres Mittel, sich gegen die Triebhaftigkeit des Mannes zu wappnen, wurde die Religion empfohlen. Mit göttlichem Beistand ließen sich die Männer nicht nur abwehren, sondern die Standhaftigkeit der Frau könnte den Mann am Ende sogar dazu bewegen, ihr gegenüber Achtung zu entwickeln und so von seinen Schandtaten abzulassen; eine Logik, auf die wir noch im Zusammenhang mit Fichtes »Deduktion der Ehe« zurückkommen werden (s. Abschnitt D.1.).

> »Der brutale, genußsuchende Sinn des Mannes würde nach und nach die Liebenswürdigkeit und Unschuld des ihm unterjochten Geschlechts vertilgen und verschlingen, wenn dieses Geschlecht sich nicht mit der Stärke seiner Religion bewaffnen könnte. Auf die Art muß der Mann durch seine Achtung gegen das andere Geschlecht selbst gebildet werden [...].«[52]

Die viel zitierte Sanftmut der Frau erschien also weniger als ihr »natürliches Charaktermerkmal«, sondern als bittere Notlösung – und wurde offen als solche benannt. Nur weil sie sich in der Gewalt hat und sich selbst verleugnet, also keinen Kampf der Egos beginnt, bestehen Aussichten auf ehelichen Frieden. Das hat erstaunlicherweise zur Folge, dass die bürgerliche Welt nur sekundär an der Selbstbeherrschung des Mannes hängt, sondern vor allem an der der *Frau*. Ihr wurde empfohlen, in Liebesdingen unnachgiebig die Kontrolle über Dosierung und Intensität auszuüben. Eine Frau, die bis ans Ende ihres Lebens geehrt werden wolle, achte auf einen stets mäßigen Genuss und »behalte sich allemal die ausschließliche Herrschaft über die Vergnügungen der Liebe vor«.[53] Pockels war der Auffassung, dass nicht vom Manne, sondern vielmehr von »der Selbst-

51 Mauvillon 1791, 47.
52 Pockels 1805 I, 217.
53 Becker 1992, 68.

gewalt des *Weibes* über sich *und* den Mann« die bürgerliche Ordnung abhänge.[54] Das wiederum hat den Effekt, dass von der Frau fortan Unmögliches verlangt wurde und ihre Fallhöhe ins Unmenschliche wuchs: »Das Perfectibelste ist immer auch das Corruptibelste; nur, was wahrhaft der Achtung würdig sein könnte, kann auch der Verachtung würdig werden«, schrieb Betty Gleim ihren Geschlechtsgenossinnen und warnte vor »Eitelkeit und Gefallsucht«, dem »radicalen Bösen der Weiber«.[55] Das war zwar ein kleines Böses im Vergleich zu den männlichen Monstrositäten, zwang die Frauen aber gleichwohl unter verschärfte Beobachtung. Von den Männern wurde weniger erwartet, sie errangen eine besondere Freiheit: die Freiheit zum Bösen. Das 19. und 20. Jahrhundert sollten sich ihrer ausgiebig bedienen.

54 Pockels 1805 I, 399; meine Hervorhebung, C. K.
55 Gleim 1810, 85.

B. Die Männlichkeit der Gesellschaft

»Was die Welt betrifft –
ich bemitleide die Männer in ihr.«[1]

Wer die Geschlechter-Literatur um 1800 sichtet, stellt rasch fest, dass darin nicht nur der Natur-, sondern auch der Sozialcharakter des Mannes vor allem im Zusammenhang mit der funktionalen Differenzierung der Gesellschaft thematisiert wurde. Der Mann erschien als Geschlecht, das bis ins Innerste von den Modernisierungs- und Differenzierungsprozessen der Gesellschaft geprägt war. Bis ins Innerste bedeutet: Nicht nur sein Denken und Handeln, sondern auch sein Gefühlshaushalt und seine Identität waren von den Umbruchsprozessen der »arbeitsteiligen« Gesellschaft bestimmt. Da diese Prozesse hochgradig ambivalent bewertet wurden, überrascht es nicht, dass keineswegs ein überwiegend positives oder unproblematisches Männlichkeitsbild entstand.

Männlichkeit erschien zwar als Sinnbild der positiven Seiten des modernen Lebens, als frei, tatkräftig und selbstbestimmt – das ist bekannt und ausführlich beschrieben worden, aber oft genug so, als wäre es die einzige Seite von Männlichkeit gewesen. Dagegen möchte ich hier zeigen, dass Männlichkeit als ebenso fragmentiert wie die differenzierte Gesellschaft erschien, als Objekt anonymer gesellschaftlicher Entwicklungen, ohne zentrale Vernunft- oder Moralperspektive, als emotional vertrocknet sowie innerlich entfremdet – und letztendlich als existenziell sinnlos. Im Folgenden geht es um die »soziale«, die gesellschaftliche Seite der Männlichkeit und wie sie im Zuge der sich differenzierenden Moderne negativ stereotypisiert wurde. Natur, Vernunft und Gesellschaft der Männlichkeit lagen dabei nicht weit auseinander, wie Friedrich Schiller ausführte, und mit seinen Überlegungen soll es, als kurzem Prolog, beginnen.

1 MacKenzie 1967 (1771), 133.

1. Der Egoism der Sinnlichkeit und die Splitter der Vernunft

»Mitten im Schooße
der raffinirtesten Geselligkeit hat der
Egoism sein System gegründet.«[1]

Das Kernproblem der männlichen *Natur* um 1800 war, wie gesehen, ihr sinnlicher Egoismus: Die Triebe wollen nur, was *sie* wollen, und sträuben sich gegen Mäßigung oder höhere Einsicht. Sie scheren sich nicht um das Allgemeine, und in dieser selbstverliebten Begrenzung liegt ihr Zerstörungspotenzial. Die Vernunft dagegen sollte die Spezialistin des Übergeordneten sein, ihre Aufgabe war es, die trennende Kraft der Egoismen zu überwinden, so zumindest die gängige Weisheit. Doch im 18. Jahrhundert mehrten sich die Zweifel an den Erfolgsaussichten dieses Modells. Virtuos drückte sie Friedrich Schiller in seinen »Ästhetischen Briefen« aus, der radikalsten Kulturkritik der deutschen Aufklärung.
Darin artikulierte der Dichterphilosoph den Verdacht, dass die Vernunft nicht geeignet sei, die Sinnlichkeit zu begrenzen, weil sie an demselben Defekt leide: am Egoismus. Die Vernunft akzeptiere stets nur, was sie vorher bereits gedacht habe, sie warte »keinen Inhalt« ab, lasse sich also weder überraschen noch belehren. Kurz: Sie weiß immer alles besser. In dieser Selbstverliebtheit ähnelt sie der Sinnlichkeit. Welche der beiden Einseitigkeiten schlimmer ist, lasse sich, so Schiller, nicht mit Sicherheit bestimmen, ob also »unsere praktische Philantropie mehr durch die Heftigkeit unsrer Begierden, oder durch die Rigidität unsrer Grundsätze, mehr durch den Egoism unsrer Sinne, oder durch den Egoism unsrer Vernunft gestört und erkältet wird«.[2]
Die beiden »Egoisms« waren allerdings keine abstrakten Luftgestalten, sondern steckten in Körpern, in Männerkörpern. Der Spekula-

1 Schiller 2000, 19 (5. Br.).
2 ebd., 53 (13. Br.).

tionsgeist der Vernunft lebt im Philosophen, der Geschäftsgeist im Kaufmann, und beide tun, was sie tun müssen: Der Philosoph in seiner Vermessenheit versucht seine subjektive Vorstellungskraft »zu konstitutiven Gesetzen für das Daseyn der Dinge« zu erheben, während der Kaufmann in seiner Kleingeistigkeit sich bemüht, »die Regeln *seines* Geschäfts jedem Geschäft ohne Unterschied« aufzudrängen.[3] Die jeweilige Einseitigkeit prägt nicht nur das Wissen und die Kompetenz von Kaufmännern und Philosophen, sondern deren gesamtes Wesen, ihr Empfinden und Handeln, und beschädigt zuletzt ihr Innerstes: »Der abstrakte Denker hat oft gar ein kaltes Herz, weil er die Eindrücke zergliedert, die doch nur als Ganzes die Seele rühren; der Geschäftsmann hat doch gar ein enges Herz, weil seine Einbildungskraft, in den einförmigen Kreis seines Berufs eingeschlossen, sich zu fremder Vorstellungsart nicht erweitern kann.«[4] Als Königsweg zwischen Kalt- und Engherzigkeit, zwischen dem »Egoism unsrer Vernunft« und dem »Egoism unsrer Sinne«, schlug Schiller bekanntlich den Weg des Künstlers vor: die ästhetische Bildung, die zur Einheit der Erfahrung und zur Allgemeinheit des Denkens zurückführe. Die Brauchbarkeit dieser bis heute nachhallenden Utopie soll hier nicht interessieren. Entscheidend ist der Zweifel an der Vernunft, genauer noch: ihre Gleichsetzung mit Einseitigkeit und Selbstbezüglichkeit.

Mit dieser Einschätzung stand Schiller nicht allein. Ganz egal, welche menschheitsrettenden Leistungen der Vernunft in den Höhenlagen der Philosophie zugeschrieben werden – in den Schriften zur Männlichkeit herrschte im späten 18. Jahrhundert die Überzeugung, dass der Mann keineswegs ein höheres Maß an Vernunft für sich reklamieren konnte. Und wenn überhaupt Vernunft, dann wurde der Mann bestenfalls als Verkörperung der einseitigen, selbstreferenziellen Vernunft gedacht, die man später die instrumentelle nennen sollte. Das lag weniger an den Talenten des Mannes selbst: Ihm wurde durchaus der größere Intellekt attestiert, eine der Frau überlegene Verstandeskraft. Aber die fragmentierte, funktional differenzierte

3 ebd., 25 (6. Br.).
4 ebd., 26 (6. Br.).

Gesellschaft, in der er agierte, zerstörte jeden Anspruch auf eine höhere, allgemeine Rationalität. Dem Mann blieben nur die Splitter der Vernunft. Daran verletzte er sich und die Seinen.

2. Differenzierung, Männlichkeit, Dekonstruktion

> »Das Heldensubjekt wird [...] ein restringiertes Individuum – das als ›Akteur‹ zu feiern [...] Ironie erfordert.«[1]

Die moderne Gesellschaft wurde von Anfang an als eine beobachtet, die zunehmende Differenzen produziert: Unterschiede zwischen Individuen (Individualisierung), zwischen »Wertsphären« oder »Teilsystemen« (Differenzierung) und historische Differenzen zwischen unterschiedlich »weit« entwickelten Gesellschaften (Evolution/Geschichte). Alle drei Aspekte werden von der Theorie der funktionalen Differenzierung betreut, die als das »dienstälteste sozial- und gesellschaftstheoretische Konzept« bezeichnet wurde.[2] Seit den Klassikern der Soziologie gibt es kaum eine Sozialtheorie, die auf den Begriff verzichtet hätte.[3] Obgleich weitgehend unstrittig ist, dass Differenzierungsprozesse die Moderne kennzeichnen,[4] ist keineswegs geklärt, worin diese genau bestehen, wie sie ablaufen und welche Effekte sie zeitigen. Die theoretische Diversität mag damit zusammenhängen, dass Differenzierung einen mehrseitigen, widersprüchlichen Steigerungsprozess beschreibt, der sich nicht auf einen einfachen Sachverhalt reduzieren lässt.[5]

Er steht sowohl für den Zuwachs an individueller Freiheit wie für die wachsende Ohnmacht des Einzelnen; für die Effizienz steigernde und Reichtum fördernde Arbeitsteilung als auch für den Verlust

1 Nassehi 2002, 464 Fn 32.
2 Nassehi 2003, 159.
3 Klassisch: Simmel 1989; Durkheim 1988; Spencer 1885; Weber 1988; Parsons 1972, Elias 1980; zeitgenössisch: Münch 1991, 1992; Alexander 1993; Habermas 1981; Luhmann 1997, 595 ff.; Beck 1986; Überblick: Schimank 2000; Schwinn 2001, 11-150; Luhmann 1985; Mayntz et al. 1988; Alexander/Colomy 1990; spez. zu Luhmanns Theorie instruktiv: Göbel 2000, 99 ff. Kritisch aus gendertheoretischer Sicht: Degele/Dries 2005, 209 ff.
4 Nassehi (2003, 146) spricht von einem soziologischen Commonsense, Berger (2003, 207) von einem »Kernstück der soziologischen Gesellschafts- und Evolutionstheorie«. S. allerdings den Versuch von Joas 1990, 1992, die moderne Gesellschaft unter Verzicht auf eine Differenzierungstheorie zu beschreiben.
5 Tyrell 1978, 1998; Berger 2003; Schwinn 2001, 31-150; Knorr-Cetina 1992.

von Unmittelbarkeit und Durchschaubarkeit gesellschaftlicher Prozesse; für die kulturelle Hochentwicklung gesellschaftlicher Teilbereiche (Kunst, Wissenschaft) als auch für die kulturelle Verarmung von Fachmenschen und »Kaufleuten«; für die Entstehung einer optionssteigernden Pluralität der Lebenswelten wie für den Verlust sozialer Bindungen und traditioneller »Heimaten«. Mit dem Differenzierungsbegriff, so Luhmann pointiert, »konnte die moderne Gesellschaft sich bewundern und kritisieren«.[6] Dennoch bleibt bei allen theoretischen Unterschieden ein Paradigmenkern erkennbar: Das zentrale Strukturprinzip der modernen Gesellschaft besteht in ihrer Differenzierung entlang spezialisierter Handlungsbereiche beziehungsweise entlang gesellschaftlich relevanter Funktionen. Aus der stratifizierten ständischen Gesellschaft mit ihrer festen Zuweisung von Individuen in Rollenbündel und soziale Positionen differenzieren sich über einen Zeitraum von mehr als 400 Jahren rund ein Dutzend Funktionssysteme aus, die ihrer Eigenlogik folgen, gegeneinander relativ autonom sind und die Individuen aus eindeutigen sozialen Rollenzuweisungen entlassen.

Auf Details kann und muss hier nicht eingegangen werden, wichtiger ist ein Aspekt, der zur Männlichkeit hinleitet. Historisch gesehen begann das Reflektieren der Differenzierung mit Diagnosen einer zunehmenden Referenz des Individuums auf sich selbst als Folge gestiegener gesellschaftlicher Komplexität und Dynamik.[7] Wie sich diese Selbstreferenzialisierung auf den Begriff der männlichen Natur ausgewirkt hat, haben wir im ersten Kapitel gesehen. Auf gesellschaftstheoretischer Ebene wurde ziemlich bald deutlich, dass diese »Verselbstung« nicht ein Defekt individuellen Verhaltens oder Urteilens war, sondern ein Effekt sozialer Entwicklungen. Die massenhaft auftretenden Differenzerfahrungen ließen auf überindividuelle Prozesse schließen, von denen der Einzelne eher abhing, als dass er sie bestimmte. Weder konnte das soziale Ganze in seiner Mannigfaltigkeit Produkt eines einzigen Gesetzgebers sein, wie es von der Antike bis zum aufgeklärten Absolutismus gedacht wurde, noch

6 Luhmann 1997, 596.

7 Ich stütze mich im Folgenden vor allem auf Nassehi. (2003, 89 ff.; 146 ff.)

konnte der Einzelne zum Fundament des Sozialen gemacht werden. Das führte zu einem Gesellschaftsbegriff, in dem die Integration der Individuen zum Zentralproblem wurde.[8]

Für Max Weber sorgte bekanntlich bereits die Reformation für das »Gefühl einer unerhörten Vereinsamung des einzelne Individuums«[9] sowie die rationale Entzauberung der Welt, zu deren »Verwandlung in einen kausalen Mechanismus«,[10] in dem der Einzelne nur noch wenig galt. Bei Durkheim »hängen die Fortschritte der individuellen Persönlichkeit und die der Arbeitsteilung von ein und derselben Ursache ab«,[11] was dazu führte, dass das Individuum zwar immer autonomer wurde, doch zugleich immer stärker von der Gesellschaft abhing.[12] Ähnliches liest man bei anderen Klassikern der Soziologie, bei Simmel, Tönnies, Troeltsch und Dilthey sowie Spencer.[13] Individualisierung und Entindividualisierung wurden als die beiden Seiten eines Prozesses erfasst, Subjektivierung und Objektivierung der Individuen. Die Folge ist, dass die soziologische Beschreibung der Gesellschaft von Anfang an die Selbstbeschreibung des modernen Menschen als *autonomes*, ganzheitliches Subjekt dekonstruierte: »Die Zerrissenheit als Signatur des sozialen und individuellen Daseins macht das Denken einer vom Ursprung her immer schon zur Einheit gefügten, ›ausstehenden‹ oder ›kommenden‹ Gestalt des Menschen obsolet.«[14] In der naturrechtlichen und der bewusstseinsphilosophischen Tradition war das individuelle Bewusstsein die Voraussetzung für die Konstitution der sozialen Welt. Das findet sich gleichermaßen in Hobbes' Gesellschaftsvertrag wie in Fichtes Setzung der Welt aus der Selbst-Setzung des absoluten Ich. Diese Perspektive kehrte der soziologische Blick um, prägnant formuliert bei George Herbert Mead: »Anstatt eine Voraussetzung für gesellschaftliches Handeln

8 Integration als Kernproblem der idealistischen wie der romantischen Protosoziologie: Jonas 1980 I, 164 ff.
9 Weber 1988, 93.
10 ebd., 564.
11 Durkheim 1988, 475.
12 ebd., 82.
13 Überblick in Schroer 2000.
14 Böhme 1994, 140.

zu sein, ist das gesellschaftliche Handeln eine Voraussetzung für Bewußtsein.«[15]

Waren erst hinreichend viele Differenzerfahrungen registriert, konnte das individuelle Bewusstsein nicht mehr als weltkonstitutiv gelten. Nicht mehr die Individuen begründeten die Gesellschaft, indem sie etwa einen Vertrag schlossen oder sich für das Zusammenleben entschieden, »sondern die Gesellschaft begründet die Individuen, indem sie es ihnen ermöglicht, sich als Individuen zu behandeln, Verträge zu machen, sich wechselseitig zu binden«, wie Luhmann den Kerngedanken Durkheims paraphrasiert.[16] Das soziale Bedingungsverhältnis kehrte sich um, und die Subjekte erschienen als Produkte einer Sozialität, über die sie selbst nicht mehr verfügten. Subjektive und objektive Neigungen traten auseinander, wie Durkheim registriert, und die Gesellschaft brachte Bedürfnisse hervor, »die nicht auch die unseren sind«.[17] Diese Perspektive dekonstruierte Subjektivität, ob sie wollte oder nicht:

> »Wie auch immer die andere Seite des Subjekts hieß: *Lebenswelt, Gesellschaft, Figuration, social system, Soziale Welt* oder *Sozialer Raum*, die Soziologie hat darauf aufmerksam gemacht, dass *Subjektivität* eine *Zwei-Seiten-Form* ist. Was *Subjektivität* sein kann, hängt dann immer von der anderen Seite ab, und insofern ist das Individuum in seiner Subjektivtät stets das Andere seines Anderen, mithin also das Produkt seines Gegenübers.«[18]

Das bedeutet auch: Eine einfache, »heile«, autonome Subjektivität ohne »Entfremdung« war unter solchen Bedingungen nicht mehr denkbar, sondern wurde zum Thema von Utopien. »Das 18. Jahrhundert lässt sich rückblickend nicht nur als eines der Erkenntnisakkumulation begreifen, sondern auch als eines der Orientierungsdestruktion.«[19]

Warum das alles hier? Weil es entscheidend ist, die semantische Genese der Männlichkeit im 18. Jahrhundert zu verstehen. Üblicher-

15 Mead 1968, 56.
16 zit. in Nassehi 2003, 94.
17 Durkheim zit. in Nassehi 2003, 94.
18 Nassehi 2003, 94.
19 Fuchs 1992, 18.

weise wird die Entstehung des soziologischen Blicks auf das späte 19. Jahrhundert datiert, die Zeit der Klassiker des Fachs. Ich möchte dagegen folgende Thesen vertreten: 1. Der soziologische Blick hat sich bereits im späten 18. Jahrhundert etabliert. 2. Er wurde vor allem am Mann, an Männlichkeit exerziert, was zu einer hochgradig instabilen Subjektkonstitution des Mannes beitrug. Oder anders gewendet: Das erste »autonome« Subjekt, das dekonstruiert wurde, war der Mann. Oder noch einmal anders: Die moderne Männlichkeit ist Produkt der funktionalen Differenzierung und des soziologischen Blicks, der beide zu erfassen suchte. Seither überlagern sich die Problematik der Moderne und die Problematik von Männlichkeit und repräsentieren einander wechselseitig.

3. Von einem Oben und Unten

»Die Schwäche des zur Gesellschaft gehörenden Individuums.«[1]

Die Entstehung der Differenzierungstheorie lässt sich nur auf das 19. Jahrhundert datieren, wenn man den Begriff als Indiz für die Beobachtung des Phänomens nimmt. Schon im 18. Jahrhundert aber wurden der Sache nach (inhaltlich) massive Differenzierungserfahrungen gemacht und beschrieben, zum Teil auf erstaunlich »heutige« Weisen. So kennzeichnete Friedrich Schlegel um 1800 einen wesentlichen Aspekt der Differenzierung, nämlich die Auslösung der Funktionsbereiche aus moralischen Vorgaben: »Wo Politik ist oder Ökonomie, da ist keine Moral.«[2] Die relative Autonomie der Systeme wiederum beschrieb Schiller: »Der politische Gesetzgeber kann ihr Gebiet [das von Wissenschaft und Kunst] sperren, aber darin herrschen kann er nicht.«[3] Zwar fällt weder der Begriff »funktionale Differenzierung« noch sind die Theorien des 18. Jahrhunderts an Tiefenschärfe mit den späteren zu vergleichen. Dennoch nahmen sie wesentliche Erfahrungen der Moderne auf und formulierten sie in einer Weise, die sie zu soziologischen Vorläufern machen.[4] Der Ursprung der Soziologie als Wissenschaft von der differenzierten Gesellschaft, schrieb Wilhelm Dilthey 1883, »lag in der Erschütterung der europäischen Gesellschaft seit dem letzten Drittel des 18. Jahrhunderts«.[5] Um diese Zeit hat der Modernisierungsprozess eine Lage erreicht, die, verstärkt durch die Französische Revolution, als Epochenwechsel wahrgenommen wurde.

1 Buchholz 1810, 31.
2 Schlegel 1988a, 276.
3 Schiller 2000, 34 (9. Br.). Vgl. a. die Einschätzung Diltheys von F. Schleiermachers Religionsphilosophie: Dieser »gibt der Kunst, der Wissenschaft, der Philosophie, dem Sittlichen eigenen Wert und freien Raum. Jede dieser Stellungen des Geistes zur Welt wird als ein in sich geschlossenes Ganzes anerkannt. Jede ist unabhängig von der religiösen, und diese ist es von ihnen.« (Zit. in Tyrell 1998, 139)
4 Wittrock u. a.1998; Reill 1998; Jonas 1980; McKenzie 1990, 22.
5 zit. in Nassehi 2003, 138.

Erste Ansätze zu einer empirischen, nichttheologischen Selbstaufklärung der bürgerlichen Gesellschaft finden sich bereits in der so genannten Apodemik des 16. Jahrhunderts oder der *political anatomy* Bacons im 17. Jahrhundert, aber erst Adam Smiths *Theory of Moral Sentiments* (1759) kann im wirkungsgeschichtlichen Rückblick als einer der ersten Entwürfe einer relativ geschlossenen systematischen Gesellschaftstheorie gelten.[6] Im Anschluss erarbeiteten insbesondere die schottischen Aufklärer Millar, Ferguson, Steward und Alexander »sozialhistorisch gesättigte und praxisbezogene Universalgeschichten zur Entstehung der modernen Welt«.[7] Werner Sombart bezeichnete John Millars *Observations Concerning the Distinction of Ranks in Society* von 1779 als »staunenswertes Buch« einer »Soziologie der Herrschaft«, dem »das 19. Jahrhundert nichts an Einzelheiten hinzuzufügen« vermochte.[8] Mag diese Einschätzung auch übertrieben sein, so ist richtig, dass bereits in der zweiten Hälfte des 18. Jahrhunderts die zentralen Fragen der Moderne artikuliert wurden.[9]
Im deutschsprachigen Raum bereiteten vor allem Isaak Iselins *Versuch über die gesellige Ordnung* (1772) und Philipp Christian Reinhards *Versuch einer Theorie des gesellschaftlichen Menschen* (1779) den Boden dafür, die Gesellschaft als Gebilde *sui generis* mit eigenen Gesetzen und Organisationsformen in den Blick zu nehmen. Einen bemerkenswerten Versuch unternimmt auch der heute weitgehend vergessene Friedrich Buchholz in seinem Werk von 1810: *Hermes oder über die Natur der Gesellschaft mit Blicken in die Zukunft.* Bei ihm tauchte der Begriff einer »Wissenschaft von der Gesellschaft« mit der Konsequenz auf, dass die Individuen als abhängig

6 Eriksson 1993; Pankoke 1984, 1000; vgl. Luhmann 1989, 45; Luhmann 1997, 601.
7 Koselleck 1975, 670; s. a. Kondylis 1986, 424 ff.
8 zit.in. Lehmann 1967, 7 f.
9 In Frankreich wären als Protosoziologen insbesondere Cantillon, Turgot und Condorcet zu nennen sowie im 19. Jahrhundert Saint-Simon, der die medizinische Physiologie von Cabanis in Richtung einer gesellchaftlichen erweitert, aus der dann Comtes *physique sociale* und schließlich der Begriff *sociologie* hervorgeht. (Pankoke 1984, 1000 ff.) Wesentlich auch Beccaria in Italien (zu seiner Nähe zu Smith und Turgot sowie zu den frühen Wirtschaftswissenschaften: Groenewegen 2002).

von übergeordneten Strukturen gedacht wurden: »Was jeder Einzelne von uns ist, das ist er Kraft der Gesellschaft, zu welcher er gehört.«[10] Buchholz sah als entscheidende »vergesellschaftende Kraft« nicht mehr den Geist oder das Bewusstsein der Individuen, sondern das Geld, das als generalisierter, dezentraler, »unkoordinierter« Mechanismus verstanden wurde, der aufgrund seiner Egalität Ungleichheiten produziert. Entsprechend findet sich bei Buchholz auch schon der Verzicht auf den Versuch, die Gesellschaft noch über soziale Hierarchie oder über privilegierte Positionen zu verstehen: »Von einem Oben und Unten sollten in Beziehung auf die Gesellschaft eben so wenig die Rede seyn, als in Beziehung auf das Weltall.«[11]
Diese neue geschichtstheoretische Priorität des Sozialen führte zum Grundproblem der modernen, differenzierten Gesellschaft, das um 1800 deutlich formuliert wurde: Wie ist soziale Ordnung möglich, obwohl sich die Individuen nicht mehr eindeutig durch ihre Stellung innerhalb der ständischen Ordnung bestimmen lassen? Die Frage nach der Versöhnung von individuellen und sozialen Ansprüchen wurde zum beherrschenden Thema der nächsten 200 Jahre. In den Worten von Philipp Christian Reinhard klang das Problem 1797 so: »[...] wie der Mensch Individuum seyn könne, ohne den gesellschaftlichen Zustand unmöglich zu machen, und wie er Glied der Gesellschaft seyn könne, ohne seine Individualität aufzugeben?«[12] Eine solche Frage rechnet nicht mehr mit eindeutigen sozialen Positionen der Subjekte. Die Individuen müssen ihre Individualität erst erzeugen, und zwar so, dass dabei die Gesellschaft nicht Schaden leidet, »unmöglich« gemacht wird; zugleich wird deutlich, dass die Anforderungen der Gesellschaft die Individualität bedrohen (»aufgeben«) können – die prekäre Einheit von gesellschaftlicher *und* individueller Konstituierung war bereits bewusst. Auch deswegen wirken bei Reinhard beide Seiten der Unterscheidung, das Individuum und die Gesellschaft, überaus fragil und voneinander abhängig. Das ist ein genuin soziologischer Zugriff auf die Welt, auch wenn

10 Buchholz 1810, 18, 13.
11 ebd.
12 Reinhard 1797, 120.

Reinhard in der Durchführung seiner Theorie auf moralphilosophischem Terrain verharrte.

Differenzierung wurde im 18. Jahrhundert vor allem als Arbeitsteilung und Rollendifferenzierung erfasst, also als die Gleichzeitigkeit von zunehmender Spezialisierung (Unabhängigkeit) einzelner Berufszweige und deren zunehmender Abhängigkeit voneinander. Zwischen Arbeitsteilung und funktionaler Differenzierung bestehen deutliche konzeptionelle Unterschiede, und es wäre fatal, Differenzierung auf Arbeitsteilung zu reduzieren. Eine detaillierte Gegenüberstellung ist hier aber weder möglich noch nötig; ich lese den Diskurs der Arbeitsteilung um 1800 als semantischen Effekt der funktionalen Differenzierung, auch wenn er sich anderer Begrifflichkeiten bediente. Die Systembildung wurde um 1800 insgesamt nur schattenhaft wahrgenommen, am ehesten noch in der Ökonomie. Dadurch aber trat das Verhältnis von Individuum und Gesellschaft umso schärfer in den Blick, genauer: das von Mann und Gesellschaft. Die Arbeitsteilung wurde vor allem am Mann wahrgenommen, ganz unabhängig von den realen Arbeitsbedingungen, die Frauen genauso in den Sog der Differenzierung zogen. Aber in den einschlägigen Schriften wurde die Frau zu einer gesellschaftsexternen Beobachterin umgewandelt, die scheinbar unbetroffen das Gute und Heile repräsentierte in einer Gesellschaft, die von sich aus nicht mehr in der Lage zur Produktion des Guten war. Die Erzeugung von Männlichkeit fand dagegen unter den Bedingungen der differenzierten Gesellschaft statt. Wo immer es im 18. Jahrhundert um Differenzierung ging, kam Männlichkeit zur Sprache, als siamesische Zwillinge schritten sie durchs Jahrhundert. Die Differenzierung ist das Andere der maskulinen Subjektivität.

Das zerstörte zum einen die Einheitlichkeit *der* Männlichkeit; sie trat von Beginn der Moderne an nur im Plural, als Männlichkeit*en*, auf. Ich halte dennoch am Begriff *der* Männlichkeit fest, aus einem einfachen Grunde: Die Rede von Männlichkeiten, etwa bei Connell,[13] bezieht sich vor allem auf die soziale Ausdifferenzierung ver-

13 Connell 1993, 1995; s. a. Schmale 2003; für das 20. Jahrhundert: Hanisch 2005.

schiedener Typen von Männlichkeit (hegemoniale, homosexuelle, Unterschichten etc.). Zugleich wird die relative Autonomie sowie innere »Harmonie«[14] der unterschiedlichen sozialen Männlichkeiten impliziert. Die weitgehende innere Widerspruchsfreiheit etwa der jeweils herrschenden Männlichkeit wird nicht bezweifelt. Dagegen will ich zeigen, dass moderne Männlichkeit nicht nur sozial differenziert ist (was trivial ist und auch für prämoderne Ordnungen galt), sondern in ihrer *Grundkonstitiution* gespalten; dass maskuline Subjektivität unter den Bedingungen der funktionalen Differenzierung und des soziologischen Blicks nicht anders gedacht werden kann und nicht anders gedacht wurde als fragmentiert und dekomponiert. Unter dieser Bedingung haben sich alle Männlichkeiten der Moderne entwickelt, daher: *die* Männlichkeit. Die männliche Autonomie ist seit der Frühmoderne nur noch eine Utopie – die allerdings bis heute eifrig beschworen wird.
Der Zusammenhang von Differenzierung und Männlichkeit ist auch andernorts wahrgenommen worden, wenngleich eher beiläufig. Koschorke spricht davon, dass im 18. Jahrhundert die »Dynamik der [sozialen] Fragmentierung *auch* die mit dem Prädikat ›männlich‹ versehenen Diskurspositionen« erfasst.[15] Das ist richtig, aber meines Erachtens zu schwach formuliert: Es wird *vor allem* die Semantik der Männlichkeit erfasst. Schlögl wiederum schließt Diskurse und Sozialgeschichte allzu kurz, wenn er schreibt, »dass Frauen von der fortschreitenden Differenzierung der sozialen Strukturen, die das 18. Jahrhundert kennzeichneten, weniger betroffen waren als Männer«.[16] Ob das so war, müsste eine genaue Analyse ergeben, ich gehe davon aus, dass Frauen ebenso intensiv, wenn auch auf ganz andere Weise, von Differenzierung betroffen waren.
Im Folgenden soll die Semantik der Männlichkeit in der frühen Moderne unter Maßgabe der Differenzierung nachgezeichnet werden. Zunächst am Beispiel des Werks von Adam Smith. Der schottische Moralphilosoph und Ökonom hat als einer der Ersten systematisch

14 Mosse 1996, 97.
15 Koschorke 1999, 245; meine Hervorhebung, C. K.
16 Schlögl 1995, 26.

über Differenzierung als Arbeitsteilung reflektiert – und sowie das geschieht, bricht das traditionelle Bild autonomer Männlichkeit zusammen. Unter Smiths protosoziologischem Blick zerfällt die Einheits- und Konsensperspektive der Gesellschaft, also die Einheit und Allgemeinheit von Vernunft und Moral, und der Mann erscheint als ein hochspezialisiertes, aber zugleich unvernünftiges, demoralisiertes, konformes Geschöpf, dem die stoische Autonomie nur als unerreichbares Ideal dienen kann. Smiths Männlichkeitsverständnis wird relativ viel Platz eingeräumt, weil es exemplarisch für das des späten 18. Jahrhunderts stehen kann und weil daran die Systematik des Arguments im Zusammenhang einer Theorie demonstriert werden kann. Im weiteren Verlauf geht es anhand von Arbeiten überwiegend deutscher Autoren detaillierter darum, wie sich unter den Bedingungen der Differenzierung die männliche Subjektivität als fragmentierte, selbstentfremdete bildet und auf welche »Typen der Unmoral« sich die Stereotypisierung verdichtete.

4. Adam Smiths lachender Handwerker oder die Vernunft des Mannes

»Die verborgenen Räder und Federn«[1]

Wie viel Staunen, Faszination und Verwirrung die »Arbeitsteilung« im 18. Jahrhundert ausgelöst hat, lässt sich bei Adam Smith (1723-1790) nachvollziehen, dem »ersten Ökonom der Geschichte«, der manchen bis heute als »einflussreichster politische Denker der modernen Welt« gilt, nicht zuletzt, weil er der Sache nach die Differenzierung in den Mittelpunkt seiner Überlegungen gestellt hat.[2] Und diese explizit mit der Frage nach der Männlichkeit verbunden hat. In einem frühen Werk, der *History of Astronomy* (1746-48), kommt er umstandslos auf die Differenzierungsphänomene zu sprechen. Es ist ein Grundlagenwerk, weniger, weil Smith hier zum ersten Mal den Begriff der »unsichtbaren Hand« verwendete,[3] sondern weil er sich in dem Text sowohl über die Konstruiertheit allen wissenschaftlichen Wissens klar wurde als auch eine Theorie der sozialen Differenzierungseffekte entwarf.

Smith näherte sich ihr über die Frage nach dem menschlichen Denkvermögen: Wie entstehen überhaupt Gedanken? Die Antwort: durch die imaginäre Verbindung zweier Objekte aufgrund langer Gewöhnung. Wenn zwei Objekte (Dinge, Gedanken, Gefühle) immer wieder »nacheinander« auftreten, dann werden sie in der Vorstellung eng miteinander verkoppelt, bis sie mit der Zeit untrennbar verbunden sind und als Wirklichkeit erscheinen. Erkenntnis ist durch Gewohnheit bestimmt. Diese Theorie bewegte sich im Rahmen des maßgeblich von John Locke inspirierten Empirismus.[4] Hier ist sie von

1 Smith, 1994, 20.
2 David Frum, zit. in Motooka 1998, 221.
3 bei Smith; zur Tradition des Bildes: Ottow 1991, Ullman-Margalit 1978, die beide aber die erste Erwähnung der Metapher bei Smith offenbar nicht kennen; s. Eatwell u. a. 1989; Macfie 1971; Ahmad 1990.
4 Wobei Smith als »guter Empirist« (Raphael 1975, 98) vor allem von David Hume geprägt sein dürfte.

Belang, um zu verstehen, was passiert, wenn Wesen aufeinandertreffen, die nicht im gleichen Gewohnheitskosmos aufgewachsen sind. Was etwa würde geschehen, fragte Smith in einem Gedankenspiel, wenn ein ganz gewöhnlicher Mann auf einen anderen Planeten mit fremdartigen Lebewesen transportiert würde? Der arme Kerl würde unablässig und vergeblich versuchen, seine Vorstellungen mit den Vorgängen in der fremden Welt in Einklang zu bringen, dabei nichts als »Verwirrung und Schwindelgefühle« verspüren und am Ende in »Irrsinn und Zerstreuung« verzweifeln.[5] Doch, so Smiths Pointe, um die Gewohnheit zu erschüttern, muss man nicht in ferne Welten reisen. Schon ein Besuch im nächsten Handwerksbetrieb erzeuge ähnliche Verwirrung und Verwunderung bei einem unkundigen Betrachter, sodass der Handwerker schließlich über den Fremdling lachen würde.[6]

Die Moral der kleinen Geschichte: Durch arbeitsteilige Spezialisierung separieren sich die Erfahrungen der Männer und erscheinen »inkohärent und unzusammenhängend«, wie Smith an anderer Stelle schrieb.[7] Das Gespräch unter Männern wird beschwerlich, weil sie sich nicht mehr auf dieselbe Wirklichkeit beziehen. Die sympathetischen Ströme zwischen ihnen werden gestört und verdrängt durch das Lachen übereinander. Doch diese Differenzerfahrung hätte man auch zu früheren Zeiten machen können: Dass ein Philosoph die Arbeit eines Bierbrauers nicht versteht, erscheint wenig überraschend. Die Dramatik ergibt sich aus Smiths erkenntnis- und sozialtheoretischen Grundlagen, die an der Negativen Anthropologie teilhaben. Bei Smith und anderen Aufklärern sind die Menschen dadurch gleich, dass sie ihre Ideen auf die gleich Weise empfangen: durch ihre Sinneswahrnehmung. Die Gemeinsamkeit besteht nicht in einem Inhalt, dem *telos* der Tradition, sondern in einem Verfahren.[8] Diese Idee war ursprünglich und im Sinne der modernen Anthropologie ersonnen worden, um die Menschen von allen naturalen

5 zit. in Motooka 1998, 201.
6 Smith 1982, 43.; nahezu wortgleich paraphrasiert bei Hegewisch. (1788, IX f.)
7 zit. in Motooka 1998, 201.
8 vgl. Taylor 1996, 304 ff. mit Bezug auf Locke.

und theologischen Vorgaben zu befreien: Es sollte keine angeborenen Ideen oder Ziele für den Menschen geben. Er sollte frei, also unbestimmt, und eben darin allen anderen gleich sein.

Den Haken an dieser urmodernen Idee führte Smith auf andere Weise aus als die Theoretiker der naturalen Männlichkeit: Wenn alle Menschen ihre Ideen aus Sinneseindrücken erhalten, dann sind sie nicht frei, sondern abhängig von den empirischen, zufälligen Strukturen ihrer Umwelten, aus denen diese Sinneseindrücke stammen. Und sie sind nicht gleich, sondern eben verschieden, weil sie in einer sich differenzierenden Gesellschaft zwangsläufig verschiedene Denk- und Lebensgewohnheiten entwickeln. Die Folgen für die Allgemeinheit und für die einzelnen Männer sind gravierend, wie Smith nicht müde wurde auszuführen. Je enger der Kreis, in dem ein Mann lebt, und je simpler seine Tätigkeit, desto eingeschränkter sein Verständnis für die Welt.

> »Mit fortschreitender Arbeitsteilung wird die Tätigkeit der überwiegenden Mehrheit derjenigen, die von ihrer Arbeit leben, also der Masse des Volkes, nach und nach auf einige wenige Arbeitsgänge eingeengt, oftmals auf nur einen oder zwei. [...] So ist es ganz natürlich, daß er verlernt, seinen Verstand zu gebrauchen, und so stumpfsinnig und einfältig wird, wie ein menschliches Wesen eben nur werden kann. Solch geistige Trägheit beraubt ihn nicht nur der Fähigkeit, Gefallen an einer vernünftigen Unterhaltung zu finden oder sich daran zu beteiligen, sie stumpft ihn auch gegenüber differenzierten Empfindungen, wie Selbstlosigkeit, Großmut oder Güte, ab, so daß er auch vielen Dingen gegenüber, selbst jenen des täglichen Lebens, seine gesunde Urteilsfähigkeit verliert. Die wichtigen und weitreichenden Interessen seines Landes kann er überhaupt nicht beurteilen, und falls er nicht ausdrücklich darauf vorbereitet wird, ist er auch nicht in der Lage, sein Land in Kriegszeiten zu verteidigen.«[9]

Das war mehr als nur professorale Herablassung gegenüber den »Unterschichten«. Alles, was in früheren Zeitaltern den Mann tu-

9 Smith 1978, 662.

gendhaft machte, vernichtet die Arbeitsteilung. Er kann weder den öffentlichen Angelegenheiten der Nation folgen,noch sich ein eigenes Urteil erlauben oder gar als Krieger Ruhm und Ehre erlangen. Das trifft nicht nur einfache Männer, sondern auch solche in gehobenen sozialen Positionen: Noch der nobelste Bürger zeichnet sich in der kommerziellen, arbeitsteiligen Gesellschaft durch die »Schwäche seiner Fähigkeiten, die Enge seiner Fassungskraft«[10] und die »niedrige Torheit«[11] seiner Neigungen aus. Smith nahm einen gegenläufigen Prozess wahr und sollte damit die Beschäftigung mit Arbeitsteilung und Differenzierung lange prägen: Die instrumentelle Vernunft des Einzelnen, seine Fähigkeit im Umgang mit seinem Gewerbe, wächst, zugleich verschwinden die breiten, übergeordneten intellektuellen Fähigkeiten, die notwendig sind für eine integrierende Deutung der Welt. Gewinn und Verlust sind untrennbar verwoben.

Es gibt bei Smith keine Einheit der Gesellschaft mehr, keine einigende Vernunft, von der aus die Gesellschaft zu erfassen oder zu steuern wäre. Die differenzierte Gesellschaft kann eine solche Perspektive *strukturell* nicht mehr bieten. Das Ende der Vernunft hat seine Ursache nicht in der Dummheit der Menschen, sondern in der Komplexität der Gesellschaft. Diese Komplexität ist durch die Umstellung auf funktionale Differenzierung so groß geworden, dass die Gesellschaft nicht mehr zu einer *repraesentatio identitatis* ihrer selbst finden kann, und kein Standpunkt mehr festgelegt werden kann, von dem aus das Ganze »richtig«, oder zumindest allgemein verbindlich beobachtet werden kann.[12] Smith großes Verdienst besteht darin, die gesellschafts*strukturellen* Bedingungen dieser Dekomposition benannt zu haben.

Seine Erkenntnis hat erhebliche Auswirkungen auf Männlichkeit: In dem Moment, in dem die Gesellschaft als differenzierte wahrgenommen wird, ist der »allgemeine« rationale Mann beerdigt. Es gibt

10 Smith 1994, 401; vgl. Schneider 1970, XXX.

11 ebd., 174; vgl. Barrell 1983, 19, 31.

12 Oder anders: Die Gesellschaft kommt in der Gesellschaft nicht mehr vor, wie es bei Adam Ferguson heißt: »[...] die Gesellschaft besteht aus Teilen, von denen keiner mehr belebt ist vom Geist der Gesellschaft selbst.« (Zit. in Eriksson 1993, 267)

ihn nur noch als Spezialisten der »instrumentellen Vernunft« seiner jeweiligen Tätigkeit.

Für Smith stellte sich naturgemäß die Frage, wie eine solch fragmentierte Gesellschaft zusammengehalten und koordiniert wird, genauer: wie die individuellen Interessen mit dem allgemeinen Interesse, also dem Gemeinwohl, versöhnt werden können? Er hat darauf zwei Antworten gegeben: die »unsichtbare Hand« und »Sympathie«. Es lohnt sich, beide näher zu betrachten, weil sie viel über die Möglichkeit vernünftiger Männlichkeit unter den Bedingungen der Moderne verraten. Bei der ersten Erwähnung in der *History of Astronomy* gehört die »unsichtbare Hand« noch einem Gott, Jupiter, und gilt Wilden der Vorzeit als Erklärung für alles, was sie sich selbst nicht erklären können – was für Smith nichts als »feiger Aberglauben« und »Impotenz des Geistes« ist.[13] Zehn bzw. 30 Jahre später, in seinen beiden Hauptwerken, steckt Smith in einer ähnlichen Klemme wie die Wilden: Er konnte die Mechanik der kommerziellen Gesellschaft nicht deuten. Statt einer Analyse verlegte er sich auf die bloße Zusicherung, dass eine »unsichtbare Hand« für Ordnung sorgen werde. Die einzelnen Menschen (Männer) könnten es jedenfalls nicht, jedenfalls nicht rational und durch eigene Verstandesleistung, sondern nur per unintendierter Konsequenz ihres blinden Handelns. Wer sich ausschließlich auf seine eigenes Geschäft konzentriere, erzeuge so zwar die größtmögliche Steigerung des Volkseinkommens, aber ohne jegliche Einsicht in die Verhältnisse:

> »Tatsächlich fördert er in der Regel nicht bewußt das Allgemeinwohl, noch weiß er, wie hoch der eigene Beitrag ist. [... Er] strebt lediglich nach eigenem Gewinn. Und er wird in diesem wie auch in vielen anderen Fällen von einer unsichtbaren Hand geleitet, um einen Zweck zu fördern, den er zu erfüllen in keiner Weise beabsichtigt hat.«[14]

Gleich dem Wilden ist auch der Geschäftsmann und Bürger ahnungslos. Mehr noch: Je beschränkter er ist, so Smith, desto besser funktioniert die Gesellschaft. Als Erklärung verweist die »un-

13 Smith 1982, 49 f.
14 Smith 1978, 370 f; vgl. ebd., 1994 308 ff.

sichtbare Hand« also sowohl bei den Wilden wie bei den Bürgern auf das Versagen der Vernunft und preist sowohl die Effizienz eines vernunftlosen Systems wie die Folgenlosigkeit des individuellen Vernunftmangels. Das Genialische der Metapher von der unsichtbaren Hand liegt also darin, dass sie die Unmöglichkeit der Vernunft durch deren Unnötigkeit kompensiert. Weder Mann noch Gott benötigen höhere Rationalität, weil die Gesellschaft sich selbst organisiert.[15] Die Steuerung des »natürlichen Systems der Freiheit« übernehmen anonyme, unsichtbare Mächte, »verborgene Räder und Federn«,[16] die im Hintergrund das segensreiches Werk einer von menschlichen Absichten befreiten, »unintendierten Koordination« vollbringen.[17]

Mit dieser Konstruktion stand Smith nicht allein. Im Gegenteil: Sie wurde zur beherrschenden Figur der Spätaufklärung, der Romantik und des 19. Jahrhunderts. Bei Kant steuert die »Naturabsicht«, bei Hegel die »List der Vernunft«, bei Marx die »Produktion«. In jedem Fall ist alles »großes Schicksal! Von Menschen *unüberdacht, ungehoft, unbewürkt*«, wie Herder die »Krisis des menschlichen Geistes« beschrieb.[18] Das Bewusstsein der Krise individueller Handlungskompetenz wurde entweder entschärft durch Fortschrittsoptimismus, dem zufolge die Vernunft, Gott, die Geschichte oder die Natur den unbewussten Menschen ans Endziel der Befreiung und der Versöhnung des Besonderen mit dem Allgemeinen führt. Oder es endete in Kulturpessimismus, das aber meist erst im späteren 19. Jahrhundert. Ganz offensichtlich diente die Figur der »Heterogonie der Zwecke« dazu,[19] die Verunsicherung durch die Dynamik der differenzierten Gesellschaft in einer Semantik selbstregulierender Kräfte und automatischer Optimierungen ruhigzustellen.

Die Logik der unsichtbaren Hand tangierte unmittelbar die Logik

15 Wenngleich Smith an der *divine providence* als Funktionsgarantie festhält (Davis 1990).

16 Smith 1994, 20.

17 Kliemt 1985, 146; Zu Recht gilt Smith daher als »einer der großen Vertreter einer automatischen Selbststeuerung der Gesellschaft« (Sieferle zit.in. Krohn 1999, 327); Wolin 1960, 301.

18 zit. in Kittsteiner 1980, 12. Zu Vorläufern: Ottow 1991, Groenewegen 2002.

19 Kondylis 1986, 433.

der Männlichkeit. Die »immense Maschine« der Gesellschaft, »deren harmonische Bewegungen tausend angenehme Effekte erzeugen«,[20] ersetzt den Mann als Steuermann des Sozialwesens. Die soziale Dampfmaschine benötigt keinen individuellen Ingenieur. Das wichtigste Ideal der klassisch-republikanischen Maskulinität, die Kontrolle der Gemeinschaft per männlicher Selbstkontrolle, wurde im Spiel der sozialen Rückkopplungsschleifen ausgehebelt. Für Männer bedeutete das ebenso Entlastung – sie mussten nicht mehr steuern – wie narzisstische Kränkung: Sie konnten es nicht mehr. Die Entheroisierung hatte sich lange angekündigt, längst war die »Vernichtung der Helden« beklagt worden sowie der Umstand, dass es keine »unverzichtbaren Männer« mehr gäbe[21] – bei Smith erhielt die Heldenzerstörung eine sozialstrukturelle Verankerung. Daher ist als eigentliches Thema der Smithschen »Theorie der ethischen Gefühle« auch »die Verabschiedung des heroischen Ideals« bezeichnet worden.[22] Smith bereitete damit den modernen Begriff des Individuums vor, das sich nicht mehr als autonomes, rationales, »heldenhaftes« Subjekt verstehen kann, sondern als Produkt einer sozialen Bestimmung, das gleichwohl danach strebt, sich als selbstgeschaffen und selbstgesteuert auszugeben.

Ist erst einmal die gesellschaftliche Koordination an die unsichtbare Hand delegiert, verlöscht auch das letzte Flackern maskuliner Kontrolle und Vernunft. Im Unterschied zu anderen Autoren der Zeit konzedierte der Schotte den Bürgern nicht einmal ein *rationales* Selbstinteresse, sondern nur ein emotionales.[23] Die »schwachen Versuche menschlicher Vernunft«[24] sind so unzureichend, dass sie den Menschen nicht einmal darüber aufklären können, was gut für ihn wäre. Stattdessen folgen die Männer (ebenso wie die Frauen) allein gesellschaftlichen Vorurteilen, den neuesten Moden, dem letzten Chic, sie folgen »eingebildeten Bedürfnissen« und »Illusionen der Einbildung«. Sie sehnen sich nach Anerkennung und Bewunde-

20 zit. in Macfarlane 2000, 81; s. a. Smith 1994, 314 f.
21 Paul Bènichou zit. in Hirschman 1987, 19; Davenant zit. in Bellamy 1998, 46.
22 Kettler 1965, 159.
23 vgl. Justman 1993, 31.
24 Smith 1978, 683; vgl. ebd., 1994, 174, 395.

rung, sie verehren die Reichen und Mächtigen und kopieren deren »nichtigste und unbedeutendste Gelüste«.[25] Kurz: Die soziale Welt wird vom Nachahmen, nicht vom Nachdenken beherrscht. In seiner Bewertung dieser über Kopie und Gier selbstregulierten kommerziellen Gesellschaft war Smith bekanntlich zutiefst gespalten. Einerseits befeuerten die eitlen Wünsche die Wirtschaft und sorgten für Fortschritt und allgemeinen Reichtum. Andererseits verachtete der Philosoph die Oberflächlichkeit, Selbstverliebtheit und Verblendung der kommerziellen Welt. Die Spannung war unlösbar. Und wo war die Moral? Die unsichtbare Hand sorgte ja nur für effizientes Funktionieren, nicht zwingend (auch) für das Gute.

4.1 Invisible hand, invisible man

»Da wir keine unmittelbare Erfahrung von
den Gefühlen anderer Menschen besitzen [...]«[26]

Ausschließlich auf die unsichtbare Hand zu vertrauen war Smith unmöglich, die Gesellschaft dachte er nach wie vor in erster Linie als Interaktionszusammenhang, der ohne Mikrokoordination der Beteiligten nicht auskommt. Die unsichtbare Hand benötigt gleichsam eine rechte, helfende Hand. Smith sah vier Möglichkeiten, Moral zu gründen: auf Selbstliebe, Vernunft, einen angeborenen moralischen Sinn oder auf Sympathie. Ohne in Details zu gehen: Smith wählte Letztere, wie es zu seiner Zeit populär war, und baute Sympathie zu einem raffiniertem Medium der Verkopplung atomistischer Individuen aus. Am Ende des Prozesses standen allerdings die Feminisierung der Moral sowie die nochmals gesteigerte Auflösung der männlichen Autonomie.
Im Zentrum der Smithschen Sympathielehre ruht eine doppelte Annahme: dass alle Menschen zwangsläufig und ohne ihr Zutun Sympathie empfinden und dass sie zugleich den natürlichen Wunsch ha-

25 Smith 1994, 315.
26 Smith 1994, 2.

ben, mit ihren Mitmenschen und ihrer Umwelt übereinzustimmen. Die passive Sympathie verkoppelt die Menschen, die aktive Triebkraft des Übereinstimmungswunsches sorgt dafür, dass Konflikte minimiert werden. Sympathie erhält so einen ähnlichen Stellenwert in der moralischen Welt wie die Schwerkraft für Newton in der natürlichen Welt. Entscheidend ist: Man kann sich den sympathetischen Verbindungen nicht entziehen, sie funktionieren mit quasiphysiologischer Direktheit.[27] Die Verkopplung der Seelen geschieht unwillkürlich, der Einzelne kann darauf keinen Einfluss nehmen – genau in dieser Automatik bestand der Reiz der Sympathie für die Denker des 18. Jahrhunderts. Die Sympathie bot einen Mechanismus, die Menschen trotz ihres Eigeninteresses und ihrer Verschlossenheit miteinander zu verbinden. Wenn Smith und andere von sympathetischen *Beobachtungen* sprachen, dann steckte darin also eine Verzerrung. Die Sympathie funktioniert streng genommen beobachtungslos, sie unterscheidet nicht, sondern nivelliert Unterscheidungen. Auf personaler Ebene bewirkt die Sympathie, was die unsichtbare Hand für das Gesellschaftsganze bewirkt: Sie verkoppelt die Menschen hinter ihrem Rücken, als reflexiver Selbstregulierungsmechanismus reagiert Sympathie auf die Unbestimmtheit menschlichen Handelns und garantiert die Unterbrechung der Selbstreferenz.

Die eigentliche sympathetische Operation bestand bei Smith in einer allmählichen, gegenseitigen Kalibrierung der Menschen. Der von einer Situation Betroffene wird immer stärker fühlen als der oder die Beobachter; der Betroffene muss also die Stärke seiner Emotionen herunterregulieren »auf jenen Grad [...], bis zu welchem die Zuschauer mitzugehen vermögen«.[28] Das kann nie vollständig gelin-

27 Ebd., 3 ff., 134 ff. (insbesondere 215). Ursprünglich war Sympathie rein körperlich gedacht als Zusammenstimmung der Körpersäfte, als »Freundschafft zweyer Dinge«, die »gern beysammen sind, welche aus den Ausdünstungen, die sich wohl vereinigen, entstehet« (Hillig 1737, 149; vgl. Zedlers Universallexikon, Art. Sympathie, Bd. 41; Deutsches Wörterbuch, Bd. 10, Art. Sympathie, Spalte 1404; andere Herleitungen bei Vogl 2002, 87). Im Laufe des 18. Jahrhunderts verflüchtigten sich die *humores* zu ätherischen, psychologischen Strömen, die die Menschen nicht weniger fest aneinanderschließen (Koschorke 1999, 101 ff.). Zur Sympathielehre Smiths: Andree 2003.

28 ebd., 24.

gen, denn der Bürger bleibt in sich selbst gefangen, er ist stets nur ein (Selbst)-Bobachter zweiter Ordnung, ein sein eigenes Beobachten beobachtender Beobachter. Aber alter und ego, so Smiths Hoffnung, »können doch harmonisch sein und das ist alles, was notwendig und erforderlich ist«,[29] um dem bürgerlichen Traum von der Einheit der Herzen nahezukommen.

Die Mechanik der Sympathie sorgt für die moralische Verbesserung der Bürger. Je mehr sie sich den Blicken der anderen und der Kalibrierung der Gefühle aussetzen, umso tugendhafter werden sie. Zum einen wird derjenige unmittelbar *amiable*, der sich emphatisch angleicht; zum andern kann der Bürger nicht anders, als sich gesittet zu verhalten, wenn ungezählte Blicke seiner Mitmenschen auf ihm ruhen oder lasten – »wir könnten sonst den Anblick nicht ertragen«.[30] Da die Gesellschaft nicht länger als Einheit zu beobachten ist, tritt die Beobachtung der Beobachter an ihre Stelle. Statt der einen Wahrheit wird die Addition der Blicke zum Substitut einer Gesamtschau. Der Prozess der Sympathie ist ein Prozess der wechselseitigen Stellvertretung, in dem sich Beobachter und Beobachtete so intensiv abgleichen und einander sowie ihre Gefühlslagen simulieren, bis sich alle zu einer Quasiallgemeinheit gestimmt haben. In der Spiegelung der Sympathien ist am Ende nicht erkennbar, wer wer ist, und genau das ist der Zweck der Übung. Wirklichkeit und Täuschung lassen sich nicht auseinanderhalten im Theater der gegenseitigen Illusionen, aber das ist auch nicht von Belang, solange alle ihre Erwartungen an den Erwartungen der anderen ausrichten. Smith hat das Urproblem des Sozialen, die doppelte Kontingenz, zu dessen Lösung eingespannt.[31]

Smith löste so Moralität in Konformität auf. Das prägte auch zutiefst sein Männlichkeitsbild. Oben haben wir gesehen, dass er Männern weder Vernunft noch Einsicht zutraute, hier sehen wir das Pendant in der Moralphilosophie: Er stellte keine gehobenen sittlichen

29 ebd., 25.
30 ebd., 238.
31 Systemtheoretisch würde man das an der Form »Person« festmachen (Luhmann 1995, 142ff.; Fuchs 1997).

Ansprüche an sie und empfahl ein Leben, das sich an die kleinen Tugenden der Häuslichkeit hält, an die »wirkliche Geringfügigkeit unseres eigenen Selbst«.[32] Der ideale Mann ist nach Smith »immer völlig arglos«[33] und zeichnet sich durch eine »Bescheidenheit des Benehmens« aus, die ihn »unterwürfig, geschäftig und gefällig« macht.[34] Das Schlimmste wäre, in der Öffentlichkeit aufzufallen; der Smithsche Mann hat sich der Meinung seiner Mitmenschen zu unterwerfen, er widerspricht Höhergestellten nicht, Machtmissbrauch und Ungerechtigkeit erträgt er ohne Murren.[35] Alles an Smiths Mann ist sanftes, gutes Benehmen, stetige, aber unauffällige Akkumulation von Reichtum, Verzicht auf öffentliche und politische Betätigung, ist Anstand, Ruhe, Unterwerfung, Unsichtbarkeit. Smiths Ideal entsprach in allem dem sensiblen Mann, dem »man of feeling«, wie er seit Beginn des Jahrhunderts zunehmend populär wurde, ein Mann, »der den Verlauf der Dinge nicht bestimmen kann und sollte«.[36] Dieser tugendhafte Mann lebt, als wäre er gar nicht vorhanden, und »zieht kaum die Aufmerksamkeit irgendeines anderen Menschen auf sich«.[37] Smiths Pendant zur *invisible hand* ist der *invisible man.*

Es fällt nicht schwer zu erkennen, dass alle Tugenden des Smithschen Mannes den traditionellen Tugenden der Frau entsprachen. Von Unterwürfigkeit bis Unscheinbarkeit: das getreue Abbild dessen, wie eine Frau zu sein hat. Aber auch die traditionell negativen Aspekte von Weiblichkeit waren, wir sahen es oben, in den Begriff der Männlichkeit eingeflossen: die Eitelkeit, die mangelnde Rationalität, die Gefallsucht. So hat Smith den Mann zur »Montage weiblicher Stereotype« gemacht[38] und in »ein feminisiertes, ja ein effeminiertes Wesen« verwandelt.[39] Für die Frage der maskulinen Moral hat das gravierende Auswirkungen. Die öffentlichen Tugenden gelten für den Smithschen Mann als zweitrangig, ja als weniger mora-

32 ebd., 203.
33 ebd., 364.
34 ebd., 56.
35 ebd., 395.
36 Butler 1975, 213.
37 Smith 1994, 88.
38 Justman 1993, 25.
39 Pocock 1985, 114.

lisch – womit er auf dramatische Weise von der adlig-heroischen Tradition abweicht. In der Welt der privaten Moral gewinnen die Männer aber nicht zurück, was sie in der öffentlichen verloren haben. Es wirkt, als würden sie für Smith nie ganz heimisch in der neuen, häuslichen Tugendhaftigkeit. Und auch Smith selbst schien sich mit den Konsequenzen seiner Theorie nicht recht anfreunden zu können. Was Terry Eagleton über David Humes Philosophie geschrieben hat, trifft im Kern auch auf Smith zu: Er »sucht vergebens nach einem sicheren Standard. Wissen, Glauben, Ethik: sie alle sind rücksichtslos feminisiert, verwandelt in Gefühl, Imagination, Intuition«.[40] Doch Smith mochte sich, anders als Hume, nicht mit dieser Effeminierung abfinden. So eröffnete er ein weiteres Kapitel im Buch der Schwierigkeiten, Männlichkeit in der differenzierten, auf emotionale statt rationale Bindungskraft umgestellten Gesellschaft zu denken. Ausdrücklich versicherte Smith den Männern, dass ihre Männlichkeit durch die »weibliche« Moralbasis nicht gefährdet sei:

> »Unsere Empfänglichkeit für die Gefühle anderer ist so weit davon entfernt, mit der Mannhaftigkeit der Selbstbeherrschung unverträglich zu sein, daß vielmehr gerade sie die Grundlage ist, auf welcher diese Mannhaftigkeit beruht.«[41]

Um das Defizit an Männlichkeit zu kaschieren, führte Smith ziemlich unvermittelt die Figur des *man within* (der innere Mann) ein, die all das hat, was dem Mann nach außen hin fehlt.[42] Dieser *man within* bewohnt die Brust der edelsten Männer und trägt alle Züge der alten Stoiker. In ihm findet die klassische Tradition ihr Refugium. Er ist nicht eitel, nicht süchtig nach Anerkennung, er spricht mit der Stimme der Vernunft, er ist ein »Halbgott in unserer Brust«,[43] der noch die größten Strapazen, die schlimmsten Leiden mannhaft durchsteht. Er entspricht ganz dem Ideal männlicher Selbstbeherrschung, versteckt sich aber hinter der Fassade des »man of feeling«. Er ist der Mann im inneren stoischen Exil.

40 Eagleton 1990, 50.
41 Smith, 1994, 226 f.
42 ebd., 194 f.
43 ebd., 195.

Von diesem wahren Mann verlangte der Philosoph Übermenschliches. Das wird in seiner Schilderung über einen Soldaten deutlich, der auf dem Schlachtfeld durch einen Kanonenschuss ein Bein verliert. Der normale Mann würde nach der Verstümmelung vor Schmerz kollabieren. Ganz anders derjenige, der den *man within* spürt: Mit ihm ist er gegen alles gefeit, was ihm zustößt. Mit Blick auf die blutende Wunde »spricht und handelt [er] mit seiner gewöhnlichen Ruhe und Kaltblütigkeit«.[44] Seine Verstümmelung betrachtet er mit der größten Distanz, so als wäre sie nicht ihm selbst, sondern einem anderen zugestoßen: »Er wird sich bald mit dem gedachten Menschen in seiner Brust identifizieren, er wird selbst bald zum unparteiischen Beobachter seiner eigenen Lage werden.«[45] Allerdings schätzte Smith die Wahrscheinlichkeit, dass sich ein Mann so verhalten könnte, nicht sonderlich hoch ein, weil sie eine stoische Perfektion verlange, »die jenseits der menschlichen Möglichkeiten liegt«.[46] Gerade weil Smith im Stoiker den Gegenpart zum kommerziell geprägten Mann fand, konnte dieser keine große Rolle in einer kommerziellen Gesellschaft spielen. Das Ideal der totalen Selbstbeherrschung ist so anspruchsvoll und so weit entfernt vom »wahren« Leben, dass es keine Relevanz in ihm haben kann. Erkennbar hatte der Stoiker bei Smith vor allem die rhetorische Funktion, ein Ideal autonomer Männlichkeit in einer differenzierten Gesellschaft zu verankern, die dafür weder Bedarf noch Platz hatte. Smith importierte ein Ideal aus imaginären patriarchalischen Zeiten, um eine heldenlose Epoche mit der Fantasie einer selbstbeherrschten Männlichkeit auszustaffieren. Wenn die Männer seiner Zeit »echte« Männer gewesen wären, dann hätten sie keinen *man within* benötigt.

Aber es gibt noch gravierendere Probleme mit dem stoischen Mann und demjenigen, der ihm nacheifert. In den alten Zeiten gab der Mann sein Leben und seinen Körper als Opfer an die Gemeinschaft, als Teil einer vernünftigen und gottgewollten Ordnung, die so repro-

44 Ebd., 218.
45 ebd., 221.
46 Smith, (TMS) 60 (meine Übersetzung der engl. Ausgabe; in der hier zitierten deutschen Übersetzung nicht enthalten).

duziert wurde. Aber wenn die kommerzielle Gemeinschaft mit dieser Gabe nichts mehr anfangen kann? Dann duldet der Mann aus egoistischen Motiven, denn das Selbstopfer gibt zwar Seelenruhe, hat darüber hinaus aber keinen Effekt. Da das stoische Ideal die ursprüngliche Funktion verloren hat, erhält auch die vom Mann verlangte emotionale Selbstzensur eine andere Bedeutung. Aus Heroismus wird (Selbst-)Entfremdung. Der Stoiker kann Verstümmelung und Folter nur dadurch ertragen, dass er sich als einen anderen betrachtet, dass er seine eigenen Empfindungen radikal abtrennt, ent-fühlt. Wenn aber die stoische Operation nicht mehr Ausdruck einer kollektiven Vernunft ist, bei der die emotionale Selbstkontrolle den Mann mit der Gemeinschaft verbindet, bleibt die innere Dissoziation in sich selbst stecken und sabotiert die eigene Subjektivität. Der Mann wird zum stoischen Mann, indem er sich selbst *nicht* spürt beziehungsweise seinen Schmerz und seine Angst ausblendet, abspaltet. Dieses Nichtspüren verspricht zwar einerseits das eigene Ich zu überwinden und zur Selbstlosigkeit zu kommen, erfüllt also genau den Wunsch nach Asymmetrisierung und Unterbrechung der Selbstreferenz, andererseits ist es fatal für eine Theorie, die die Moral auf den Abgleich von Selbst- und Fremdempfinden stützt.

Je mehr der Mann auf dem Weg zum Stoizismus voranschreitet, desto schwieriger ist es für ihn, die sympathetische Operation durchzuführen und sowohl eigene als auch fremde Gefühlslagen und Stimmungen überhaupt wahrzunehmen. Die stoische Selbstbeherrschung verstärkt also noch das Grundproblem der Männlichkeit: ihre geringere sympathetisch-emotionale Fähigkeit. Als Gegenmittel bleibt dem Mann wiederum nur die Identifikation mit dem *man within*, bei dem er nicht *spürt*, was zu tun ist, sondern von dem er Anweisungen erhält und den er akzeptiert wie einen Vorgesetzten. Unterschwellig setzte Smith also zwei verschiedene Moralphilosophien einander entgegen, die eindeutig geschlechtskonnotiert sind: die sympathetische Einfühlung und die innere Spaltung samt Unterordnung unter den *man within*. Die erste bezeichnete Smith auch als Humanität und ordnete sie der Frau zu, die zweite als Großzügig-

keit (*magnaminity*), die dem Mann eigen sei. Smith ließ, in stoischer Manier, keinen Zweifel, welchen Modus er für den edleren hielt: »Es ist Vernunft, Grundsatz, Gewissen, es ist der Inwohner unserer Brust, der innere Mensch, der große Richter und Schiedsherr über unser Verhalten.«[47]

Hat Smith also unter der Hand sein sympathetisches Einfühlungsmodell aufgegeben und es durch die Kommandantur des *man within* ersetzt? Hat er die Vernunft reinstalliert, die er zuvor als allzu schwächlich zurückgewiesen hatte? Eine andere Interpretation ist dem Problem vermutlich angemessener. Die Überbetonung des *man within* ist die Antwort auf das Problem, das durch diesen aufgeworfen wird. Der Frau falle es, als Trägerin der Humanität, nicht schwer, sich sympathetisch einzufühlen. Dem Commonsense der Zeit folgend glaubte Smith, dass Frauen mit einem höheren Sinn für Sympathie ausgestattet seien.[48] Frauen können aufmerksamer und virtuoser die Gefühle anderer Menschen imaginieren und sich geschickter sozial kalibrieren als Männer. Sie sind von Natur aus sympathetisch, also moralisch, das aber ohne große Anstrengung, was den Wert ihrer Moralität schmälert. Für Männer gilt das nicht. Weil sie ihre Autonomie im Blick haben müssen, um ihre Männlichkeit nicht zu verlieren, können sie sich weniger einfühlen. Wenn alle Menschen Frauen wären, die sich perfekt einfühlen und ihre Emotionen denen der anderen angleichen können, dann bedürfte es des *man within* überhaupt nicht, und die Notwendigkeit der Selbst-Beherrschung würde ersetzt durch die automatische, sympathetische Angleichung aller Gesellschaftsmitglieder. Mit anderen Worten: Der *man within* entspricht genau dem Problem, das er lösen soll. Er korrigiert den Defekt seiner selbst. Weil sich die Männer in ihrem Bestreben nach Autonomie weniger einfühlen können, brauchen sie einen inneren Mann, der ihnen *trotzdem* sagt, was sie zu tun haben.

Die Spannung zwischen klassischem Stoizismus und sympathetischer Moral durchzieht Smiths gesamtes Werk.[49] Eine böse, nach

47 Smith 1994, 326 f.
48 Justman 1993, 71.
49 Morillo 2001, 190 f.; Justman 1993, 78.

allem, was Smith zugunsten des stoischen Mannes ins Feld geführt hat, fast schon zynische Ironie besteht allerdings darin, dass dem Mann der Stoizismus am Ende nichts bringt. Denn ultimativ nivelliert sich der Unterschied zwischen starkem Mann und schwacher Frau. Die selbstquälerischen und -entfremdenden Bemühungen bringen dem Mann nur einen marginalen Vorsprung, der bald verpufft:

> »Bei einem nicht wiedergutzumachenden Unglück, wie es etwa durch den Tod von Kindern, von Freunden und Verwandten verursacht wird, mag auch der Weise sich für eine gewisse Zeit einer maßvollen Trauer hingeben. Eine zärtliche, aber schwache Frau wird in solchen Fällen oft nahezu ganz von Sinnen sein. Die Zeit wird indessen niemals verfehlen, in längerer oder kürzerer Frist auch die schwächste Frau zu besänftigen und ihr dieselbe Seelenruhe zu geben wie dem stärksten Mann.«[50]

Der Stoiker – am Ende trennt ihn nichts von einer Frau. Mit einem Unterschied: Die Frau erreicht das Ziel, um das der Stoiker kämpfen muss, ohne Mühe. Ist die Frau gar der bessere Stoiker? Und warum sollte sich ein Mann auf den harten Weg begeben, wenn der weiche ebenso erfolgreich ist? Smith hat darauf keine Antwort außer jener, die sein ganzes Denken bestimmt: Konformität. Der Mann muss als Mann figurieren, weil man es von ihm erwartet. Auch wenn – nein: *weil* – nicht mehr klar ist, wofür Männlichkeit in der fragmentierten, kommerziellen Gesellschaft eigentlich steht.

50 Smith TMS 151.

5. Das Band der Liebe kettet sie nicht

»Faulheit und kriminelles Verhalten sind im Wesentlichen eine Spezialität der Männer.«[1]

Die Differenzierungsschübe, die Smith verarbeitete, beobachteten viele im 18. Jahrhundert, aber nur wenige vermochten eine ähnlich weitreichende Perspektive wie Smith zu formulieren. Vor allem in Deutschland war die Theoriebildung geprägt von staatswissenschaftlichen Begrenzungen und entgrenzenden Ästhetisierungen. Damit sei nicht das alte Lied von der retardierten deutschen bürgerlichen Entwicklung gesungen, sondern nur gesagt, dass – im Vergleich zu England und Frankreich – anders reflektiert wurde. Die meisten Autoren konzentrierten sich auf die Konsequenzen der Differenzierung für die einzelnen Gesellschaftsmitglieder und fragten in Hinblick auf den Mann: Wie verändert er sich und seine Rolle, zu welchem Verhalten (und zu welchen Verbrechen) wird er getrieben, und was geschieht mit seiner Seele?

Die Charakterologien der Männlichkeit um 1800 waren von auffälliger Skepsis durchzogen, was die Möglichkeit einer moralischen, sinnerfüllten Männlichkeit angeht. Die meisten Schriften erzeugten vor allem ein Wissen darüber, warum Männer in der differenzierten Gesellschaft emotional entfremdet sein und sittlich bedenklich handeln *müssen*. Auch hier bestätigt sich der anhand von Smiths Theorie gewonnene Befund: Sobald die Gesellschaft als differenzierte wahrgenommen wird, zerfällt Männlichkeit zu einem höchst problematischen Gebilde.

Das erste Opfer der Differenzierung ist der maskuline Anstand. Der Reiz zum Laster plage alle Stände, so der populäre Autor Johann Ludwig Ewald. Wie schwer etwa falle es dem Kaufmann, sich fernzuhalten von den »feineren Betrügereien«, den falschen Unterschriften, den zweideutigen Eiden und dem »Wagen fremder Kapitalien,

1 Tiger 2000, 137.

wodurch man zu gewinnen hofft«.[2] Oder der Arzt: wie groß die Verlockung, eine »Krankheit wichtiger zu machen, als sie ist« und mit zweifelhaften und teuren Kuren zu bekämpfen. Und kann sich der Offizier von »Unmäßigkeit und rohem Wesen« freihalten, der Prediger von »Heuchelei« und falscher Frömmigkeit? Instruktiv an dieser Aufzählung ist ihr differenziertes Problembewusstsein; Ewald schlug nicht alle Männer über einen Leisten und unterstellte ihnen pauschal Bereicherungslust oder Egoismus, sondern er erfasste die Logiken der jeweiligen Funktionssysteme, denen die einzelnen Berufe unterliegen. Das soll nicht heißen, dass Ewald diese Systemlogiken bereits hätte formulieren können, aber aus heutiger Sicht fällt die Passung auf. Der Kaufmann wird verführt, durch den Einsatz von Kapitalien neue Kapitalien zu erwirtschaften, was die Orientierung des ökonomischen Systems an der Selbstreferenz der Profite nachzeichnet. Der Arzt ist verlockt durch die Erzeugung von Krankheit im Gesundheitssystem, der Soldat von der Unmäßigkeit in einem soldatischen System ehrenvoller Mäßigung, der Prediger von religiöser Immanenz dort, wo Transzendenz gefordert wäre. Der christliche Sündenkanon wird für die Berufsgruppen funktionsspezifisch reformuliert und dadurch sowohl aufgeweicht wie aktualisiert.

Üblicherweise wurde allerdings die Perspektive des Wirtschaftssystems verallgemeinert und die Geldförmigkeit der sozialen Beziehungen beklagt, die die Beteiligten depersonalisiere. Vor allem den sentimentalen Roman durchdrang die Angst vor dem Geld als krisenerzeugender, entmoralisierender Kraft.[3] David Simple, gefühliger Held der gleichnamigen Erzählung von Sarah Fielding, erschaudert, als ihm an der Börse ein Händler als »a good Man« vorgestellt wird, nur weil dieser 100 000 Pfund »wert« sei. Die empfindsamen Romane zogen ihre Motivik und ihre Popularität maßgeblich aus einer Art Dauerkritik an der differenzierten, geldgetriebenen Gesellschaft; in der ersten Hälfte des 18. Jahrhunderts diente noch das klassisch-republikanische Ideal aristokratischer Tugendhaftigkeit als

2 Ewald 1804, 127.
3 Ein alter Topos natürlich; vgl. Pasero 1997, 244; Schelkle/Nitsch 1995.

Maßstab der Kritik, in der zweiten Hälfte dann vor allem die Beschwörung privater, bürgerlicher und meist weiblich konnotierter Tugenden.[4] Auch Philosophen beklagten den »disembedding mechanism«[5] der Geldwirtschaft, die sich den Tauschmechanismen der moralischen Ökonomie und den Formen traditioneller Sozialkontrolle entzieht. Der wirtschaftliche Leitmechanismus wurde von Moral auf Knappheit umgestellt,[6] was zu der Paradoxie führte, dass der allmählich anwachsende Reichtum der Gesellschaft auch als zunehmender Mangel erlebt wurde, um den die Gesellschaftsmitglieder würden kämpfen müssen, genauer: die Männer. Die neue Knappheit wurde geschlechtlich codiert, der private Binnenraum rund um die weibliche Liebe nach und nach als unbezahlte und unbezahlbare Kostbarkeit beschworen, die kommerzielle Arena als Domäne kaufender und käuflicher Männer. Die Unmoral, die dort unterstellt wurde, färbte auf sie ab, sie infizierten sich an der Geldlogik. Der Hobbessche Wolf streift das Kleid des Kaufmanns über.[7]

In der Arena des Geldes entstehen Verhältnisse, die denen des Naturzustandes nahekommen. Auf dem Höhepunkt der Zivilisation kommt der Ur- und Unmensch wieder oder zum ersten Mal überhaupt in seiner wahren Gestalt zum Vorschein – je nachdem, ob man mit oder gegen Rousseau denkt. Wie Wilde stehen sich die Männer gegenüber, jetzt aber sind sie nicht nur durch ihre Triebe, sondern vor allem durch die abstrakte Verbindung des Geldes voneinander getrennt: »Das Band der Liebe kettet sie nicht: Uneigennützigkeit, Güte, Aufopferung kennen sie nicht. Jeder steht dem Andern als unabhängig, als gleiche Macht gegenüber.« Das Ergebnis: »Habsucht, Ehrsucht, Herrschsucht.«[8] Diese Trias hat schon den Wilden und seine selbstreferenzielle Verpuppung gekennzeichnet. Jetzt lebt sie im Kontor weiter. In der Negativen Andrologie steigern sich Natur und Kultur gegenseitig.

Der Berufsheld des späten 19. Jahrhunderts war noch nicht gebo-

4 Bellamy 1998, 184.
5 Giddens 1990, 22 f.
6 Luhmann 1989, 151 ff.; spez. 186 ff.
7 Und das unausweichlich: Geld als Zwang, in: Jung 1788, § 683.
8 Reinhard 1797, 121, 125.

ren.[9] Stattdessen wurde die Tätigkeit im Kontor oder im Amt als ungeliebte Notwendigkeit erlebt, die zwar Geld bringt, aber den Menschen verkümmert; ja, die ihn, wie Campe in später undenkbarer Offenheit gesteht, »in eine gewisse Aengstlichkeit« versetzt.[10] Der Beruf galt nicht als Ort einer männlichen Selbst-Verwirklichung und Horizonterweiterung, sondern als Quelle der Begrenzung, als Zerstörung des Menschlichen, so Friedrich Schleiermacher:

> »Der Beruf bannt die Thätigkeit des Geistes in einen engen Kreis: wie edel und achtungswerth er auch sey, immer hält er Wirkung auf die Welt und Beschauung der Welt auf einem Standpunkt fest, und so bringt der höchste und verwickeltste wie der einfachste und niedrigste, Einseitigkeit und Beschränkung hervor.«[11]

Das könnte von Smith stammen. In einem dialektischen Prozess passt sich der Mann dem Beruf an, und der Beruf schneidert sich den Mann zurecht. Seine Tätigkeit prägt den Mann, darin hat das 18. Jahrhundert ganz materialistisch, fast schon marxistisch gedacht: Das Sein bestimmt das Bewusstsein. Eine Zeit, die aus dem Zerfall der ständischen Gesellschaft eine neue Ordnung entwarf, in der die sozialen Rollen und Positionen nicht mehr durch Traditionen bestimmt waren, erkannte als charakterprägenden Einfluss vor allem die Tätigkeit, die ein Mensch ausführt. Dass dies auch die vorherrschende Meinung nicht nur der Philosophen, sondern auch der bürgerlichen Männer selbst war, ist inzwischen empirisch nachgezeichnet worden.[12]

Der funktional-spezialisierte Mann tritt dabei grundsätzlich anders auf als der Hausvater früherer Provenienz, der seine Vormundschaft innerhalb eines Gefüges aus konkreten Interessen und Personen ausübte, sich darin rechtfertigen und das Gefüge einen musste. Der neue Mann repräsentiert die Logik der Sache(n), die auf Differenzen beruht. Wissenstheoretisch werden Probleme geschaffen und gelöst durch Differenzierung des Wissens, Märkte werden erschlossen

9 Gall 1989, 105 f.
10 Campe 1783, 54.
11 Schleiermacher 1799, 165.
12 Trepp 1996; Habermas 2000.

durch Diversifizierung von Produkten, Risiken minimiert durch Verteilung und Zurechnung auf einzelne Systemkomponenten, und Kommunikation und Kultur angereichert durch die Betonung von Unterschieden – kein Wunder, dass der moderne Mann als symbolische Repräsentanz dieser Logik als Trenner und Teiler erscheint. Um auf seinem jeweiligen Spezialgebiet zu reüssieren, »trennt und zergliedert« der Mann, »bis der Gegenstand in seiner Totalität gleichsam zernichtet ist, und das Zergliederte ihm unter der Hand verschwindet«, beklagte Reinhard, und nicht nur er.[13]

Zudem greift die funktional differenzierte Gesellschaft nur nach Maßgabe der jeweiligen Funktionssysteme auf den vorab unbestimmten Einzelnen zurück, die Einzelnen präsentieren sich als Vertreter unterschiedlichster Rollen: Käufer, Bürger, Erzieher, Vater etc. Der Einzelne muss die Fähigkeit entwickeln, sich in mehrere Selbste und mehrere Identitäten zu zerteilen, um den verschiedenen Umwelten gerecht zu werden, in denen er sich bewegt. Diese segmentierte Verfügbarkeit und Selbstdarstellung wurde im Begriff der Männlichkeit reifiziert und zum Wesensmerkmal von Männern erklärt. Die Freisetzung funktionsspezifischer Handlungslogiken erschien dabei leicht als »sinnfremd, anstößig, komisch oder töricht«,[14] was den ausgeprägten Diskurs um die »Blödigkeit« vieler Männer begründete.[15] Nur vordergründig paradox wurde gerade deswegen Männern eine höhere Individualität zugesprochen: Sie ist, was einen von allen anderen unterscheidet, und diese Differenz ließ sich besonders am Manne beobachten. Bis zur Romantik wurde die Fragmentierung an der realen oder vermeintlichen Einheit der Person in ständischen Verhältnissen gemessen und zunächst als wenig wünschenswert zurückgewiesen: als eine Art fremdbestimmter Überindividualisierung, die den Mann von den Quellen des Gemeinsamen abschneidet. Dadurch war zwar das Problem der Bestimmung des Unbestimmten gelöst, die Selbstreferenz unterbrochen, aber gleichsam zu gründlich und mit solcher Ausschließlichkeit, dass sich daraus wieder neue

13 Reinhard 1797, 49.
14 Tyrell 1978, 184.
15 Stanitzek 1989.

Probleme ergaben. Oder anders gesagt: Die Funktionssysteme können den Mann nicht asymmetrisieren, sie können ihn nicht durch Fremdreferenz ihm selbst schenken, sondern ihn nur in das Gegenteil der Unbestimmung treiben – in die überbestimmte Vereinseitigung.

Zwar fand sich stets auch ein emphatischer Diskurs von Emanzipation, Selbstverwirklichung und Autonomie des Mannes, aber in den Schriften zur Männlichkeit erscheinen sie eher als unbehagliche Ideale denn als gelebte und erstrebenswerte Wirklichkeit. Die Freiheit des Individuums, seine Selbstbestimmung, war, wie bereits der Diskurs über die männliche Natur gezeigt hat, nicht nur verlockend, sondern auch bedrohlich. Hier bestätigt sich Luhmanns Diagnose, dass Emanzipation und Freiheit der Individuen »ursprünglich« keineswegs deren innersten Bedürfnissen entsprachen, sondern aus gesellschaftsstrukturellen Erfordernissen an sie herangetragen wurden: »Die Notwendigkeit der Selbstbestimmung fällt dem Einzelnen als Korrelat der gesellschaftlichen Entwicklung zu. Er wird in die Autonomie entlassen wie die Bauern mit den preußischen Reformen: ob er will oder nicht. [...] Traum und Trauma der Freiheit gehen unversehens ineinander über.«[16] Die in den Gender Studies oft betriebene emphatische Betonung der (männlichen) Autonomie erscheint daher als Einseitigkeit, die den ambivalenten Diskurs stark reduziert und es sich dann mit der Kritik daran allzu einfach macht. Die funktional differenzierte Gesellschaft ist gleichermaßen autonomievernichtend wie autonomiefordernd. Die Existenz als sozial fragmentiertes Individuum, genauer: als Dividuum, wirkt wie ein Katalysator für den Anspruch des Einzelnen an sich selbst, Individuum sein zu wollen.[17] Diese »Dialektik« der Individualisierung lässt sich nicht auf eine autonome Männlichkeit und eine entmündigte Weiblichkeit reduzieren.

Aber sie produziert Macht- und Exklusionseffekte. Diese wurden in

16 Luhmann 1995, 126.

17 Vom Dividuum spricht zuerst (und bereits romantisch affirmativ) Novalis (»Das ächte Dividuum ist auch das ächte Individuum.« 1978, 692; s. a. 524, 564); heute zur Einheit von Individuum und Dividuum: Nassehi 2003, 89 ff.

der Literatur um 1800 selten explizit gemacht, dabei bestand eine Verwendung der Negativen Andrologie durchaus in ihrem Drohpotenzial, wie oben zu sehen war. Brandes etwa rechtfertigte den Ausschluss von Frauen aus den Kontoren und den Amtsstuben ausdrücklich mit Verweis darauf, dass »die Sinnlichkeit beyder, vorzüglich des männlichen Theiles, die größten Unordnungen hervorbringen« würde, zudem die »wahre Zügellosigkeit« der männlichen Sexualität noch durch die Struktur des Arbeitslebens begünstigt werde.[18] Denn Geschäft und Galanterie vertrügen sich nicht, so Brandes, was verheerend sei, da nur diese »die lebhaftesten zügellosen Ausbrüche der Sinnlichkeit bei dem jüngern oder reizbareren Theile unsers Geschlechts zurückhält«. Aber die Konzentration im Geschäft auf »die Sachen« erfordere eine Gleichheit, die sich mit der zur Beherrschung der Affekte notwendigen Ungleichheit nicht vertrüge. Also könnten Männer und Frauen nicht Seite an Seite arbeiten; der männliche Trieb lasse das nicht zu. Nicht ein vermeintliches intellektuelles Unvermögen der Weiber also, sondern die Sinnlichkeit der Männer vereitelt die Gleichheit; im Ergebnis aber lief es auf das Nämliche hinaus: den Ausschluss der Frauen. Die Ideologie der Ausschließung war natürlich von vorneherein einseitig: Männer in die Häuslichkeit zu verbannen wäre Brandes nie in den Sinn gekommen. Das machte die Öffentlichkeit aber noch nicht zu einem erstrebenswerten Ort und den Anschluss an jene sachlichen Berufsangelegenheiten nicht zu einem Privileg. Der Anschluss von Männlichkeit an die Funktionssysteme wurde nicht nur als individualisierend und autonomisierend wahrgenommen (und ambivalent bewertet), sondern er zwang die Männer auch in eine emotionale und sympathetische Erkaltung. Diese war ein großes Thema der bürgerlichen Männerliteratur.

18 Brandes 1802, 54 ff.

6. Fabrikware, Charakterleihgabe, Hartherz: Männeraustrocknung

»Aber die Zeiten der Rittersitte sind dahin.«[1]

Die berufliche Prägung wurde um 1800 oft sehr konkret gedacht: Wer mit staubigen Akten umgehe, vertrockne im Herzen,[2] wer mit Handelswaren hantiere, werde selbst zur Ware. Und wie ein Massenartikel müsse der Mann sich »hinundherwerfen lassen«, ehe er im besten Fall einen »ruhigen Standpunkt« erreiche. Das ging bis zur völligen Identifizierung des Mannes mit dem Objekt:

> »Er [der Mann] gleicht einer Fabrikware, zu deren Politur und Vollendung tausend Finger erfordert werden. Er wird dabey hintergangen, beleidigt, ab= und angespannt, halb gelobet, halb getadelt, verkannt und vergessen, verfolgt und gedrückt, wie es bey einer solchen Tausendfingerarbeit nicht anders seyn kann. Er ist eine öffentliche Person [...].«[3]

Diese anonyme Sozialisation zum Mannsein erscheint als das genaue Gegenteil einer häuslichen, liebenden Erziehung. Zugleich produziert sie einen systematisch ambivalenten Mann: Er erlangt *Vollendung* dadurch, dass er hintergangen, beleidigt, verfolgt und gedrückt wird – also durch Missbrauch, Demütigung, Gewalt. Man kann das lesen als Anklang an die heroischen Epen, in denen der Held durch ungezählte Prüfungen zum Mann wird. Dagegen spricht allerdings, dass im Zuge der modernen »Politur« kein verehrungswürdiger Heros produziert wird, sondern der Mann als Einheitsware, als normiertes Produkt einer »Tausendfingerarbeit«. Die tausend Finger der unsichtbaren Hand? Zusätzlich irritiert, dass die Dutzendware Mann zugleich als öffentliche Person erscheint, als Träger einer Öffentlichkeit, die heute stereotyp als Sphäre der Allgemein-

1 Burke 1987, 159.
2 Das maskuline Vertrocknen überliest Koschorke (1999) in seiner Säftelehre des 18. Jahrhunderts.
3 Pockels 1805 I, 341.

heit bezeichnet wird; bei Pockels aber ist sie eine triste Angelegenheit, die raue, mechanische Sozialisation zur öffentlichen Person »entfernt« den Mann »in seinem Innern von den Menschen, wenn er auch noch äußerlich *par force* mit ihnen umgehen muß«.[4] Bei der fabrikmäßigen Erzeugung des Mannes verkümmern zwangsläufig jene Eigenschaften, die als Inbegriff der Menschlichkeit gedacht werden: Mitgefühl, Sympathie, Gefühl. Das kann je nach Beschäftigung auch bei dem feinstfühlenden Mann zu extremer Abstumpfung führen: Die differenzierte Gesellschaft mit ihrem Spezialisierungs- und Versachlichungszwang lässt das maskuline Innenleben verdorren. Dies wurde als gleichsam naturgesetzlicher Prozess beschrieben:

> »Jene Zergliederung oder Trennung der Merkmale von Merkmalen erfordert Zeit, giebt anhaltende Beschäftigung, hält aber auch die Objekte von den Subjekten getrennt, und läßt das Herz troken und kalt [...], und oft bleibet dem geschäftigen Manne kein anderer Lohn seiner Arbeit als das Bewußtseyn gearbeitet zu haben. Kein Wunder, wenn er, der immer nach Außen wirket, der immer nur andern giebt, und so wenig sich selbst geben kan, die Freuden des Lebens außer sich sucht, und dann sich am glücklichsten fühlt, wenn das Weib ihn an ihrer Fülle Theil nehmen läßt [...]«[5]

Die Wiederauffüllung des arbeitsteilig ausgetrockneten Mannes stößt allerdings auf erhebliche Barrieren. Es wird ein Ringen um die Seele des Mannes inszeniert zwischen Dürre und Fülle, bei dem die Kräfte der Differenzierung oft den Sieg davontragen. In der »dürren Zeit der Zahl«[6] muss der Mann sein Innerstes zielstrebig umbauen, um sich der Anonymität der Verhältnisse anzupassen. Der Mann wird nicht nur als »Ware« passiv erzeugt, sondern muss sich aktiv den Erfordernissen anschmiegen, auch wenn diese Anverwandlung ihn verhärtet. Darin lassen sich leicht Foucaults Normalisierungs- und Diszplinierungsverfahren erkennen, die das moderne Subjekt

4 ebd., 341 f.
5 Reinhard 1797, 49 f.
6 Novalis, zit. in Heintz/Honegger 1981, 28.

hervorgebracht haben. Zugleich steckt darin eine Vorwegnahme des modernen Stereotyps vom demotionalisierten Mann. Im »Tumult der Weltgeschäfte«[7] jedenfalls muss der Mann lernen, dass er niemandem trauen kann, und sich immer weiter aktiv verschließen und einkapseln. Er ist zwar »durch tausend Bande an die Welt gebunden«, aber die meisten Erfahrungen sind wenig erfreulich:

> »Sie [die Männer] lernen die Menschen von viel mehreren, schlechten Seiten kennen, als das weibliche Geschlecht; haben fast tagtäglich im Laufe ihres Gewerbes und ihrer Geschäfte mit den Leidenschaften der Menschen und deren Selbstsüchtigkeit zu kämpfen; den Stolz und Despotismus des Einen, die Macht und Dummheit des Andern, die Verfolgungs- und Ränkesucht, die Fallstricke, die Vervortheilungen, die Betrügereien, kurz die Schlechtheit und Bösartigkeit der Menschen zu fürchten, mit denen sie leben müssen, ohne welche sie nicht leben können –.«[8]

In der letzten Wendung liegt der Haken für den Mann, der sich der Welt nicht entziehen kann, weil er – vermeintlich oder tatsächlich – von ihr lebt. Die längeren wirtschaftlichen Vermittlungsketten machen den Mann immer abhängiger von anderen, zugleich lassen sie die eigene Welt immer weiter zusammenschrumpfen. Diese gegenseitige Steigerung von Abhängigkeit und Isolation, von Interdependenz und von Differenzierung, prägt den Mann und seine Handlungsweisen. Da das eine nicht ohne das andere zu haben ist, gerät er in eine paradoxe Position: Eine Gesellschaft mit Arbeitsteilung ist reicher und leistungsfähiger als eine Gesellschaft ohne diese, und auch die persönlichen Chancen und Möglichkeiten hängen daran. Zugleich aber lässt der Faktor, der den Fortschritt ermöglicht, das Leben zu einer stupiden, monotonen, herzlosen Tätigkeit verkümmern. Der wünschenswerte Zustand kann nur auf unerwünschtem Wege erzielt werden, oder, mit Rousseau formuliert, vom »freien, vervollkommneten, *mithin* korrumpierten Menschen«.[9]

Die moralische Paradoxie, wollen zu müssen, was man(n) nicht wol-

7 Pockels 1805 I, 339.
8 Sprengel 1798, 29 f.
9 Lettre à Voltaire, zit. in Rousseau 1997, 362 Fn. 447; meine Hervorhebung, C. K.

len kann, erzeugt einen Konflikt, der nicht zur Ruhe kommt. Das Dilemma wurde um 1800 in immer neuen Wendungen thematisiert. So schrieb Sprengel, dass die Anstrengung der männlichen Geschäfte eine »gewissermaßen pflichtmäßige Entwöhnung von dem Hange, dem Herzen [...] zu folgen« erzeuge – also dem Mann zur Pflicht machen, was sich kein vernünftiger Mensch zur Pflicht machen kann: nämlich »eine Unterbrechung des Wohlwollenheitsgefühls, so gar ein Sträuben und Kämpfen dagegen«.[10] Wer also in der Welt agieren will, muss die heiligsten Werte der Gesellschaft verleugnen, um die Gesellschaft zu erhalten. Diese tiefe Spaltung wird zum Signum entfremdeter Männlichkeit,[11] im 19. Jahrhundert wird männliche Generativität auch deswegen zunehmend mit materieller Versorgung und nicht mit emotionaler Beteiligung verbunden.[12]

Für den Mann von Welt bleibt es nicht aus, dass die Menschen seine »Gutmütigkeit« missbrauchen und dass er sein »Mitleiden an Unwürdige verschwendet«, dass er »Schurken beweint« und »sich Heuchlern in die Arme« wirft[13] – er kann es nicht mehr vermeiden. Denn er wird immer abhängiger von Menschen, deren Ehrlichkeit und Vertrauenswürdigkeit er nicht überprüfen kann. Enttäuschungserwartung wird gleichsam ins Charakterprofil von Männern eingebaut. Entsprechend wurde Männern die Steigerung ihres Misstrauens empfohlen: Nur wer sich verschließt, kann sich schützen. Die Selbst-Repression des Menschlichen wird zur Notwendigkeit des Erfolgs, so jedenfalls beobachteten sich die Männer gegenseitig:

> »Er darf nicht immer nach den *ersten* Eindrücken des Mitgefühls handeln,– er muß es sogar wol erdrücken, damit er seinen Beruf nicht vernachlässige, und über aller Wehmuth seine Bestimmung vergesse. Seine Phantasie mag auch wol in dem Getriebe der Welt und der Geschäfte und den Mißbrauch sinnlicher Genüsse – ab-

10 Sprengel 1798, 30 f., 38; s. a. Pockels 1805 II, 338; vgl. für den sentimentalen Mann: Mullan 1988, 134.
11 Popitz 1953; Meyer 1984; Schuller 1991.
12 Gillis 1996, 187; Stearns 1979, 48 ff.
13 Pockels 1805 I, 342.

gestumpft seyn; er kann sich nicht mehr so leicht und so schnell electrisirt in die Stelle des andern, wie ein Frauenzimmer, versetzen.«[14]

An der Zirkulation der Affekte in der bürgerlichen Gesellschaft kann der Mann nicht in gleicher Weise teilnehmen wie seine Frau; nicht, weil er sich damit auf ihr Niveau begäbe, sondern weil das Leben in der Gesellschaft ihn verpflichtet, den sympathetischen Tausch zu unterbrechen. Überall da, wo es um »Sächlichkeit« geht, um Transaktionen einer nach Funktionszusammenhängen geordneten Welt, ist das Gefühlsvermögen eher schädlich als nützlich. Der Mann muss daher nicht nur den anderen, sondern vor allem sich selbst, seinen eigenen spontanen Impulsen misstrauen. Er muss einen inneren Bruch vollziehen und *in* sich selbst auf Distanz gehen *zu* sich selbst. Üblicherweise wird diese innere Spaltung in Analogie zur Trennung von Privatwelt und Öffentlichkeit gedeutet, die sich im 18. Jahrhundert durchzusetzen begann und die sich im »Innern der männlichen Identität« reproduziere.[15] In dieser Spaltung drücke sich wiederum das innerpsychische Bedürfnis der Männer aus, »den privaten Ort der Weiblichkeit zum Heiligtum zu stilisieren«, und zugleich der »Zwang, sich davon energisch zu distanzieren«.[16] Gegen eine solche Deutung spricht aber mehrerlei: Zum einen lässt sich bis weit ins 19. Jahrhundert von einer Trennung der Sphären nicht sprechen. Zum anderen war der Zwang, sich davon abzusetzen, auf Seiten der Männer keineswegs besonders stark, sondern eher dominierte das Bedürfnis, an diesem privaten Ort zur Ruhe zu kommen. Und schließlich unterschätzt die Interpretation die Komplexität der inneren Entfremdung. Würde die Spaltung nur an der Grenze zwischen Privatheit und Öffentlichkeit verlaufen, könnte sich der Mann in der geteilten Welt dennoch recht problemlos und selbstbewusst bewegen, wenn er sich nur den Erfordernissen der jeweiligen Sphäre anpasste; die Schwierigkeit läge für ihn allein darin, den Übergang vom Privaten ins Öffentliche zu vollziehen.

14 ebd., 338.
15 Erhart 2001, 50.
16 ebd.

Doch die Denker des 18. Jahrhundert schürften tiefer und erwarteten vom Mann eine deutlich heiklere Operation, um seine prekäre Identität zu sichern. Um das zu verstehen, lohnt es sich, noch einmal auf den Stoizismus zurückzukommen, der von der Antike bis ins 18. Jahrhundert als ein zentrales Modell des Selbstverhältnisses des Mannes gedient hatte. Der Kern des Modells besteht darin, dass der Mann seine Triebe jederzeit durch innere Selbstkontrolle unter der Führung der Vernunft in den Griff bekommen kann: Die Ratio bringt die Emotio zur Raison. Auch der stoische Dialog setzt also eine innere Spaltung voraus,[17] aber das Verhältnis der beiden Teile ist unproblematisch. Eine klare Hierarchie reguliert den inneren Streit, die Vernunft setzt sich durch, und wenn sie es nicht tut, dann ist das Beleg nicht für deren Schwäche, sondern für die mangelhafte Handhabung der inneren Hegemonie. Dann ist der Mann korrumpiert, was zwar ihm, aber nicht dem Modell der intern gesteuerten Männlichkeit schadet. Der Stoizismus erlaubt es, einen eindeutig definierten männlichen Standpunkt zu denken. Auch das Modell der beiden Sphären privat/öffentlich impliziert eine ähnliche, wenngleich komplexere Hierarchie: Je nachdem, in welcher Sphäre sich der Mann bewegt, regiert wahlweise die Vernunft oder das Gefühl. Das macht die Sache übersichtlich, und es liegt am Mann, die Unterschiede zu handhaben. Letztlich, so die heutige Vermutung, hat der Mann damals eher für die Öffentlichkeit optiert, weil er sich dort sicherer fühlte und von den sentimentalen Anforderungen der Frau weniger bedrängt.

Aber wenn ihm weder die Vernunft noch die Gefühle eine Richtschnur sein können? Wenn er intern keine Hierarchie mehr errichten kann, weil weder die reine Vernunft des Philosophen noch die instrumentelle des Kaufmanns ihm Anhaltspunkte über sein kleines Leben hinaus vermittelt für das, was richtig und falsch wäre? Und wenn er auch seinen eigenen Gefühlen weder trauen darf noch kann, weil sie vertrocknet sind oder fehl am Platze? Wenn schließlich auch die soziale Welt keinen eindeutigen Anhalt bietet – wo-

17 Deutlich etwa bei Shaftesbury, s. Morillo 2001, 242: s. a. Brown 1994, 58; Marshall 1986, 43 ff.; Elledge 1961.

her soll er dann den sicheren Kern einer fraglosen Männlichkeit beziehen? Im Vergleich zum Stoizismus ist das Selbstverhältnis des modernen Mannes konstitutionell verunsichert. Auch durch Tiefbohrungen und Selbstreflexion erreicht der Mann keinen sicheren Grund mehr. Denn sie stoßen früher oder später auf das, was Luhmann die »Grundparadoxie aller Reflexion« nennt: dass sie Einheit will und Differenz erzeugt. Das hatte Fichte mit seiner Verzweiflung über die Unerreichbarkeit des Selbst gemeint, das fasste Marx später als »wesentliche Disremption« des Bürgers mit sich selbst, das wurde in vielen Autobiographien ausgiebig erkundet und von Rousseau so zugespitzt: »Nichts ist mir selbst so unähnlich wie ich selbst.«[18]

Das kann ein kleiner Seitenblick auf die Literaturgeschichte vertiefen. Jürgen Bolten hat gezeigt,[19] wie schon das rührende Lustspiel um 1750 die Integrität der bürgerlichen Moralität nur durch die Beschränkung auf den familiären Binnenraum sichern konnte, was aber schon im empfindsamen Trauerspiel (ab 1755) brüchig wurde, weil die Infektion mit dem »Geschäftsgeist« (Schiller) auf Dauer nicht abzuwehren war. Bezeichnenderweise wurden die entfremdeten familiären Kommunikationsstrukturen vor allem anhand der ausführlichen Thematisierung von Vater-Sohn-Konflikten und später in den Bruderzwist-Motiven des Sturm und Drang vorgeführt, also anhand der Männer, die die unmoralische Infektion in die Familie trugen. Doch diese Eindämmung auf die äußeren Konkurrenzverhältnisse, so Bolten, hielt nicht lange, und nach dem Zusammenbruch der Genie-Rhetorik wurde deutlich, dass die Konflikte »letztlich nur die Gespaltenheit des vermeintlich identischen In-dividuums bezeichnete[n]«.[20] Nicht zufällig bedeutete diese Erkenntnis auch das vorläufige Ende des deutschen bürgerlichen Trauerspiels, weil sich mit der individuell unlösbaren Verankerung des inneren Widerstreits das Handlungsrepertoire des bürgerlichen Helden auflöste. Schiller wechselte zu historisch-philosophischen Schriften, und es verfestigte sich bei ihm der Leitgedanke, »die Trennung in dem

18 zit. in Schroer 2000, 269.
19 1984.
20 ebd., 15.

innern Menschen« wieder aufzuheben und den existenziellen Selbstwiderspruch, die »Einheit des Entgegengesetzten« und die »Verzweiflung an der Autonomiedefizienz« ästhetisch zu überwinden.[21]

Es erscheint angesichts dieser systematischen Selbstentfremdung einigermaßen rätselhaft, wie dem Bild der Männlichkeit am Ende des 18. Jahrhunderts eine heroische Einheitlichkeit zugesprochen werden kann, so wie es etwa George Mosse in seinem bekannten Buch *The Image of Man* tut: »Männlichkeit wurde als aus einem Stück geschaffen aufgefasst: Körper und Seele, äußeres Erscheinungsbild und innere Tugend sollten ein harmonisches Ganzes ergeben, ein perfektes Konstrukt, bei dem jedes Teil seinen rechten Platz fand.«[22] Mosse geht allerdings im besten Sinne unsoziologisch vor, ihn interessiert nicht die diskursive und soziale Matrix, in der sich dieses Ideal von Männlichkeit bildet, sondern er destilliert es aus Darstellungen der Kunst und Kunsthistorie des späten 18. Jahrhunderts. Dabei blendet er energisch die Ausgangsbedingungen aus, unter denen die maskuline Eindeutigkeitsobsession der Moderne entstanden ist: funktionale Differenzierung, kulturelle Diversifizierung, Unsicherheit des Wissens, Krise der Repräsentation, Dezentrierung des Subjekts. So kann er, ganz in der »Mann plus, Frau minus«-Tradition, übersehen, dass das antike, heroisch-muskulöse Männlichkeitsbild vor allem als Sehnsuchtsmotiv fungiert. Das Ideal bezieht seine Attraktivität aus der Unmöglichkeit, es zu erreichen.

Der Heroismus des Mannes verlagerte sich vielmehr von der autonomen Gestaltung der Verhältnisse auf das Aushalten des Unausweichlichen. In einer Gesellschaft, in der sich der Einzelne keine Hoffnung mehr auf eine vernünftige Beeinflussung der Entwicklung machen darf, muss er seine Unabhängigkeit aus dem Trotzdem gewinnen. Diese Haltung wird zuweilen mit Stoizismus verwech-

21 Das Ganze ist natürlich nicht auf das Drama begrenzt: »Die schon in der Empfindsamkeit thematisierten Depersonalitätsphänomene, Identitätskrisen, Rollenkonflikte und Selbstmordphantasien werden von der romantischen Literatur reformuliert und in die frühe Moderne tradiert.« Dabei sei auffällig, dass der »Prozess der De-Personalisierung fast ausschließlich von jungen männlichen Protagonisten erlebt« wird (Mix 2001, 192).

22 Mosse 1996, 5.

selt, dabei zieht sie ihre Größe nicht aus Selbstbestimmung, sondern aus der Verhärtung gegen das Unvermeidliche. In einer Art Umkehrhoffnung wird die Rettung dort versucht, wo das Dilemma am größten ist. Das tritt in verschiedenen Versionen zutage. Einer der meistgelesenen unter den deutschen Popularphilosophen, Christian Garve, zelebrierte trotz eines starken Sympathie-Begriffs den »abgehärteten Mensch[en]«, der sich vom Glauben an eine authentische Identität freigemacht hat.[23] Pockels riet den Männern zur Hartherzigkeit oder zumindest zu deren Simulation, um als »Figuranten des Stoicismus und der Apathie« zu erscheinen und dadurch in einer »oft so bizarren Welt kalt und fest da zu stehen«.[24] Man versteht diese Affirmationen einer »harten« Männlichkeit falsch, wenn man sie als Ausdruck eines unproblematischen Ideals deutet und loslöst von der Negativen Andrologie.

Erst mit zunehmender Erfahrung mit der Form der neuen Individualität wurde versucht, die Komplexität der prekären Identität nicht mehr auf Einheit, sondern auf Vielheit zu begründen. Das geschah bekanntlich in der Romantik. Anders als etwa Schiller, der an dem Ideal der einheitlichen Person, des ganzen Menschen, festhielt,[25] befürwortete Novalis die »innre Selbstheterogenisierung«, in der sich der Mensch als »ächt synthetische Person« zum »inneren Plural« bekennt: »um seine Individualitaet auszubilden muß er [der Mensch] immer mehrere Indiviudalitaeten anzunehmen und sich zu assimiliren wissen [...]«.[26] Das Genie der »Persönlichkeit« bestehe darin, die Widersprüche der Welt zu kultivieren und sie zugleich in einer komplexen Selbstbeschreibung aufzuheben, biographisch zu einer Individualität zu verdichten. Das neue Programm versuchte deutlich, die Konsequenzen aus der gesellschaftlichen Differenzierung zu ziehen. Aber es hielt noch im programmatischen Anspruch der »Selbstfremdmachung« den Kern der Entfremdung fest. Unterhalb der romantischen Höhenlagen aber wurde die Nichtidentität

23 Garve 1974, 658.
24 Pockels 1806, 300 f.
25 s. allerdings die Bejahung der inneren Mannigfaltigkeit im 13. ästhetischen Brief.
26 Novalis zit. in Winkelmann 2000, 85 f.

als Krisenzeichen gedeutet. Dies äußerte sich vor allem in vier Aspekten: der Zerstreuung des Mannes, seiner Entindividualisierung, seiner Unfreiheit und Sinnaushöhlung.

7. Maschiene, Formular, Tabelle: Männerauslöschung

»Ebenso kommt es umgekehrt
gar nicht auf die Einzelnen als Einzelne an.«[1]

So gespalten die Seele des Mannes in der funktional differenzierten Gesellschaft wurde, so ortlos erschien sie zugleich. Die Welt präsentierte sich nicht mehr als verständlicher Zusammenhang, sondern als zerrissenes Panorama, in dem stets zuviel auf einmal passiert, stets zuviel zu tun ist und die mannigfaltigen Eindrücke das Gehirn überreizen. Darin bestand *die* Erfahrung der Moderne. Sie kam den Zeitgenossen wie eine Krankheit vor. Der berühmte Mediziner Christoph Wilhelm Hufeland (1762-1836) verwendet dafür einen beeindruckenden Begriff: Polypragmosyne.[2] Nicht gerade eingängig, aber dafür in der Sprache der verehrten Antike, so als taxierten die griechischen Götter kopfschüttelnd die Moderne. Polypragmosyne: Vielbeschäftigtheit, Verwirrung, Zerstreuung. In einer längeren Passage beklagte Joachim Heinrich Campe den Fluch der Überlastung:

> »Jeder Stand in der gesitteten Welt, jedes nur einigermaßen beträchtliche Amt ist, bei der immer zunehmenden Verwikkelung und Verwirrung der menschlichen Verhältnisse, schon an sich mit so vielen und mannigfaltigen und fremdartigen Geschäften und Rüksichten verbunden, daß eine Art von Allgegenwart unserer Vorstellungskraft dazu gehörte, wenn man sie alle mit gleicher Aufmerksamkeit umspannen wolte. [...] Und eine so getheilte, so nach alen Seiten hin unablässig gezerte Sele solte am Ende nicht einen großen Theil seiner Federkraft verlieren? [...] Solte einer ernsten, anhaltenden und gründlichen Ueberlegung fähig

1 Hegel 1970, Bd. 13 (Vorl. Ästhetik 1), 240.

2 Hufeland 1797 II, 39; bei Morgenstern dann die Warnung vor der »literarischen Polypragmosyne« (1808, 7); systemtheoretisch erscheint der horror plenitudinis als Effekt der Kontingenzsteigerung im Zuge der funktionalen Differenzierung (Fuchs 1992, 18).

> sein? Solte an dem, was mich und dich betrift, dafern wir nicht etwa Stof zum Tadel oder Lachen gewähren, einen wahren herzlichen Antheil nehmen? Solte endlich noch fähig bleiben, über moralische Gegenstände, welche so weit außer ihrer Sphäre liegen, ein gesundes und richtiges Urtheil zu fällen?«[3]

Nicht nur die Einseitigkeit der Beschäftigung, auch die Überreizung unterwandert die Vernunft und Moral, und zwar die des Mannes, wie Campe eigens vermerkte. Denn die Tätigkeit der häuslichen Frau »ist ebenso concentriert, als die Thätigkeit des Mannes zerstreut ist«.[4] Hier klang, wie bei Smith, die empiristische Sorge um die sorgsame und gewohnheitsmäßige Verknüpfung der Ideen wieder an, die in der unübersichtlichen Landschaft der kommerziellen Gesellschaft erschwert wird. Aber mehr noch als eine Gefahr für die »unablässig gezerte Sele« sahen die Männer der Zeit darin eine Bedrohung ihrer Individualität. Oben ging es darum, wie die differenzierte, kommerzielle Gesellschaft ein Wissen um das männliche Subjekt als entfremdetes produziert; hier soll gleichsam die umgekehrte Blickrichtung verfolgt werden: Wie diese Gesellschaft zugleich auch die Auslöschung dieses Subjekts betreibt, zumindest in der Wahrnehmung der Zeitgenossen. Die Konstitution des Mannes findet unter Gefahr seiner Auflösung statt.

In der zerstreuten Mannigfaltigkeit verwischen die Konturen der Einzelnen. 1816 sprach der romantische Ökonom Adam Müller von der bürgerlichen Gesellschaft als dem »Chaos durcheinander schweifender ökonomischer Atome«;[5] in dieser geladenen Teilchenwolke sind die Umrisse des Individuellen nicht mehr deutlich auszumachen. Die differenzierte Gesellschaft erzeugt nicht nur Individuen, sondern auch eine entindividualisierte Masse. Zum ersten Mal in der Geschichte erscheint die Gesellschaft den Zeitgenossen nicht nur als ein Verbund von Menschen und ihren Intentionen, sondern als Gewebe von anonymen Mächten und abstrakten Gesetzen. Es stehen sich also zwei Prozesse gegenüber, die seither die Moderne beherr-

3 Campe 1783, 209.
4 ebd., 53.
5 Müller 1816, 98.

schen: Auflösung der Verbindungen, Vereinzelung, Entfremdung – also *Betonung* des Einzelnen – auf der einen, Homogenisierung, Mechanisierung und *Entwertung* des Einzelnen auf der anderen Seite. Beide steigern sich gegenseitig und werden auch im 18. Jahrhundert als gleichzeitige und widersprüchliche Prozesse wahrgenommen. Das trennt die heroische Epoche, in der der einzelne Mann noch etwas galt, von der kommerziellen, wie Herder schreibt:

> »In Zeiten also, da noch alles näher zusammen war, und man die Fäden menschlicher Bestimmung, Gaben und Kräfte noch nicht so losgewunden und aus ihrem verflochtenen Knäuel heraus gezupft hatte: in Zeiten, da Ein Mensch mehr als Eins und jeder alles war, was Er seyn konnte; die Geschichte zeigte offenbar, daß große, thätige, gute Menschen damals unseltner gewesen, als in Zeitaltern, wo Alles getrennt ist, jeder nur mit Einer Kraft oder Einem Kräftlein seiner Seele dienen soll, und übrigens unter einem elenden Mechanismus seufzet.«[6]

Der »Mechanismus« ebnet ein und entwertet. Es kann nicht überraschen, dass diese Entwertung vor allem bei Männern beobachtet wurde. Zum einen war ihre Fallhöhe größer: Sie hatten in früheren Zeiten die Helden gestellt. Zum anderen sind vor allem die männlichen Arbeiten vom Mechanismus infiziert. Die Zeit fand für die Depersonalisierung des Mannes ein bezeichnendes Symbol in den Amtstuben: das Formular, die Tabelle, das Kompendium. Nicht der persönliche Brief, nicht das gesprochene Wort, sondern das bürokratische Formblatt wurde zum Signum einer Männlichkeit, die sich nicht selbst zu bestimmen vermag. In einer Zeit zunehmender Schriftlichkeit, in der die Selbstinszenierung in Autobiographien, Tagebüchern, Briefen und Romanen zu einer heiligen Handlung wurde, musste die Aktenführung besonders seelenlos wirken.[7] Da-

6 Herder (1778), *Vom Erkennen und Empfinden der menschlichen Seele*, zit. in Winkelmann 2000, 69.

7 Berlepsch (1791, 79) spricht von jener Gattung von Männern, die »reif geworden in trocknen Amtsgeschäften, wo sie durchaus keine Menschenkenntniß und keine Biegsamkeit des Geistes erlangen konnten. [...]. Die feinen Faden der Empfindungen, die mannigfaltigen Spiele der Leidenschaften und Ideen, sind ihnen unbekannte Welt. Sie begreifen nicht, wie und warum ein Mensch anders seyn, handeln und denken könne, als sie [...].«

bei ist die Doppelstruktur des Formulars von Belang: Schon vorgefertigt, muss es dennoch ausgefüllt und mit »Daten« versehen werden. Als Register prägt es zwar die möglichen Einträge vor, bestimmt diese aber nur der Form nach. Friedrich Schiller betonte das Vorgezeichnete des Formulars und die Vernichtung der individuellen Kreativität; bei ihm hängt nicht einmal mehr der »karge fragmentarische Antheil«, den jeder am Ganzen hat, von der Freiheit und Selbstthätigkeit der Einzelnen ab, »sondern wird ihnen mit skrupulöser Strenge durch ein Formular vorgeschrieben, in welchem man ihre freye Einsicht gebunden hält«.[8] Das Formular ist der »todte Buchstabe«, das Ende jeder Poesie, auch wenn Schiller eingestand, dass in den neuen Zeiten das bürokratisch »geübte Gedächtnis« wichtiger sein könnte als »Genie und Empfindung«.[9] Das Genie, dieser Held der Stürmer und Dränger, wird oft als die Verkörperung maskuliner Unabhängigkeit beschrieben; selten findet sein schattenhafter Bruder Aufmerksamkeit, den Schiller für zeittypischer hielt: der Bürokrat. Die verwaltete Gesellschaft mache, wie Schiller notierte, »das Amt zum Maaßstab des Mannes« und prämiere nicht Fantasie und Wortgewalt, sondern das brave Fügen in die Erfordernisse des verwalteten Lebens. Sie schätze an dem einen »nur die Memorie«, am »Andern den tabellarischen Verstand«, an »einem Dritten nur die mechanische Fähigkeit« und dringe ganz »gleichgültig gegen den Charakter nur auf Kenntnisse«, auf papiernes Wissen.[10]

Das männliche Wesen ist Produkt eines Verwaltungsakts, überschrieben vom toten Buchstaben. Das erinnert an das andere Überschreibungsverfahren, das oben sichtbar geworden ist: die Überschreibung der männlichen Natur mit dem weiblichen Geist/Herz. Damit sollte der gefährliche maskuline Trieb eingehegt werden, um den Mann als zivilisiertes Wesen zu gebären. Bei der bürokratischen »Eintragung« geht es dagegen nicht um Geburt und Animation, sondern um Begrenzung und Auslöschung. Das Individuum soll ver-

8 Schiller 2000, 23 (6. Br.). Bereits der »erste moderne Mann«, Robinson Crusoe, hält sein insulares Leben in peniblen tabellarischen Einträgen fest.
9 ebd.
10 ebd., 24 (6. Br.).

schwinden, damit der nützliche Beamte zum Vorschein kommt beziehungsweise erzeugt wird. Wurde dort das naturrohe Männerherz mit dem zivilisierenden Prinzip des Weiblichen befüllt, so wird hier der Mann als Formular ausgefüllt. Die Zwecke sind so verschieden wie die körperlichen Medien, in denen sich die Schriften eintragen: dort das Herz, hier das Hirn. Die bürokratische Signatur zeichnet sich gerade durch den Versuch aus, das Herz stillzulegen, es von der Zufuhr der Tinte abzuschneiden und auszutrocknen. Denn sonst könnte das Herz dem Hirn in die Quere kommen und den »tabellarischen Verstand« sowie die »mechanische Fähigkeit« sabotieren. Wir haben es also mit zwei konkurrierenden Schriftsystemen zu tun, die sich im männlichen Körper verankern wollen: das Prinzip weiblicher Animation und das bürokratische Prinzip der Auslöschung. Darin scheint wieder das Strukturprinzip der Differenzierung auf: Subjektivierung vs. Objektivierung
Hier ist zunächst entscheidend, dass die schreibenden Männer ihre eigenen Körper und Gestalten durchaus als Objekte von Einschreibeverfahren erlebt und »beschrieben« haben, sich selbst also nicht nur als die Autoren ihres Lebens erfahren haben. Es ist oft thematisiert worden, wie sehr die männlichen Schriftsteller den »unschuldigen« weiblichen Körper als *tabula rasa* ihrer wohl- oder übelwollenden »Männerphantasien« benutzten.[11] Hier ist der gegenläufige Prozess zu beobachten, dass auch Männlichkeit in mehrfacher Weise be- und überschreibbar ist. Die Einheitlichkeit der bürokratischen Signatur bringt dabei zum einen zwar eine bislang nicht bekannte Ordnung hervor, aber auch eine nie gekannte Standardisierung und Nivellierung. Die Männer werden dabei so weit depersonalisiert, dass es nicht einmal mehr »lohnt«, an sie grundlegende soziale Erwartungen, etwa auf Vertrauen, zu richten.

> »Der Geist der Ordnung, der in allen innern Einrichtungen herrscht, hat zwar einen geschwinden Umlauf der Geschäfte hervorgebracht [...]. Allein der tabellarische Geist hat hingegen den

11 Für Koschorke war die deutsche Klassik vor allem ein geschlechterpolitisches Vorhaben: »Es diente dazu, einer bestimmten Form männlicher Autorschaft die kulturelle Suprematie zu sichern« (1998, 591); s. a. Koschorke 1999, 227.

> individuellen verdrängt. [. . .] Jedes Mannes Gewalt und Redlichkeit ist so eng controlirt und jeder so subaltern von dem andern, daß es kaum der Mühe lohnt, das Zutrauen zu verdienen, das man ihn zum Voraus versagt hat.«[12]

Vertrauen, der Kitt sozialer Interaktionen, wird überflüssig, weil Funktionen dessen Funktion übernehmen. Das hat durchaus Vorteile: Regelhaftigkeit ersetzt Affekte, darin wird ein zivilisierendes Element gesehen. Als Frage aber bleibt: Wer füllt das männliche Formular aus? Wer führt kratzend die Feder im männlichen Hirn, um die Windungen zu straffen und bürokratisch zu normieren? Das wirft ein grundsätzliches Problem auf. Für die Poesie hat Friedrich Kittler gezeigt, dass die alphabetisierende Mutter dem jungen Dichtergenie die Feder führt und ihn auf sein Werk vorbereitet.[13] Aber wer schreibt, wenn es nicht ums Dichten geht, sondern ums Ausfüllen? Nicht um Gedichte, sondern um Verwaltung? Die naheliegende Antwort ist: die »unsichtbare Hand« des Adam Smith. Eine Hand, die schreibt, ohne als solche erkennbar zu sein. Diese Metapher wird um 1800 zwar nicht aufgegriffen, aber durchaus die Idee, die dahinter steckt. Es schreibt: niemand.

Oder genauer: Jedes »System«, wie man heute sagen würde, schreibt sich selbst und damit auch die Männer, die in ihm agieren. Die Anonymität, die erzeugt wird unter Beamten und Geschäftsleuten, spiegelt sich auch im »Erzeuger« wieder: Er ist nicht aufzufinden. Stattdessen werden die Männer nach sachlichen Kriterien geordnet, allen voran vom Staat, der genötigt sei, »sich die Mannigfaltigkeit seiner Bürger durch Klassifizierung zu erleichtern, und die Menschheit nie anders als durch Repräsentation aus der zweyten Hand zu empfangen«.[14] Die sachliche Klassifizierung gebiert ihre eigene Ordnung, die keinen Ordner mehr hat, allen voran im politischen System, das einer Maschine gleicht. Die einzelnen »Thätigkeiten« seien, wie Herder monierte, »allesamt nach Anzahl, Bedürfnissen, Zweck und Bestimmung politischer Calcul: jeder in der Uniform seines

12 Menck 1840 (1779), 282.
13 Kittler 2003, 35 ff.
14 Schiller 2000, 24 (6. Br.).

Standes, Maschiene!«[15] Aber auch alle anderen Systeme schreiben sich mit ihren jeweiligen Präferenzen ein, so dass am Ende nur noch die Zeichen der Tätigkeiten, aber nicht mehr der Mann, der Mensch dahinter erkennbar ist. Männer, schrieb Friedrich Schleiermacher, seien nurmehr »Sklaven der Abstraktion«.[16] Das war und ist seit Rousseau ein beliebter Topos in der Geschlechter- und Gesellschaftsdebatte: das Verschwinden des Menschen hinter dem Spezialisten. »Wir haben Physiker, Geometer, Chemiker, Astronomen, Poeten, Musiker, Maler, aber wir haben keine Bürger mehr«, schrieb der Bürger aus Genf,[17] und das Diktum warf ein Echo durch das Jahrhundert: »überall Stände und nirgends Menschen!«, klagte Goethes Schwager Johann G. Schlosser.[18] Schließlich wurde die Idee (anti)-national gewendet und bei Hölderlin rhetorisch zwar einen Moment zaudernd, dann aber brachial formuliert:

> »Es ist ein hartes Wort und dennoch sag ich's, weil es Wahrheit ist: ich kann kein Volk mir denken, das zerrißner wäre, wie die Deutschen. Handwerker siehst Du, aber keine Menschen, Denker, aber keine Menschen, Herrn und Knechte, Jungen und gesezte Leute, aber keine Menschen – ist das nicht wie ein Schlachtfeld, wo Hände und Arme und alle Glieder zerstükelt untereinander liegen, indessen das vergoßne Lebensblut im Sande zerrinnt?«[19]

Die Fragmentierung zerfetzt die Leiber, der Mensch ist auf dem Kriegsschauplatz der bürgerlichen Konkurrenzgesellschaft ganz buchstäblich untergegangen. Dass dort Frauen liegen könnten, erscheint als unwahrscheinlich. Hölderlin imaginierte hier das äußerste Extrem der »Zerstreuung« und Zersplitterung des Mannes.

15 Herder, *Auch eine Philosophie*, zit. in Winkelmann 2000, 70.
16 Systemtheoretisch ließe sich sagen, dass die Codes der Systeme extrem abstrakt, damit weltarm sind, wodurch sie höhere Grade der Technisierung ermöglichen. »Das Symptom und der Preis dieser Sinnleere ist dann auch, dass die Systeme, die so codiert sind, sozial nicht adressiert werden können.« (Fuchs 2001, 162)
17 Rousseau 1978, 47.
18 zit. in Winkelmann 2000, 73.
19 Hölderlin: »Hyperion«, zit. in Winkelmann 2000, 74.

8. Un/Freiheit oder der Arbeiter im großen Bau

> »Die Autonomie dieser ›öffentlichen‹ Männer [dürfte] in einem weit größerem Maße von jenem weiblich dominierten Bereich der Privatheit und der Familie abhängig gewesen sein als bisher angenommen.«[1]

Die Entpersonalisierung in der differenzierten Gesellschaft ist im Geschlechterdenken des 18. Jahrhunderts aber auch noch in eine andere, überraschende Richtung zugespitzt worden: Die Abhängigkeit der Männer von ihren Tätigkeiten wurde immer wieder als entschiedene Unfreiheit gedeutet. Der Mann kann sich aus wirtschaftlichen und bürokratischen Zusammenhängen nicht lösen, was ihn zur Fremdbestimmtheit verdammt. Im Gegensatz dazu erscheint die Hausfrau in ihrer unbekümmerten Häuslichkeit als Inbegriff der Autonomie. Der formularische Mann, dem mit »skrupulöser Strenge« seine »freye Einsicht gebunden« wird, ist laut Philipp Christian Reinhard so eingeklemmt in die ökonomischen Interdependenzen, dass jeder Spielraum ganz »chimärisch« ist. So fragte er:

> »Wo ist Freyheit, wenn sie da nicht wohnet, wo ein selbstthätiges Wesen, unbekümmert um das Werden der Dinge, nur dem Vorhandenen Harmonie giebt, unbekümmert um das was Außen ist, nur im Wohlgefallen an sich selbst, nur im Gefühle des Daseyns lebt?«[2]

Reinhard sprach von der Hausfrau. Sie wird zum Inbegriff der Freiheit, gerade weil sie sich von »der Welt« entkoppeln kann. Vor dem »Wimmeln der Willkür« (Hegel) kann sie die Tür schließen. In der klassischen Stoa wurde diese Abkopplung vom Treiben der Welt als Ataraxie bezeichnet, eine den Männern vorbehaltene Seelenruhe; diese geht nun ganz auf die Frau über, nur dort ist sie »eigentlich einheimisch«.[3] Die Frau koppelt sich ab von den Systemlogiken, aber eben nicht von den Menschen:

1 Erhart 2001, 50.
2 Reinhard 1797, 56 f.
3 ebd.

> »Das häusliche Leben, darin die Frau herrscht, ist an keine Zeit gebunden, ist in gewissem Sinne ganz unabhängig von der Zeit, ist immer vollendet und geschlossen, und hat keinen äußern Zweck als das Leben selbst, die Erhaltung, die Pflege des Lebens, ebenso wie die Poesie.«[4]

Entkoppelung von Zeit und Zweck – nur die Frau verfügt über die Möglichkeit der Interdependenzunterbrechung, das macht sie zur Hüterin des Allgemeinen. Sie kann sich um das große Ganze kümmern, weil sie sich nicht um das Spezifische eines Geschäftes oder Amtes kümmern muss. Deswegen wurde zunehmend betont, dass die Frau sich dadurch auszeichne, dass sie eben nicht arbeitet, ja, die zivilisatorische Leistung der Moderne wird geradezu mit der Freisetzung der Frau aus Arbeitszusammenhängen identifiziert. Die Negation der gesellschaftlichen Verhältnisse wird ihr zur Auszeichnung, die Verklärung der Weiblichkeit als »passgerechte Gegenideologie der Individualisierung«[5] ist nur auf dem Hintergrund der Negativen Andrologie zu verstehen. Aber Erlösungen sind immer heikel. Die Idealisierung der Hausfrau erfordert es, den Urzwang, der auf der Frau lastet, unsichtbar zu machen: dass sie kaum etwas anderes sein *darf* als Hausfrau. An dieser Invisibilisierung haben viele Autoren kräftig mitgewirkt, das ist hinlänglich bekannt. Hier interessiert die spiegelbildliche Imagination über Männlichkeit.

Am Beispiel der geselligen Konversation lässt sich der Zusammenhang von weiblichem Allgemeinen und männlichem Besonderen zeigen. Die Männer sind gefangen in den Themen, mit denen sie sich jeweils durch Beruf oder Interesse beschäftigen[6] – und werden zu sozialen Versagern und zur Last der Weiber, die »durch die Kälte des Mannes, durch seine Trokenheit, Langsamkeit, durch die Langweiligkeit seiner Demonstrationen, durch die Einförmigkeit seiner Un-

4 Müller 1967, 421 f.
5 Beck/Beck-Gernsheim 1990, 239.
6 »Die Menschen kommen jetzt weniger wie ehedem, in einer gemeinschaftlichen Summe seichter und oberflächlicher Kenntnisse über viele Dinge zusammen; und trennen sich vielmehr durch gänzliche Unwissenheit in Absicht einiger, und die tiefe Kenntnis anderer Zweige.« (Garve 1797, 85 f.)

terhaltungen, beleidiget« werden.[7] Das war ein allgegenwärtiger Topos um 1800: der redende, aber nichts sagende Mann, der plappernde »todte Buchstabe«. Friedrich Schleiermacher fand daher, dass »die bessere Geselligkeit sich bei uns zuerst unter den Augen und auf Betrieb der Frauen« bilde, und zwar als »Werk der Noth«. Weil die Frauen »mit dem bürgerlichen Leben nichts zu thun haben, und die Verhältnisse der Staaten sie nicht interessieren« (dürfen), oder sie dieses Interesse auf keinen Fall zeigen sollen, weil sie eben mit den Männern »keinen Stand gemein haben, als den der gebildeten Menschen«, werden sie »die Stifter der besseren Gesellschaft«.[8] Ich gehe darauf in Kapitel C genauer ein.

Die Idealisierung der Frau als Hüterin der Zivilisation und Allgemeinheit wird nur vor der Fragmentierung des männlichen Lebens verständlich. Warum sollte sie hüten, wenn der Mann es (noch) könnte? Aber der ist nicht einmal mehr zur Sinnstiftung in der Lage. Darin bestand sicherlich die gravierendste Schlussfolgerung, die einige Denker der Männlichkeit um 1800 zogen: in der buchstäblichen Sinnlosigkeit des männlichen Lebens. Aus sich selbst kann der Mann nicht mehr Ziel und Richtung seines Lebens schöpfen, er ist auf Sinnzufuhr von außen angewiesen. So wird der Mann auch optisch ausgelöscht, und es tritt ein Schattenwesen hervor. Man sieht

> »einen dunklen Körper, der den Stral der Freude von außen empfangen muß; unbefriedigt durch sich selbst muß der Mann aus seiner Schöpfung heraustreten und beym Weine, oder in dem Arme des Weibes, in den Spielen der Kinder, im Anblike der schönen Natur Erholung suchen.«[9]

Der schwarze Leib des Mannes ist die Antithese der Aufklärung, ein Wesen ohne eigenes »Enlightenment«. Wieder muss der Mann aus sich heraustreten und außer sich sein, um sich zu finden, noch bei der Sinnsuche begleitet ihn seine Selbstentfremdung. Wilhelm von Humboldt schrieb 1790 an Caroline von Dacherödens, dass sich

7 Reinhard 1797, 52; vgl. Sprengel 1798, 97 f.
8 Schleiermacher 1984, 178.
9 Reinhard 1797, 55.

der Mann zwar daran gewöhnt habe, »Sklavenarbeit« zu tun, damit »alles in der Welt seinen Gang fortgehen, daß man leben und tätig sein kann«. Aber das war nur ein schwacher Trost. Denn das, »was eigentlich dem Dasein Wert gibt, das Denken und Empfinden selbst kommt nur von Euch, und wir erhalten davon nur so viel, als aus Eurem vollen Becher überfließt oder Eure Liebe uns mitteilt.«[10] Kein Autor aber hat die innere Auszehrung des Mannes drastischer beschrieben als Adam Müller, einer der führenden Protagonisten der nachrevolutionären Restauration. Aus einer konservativ-romantischen, gegenaufklärerischen Position beklagte er, dass sich das »zerschnittene und zersplitterte bürgerliche Wesen de facto« auflöse.[11] Umso mehr ging es ihm um die Wiederherstellung der männlichen Identität, die bezeichnenderweise von der Frau abhängig ist. Denn der »einzelne Mann« ist »nie vollendet« und

> »[...] nur vorübergehender Arbeiter in dem ewigen Bau; sein eigentlicher Lohn kann nicht in den bestimmten Erfolgen seiner Wirksamkeit liegen, die immer unvollendet bleibt [...]. Der ohnmächtige, vergängliche Arbeiter an einem ewigen Werke müßte verzweifeln in seinem hoffnungslosen Geschäft, wenn er allein stände: das erhabenste Staatsgeschäft wäre Festungsbau, Galeerenarbeit [...]«[12]

Man muss sich Sisyphos als einen Mann vorstellen. Alle seine Kräfte sind bloß auf die »großen fragmentarischen Ausdrücke des Allgemeingültigen« gerichtet, die kein Ganzes bilden; ohne »die prophetische Beruhigung, welche das häusliche Leben gewährt«, ist der Mann richtungs- und bestimmungslos. Weder Staatsmann noch Richter erreichen jene »selige Höhe« der Hausfrau, denn sie hören nie auf, »selbst Partei zu sein«, also partikular. Nur jenseits der Gesellschaft, in der Abgeschiedenheit von der männlichen Welt, lässt sich noch die Einheit des Lebens denken. Goethe brachte den Sachverhalt prägnant auf den Punkt, als er Eckermann verriet, die Frau sei »das

10 zit. in Frevert 1988, 35.
11 zit. in Pankoke 1984, 1004.
12 Müller 1967, 421 ff.

einzige Gefäß, was uns Neuern noch geblieben ist, um unsere Identität hinein zu gießen«.[13]

In dieser Erfüllung durch Befüllung zeigt sich die fundamentale Umdeutung der Geschlechterrollen. In dem Er-gießen liegt nicht eine spermatische Aneignung des Frauenkörpers, sondern die Immersion in eine komplexe Form. Der männliche Erguss ist hier eine Mangelhandlung, nicht eine semantische Herrschertat, der Mann füllt sich in eine Form von Identität, die ihm nicht mehr gegeben ist und die er sich bei der Frau leihen muss. Das ist die Umkehrung der Herz-Befüllung, sagt aber im Prinzip das Gleiche: Die Einheit des Lebens und die Belebung kann nur bei der Frau eingeholt werden, weil sie als Gegenbild zur funktional differenzierten Gesellschaft fungiert. Darin lässt sich ein Topos der Geschlechtermythologie erkennen: die entdifferenzierende Funktion von Frauen.[14] Das verkennt aber, dass Weiblichkeit im modernen Geschlechterdiskurs ebenso differenzierend wirkt, zum einen als Antidot gegen die wahllose Triebhaftigkeit des Mannes, zum anderen als Prägung einer Form, die anders nicht mehr zu haben ist. Es verkennt zudem, dass die Frau als das Andere der Ausdifferenzierung wiederum ausdifferenziert werden muss, also ihre Allgemeinheit in der Moderne ein Produkt von Differenzierung ist. Dazu mehr im nächsten Kapitel. An einer der ganz wenigen derartigen Stellen, die sich in der Literatur der Männlichkeit um 1800 finden, bezog Adam Müller sich schließlich explizit selbst ein und registrierte, dass alles, was ein Mann über Männer schreibt, auch ihn selbst betrifft:

> »Auch ich bin ein Arbeiter in jenem großen Bau: die Gegenwart ist mein Erbteil; aber Richtung und Maß empfange ich von jenem weiblichen, mütterlichen, heiligen Wesen, welches das häusliche Leben anordnet, uns durch alle verwickelten Geschäfte des Lebens begleitet, alle Rätsel des Lebens löst, die Abwesenheit der zukünftigen Dinge ersetzt und durch die feindselige Freundschaft, in der es mit mir lebt, mich mir selbst bewußt macht.«[15]

13 zit. in Schlaffer 1977, 291.
14 Koschorke 2000, 152.
15 Müller 1967, 424.

Der Mann wird sich seiner selbst durch die »feindselig freundschaftliche« Frau bewusst. Dieser Vorgang wird uns weiter unten noch genauer beschäftigen (Kap. D.1.). Auch Adam Müller zog aus der Fragmentierung und Sinnentleerung der Männlichkeit jenen radikalen, seither immer wieder auftauchenden Schluss der bewussten Auslöschung: dass der Mann zum Menschen erst werde, wenn er zur Frau wird.[16] Es ist keine Überraschung, dass dieser massive Identitätsverlust erstmals in der Romantik artikuliert und die weibliche Gegenmacht heraufbeschworen wurde. Das romantische Projekt war die erste Gegenbewegung gegen die entzaubernde Wirkung der Moderne. Die Romantiker setzten gezielt Weiblichkeit als Protestform ein, diese Verkopplung hat dann Schule gemacht in vielen Protestbewegungen, vor allem im Feminismus, weswegen die Romantik Relevanz und Strahlkraft bis in den postmodernen Feminismus besitzt.[17] Um 1800 war das vor allem Symbolpolitik: Die Romantik leistete wenig für die Emanzipation der Frauen in der gesellschaftlichen Wirklichkeit, aber viel dafür, dass Weiblichkeit fortan als Gegenprojekt zur Moderne fungieren konnte und als Hoffnung, die »Weichheit der Dinge« (Adorno) wiederzuerschaffen.

16 ebd., 440; vgl. Ewald 1804, 253: Der Mann sollte »das Weib als den besseren Theil seines Wesens fülen; den Theil, der uns fehlte, der uns unentbehrlich ist, um zu genießen, zu leben, zu seyn«.

17 Klinger 1992.

9. Die Gesellschaft der Männlichkeit

»[W]enig Theilnehmung, Wohlwollen und Vertrauen«[1]

Die bisherigen Analysen haben das Profil des Mannes zusammengetragen. Von der Natur kommt der übermäßige Trieb, die Gewalttätigkeit und der Egoismus. Von der arbeitsteilig-differenzierten Gesellschaft die Einseitigkeit, die Selbstentfremdung, die instrumentell rationalisierte Vernunftlosigkeit, die Sinnentleerung. Aber wie lässt sich dann noch eine soziale Ordnung mit Männern gestalten? Müssen sie nicht, aufgrund der vorgängigen Definitionen, als die Asozialen schlechthin gelten? Das wurde um 1800 in der Tat als ernsthaftes Problem mit zum Teil bizarren Lösungen diskutiert. Darum soll es im Folgenden gehen. Dazu gehören auch jene Typen der Unmoral, in denen sich die Negativstereotypen der Zeit verdichtet haben.

9.1 Typen der Unmoral: die lebendig todten Opfer ...

»*Was Böses ist geschehn, das nicht ein Priester tat?* –
und ist Priester nicht ein Erzmann?«[2]

Die Probleme von Männlichkeit betreffen alle Männer, aber einige mehr als andere. Bestimmte Gruppen von Männern wurden um 1800 als besonders kritikwürdig erachtet, und zwar nicht, weil sie besonders unmännlich waren, sondern im Gegenteil: weil sie einige oder alle Charakteristika von Männlichkeit besonders stark zum Ausdruck brachten. Wer die Literatur sichtet, dem fällt die bunte Truppe rasch auf. Zu ihr gehören der Soldat, der Geistliche, der Hagestolz, der Onanist, der Philosoph und der Verführer.[3] Haben diese

1 Berlepsch 1791, 81.
2 Hippel 1793, 92.
3 In geringerem Maße auch der Gelehrte, der aber weniger Moralkritik als vielmehr Hohn und Spott auf sich zog; vgl. Honegger 1991, 63.

Männertypen etwas gemeinsam? Wir haben oben gesehen, dass in der arbeitsteilig-differenzierten Welt alle Bürger gefährdet sind, kriminell oder emotional ausgetrocknet zu werden. Doch bei den Typen der Unmoral ist nicht die Tätigkeit, die sie ausüben, entscheidend. Sie definieren sich nach einem anderen Kriterium: nach ihrer Verbundenheit mit Frauen. Mit Ausnahme des Philosophen gehören die Typen zwei Kategorien an. Entweder sie verweigern sich den Frauen (Geistlicher, Hagestolz, Onanist sowie, meist erzwungenermaßen, Soldat), oder sie sind sittenlose Verbraucher von Weiblichkeit (Verführer). Allen gemeinsam ist, dass sie die Ehe geringschätzen, zerstören oder meiden, also die Selbstreferenzunterbrechung und die Fremdbestimmung sabotieren. Wer sich der Ehe entzieht, wird zum Inbegriff des Unsittlichen.

Im Zentrum der Kritik stand der Hagestolz, der ledige Mann. Dass eine Frau ledig bleiben könnte, wurde als so unwahrscheinlich und widernatürlich eingestuft, dass es seltener zur Sprache kam.[4] »Das Weib wird durch die Ehe frei; der Mann verliert dadurch seine Freiheit«, heißt es bei Kant.[5] Gerade deswegen muss der Mann ja heiraten. Tut er es nicht, will er »an keinem fremden Leiden Antheil« nehmen und entzieht sich der sympathetischen Ströme der bürgerlichen Gesellschaft und erklärt auf diese Weise, dass er »ein Egoist sey und bleiben wolle, [...] daß er allen Genuß des Alters dran wagen wolle, um in seiner Jugend ganz wie ein Thiermensch zu leben«[6] – er begeht also das Verbrechen, freiwillig zum Wilden zu werden. Auch das wurde in die Herz-Metaphorik übersetzt, der zufolge sich der Hagestolz in der Welt isoliert und es bleibt, auch wenn

4 Und wenn, wird sie zwar ebenso missbilligt wie die männliche Ehelosigkeit, aber auf spezifisch andere Weise: »Was ist das *Weib*, so lange es ehelos bleibt? Ein unbestimmtes einsames Wesen ohne Stand und ohne Rechte, mit gehemmten Kräften, mit unterdrükten Gefühlen, und im ewigen Kampfe gegen die Natur.
Was ist der *Mann*, so lange er ehelos bleibt? Ein einsames egoistisches Wesen, das an niemand, und an dem niemand hängt. Die Debauche erschöpft seine besten Kräfte, und tötet seine schönsten Gefühle; er ist ein nutzloses Glied der Gesellschaft.« (Fischer 1800, 78) S. a. Hupel 1771.

5 Kant, Anthr. in pragmatischer Hinsicht (WA Bd. XII.), 656; s. die Diskussion bei Annerl 1991, 36 ff.

6 Ewald 1804, II, 272, 281.

er »gerne Menschen an [s]ein Herz ziehen« möchte.[7] Nur die schärfsten Episteln werden dieser Herzlosigkeit gerecht, Hagestolze sind »Feinde der Gemeinschaft, [...] zerstörerisch zur Welt, Abtrünnige der Natur, und Rebellen gegen Himmel und Erde«,[8] oder kurz: ein Hagestolz ist »ein Feind der Natur, und eine Last der Gesellschaft«.[9] Fischer schleuderte ihm den schlimmsten Bannspruch entgegen, den eine Gesellschaft, die sich auf direkte Interaktion in Freundschaft oder Ehe als Heilmittel stützt, zur Verfügung stellt: »Ich verachte ihn, ich verabscheue ihn, ich mag ihn nicht zum Freunde haben.«[10] Wer sich selbst ausschließt (indem er sich nicht anschließen lässt), wird sozial ausgeschlossen.

Die Symptome von Ledigen ähneln denen der beruflichen Vereinseitigung. Sie gewöhnen sich daran, »maschinenmäßig und ohne Anlage zu arbeiten«, ihr gesellschaftlicher Umgang wird »erschwert«, sie sind unausgeglichen und es zeigt sich »koketter Schmetterlingssinn oder Rohheit«.[11] Andere greifen »zu der Betäubung durch rauschende wilde Vergnügungen«, um ihre Verzweiflung zu unterdrücken, denn sie wissen: Sie sind die »lebendig todten Opfer« ihres eigenen Egoismus.[12] Nur wenige Gründe wurden akzeptiert, nicht zu heiraten. Fischer und Ewald nannten Armut, aber auch den Wunsch nach einer Künstlerkarriere,[13] ansonsten galt nicht viel. Das ist umso überraschender, da viele der Schriftsteller, die gegen den Hagestolz wüteten, selbst Junggesellen waren, Kant, von Hippel, Smith – die Beglückung durch die Familie ist maßgeblich von Familienlosen mitformuliert worden. Das kann als Widerspruch oder als Macht einer Ideologie gewertet werden, die in der Ehe das Fundament des bürgerlichen Lebens sieht. Der kinderlose Frauen-Emanzipator von Hippel schrieb: »Das Wort Vater ist ein großes Wort, das größte im Staate; wer nicht Vater ist, verdient auch den Namen Bürger

7 ebd., 273.
8 »From the Genius of Liberty«, The Key, 14. 4. 1798, 105 f., zit. in Lewis 1992, 147.
9 Fischer 1800, 32 f.
10 ebd.
11 Volkmar 1794, 109 ff.
12 Heydenreich 1798, 42; vgl. Ewald 1804 II, 286.
13 Fischer 1800, 33 ff.; Ewald 1804, II, 282.

nicht und, um freigiebig zu sein, nur halb den Namen Mensch!«[14] Damit wollte Hippel nicht sich selbst zum halben Menschen machen, sondern ein soziales Prinzip verkünden, dem er auf andere Weise gerecht zu werden hoffte: als Politiker, Intellektueller und Schriftsteller.

Mit anderen Berufen gingen die Intellektuellen weniger schonend um, am wenigsten mit Geistlichen, katholischen wohlgemerkt. Die Abneigung wurde auch durch antiklerikale Affekte befeuert, die gerade in Frankreich verbreitet waren, aber als Kern des Ressentiments hatte man in erster Linie die Frauenverweigerung ausgemacht.

> »Er hat sich aus der menschlichen Gesellschaft und aus ihren herzlichern Verhältnissen selbst hinausgestoßen, – und ist nun dadurch, daß seine Kraft und sein Leben nicht in die Welt hineinströmt, also *nicht getheilt* und *nicht mitgetheilt* wird, – ein genußgieriger Egoist geworden. [...] Die Ehe [...] hat seinen rohen Sinn nicht besänftigt, seinen eckigen Charakter nicht abgeglättet, seinen Gefühlen keinen Takt eingeprägt, seinem Geiste keinen höhern Ausflug gestattet [...] und eben darum wird er sich in seiner thierischen Einseitigkeit und dunkeln Einsamkeit immer nur selbst zu vergnügen suchen.«[15]

Den Selbstvergnügungen in der dunklen Einsamkeit gibt sich auch der Onanist hin, seine Eheprognose ist daher dürftig, weil ihn die Frauen verachten und er selbst dank seiner Fingerfertigkeit zum autonomen Mann wird.[16] Ich komme auf die Onanie und die gewaltige Kampagne dagegen weiter unten zurück (Kap. D.3.). Dagegen erscheint der Soldat noch als relativ achtenswert, obwohl alles Militärische von den Bürgern um 1800 als feudales Adelshandwerk betrachtet wurde und auf Misstrauen stieß. Aber im Zentrum der Kritik stand nicht so sehr die Frage eines übertriebenen, feudalen Ehrdenkens – das etwa Hegel in die Nähe eines unsittlichen Egoismus rückte, da der Mann von Ehre »bei allen Dingen immer zuerst

14 Hippel 1872, 5. S. zur gleichen Zeit aber die wachsende Unsicherheit über die Reichweite der väterlichen Gewalt: Globig 1789.

15 Pockels 1805 I, 361.

16 Anon. 1798, 468.

an sich selbst« denke und »auch wohl die schlechtesten Dinge tun« könne, ohne seine Ehre zu verlieren[17] –, sondern: das Verhältnis zu Frauen.

Im Vergleich zu Geistlichen kamen Soldaten aus zweierlei Gründen vergleichsweise glimpflich davon. Zum einen blieben die niederen Ränge oft erzwungenerweise ledig, weil die Dienstherren ihnen die Ehe verbaten. Zum anderen wurde der Soldat eher respektiert, weil er »auch im ehelosen Stand, doch noch immer in einiger Verbindung mit Weibern [lebt], und [...] dadurch nach und nach menschlicher geformt« werde.[18] Der Verführer wiederum ist zugleich Artverwandter und Widerpart des Ledigen. Zwar ist er genauso egoistisch, weil er nur seine eigene Sinnlichkeit befriedigen möchte, aber dabei zerstört er auch noch die Ehre der Frauen. Das ist einerseits noch widerwärtiger, weil die Frauen sich nur schlecht wehren können, da sie in ihrer Keuschheit die Tricks der Verführer nicht kennen (dürfen), andererseits weniger dramatisch, weil der Verführer sich immerhin noch im Kosmos der Frauen aufhält, auch wenn er sie dabei korrumpiert.[19]

Die Männer und Frauen der späten Aufklärung entwarfen also eine fein abgestufte Skalierung von männlicher Moral/Unmoral entlang einer Achse Vaterschaft, Ehe, Ehelosigkeit, solitäre Wollust. Die Gründe für den jeweiligen Zustand werden genauestens erörtert und anhand des Willens zur Bindung, zur »Mittheilung«, sortiert. So konnte der Verführer als weniger verworfen gelten als der Onanist. Daraus sollte man keine übertriebenen Schlüsse ziehen. Meyer-Knees schreibt, dass männliche Sexualität um 1800 grundsätzlich am Vorbild des Verführers konstruiert gewesen sei und dass ihr Zweck darin bestanden habe, »den weiblichen Widerstand zu brechen, zu überwinden, einen ›Sieg‹ zu erringen und ›Herr‹ zu sein«. Man habe die »klassische Verführungssituation konstruiert und dieses Verhalten aus den Notwendigkeiten der Arterhaltung und den Trieben [...]

17 Hegel, Vorlesungen über die Ästhetik II (Werke, Bd. 14, 176 ff.).
18 ebd.
19 Heydenreich, *Mann und Weib*, zit. in Pockels 1805 I, 296 f.

hergeleitet«.[20] Die Frauen hätten dabei die Aufgabe gehabt, Widerstände gegen das Handeln des Mannes zu simulieren, »um die Erotik der Verführungssituation zu steigern«, da sie ja »eigentlich« verführt werden *wollten.* Daran ist richtig, dass der Trieb des Mannes als der aktive gedacht wurde. Aber die Verführung wurde keineswegs als positiv erachtet, auch nicht die versteckte. Zudem würde eine Verallgemeinerung der Verführung auf alle sexuellen Begegnungen die innere Logik der Selbstreferenzunterbrechung verfehlen. Die simple Gegenüberstellung von Verführer und Verführter wird dem Denken der Zeit nicht gerecht. Dieses folgte eher dem Kanon Negativer Andrologie, der zufolge sich die Männer um 1800 ausdauernd selbst bezichtigten, grundsätzlich für die sexuellen Fehltritte der Frauen verantwortlich zu sein: »[...] daß wir Männer an den meisten Fehlern der Frauenzimmer selbst schuld sind«.[21] Noch die »Maitresse« galt als »ein unschuldiges, gutes Mädchen, ein Opfer seiner Verführung«.[22]

Außerhalb der sexuellen Arena steht der Philosoph. Aber auch er tritt um 1800 als Prototyp der Unmoral hervor, die bei ihm aber nicht aus einer überbordenden Sinnlichkeit resultiert, sondern aus einer Vernunft, die er nicht kontrollieren kann. Die aufklärerische Vernunftkritik findet im Philosophen ihr paradoxes Paradebeispiel für die Begrenzungen einer entgrenzten Vernunft. Am deutlichsten formulierte Rousseau:

> »Es ist der Verstand, der die Selbstsucht erzeugt. Er ist die Reflexion, die sie stark macht. Sie ist es, die den Menschen sich auf sein Ich zurückziehen läßt. Sie ist es, die ihn sich von allem abwenden läßt, was ihn stört und bedrückt. Die Philosophie ist es, die ihn vereinzelt. Sie ist daran schuld, daß er beim Anblick eines leidenden Menschen heimlich sagt: stirb, wenn du willst; ich bin in Sicherheit.«[23]

20 Meyer-Knees 1992, 47 f.
21 Baur 1789, 8; s. a. Sprengel 1798, XXIV, 55 ff., 138 ff.; Alexander 1779, I 2 ff.; Baron de Grimm, zit. in Clinton 1975, 290; Berlepsch 1791, 81; Mauvillon 1791, 309 ff., 380; Hippel 1977/1793, 182, 219, 248; Faust 1791, 3; Bauer 1791, 157.
22 Volkmar 1794, 114 f.
23 zit. in Steinbrügge, 76.

Der Philosoph ist der Onanist des Geistes. Wie dieser verpuppt er sich in seine einsame Tätigkeit, die ihn von der Welt isoliert. Wenn der Mann seine »Werkzeuge« benutzt, sei es den Phallus oder das Hirn, ohne sie gemeinschaftlichen Zwecken zuzuführen, macht er sich schuldig, das ist die Botschaft. Wie bei Schiller oder bei Smith liegt auch bei deren vermeintlichem Antipoden Rousseau der soziale Spaltpilz in der maskulin konnotierten und zugleich vereinseitigten Autonomie des Denkens. Sie betreibt die Vernichtung des begehrten Objektes, »denn leider muß der Verstand das Objekt des innern Sinns erst zerstören, wenn er es *sich* zu eigen machen will«[24] – daraus resultiere, ergänzte Menck, »die so allgemeine Klage über den Eigensinn des Genies«.[25] Es hat also wenig Sinn, die maskuline Erfüllung des Genies als sozial problemlos darzustellen.

Philosoph, Genie, Verführer, Onanist, Geistlicher – sie alle treffen sich wieder in der Bestimmung der maskulinen Natur: Egoismus, Sinnlichkeit, einseitige Vernunft, Gewalttätigkeit. Und für alle gilt, was Brandes über Genies und Dichter schrieb: dass ihr eigentlicher Wert sich daran bemisst, ob sie ein »einzelnes Wesen, ohne Rücksicht auf eigentlichen sinnlichen Genuß, geliebt« haben. Scheitern sie an diesem »Probirstein« der Häuslichkeit, so sind sie nichts als »übertünchte Gräber«.[26]

9.2 Trinken als Ehe oder das Problem männlicher Soziabilität

»Wer bemerkte nicht, daß fast alle
Männergesellschaften mit dem Paradiese anfangen
und mit dem jüngsten Gerichte enden!«[27]

Mit solchen Männern also ist Sozialität nicht zu haben. Aber mit den anderen? Die Zweifel daran durchziehen, wie gesehen, die frühe Moderne. Einer der kuriosesten Auswüchse dieser Zweifel findet sich

24 Schiller 2000, 8 (1. Br.).
25 Menck 1840.
26 Brandes 1802, 94 f.
27 Hippel 1977, 212.

bei Pockels. In seinem bereits mehrfach zitierten Werk *Der Mann. Ein anthropologisches Charaktergemälde seines Geschlechts* gibt es eine fast 100 Seiten lange Abhandlung über das Verhältnis des Mannes zum Wein, eine detaillierte Philosophie des Rausches, deren Sinn zunächst nicht einleuchtet. Leicht kann man die ermüdend mäandrierenden Ausführungen überlesen oder das Thema für eine bloße Schrulle des Autors halten. Mit Blick auf die Negative Andrologie aber lässt sich die Brisanz der Seiten entschlüsseln. Pockels stellt sich hier nämlich einem der entscheidenden Probleme, die sich aus der Imagination des Mannes als sinnlichem, egoistischem, gewalttätigen Wesen ergibt: Wie ist Sozialität unter Männern denkbar?

Mit Frauen findet Sozialität in der Ehe oder in Gesellschaften statt, wobei die Frauen die Männer zähmen. Aber wie können sich Männer begegnen, ohne einander auf der Stelle zu bekämpfen, ja umzubringen? Dass diese Frage keineswegs rhetorisch ist, haben wir in Abschnitt A.6 gesehen: Sowohl die Natur des Mannes als auch seine Sozialisation unter arbeitsteiligen Bedingungen werfen das Problem auf, dass die körperlich überlegenen Männer, sobald sie den Frauen nicht mehr huldigen, »in einen Zustand von Rohheit herabsinken«[28] und die größten Schwierigkeiten haben, miteinander dauerhafte Verbindungen einzugehen – daher ist »der Fall selten [...], wo sich Männer zu gemeinschaftlichen Zwecken genau verbinden können«.[29] Vielleicht ließe sich unter diesem Aspekt die enorme Betonung der Moralität und des »Sittengesetzes« in den überwiegend männlichen Aufklärungsgesellschaften des 18. Jahrhunderts neu und anders erschließen; bislang werden diese Gesellschaften vor allem als Männerbünde zur Sicherung patriarchaler Macht oder als Transmissionsriemen der sich formierenden Bürgerlichkeit gedeutet.[30] Zusätzlich könnte es sich lohnen, die Statuten und Praktiken der Gesellschaften daraufhin zu untersuchen, wie sie Männlichkeit einzudämmen und zu binden versuchen.[31]

28 Brandes 1802, 411 f.
29 Mauvillon 1791, 331.
30 Dülmen 1996; Carnes 1989; Hull 1996, 207 ff.; für einen späteren Zeitraum: Hoffmann 2000; s. a. Kap. B.10.
31 Hinweise bei Brandes 1802, 402 ff.

Mehr als alles andere belegt Pockels' Philosophie des Rausches die Verlegenheit, in die sich die Männer durch ihre Definition von Männlichkeit gebracht haben. Als einzige Alternative zur sozialitätsstiftenden Frau sieht er: den Wein. Das las sich damals nicht ganz so kurios wie heute, zumindest besaß Alkohol eine gewisse philosophische Dignität.[32] Aber niemand ging so weit wie Pockels, mit dem Wein ein systematisches Erklärungsdefizit im zeitgenössischen Geschlechterdenken zu füllen. Dieser Versuch sei hier kurz vorgestellt, nicht, weil die weinselige Vision besondere Wirkung entfaltet hätte, sondern weil in Pockels' Kneipe die Negative Andrologie im Zerrspiegel ihrer imaginierten Überwindung noch einmal grell aufscheint.[33] Wein wirkt wie Liebe, mit einem Unterschied: Die Liebe funktioniert nur im »stillen Dualis« der Eheleute, also »ohne eigentliche Geselligkeit«. Dieser Beschränkung unterliegt der Alkohol nicht, deshalb kann er Männer zusammenführen, und nur um Männer geht es Pockels. Eine sittsame Frau trinkt nicht, weil sonst ihr Bollwerk gegen den lüsternen Mann wanken und das Schlimmste passieren würde: »daß sie ohnmächtig und sich entehrend – *ganz* in die Gewalt des Mannes sinkt, wenn jene Schutzwehr ihrer Tugend durch den Rausch niedergerissen ist [...]«. Wein macht die Frau zum Mann, sie wird genauso lüstern, genauso »frech«, und zerstört damit das zivilisatorische Gefälle zwischen ihr und ihm.

Nur Männer (dürfen) trinken, und bei ihnen bewirkt der Wein das Gegenteil: Sie werden zu Frauen. Im mäßigen Rausch, und nur um diesen geht es, verweiblichen Männer.

> »Meisten Theils zeichnen sich diese Männer durch eine *gutmüthige*, weiche, offene und unverstellte Stimmung des Gemüths, durch einen nachgebenden, toleranten, dienstfertigen und sogar herzlichen Charakter aus, der, ohne jene Neigung zu sinnlichen Genüssen, oft der höchsten Liebenswürdigkeit fähig seyn würde.«

32 Kant erörtere ihn in seiner *Anthropologie* als Vehikel der »Offenherzigkeit« (WA, Bd. XII, 468 ff.); s. a. Cabanis 1804 II, 187; Reinhard 1797, 55; dagegen die Einstufung von Alkoholgenuss als böse bei Wolff 1967 (1728), 6 f.). Zur geschlechtlichen Codierung von Alkoholkonsum in der frühen Neuzeit: Frank 1998.

33 alles Weitere: Pockels 1805 I, 309-404.

Alles, was Männer sonst auszeichnet, ihre Gewalttätigkeit und ihre Verschlagenheit, ist gewichen. Sie können keine »Dissonanzen hervorbringen«, sie sind »keiner Verstellung und Hinterlist fähig«, sie werden zur »Freude der ganzen Welt« – eine Wandlung zum Guten, wie sie, so Pockels ausdrücklich, »die höchste Philosophie der Vernunft nicht [im Manne] bewirken« kann. Zusätzlich lockert der Wein die Zunge, er sorgt für »das Bedürfnis zu reden«, aber vor allem öffnet der Trunk das Herz – und ergänzt so die weibliche Kardialbelebung durch eine alkoholische. So stellen sich jene einenden Phänomene ein, die sonst das Werk der Frauen sind: die Überwindung aller Differenzen, die Herstellung einer Gemeinschaft, in der weder falsche Scham noch Lüge herrscht, sondern nur »ewige Freundschaft« und »die warme gegenseitige Theilnahme an den Schicksalen des Andern«. Der Alkohol wirkt als Antidot zu den Differenzen der Gesellschaft und den Egoismen der Männer, er ist eine Art konkreter Utopie, die Versöhnung nach Feierabend.

> »Der Ton der Freude hallt nun in der Seele des Andern wieder, und giebt ihn so zurück, wie er ihn in dem allgemeinen Einklange des erhöheten Frohsinnes empfing. Einer hält den Andern für seinen besten Freund; die Genießenden scheinen *ein* Herz und *eine* Seele zu seyn, – sie haben mithin nichst eiligers zu thun, als sich einander so zu zeigen, wie sei sind, und sich untereinander zu *einem* Geiste der Offenherzigkeit zu bekennen.«

Das könnte auch die Beschreibung einer Ehe sein. Und in der Tat entspricht das Trinken bei Pockels genau einem Eheschluss – ohne Frauen.

> »Das Liebste, was die Jugend nehmen und geben kann, – der electrisirte ungebundene Frohsinn, – hatte die Herzen an einander gezogen, und die Aufrichtigkeit des Ausbruchs und Wohlmeinens hatte den fröhlichen Bund untersiegelt. Die Sache des Einen war die Sache des Andern geworden,– das Weib war aus diesen Verbindungen verbannt, und man erinnert sich dieser schuldlosen Augenblicke so gern!«

In der Kneipe heiraten Männer, sie »untersiegeln« einen »Bund«, der nicht mehr zu trennen ist und aus dem sie »besser« hervorge-

hen. Der Alkohol sorgt dafür, dass Männer miteinander einen ähnlichen Grad an sozialer Kohäsion erreichen wie sonst nur mit ihren Frauen in der Ehe. Die Ehe wird zum Universalmodell aller Sozialität, dem Männer kein alternatives Modell entgegensetzen können. Dass Alkohol das Verbindende sein soll, deutet die Dimension des Problems männlicher Soziabilität an und auch die theoretische Hilflosigkeit, in die die Negative Andrologie führt. Zumal Pockels selbst letztendlich nicht an die Alkohol-Lösung zu glauben scheint. Den größten Teil seiner Philosophie des Rausches verwendete er jedenfalls darauf, die Wirkung des Weins auf spezifische Männertypen zu registrieren. In diesem Bestiarium der Trinker bleibt wenig übrig von der Kohäsionsutopie, im Konkreten tritt wieder der Mann hervor. Der »Schwermüthige« wird im Rausch zum »wirklich gefährlichen Menschen«, der Geschäftsmann wird zum Angeber, der Soldat spricht »mit nicht geringerm Egoismus von seinem Metier«, der Gelehrte »träumt sich eine Celebrität«, andere Männer werden »zanksüchtig, empfindlich und ungestüm«. Wie so oft unterminiert die praktische Anthropologie das Ideal, das Besondere lässt sich nicht rückstandsfrei unter das Allgemeine subsumieren, schon gar nicht bei Männern.

C. Männer, Frauen, funktionale Differenzierung: Geschlecht als Supercodierung von Interaktion und Gesellschaft

»Der Mann ist die Frage,
die Frau die Antwort.«[1]

Es ist genug Material zusammengekommen, um die zentrale These noch einmal theoretisch zu betrachten: Die neuartige Geschlechtersemantik der Moderne (inklusive der Negativen Andrologie) lässt sich als Korrelat der funktionalen Differenzierung der Gesellschaft verstehen, also als Effekt der Struktur der modernen Gesellschaft. Die These stützt sich damit weder auf Machtanalytik noch auf Identitätstheorie, noch auf ein interaktionistisches »doing gender«, sondern setzt gesellschaftstheoretisch an. Der entscheidende Punkt ist: Geschlecht wird zu Beginn der Moderne in die Differenz von Interaktion und Gesellschaft eingebaut, die im 18. Jahrhundert als gesellschaftliches Strukturmerkmal wahrgenommen und semantisch bewältigt wird. Geschlecht supercodiert diese Differenz, und zwar zugleich als Parasit dieser Unterscheidung wie als deren Produzent. Geschlecht erhält an dieser gesellschaftsstrukturellen Verwerfung seinen systematischen Ort, was zugleich die Hartnäckigkeit der Geschlechtertrennung in der Moderne erklärt: Sie schärft sich immer wieder neu an dieser »Schneide« der Gesellschaft. Männlichkeit und Weiblichkeit stehen fortan für unterschiedliche Beschreibungen der Welt, sie werden Perspektivkonkurrenten. Das schließt Machteffekte zwischen den Geschlechtern keineswegs aus, diese richten sich gleichsam an den Kraftlinien der Differenz von Interaktion und Gesellschaft aus.

Diese These soll mit Hilfe der soziologischen Systemtheorie entfaltet werden, obgleich die Systemtheorie gravierende Schwierigkeiten hat, Geschlecht in der Moderne unterzubringen. Das hängt mit einer folgenschweren Entscheidung Luhmanns zusammen: Er hat zwar die theoretischen Grundlagen der Gender Studies einer scharfen, polemischen Kritik unterzogen, deren empirische Ergebnisse aber weitgehend übernommen.[2] So sieht auch er im Geschlecht eine

1 Marie Luise Enckendorff alias Gertrud Simmel, 1910, zit. in Honegger 1989, 153.
2 Luhmann 2003.

hierarchische Unterscheidung: Die eine Seite der Unterscheidung (Mann) ist zugleich die Unterscheidung der anderen Seite (Frau), nach außen hin aber repräsentiert der Mann die Frau allerdings mit. Die Unterscheidung ist also intern symmetrisch (im Sinne von: Mann und Frau sind gleich wichtige Bestandteile der Unterscheidung), extern aber wird der Mann präferiert und repräsentiert das Ganze der Unterscheidung (er ist wichtiger, »besser«).

Das Problem für die Systemtheorie ergibt sich daraus, dass diese Geschlechterhierarchie zwar gut zur stratifikatorischen Differenzierung »passt«, aber nicht zur funktionalen. Die geschichtete Ständegesellschaft ist in ungleiche Teilsysteme differenziert, die in einem hierarchischen Verhältnis zueinander stehen, deren Spitzen wiederum sowohl für die Gesamtgesellschaft als auch für die Familien in Männlichkeit repräsentiert werden: im Haushaltsvorstand, in den Adligen der Oberschicht, im König. Geschlechterhierarchie und Gesellschaftshierarchie kommen also zur Deckung. Das gilt nicht für die funktional-differenzierte Gesellschaft. Denn diese ist prinzipiell nichthierarchisch organisiert; sie zeichnet sich durch die Nebenordnung von Funktionssystemen, von denen keines gesellschaftsweite Führung beanspruchen kann: Die Kunst steht nicht über der Politik, diese nicht über der Wirtschaft oder der Wissenschaft, sondern alle sind auf die Funktionserfüllung der jeweils anderen Teilsysteme angewiesen, ohne einander dirigieren zu können. Für jedes einzelne dieser Systeme ebenso wie für deren »Zusammenspiel« ist Geschlecht im Prinzip irrelevant, weil sich jedes System an eigenen Codes orientiert, denen die Unterscheidung Frau/Mann gleichgültig sein müsste.

So ragt das hierarchisch organisierte Geschlecht wie ein Relikt aus vergangenen Zeiten in die heterarchische Ordnung der Moderne, ein Fremdkörper sowohl für die Gesellschaft wie für die Systemtheorie: »die gesellschaftsstrukturelle Verortung [der Unterscheidung Mann/Frau] und ihre Integration mit den Funktionssystemen bereitet erhebliche, nahezu unauflösbare Schwierigkeiten.«[3] Die (unbe-

3 ebd., 42.

strittene) Relevanz des Geschlechts in der Moderne nicht rekonstruieren zu können, ist ein gravierendes Manko einer Theorie, die den Anspruch erhebt, die moderne Gesellschaft umfassend zu beschreiben. Daher wurde einige Energie auf Versuche verwandt, Geschlecht mit Hilfe der Systemtheorie zu denken.[4] Im Zentrum stehen dabei folgende Leitfragen: Wenn Geschlecht »eigentlich« nicht zur Gesellschaftstruktur der Moderne passt, wie ist a) die anhaltende Omnipräsenz des Geschlechts zu erklären, b) welche sozialen Strukturen sind Träger dieser Allgegenwart und wieso steuert c) Geschlecht nach wie vor die Inklusion und Exklusion von Personen in die Funktionssysteme?[5]

Die Antworten lassen sich in zwei Stränge sortieren, die jeweils einen Aspekt des Luhmannschen Dilemmas weiterverfolgen. Der eine Strang versucht, Geschlecht in der polykontexturalen Moderne unterzubringen, indem er die Bedeutung des Geschlechts zwar nicht leugnet, ihm aber deutlich abnehmende Relevanz prognostiziert – also das Problem des Geschlechts in der Moderne und der Systemtheorie als sich quasi von selbst lösend beschreibt. Für diesen Weg steht vor allem Ursula Pasero, die annimmt, dass die funktionale Differenzierung die Geschlechterdifferenz »durchkreuzt« und dadurch tendenziell »de-thematisiert« und womöglich ganz auflöst.[6] Der andere Strang sieht die Antwort in der Unterscheidung dreier Ebenen sozialer Strukturen: Gesellschaft, Interaktion und Organisation. Gesellschaft bezeichnet dabei die Ebene der Ausdifferenzierung selbstreferenziell-geschlossener Funktionssysteme, die sich an binären Codes orientieren. Interaktionssysteme entstehen aufgrund wechselseitiger Wahrnehmung von Individuen, umfassen also die Kommunikation unter Anwesenden, wobei nicht körperliche Anwesenheit gemeint ist, sondern die Berücksichtigung einer Person als Adressat der Kommunikation. Organisationen differenzieren sich anhand von reflexivem Handeln aus, sie beobachten ihre

4 Pasero 1994, 1995, 1997; Weinbach 2004; Nassehi 2003; Baecker 2003 (dort mit entschiedenem Insistieren auf Geschlechterhierarchie). Eher esoterisch: Taraba 2005. Auf Sexualität bezogen: Lewandowski 2004.

5 Weinbach/Stichweh 2001, 30; Hellmann 2004, 39 ff.

6 Pasero 1994, 1995, 1997.

Kommunikationen als Entscheidungen, also als Auswahl aus einer Menge möglicher anderer Entscheidungen; das reflexive Moment kommt dadurch zustande, dass die anderen Möglichkeiten als Möglichkeiten wenigstens zeitweise präsent gehalten werden (im Unterschied zu Interaktionen, die diese Präsenz typischerweise unterdrücken).

Für Geschlecht bedeutet diese Ebenendifferenzierung in der Wahrnehmung der »Diskrepanz-Theoretiker«: Es hat zwar in der Gesellschaft keinen Platz mehr, dafür aber auf den beiden anderen Ebenen. Die prinzipielle Befreiung von Geschlecht, die auf der Makroebene vollzogen ist, hat die anderen Ebenen (noch) nicht erreicht. In dieser Wahrnehmung wird versucht, Gesellschaft an die Hierarchie des Geschlechts anzupassen, also hierarchische Inseln zu finden, in denen sich Geschlecht halten konnte. Das Unbehagen an diesem *gender lag* drückt sich zuweilen in einer für Systemtheoretiker ungewöhnlichen Diktion aus: Die Interaktion symbolisiert Geschlecht »in einer gesellschaftlich oft ›unverantwortlichen‹ Weise«, womit sie »in vielen Fällen die Programme der Geschlechterindifferenz, die sich die Makrosysteme vorzugeben versuchen, unterläuft und sie subversiert«.[7]

Geschlecht findet also in Interaktion und Organisation statt. Das kann nicht überraschen, denn wenn es nicht auf der Ebene der Gesellschaft stattfindet, dann bleiben der Theorie gemäß nur diese beiden Systemebenen. Vor allem Interaktion wird als Ort identifiziert, »an dem die Geschlechterdifferenz ihre soziale Distinktionskraft heute noch entfaltet«.[8] Daraus ergibt sich die Konsequenz, Geschlecht an der Form »Person« festzumachen, denn um Personen drehen sich sowohl Interaktion wie Organisation.[9] Sie werden als »geschlechtlich gefasste [...] Erwartungsbündel« konzipiert,[10] die in

7 Weinbach/Stichweh 2001, 46.

8 Weinbach 2004, 53.

9 »Person« nicht im umgangssprachlichen Sinne, sondern als strukturelle Kopplung von psychischen und sozialen Systemen, als Synchronisierung von Bewusstsein und Kommunikation.

10 Weinbach 2003, 152; ähnlich Nassehi 2003a, Baecker 2003; Zurstiege 1998.

Stereotypen verdichtet werden.[11] Darüber regulieren sich geschlechtlich differenzierte Zugangschancen und -limitationen in der Gesellschaft. Vor allem Christine Weinbach schließt daran sehr instruktive Untersuchungen an, die das Potenzial der Systemtheorie für die Gender Studies deutlich machen.[12] Die Schwäche des Ansatzes besteht gleichwohl darin, dass Personen zwar als Symbolträger geschlechtlicher Erwartungen stehen, aber nicht geklärt wird, weshalb Geschlecht überhaupt für diese Symbolisierungen herhalten muss und weshalb die Symbolisierungen so und nicht anders ausfallen. Formen und Inhalte der geschlechtlichen Symbolisierungen übernimmt Weinbach von der Attributions- und Stereotypenforschung, kann sie aber innerhalb ihres eigenen Ansatzes nicht rekonstruieren. Geschlecht fungiert als Residualkategorie, für die zwar ein Ort, aber keine »Genealogie« angegeben wird.

Weinbach beklagt zu Recht, dass akteurzentrierte Ansätze die symbolische »Rahmung« dessen, was die Akteure tun, nicht erfassen können und also übersehen, dass der Diskurs den Subjekten vorgängig ist und durch Bereitstellung von Subjektpositionen den Individuen ihre Verhaltensmöglichkeiten überhaupt erst nahelegt.[13] Doch ihr gelingt die Rekonstruktion des Geschlechterdiskurses, des »Rahmens«, ebensowenig. Im Vergleich zum Begriff der Individualität wird das Problem deutlicher: Aus der Form der funktionalen Differenzierung kann die Systemtheorie tragfähige Aussagen ableiten, warum, wie, in welcher Form und mit welchen Folgeproblemen sich Individualität in der Moderne verändert. Für Geschlecht ist in den bisherigen Ansätzen nichts Vergleichbares möglich; die Beschreibungen der Strukturmerkmale und Symbolformen von Geschlecht werden von anderen Forschungsrichtungen geborgt, aber nicht eigenständig systemtheoretisch rekonstruiert. Ein Indiz für dieses Problem ist die Überzeugung der Diskrepanz-Theoretiker beider Stränge, dass die Verbindung von Geschlecht und Moderne kontingent sei, also eine zufällige, nicht-notwendige Beziehung, die keine struk-

11 Weinbach 2004, 75.
12 bes. Weinbach 2004a.
13 Weinbach 2004, 53; dies. 2003, 147.

turelle Verankerung hat und also auf wackligen Beinen steht, die früher oder später einknicken müssten[14] – ein systematischer Ort für Geschlecht ist noch nicht gefunden.

Ich schlage hier einen dritten Weg vor, auf dem ich gleichsam mit der Systemtheorie gegen die Systemtheorie denke. Die Grundidee ist doppelläufig: Anders als Luhmann (aber mit Pasero[15]) gehe ich erstens aufgrund der bislang erarbeiteten Quellen davon aus, dass Geschlecht in der Moderne nicht hierarchisch, sondern heterarchisch organisiert ist; nur wenn man diesen Schritt vollzieht, kann eine strukturelle Verknüpfung von Geschlecht und moderner Gesellschaft gedacht werden. Und zweitens nehme ich an, dass Geschlecht *strukturell* in der modernen Gesellschaft dadurch verankert ist, dass es die Differenz von Interaktion und Gesellschaft supercodiert. Für Weinbach u. a. erklärt diese Differenz, wieso Geschlecht in der Moderne »überleben« kann. Ich schlage dagegen vor, dass die spezifische Weise, in der Geschlecht in der Moderne vorkommt, durch diese Differenz überhaupt erst *erzeugt* wird. Geschlecht wird nicht in Interaktionen artikuliert, weil es auf der Ebene der Gesellschaft keine Rolle mehr spielt, sondern weil es mit der Differenz von Interaktion und Gesellschaft verknüpft ist, wirkt es sich auf alle Kommunikationen aus.

Die Differenz von Interaktion und Gesellschaft ist in sich selbst heterarchisch organisiert, sodass zum einen Geschlecht dazu »passt«, und zum anderen sich durch diese Verkopplung die Persistenz der Geschlechterdifferenz erklären lässt. Diese Verschmelzung ist weder in einem zwingenden Sinne notwendig noch kontingent, ist aber seit dem 18. Jahrhundert derart eng, dass von einer Quasi-Zwangskopplung gesprochen werden kann, die »De-Thematisierung« extrem schwierig macht. Das Quellenmaterial hat, wie gesehen, hinrei-

14 Weinbach/Stichweh (2001, 49), die deutlich machen, dass »der Zusammenhang von gesellschaftlicher Differenzierung, geschlechtlicher Arbeitsteilung und der Konstruiertheit der Geschlechterdifferenz [...] für die funktional-differenzierte Gesellschaft als ein kontingenter, nicht aus ihrer primären Differenzierungsform hervorgehender Zusammenhang bezeichnet werden kann«. Pasero, die überzeugt ist, »dass die Aufteilung der sozialen Welt nach Frauen und Männern ein kontingentes Ordnungsmuster ist« (2003, 105).

15 Pasero 2003, 105.

chende Belege für diese Verbindung ergeben. Ich gehe entsprechend von einem historischen Bruch in der Geschlechterlogik aus, der sich in der »Sattelzeit« um 1800 vollzogen hat: Dabei haben sich zwar viele Aspekte des traditionellen Geschlechterdenkens fortgesetzt, anders ist ein Bruch gar nicht denkbar, doch prämodernes und modernes Geschlecht sind dezidiert *nicht strukturähnlich*, sondern werden gesellschaftlich radikal anders »verwendet«, gleichsam an anderen »Stellen« der Gesellschaft eingebaut: Aus einer hierarchischen Binarität, die die stratifikatorische Differenzierungsform repräsentiert, wird eine heterarchische Binarität, die den Unterschied von Interaktion und Gesellschaft markiert. Gender ist demnach keineswegs irrelevant in der Moderne, sondern besitzt womöglich mehr Bedeutung denn je, ist unerbittlicher, weil die Hierarchie der Tradition eher Brechungen und Vertauschungen zuließ, als es die universale, sich als Schematisierung aller Kommunikationen aufdrängende Differenz von Interaktion und Gesellschaft erlaubt. Die Differenz der Ebenen ist damit gleichsam die Bedingung der Möglichkeit der modernen Geschlechtsform. Im Geschlecht wird diese Differenz symbolisiert, mit allem, was zu Symbolisierungen gehört: Überhöhungen, Übertreibungen, Überdeterminationen, Dramatisierungen – was bedeutet: Um diese Differenz und um Geschlecht lagert sich ein Kranz von semantischen Komplexen, die weit über den ursprünglichen »Anlass« hinausschießen.

Die Unterscheidung von Interaktion und Gesellschaft ist keine einfach zu fassende, die zudem noch unter einer unglücklichen Terminologie leidet. Der Kern jedoch ist leicht zugänglich: Interaktionssysteme bilden sich dadurch, dass Anwesende sich wechselseitig wahrnehmen. Dazu gehört auch die Wahrnehmung des Sich-Wahrnehmens.[16] Interaktion soll also die Gesamtheit der Kommunikationen abgrenzen, die sich unter Anwesenden abspielen oder die Abwesende als Anwesende behandeln. Diese (vorübergehenden) Interaktionssysteme werden unterschieden von solchen Kommunikationen, die nicht auf gegenseitige Anwesenheit angewiesen sind.

16 Luhmann 2005a, 10; die ebenfalls wichtige Systemform »Organisation« lasse ich hier weg, weil sie um 1800 eine vergleichsweise geringe Rolle spielt.

Diese sollen Gesellschaft heißen, und damit sind all die Kommunikationen gemeint, die ohne Anwesenheit auskommen. Der Begriff »Gesellschaft« ist allerdings ein unglücklicher Terminus in diesem Zusammenhang. Denn damit soll nicht gemeint ein, dass Interaktionen außerhalb der Gesellschaft stattfinden; auch Interaktionen vollziehen Gesellschaft in dem Sinne, in dem alle Kommunikationen Gesellschaft vollziehen. Die Systemtheorie legt hier also einen doppelten Gesellschaftsbegriff an: Gesellschaft einmal als Abgrenzung zu Interaktionen und einmal als Begriff für das umfassende soziale System, das alle anderen sozialen Systeme in sich einschließt; oder anders: als das übergreifende Sozialsystem aller füreinander erreichbaren Kommunikationen. Fortan werden, wenn Verwechslungen drohen, Gesellschaftssysteme (im Unterschied zu Interaktionssystemen) von der Gesellschaft abgesetzt.[17]

Der Vorteil der Unterscheidung von Interaktion und Gesellschaft besteht darin, nicht alle Kommunikationen nach dem Muster der Interaktion verstehen zu müssen, was vor allem der modernen Gesellschaft nicht angemessen wäre: Angesichts der Verbreitungsmedien und Komplexität der Kommunikationen in der Moderne lässt sich Gesellschaft nicht mehr nur als Zusammenhang von Interaktionen erfassen. Es kommt allerdings in allen Gesellschaften, auch den »einfachsten«, zur Differenz von Interaktion und Gesellschaft, da keine Interaktion alle gesellschaftlich möglichen Kommunikationen realisieren kann, da niemals alle Kommunikationspartner vollständig und für immer anwesend sein können.[18] Die Beziehungen zwischen Interaktion und Gesellschaft sind sehr komplex, hier sollen nur wenige Merkmale interessieren, soweit sie für die unterschiedliche semantische Einordnung von Weiblichkeit und Männlichkeit in der Moderne relevant sind. Um das zu entwickeln, nehme ich den Faden bei den Geselligkeitstheorien um 1800 wieder auf (Abschnitt B.8).

Ab dem 18. Jahrhundert konnte man sich vorstellen, dass die Interaktion unter Anwesenden nicht mehr mit der Differenzierungs-

17 Luhmann 1997, 78.
18 ebd., 816 f.

form der Gesellschaft zur Deckung kommt.[19] Das war neu. Zuvor hatte es sich von selbst verstanden, Gesellschaft als Zusammenhang von Interaktionen zu denken, die in der Spitze der sozialen Hierarchie ihre Perfektion erreichen. Mit dem einsetzenden Wissen um ein Vordringen funktionssystemischer Kommunikationen wurde dieses Selbstverständnis gesprengt. Interaktionen erschienen zunehmend als eine besondere Form der Kommunikation, die sich von den »unpersönlichen«, versachlichenden und asymmetrischen Kommunikationen innerhalb der Funktionssysteme unterschieden, was sich unter anderem daran zeigte, dass von nun an zum guten Gespräch die »Nichtgeschäftsmäßigkeit« (Peter Burke) gehörte. Diesen Gedankengang haben wir bereits bei Schleiermacher gefunden: Wahre Geselligkeit besteht in der *Entfernung* von der Gesellschaft und deren unpersönlichem Charakter. Interaktionelle Geselligkeit definiert sich als Verweigerung von Funktionalisierung und äußerer Zwecksetzung.[20] Frauen, gerade weil sie sowohl von der Gesellschaft ferngehalten werden wie sie sich von ihr fernhalten (sollen), galten als geborene Meisterinnen dieser Geselligkeit.[21] Die Interaktion erschien den Beteiligten so als (feminine) Insel des Friedens und der reinen, perfekten Sozialität, auf der die Zumutungen der Gesellschaft neutralisiert wurden. Die Frau erschien als die eigentliche Trägerin der Gesellschaft und ihr geselliges Genie als die »bedeutendste Institution der Zeit«, in den Salons der Damen »entstand, was man die *vollkommen gute Gesellschaft* nannte«.[22]

Geselligkeit als Interaktion negiert den Anschluss an alle Systemlogiken, sie beruht auf der »*Ablehnung solcher Anlehnungen*«.[23] Das hängt mit ihrer spezifischen Logik zusammen: Als Systeme geringer Komplexität, die zudem unter den seriellen Bedingungen des

19 Im Folgenden orientiere ich mich maßgeblich an Kieserling 1999, 407 ff. (dort auch weiterführende Literatur); Fuchs 1992, 89 ff. 207 ff.; Luhmann 1993a, 72 ff.; ders. 1984a ohne die Belege (außer bei direkten Zitaten) im Einzelnen auszuweisen.

20 Schleiermacher 1984, 169 f.

21 vgl. Abschnitt A.7.

22 Goncourt/Goncourt 1986, 118 f.; ähnlich, aber mit größerer Betonung der Rolle der Mutter: Michelet 1984. Vgl. Steinbrügge 1992, 11 ff.

23 Kieserling 1999, 411.

gesprochenen Wortes und wechselseitiger Äußerungen operieren, erzeugen Interaktionssysteme sowohl hohe Beachtung und Beteiligung aller Anwesenden als auch enorme Transparenz und gegenseitige Rücksichtnahme; durch die üblicherweise stattfindende Redundanz schaffen sie ein hohes Maß an Zutrauen in die Akkuratheit der verbreiteten Informationen; und da Unterschiede zwischen Individuen nur begrenzt dargestellt werden können, ohne die Situation mit Konflikten zu überladen, mildern Interaktionen Rang- und Rollenunterschiede ab und erzeugen ein hohes Maß an sozialer Kohärenz; schließlich legen sie nahe, die anderen Rollen der Beteiligten mitzuberücksichtigen (beim Kaffeekranz wird akzeptiert, wenn ein Beteiligter geht, weil er ein Kind vom Kindergarten abholen muss). Interaktionssysteme haben also *strukturell* eine Affinität zu Fremdreferenz (im Unterschied zu selbstreferentiell organisierten Funktionssystemen). Interaktionssysteme zeichnen sich entsprechend durch eine ungeheuer hohe »Dichte« und Symmetrie aus, die alle Beteiligten so gut wie vollständig absorbieren und zu der es in anderen sozialen Systemen keine Entsprechung gibt.

Aus der Perspektive der Interaktionssysteme konnten die vordringenden systemischen, gesellschaftlichen Kommunikationen distanziert beobachtet und kritisiert werden. Gesellschaftssysteme forcieren asymmetrische Kommunikationen, die Rang- und Rollenunterschiede betonen (Lehrer/Schüler, Richter/Parteien, Arzt/Patient etc.), sich nur für systemrelevante Fragen interessieren und die Berücksichtigung der Gesamtperson schwächen (sich also nicht darum kümmern, was »der Mensch sonst noch tut«) – was als Einseitigkeit und Gleichgültigkeit wahrgenommen wurde. Dabei ist nicht die einzelne Asymmetrie entscheidend, mit Rangunterschieden war die frühmoderne Gesellschaft bestens vertraut, »gravierend ist vielmehr, dass es nun mehrere solcher Asymmetrien gibt, die aber nicht mehr zu einer Rangordnung aggregiert werden können«.[24] Zudem unterscheiden sich Funktionskommunikationen immer stärker voneinander, je nachdem, welchem Teilsystem sie zugerechnet werden:

24 ebd., 251.

nach Maßgabe rechtlicher Probleme, wirtschaftlicher Zahlungen, wissenschaftlicher Fragen oder religiöser Überzeugungen; diese Drift wurde um 1800 stark als Bedrohung der Einheit der Gesellschaft wahrgenommen und (vergeblich) bekämpft. In jedem Fall gilt die Einheit der Person nicht mehr als Garantie dafür, dass Ansprüche aus einem Bereich bruchlos in einen anderen überführt werden können – Menschen, insbesondere Männer, werden unberechenbar, verdächtig, unsolide im Wortsinne (wir hatten es in den Quellen gesehen). Schließlich steigern funktionsspezifische Kommunikationen den Bedarf an (sachlichen) Ablehnungsmöglichkeiten, am Bestreiten, etwa beim Bezweifeln wissenschaftlicher Ergebnisse oder beim Streit um Investitionen. Mit zunehmender Differenzierung nehmen die Anlässe und Möglichkeiten für Negationen zu, die Gesellschaft überschwemmt sich mit »Neins«, was vor allem Männer als Konflikterzeuger erscheinen lässt.

Es kann nicht verwundern, dass diese Tendenzen in der beginnenden Moderne als hochgradig bedrohlich empfunden wurden. Nur vor diesem Hintergrund wird deutlich, warum Interaktion unter dem Stichwort »Geselligkeit« semantisch derartig aufgewertet und als Gegenmodell idealisiert wurde. Die »wahre« Sozialität zieht in die Interaktion ein, der Rest der Gesellschaft ist Verstellung, Einseitigkeit, Kälte. Interaktion wird »als symbiotische Basis des gesamten gesellschaftlichen Lebens in Anspruch genommen«.[25] Sie zeichnet sich dadurch aus, dass sie sich in einer Art Gegendifferenzierung zur Gesellschaft in Gang setzt und gerade aus der Nichtübereinstimmung mit der Gesellschaft ihre Überlegenheit zieht. In ihr den Boden der Menschlichkeit zu sehen gelingt allerdings nur, solange die Interaktion abgeschottet bleibt gegen die Gesellschaft, sich nicht daran infiziert und so das Paradox »eines angeblich gesellschaftsfreien Raums reiner Gesellschaftlichkeit« etabliert.[26]

Dass Interaktion/Geselligkeit als Domäne des Weiblichen gilt bzw. mit Weiblichkeit überschrieben wird, ist oft bemerkt worden, allein

25 Luhmann 1993a, 155.
26 Oskar Roth zit. in Kieserling 1999, 417.

es »fehlt eine soziologisch überzeugende Erklärung dafür«.[27] Mehr noch: Es wird meist gar nicht erst versucht, die Dominanz der Frauen auf diesem Kerngebiet des Sozialen mit der angeblich gleichzeitigen Selbsterhebung der Männer zum allgemeinen Geschlecht zu versöhnen. Mit Blick allein auf Interaktion und Weiblichkeit ist das Problem meines Erachtens nicht zu lösen. Erst wenn man die gegenläufige Imagination über negative Männlichkeit einbezieht, wenn deutlich wird, dass in Männlichkeit (abschreckend) chiffriert wird, wie »die Gesellschaft« den Menschen demoralisiert, wird erkennbar, dass Geschlecht und Interaktion/Gesellschaft fusioniert wurden zu einer Semantik moderner Geschlechtlichkeit, die nur als Ganzes erklärbar ist. Jedenfalls wurde das aufbrechende Strukturproblem mit bemerkenswerter Schärfe sortiert und geschlechtlich codiert sowie Inklusionen und Exklusionen schematisiert. Weiblichkeit wurde deutlich aus den/einigen Funktionssystemen ausgeschlossen, Männlichkeit präzise als interaktionell irrelevant gekennzeichnet. Am Beispiel des Wissenschaftssystems verdeutlicht Schiller diesen doppelten, genderisierten Zugriff: »Das andere Geschlecht kann und darf, seiner Natur und seiner schönen Bestimmung nach, mit dem Männlichen nie die *Wissenschaft*, aber durch das Medium der Darstellung kann es mit demselben die *Wahrheit* theilen.«[28]
Vom systemisch-funktionalen Vollzug der Wissenschaft sollte die Frau ausgeschlossen sein, nicht aber von der Wahrheit selbst, die Schiller verdoppelte: einmal als Präferenzwert des Wissenschaftssystems (Wahrheit/Unwahrheit), in dieser Funktion aber reduziert und instrumentalisiert, und als frei flottierende, *allgemeinere* Wahrheit, die durch die Herauslösung aus der Partikularität der Wissenschaft gleichsam veredelt wird. Beide Male geht es um Wahrheit, die sich einstellt, wenn man die Selektion der Information keinem der Beteiligten zurechnet, aber diese Nichtzurechnung wird ganz unterschiedlich zugerechnet, je nach Geschlecht. Ein anderes Beispiel wäre Fichtes Unterscheidung zwischen unverheirateter und verheirateter

27 ebd., 434.
28 »Ueber die nothwendigen Grenzen beim Gebrauch schöner Formen«, zit. in Müller-Sievers 1994, 292 f.

Frau: Die erste unterliegt denselben Bedingungen wie der Mann und sollte daher exakt die gleichen Rechte haben; die letztere hingegen, die durch die Hochzeit in das Binnenreich der familiären Interaktion tritt, sollte hingegen keinerlei Rechte besitzen – weil diese als Teil der Codierung des Rechtssystems, Recht/Unrecht, das gesellschaftsferne Liebesideal der Familie infiziert hätten (s. dazu ausführlich Abschnitt D 1). Diese Dichotomisierung hält bis heute durch und bildet sogar den Grundstein einiger feministischer Theorien, etwa der *standpoint theory*. Sie geht explizit aus von einer »Kongruenz zwischen den Normen der wissenschaftlichen Methoden und Normen der Männlichkeit sowie zwischen der Nicht-Wissenschaft und Normen der Weiblichkeit«.[29]

Die Aufrechterhaltung dieses interaktionellen Selbstverständnisses verlangte strenge Kommunikationskontrolle und enorme sozialhygienische Anstrengungen, um das interaktionelle Reich von den Kontaminationen mit Männlichkeit freizuhalten bzw. die Bedingungen für deren Zutritt zu regulieren. Dabei wurden all jene Machteffekte freigesetzt, von denen die historischen Gender Studies zu berichten wissen. Die Reinhaltung des Weiblichen funktioniere nur per Ausschlussverfahren, wie Ernst Brandes in unverhohlener Deutlichkeit schrieb: »Die Selbständigkeit des Weibes muß durch die persönlichen Verhältnisse zu andern Menschen beschränkt«, also ins Reich der Interaktion gesperrt werden.[30] Erst durch die maskulin codierte Bedrohung wird sowohl diese feminine Einhegung als auch die Perhorreszierung des Männlichen begreifbar und die spezifische Form der Verteilung von Exklusion und Inklusion auf die Geschlechter verständlich.

Diese Differenz regulierte auch das Allgemeine neu. Kieserling vermutet, dass das »Allgemeine überhaupt nur noch dort möglich [ist], wo jeder spezifische Zusammenhang mit der gesellschaftlichen Differenzierung erfolgreich neutralisiert werden kann«, also bei den Interaktionen.[31] Diese Vermutung liegt nahe, wäre aber eine Verein-

29 Hewitson 1999, 80.
30 Brandes 1802, 100.
31 Kieserling 1999, 458 f.

fachung, da es bei aller Perhorreszierung des Gesellschaftlichen nie zu dessen Abkopplung gekommen ist. Ebenso missverständlich wäre es, die Differenz von Interaktion und Gesellschaft auf den Unterschied von Privatheit und Öffentlichkeit reduzieren. Zum einen, weil die gemeinhin angenommene Verbindung von Öffentlichkeit und Allgemeinheit zweifelhaft ist: Im 18. Jahrhundert wurde das Idealbild der Öffentlichkeit noch weitgehend im Begriff der Interaktion gedacht. Das Öffentliche um 1800 hat wenig mit unseren heutigen Vorstellungen einer massenmedial gesteuerten *public sphere* zu tun, sondern »wird nach dem Muster einer inklusiven Interaktion verstanden. Es erscheint als ›totale Anwesenheit‹«,[32] aus der heraus Gesellschaft durchwirkt werden sollte mit symmetrischen Interaktionen und mit Moral. Zum anderen ist die Verbindung von Männlichkeit und Öffentlichkeit vs. Weiblichkeit und Privatheit bedenklich und empirisch inzwischen widerlegt: »in keinem Fall [... kann] von einer rigiden Trennung in öffentliche männliche und private weibliche Räume gesprochen werden«.[33] Selbst wenn man das Schema privat/öffentlich anwenden wollte, wäre also anders zuzuordnen: Weiblichkeit-Privatheit/Öffentlichkeit-Allgemeines vs. Männlichkeit-Öffentlichkeit/Privatheit-Besonderes. Aber auch das träfe den Kern nicht. Denn die Differenz von Interaktion und Gesellschaft lässt sich nicht als binäre Opposition oder Hierarchie im Sinne von Allgemeinem und Besonderem denken, da *beide*, Interaktion und Gesellschaft, in *spezifischer* Weise *allgemein* sind. Beide vertreten besondere »Allgemeinheiten«, da auf keine der beiden Seiten verzichtet werden könnte (und wurde). Daher gerinnt Geschlecht auch nicht zu einem eigenen System, denn es kann keinen hierarchisch organisierten Dualcode ausbilden (wie etwa Recht/Unrecht, Wahrheit/Unwahrheit), sondern beide »Werte«, Männlichkeit wie Weiblichkeit, müssen sowohl als Präferenz- wie als Negationswert behandelt werden. Ich komme auf die sich daraus ergebende genderisierte Daueroszillation zurück.

Die zugrunde liegende Differenz von Interaktion und Gesellschaft

32 ebd., 450
33 Habermas 2000, 145; vgl. Trepp 1996, 19

regulierte auch die soziale Exklusion und Inklusion der Geschlechter neu. Wobei die Semantik, die sich ursprünglich um die Kerndifferenz von Interaktion und Gesellschaft bildet, rasch ausgebaut wurde – stets unter mal engerer, mal loserer Anbindung an die Ausgangsunterscheidung. Sie entwickelt ein Eigenleben und arrondiert auch darüber hinausgehende Felder neu. Insbesondere bleibt Weiblichkeit nicht auf pure Interaktion festgelegt, sondern wird ebenfalls funktionsspezifisch vereinnahmt – allerdings nur in interaktionsnahen Funktionssystemen. Als solche lassen sich die Systeme Familie, Liebe und Religion bezeichnen, die im 19. Jahrhundert bekanntlich zunehmend feminisiert werden, sodass vor allem Frauen als Virtuosinnen dieser Domänen gelten. Machttheoretisch wird das oft gedeutet als patriarchale Relegation von Frauen in die »unwichtigen« Bereiche der Gesellschaft. Aus der hier vertretenen Perspektive stellt sich der Sachverhalt anders dar: als konsequenter und gleichsam »logischer« Ausbau der Weiblichkeitssemantik in interaktionsnahe Systeme.

Die Funktionslogiken von Familie, Liebe und Religion sind gut ausgearbeitet, ich beschränke mich auf wenige Punkte. Alle drei treten dort ein, wo die funktionale Differenzierung vornehmlich Unbestimmtheit hinterlässt: beim Individuum. Auf unterschiedliche Weise kümmern sie sich um die Komplettbetreuung von Individuen. Die anderen Funktionssysteme greifen nur nach Maßgabe ihrer eigenen Logiken auf Personen zu und ignorieren den Rest; so werden systematisch und systemisch fragmentierte Dividuen erzeugt, die die Einheit und den Zusammenhalt ihrer Selbst selbst herstellen müssen (was dauerhafter Anlass ist für die moderne Suche nach »der Identität«). Funktionssysteme inkludieren bestimmte Aspekte der Individuen und ignorieren den Rest. Moderne Individualität ist im Gegensatz zu früheren Gesellschaften stets sowohl Inklusions- als auch Exklusionsindividualität. Intimsysteme (Familie, Liebe) wie auch die Religion greifen hingegen auf Individuen in ihrer Komplettheit zu, jedenfalls ist das die jeweilige systemische Selbstbeschreibung – die natürlich nur unter dramatischer (Selbst-)Simplifikation der Beteiligten aufrechtzuerhalten ist.

Am deutlichsten und heikelsten übernimmt Liebe dieses Programm. Sie ist die kommunikative Form, in der das Versprechen gilt, eine andere Person in allen Hinsichten zu berücksichtigen. Dass dieser Totalitätsanspruch hochgradig unwahrscheinlich, anspruchsvoll und belastend ist, weiß man, seitdem man mit ihm experimentiert. Gleichwohl dient die Liebe seit 1800 bis weit in unsere Zeit hinein als Zentralmodell einer einheitsstiftenden, alle Differenzen überwindenden sozialen Bestimmtheitsfunktion und wird in unterschiedlichen Graden abstrahiert und zum Absolutum aller Sozialität erklärt.[34] Besonders wichtig ist ihre Ferne zum Wirtschaftssystem, ihre Nichtkäuflichkeit (was im 19. Jahrhundert zu einer überhöhten Problematisierung der Prostitution führt): »Sie [die Liebe] weiß von Eigenthum und Selbstheit nichts; wie könnte sie kalkulieren, was Glück giebt?«[35]

Ähnlich funktioniert Familie, die sich bis heute ganz unmittelbar als Interaktionszusammenhang stabilisiert. Auch in ihr geht es um die Komplettinklusion und »totale Anwesenheit« von Individuen, also um deren Relevanz, auch wenn sie nicht anwesend sind.[36] Das führt zu einer grundlegenden Umstrukturierung von Familien in der Moderne und zur Herausbildung ganz neuer Rituale und familieninterner Strukturen.[37] Genauso wie Liebe wird seit 1800 Familie fundamentalisiert (das reicht bis zu heutigen Parteiprogrammen, in denen die Gesellschaft als eine in Familien segmentierte Nation beschrieben wird). Condorcet sprach von der »Familiengesellschaft«[38], Friedrich Schlegel sah darin die Einheit der Welt,[39] – und stets war klar, dass »[n]ur um eine liebende Frau her sich eine Familie bilden« kann.[40] Das ist ein radikaler Bruch mit der Tradi-

34 Unübertroffen, wie meist, Hegel, *Vorlesungen über die Ästhetik II*, WA, Bd. 14 (1970), 155; vgl. populärphilosophisch: Ehrmann 1784, 25 ff.; Ramdohr 1798.

35 Berlepsch 1791, 93.

36 Luhmann 1990, 196-227.

37 Überblicke: Gillis 1996; Coontz 1992, 2000; Rosenbaum 1973, 1982.

38 Condorcet 1796, 19; vgl. Trepp 1996, 370 ff.

39 »Willst du die Menschheit vollständig erblicken, so suche eine Familie. In der Familie werden die Gemüter organisch eins, und eben darum ist sie ganz Poesie.« (Schlegel 1988a, 283)

40 ebd., 278.

tion, in der Familien durch den väterlich-patriarchalen Hausvorstand konstituiert und durch dessen Abwesenheit aufgelöst wurden. Das führt zu erheblichen familiären Konflikten, von denen dann die Literatur des 19. Jahrhunderts zu erzählen weiß: Das neue Denken installiert die Mutter im Zentrum der Familie, ohne die Macht des Hausherrn formell oder de facto zu widerrufen. Weiblichkeit aber (genauer: Mütterlichkeit) fungiert fortan als die Bedingung der Möglichkeit jener Institution, die allein die Einheit der Welt herstellen kann, gleichsam als transzendentales Prinzip von Sozialität.

Beide, Liebe und Familie, sind dabei nicht Systeme wie Wirtschaft oder Politik, denn es lässt sich nicht davon sprechen, dass es *ein* gesellschaftsweites System der Liebe gäbe oder *eine* Superfamilie, die alle Familien umfasste. Die interaktionsnahen Systeme verwirklichen sich als übergreifende *Formen*, die lokal und jeweils in Bezug auf konkrete andere verwirklicht werden, was den Eindruck verstärken kann, es handle sich nicht um Systeme, sondern um Interaktion.

Die Verbindung von Interaktion, Weiblichkeit, Sozialität wurde schließlich auch im dritten »femininen« System hergestellt, der Religion. Es gibt viele empirische Belege, dass im 19. Jahrhundert Religiosität mehr denn je zur Sache der Frauen wurde und Areligiosität zu der der Männer,[41] doch hier interessiert nur der diskursive Zusammenhang, der diese Entwicklung wahrscheinlich werden ließ. In der soziologischen Klassik war man sich in der Beobachtung weitgehend einig, das Religiöse als ein Fundament des Kollektivs zu sehen, als einheitsstiftende Kraft, die ihr Ziel darin hat, eine »moralische Gemeinschaft« (Durkheim) zu begründen. Der Religion wurde eine Orientierung am Ganzen zugesprochen, die Vermittlung eines übergeordneten Sinns über alle gesellschaftlichen Brüche und Differenzierungen hinweg: Sie war die Kraft, die die zentrifugalen Energien der Moderne immer wieder bündelte und integrierte, um den Zusammenhalt der Individuen untereinander und mit dem Kollektiv zu gewährleisten. »Religion fällt hier gewissermaßen mit der Grundfunktion des Gesellschaftlichen zusammen: Soziale Repro-

41 McLeod 1988; Saurer 1990; Habermas 2000, 203; Davidoff/Hall 1987, 107 ff.

duktion nicht dem Zufall jeweiliger Gegenwarten zu überlassen, sondern Erwartbarkeiten, Kontinuitäten, Kontrolle, Macht, Orientierung, Zwang, schlicht: *Ordnung* zu stiften.«[42] Das verbindet sie aufs innigste mit der Moral. Beide codieren die Bedingungen der gegenseitigen Achtung zwischen Personen, beide werden als Interaktionsverhältnis gedacht, einmal zwischen Mensch und Gott, einmal zwischen Menschen, in beiden werden die Bedingungen der Inklusion und Anerkennung von Individuen als ganze verhandelt. Es kann daher nach allem nicht überraschen, wenn Religion und Moral weiblich konnotiert und Frauen als die Virtuosinnen sowohl der Moral wie der Religion geführt wurden.

Im 18. und 19. Jahrhundert resultierte daraus eine Ungleichbehandlung der Geschlechter, wie Rebekka Habermas mit klarer (aber von ihr nicht benannter) Anlehnung an den Unterschied von Interaktion und Gesellschaft deutlich gemacht hat: Kern der Geschlechterbeziehung war

> »der ungleiche Austausch, die ungleiche Aneignung und Weitergabe von Bildung einerseits, von Moral und Sitte andererseits. Ungleich war dieser Handel aus dem schlichten Grund, weil Frauen ein im Vergleich zu Männern privilegierter Zugang zum Reich der Moral und der Religion nachgesagt wurde, während Männer einen exklusiven Zugang zu den institutionalisierten Bildungseinrichtungen [...] hatten. Bekamen die Gattinnen Bildung, so erhielten die Männer ein Heim [...] und glaubten überdies, durch ihre Frauen ›geläutert‹, ja ›zivilisiert‹ [...] worden zu sein.«[43]

Der brutale Ausschluss von Frauen aus Funktionssystemen wie Politik, Wirtschaft und Recht seit dem 19. Jahrhundert ist oft angeprangert worden, er folgt nach dem hier vorgeschlagenen Ansatz der Supercodierung eines Strukturaspekts der Moderne – die sich bis heute durchhält. Der nicht minder gründliche, allmähliche Ausschluss von Männern aus den Familien ist allerdings auch ein Effekt dieser Schematik, der sich seit dem späten 20. Jahrhundert nicht nur etwa in Sorgerechtsregelungen ausdrückt, sondern auch darin,

42 Nassehi 2003, 262.
43 Habermas 2000, 328 f.

dass Frauen als das »allgemeine« Geschlecht der Elternschaft gelten (»Frauen werden als ›Eltern‹ gesehen, während Männer ›Väter‹ sind«[44]). Andere, spezifisch männliche Risiken der Geschlechtersemantik waren und sind etwa Militarisierung (zu der Heroisierung gehört), Kriminalisierung, Sexualisierung und Medizinalisierung. Noch einmal also: An der Semantik hängen massive Machteffekte, die insbesondere Frauen getroffen haben. Aber diese folgen einer komplexen Semantik mit nichthierarchischen Folgen. Mehr noch: Der Ansatz erlaubt den Blick auf Exklusionen aufgrund von Inklusionen in anderen Systemen. Ein Beispiel aus der Zeit um 1800: Frauen sind religiös empfindsamer und daher von Priestern leichter zu beeinflussen – argumentierten Antikleriker im 18. Jahrhundert und begründeten so den Ausschluss der Frauen von politischen Wahlen.

Eine Inklusion aufgrund von Exklusion besteht hingegen darin, dass Frauen zwar aus zentralen Funktionssystemen ausgeschlossen wurden/werden, aber gerade dies sie als Kritiker der Exklusion wieder inkludiert. Der Ausschluss der interaktionellen Macht des Weiblichen ist spätestens seit der ersten Frauenbewegung im späten 19. Jahrhundert, der nicht zufällig so genannten Sittlichkeitsbewegung, ein machtvoller Faktor *innerhalb* des politischen Systems. Sie stützte ihre Autorität maßgeblich auf die moralische und interaktionelle Dominanz des Weiblichen und verlangte im Namen von »Mütterlichkeit« (als »organisches Sonderprinzip«, so Georg Simmel) und »true womanhood« die moralische Reformierung der Männer und Rettung der Gesellschaft: »Wahlrecht für Frauen, Keuschheit für Männer«, wobei die Keuschheitspolitik in streng interaktioneller Logik darin bestand, dass das politische System (»votes«) von tugendhaften Frauen durchsetzt und dadurch gebessert werden sollte (s. dazu Abschnitt D 3.4). Anderes ließe sich aus anderen Feldern berichten: Der Ausschluss durch das System wird als Kritik am System zu einer systemverändernden Macht im System. Man kann die Langsamkeit dieser Veränderungen speziell bei der Gleichstel-

44 Bekkengen, zit. in Holter 2005, 18.

lung beklagen, ohne deswegen die Logik der Veränderung zu ignorieren. Das Bild reichert sich noch weiter mit Komplexität an, wenn die historische Dimension einfließt: Im Laufe der Zeit variiert auch die Unterscheidung von Interaktion und Gesellschaft selbst, in ihr semantisches Kräftefeld werden bestimmte Aspekte eingegliedert, andere wieder ausgegliedert. Die Programme, die für die Anwendung dieser Differenz sorgen, verändern sich historisch. Ein Beispiel: Die starke Betonung etwa der vorehelichen sexuellen Enthaltsamkeit um 1800 (wie man inzwischen weiß: bei Frauen *und* Männern[45]) ist einer anderen Einschätzung gewichen, ohne dass die interaktionelle Dimension von Liebe im Grundsatz aufgegeben worden wäre; die Semantik des Geschlechtlichen ist äußerst dynamisch. Schließlich müsste auch noch die systemtheoretische Rollentheorie eingebunden werden, die für jedes System und jede soziale Domäne zwischen Leistungs- und Publikumsrollen zu unterscheiden erlaubt, also eine weitere Komplexitätsdimension eröffnet.
Auch der Umstand, dass Frauen im 19. Jahrhundert zunächst die Inklusion in das Erziehungssystem erreicht haben, lässt sich auf unserem Hintergrund verstehen. Für Erziehung kann es, wie Luhmann gezeigt hat, kein symbolisch generalisiertes Medium geben[46] – also das, was Geld für die Wirtschaft oder Wahrheit für die Wissenschaft bedeutet. Solche Medien ermöglichen hochunwahrscheinliche Kommunikation trotz deren Unwahrscheinlichkeit, aber sie können keine Außenwirkung sichern, so wie sie in der Erziehung verlangt wird: Außenwirkung im psychischen System von Alter Ego, also im Kinde (oder im Mann). »Es gibt im Erziehungssystem keine Technologie, die es ermöglichen könnte, Kommunikation gegen die Strukturen des Interaktionssystems zu differenzieren und weitgehend unabhängig von ihnen laufen zu lassen.« Mit anderen Worten: Erziehung bleibt an Interaktion gebunden. Nach allem, was wir über die Verankerung des Geschlechts in der Differenz von Gesellschaft und Interaktion gesagt haben, ergibt sich womöglich aus der Interaktionsabhängigkeit der Erziehung ein Grund, warum erstens die Frau

45 Trepp 1996, 79 f.
46 Luhmann 1995, 204 ff.

zum »allgemeinen« Erzieher des Mannes geworden ist und nicht umgekehrt; und warum zweitens das Erziehungssystem sich als eines der ersten für Frauen geöffnet hat.

Zum Vorschein kommt so eine hyperkomplexe Welt der Geschlechterverhältnisse mit Überkreuzungen, Vertauschungen, Verkehrungen, die allerdings, so die These, ihr generatives Prinzip in der grundlegenden Unterscheidung von Interaktion und Gesellschaft hat. Diese erzeugt kein eigenes System, sondern sie produziert eine Oszillation, die keine Seite zu präferieren vermag, sondern nur je kontextspezifisch operiert. Der Grund dafür ist leicht zu fassen: Die Unterscheidung erzeugt keine Umtauschwerte, wie es Funktionssysteme tun, also nicht Recht/Unrecht, Wahrheit/Unwahrheit etc., die wiederum Präferenzen orientieren. Interaktion ist nicht die Umkehrung von Gesellschaft, sondern es handelt sich um unterschiedliche Sozialitätsformen, die beide ihr Recht (vermutlich: ihre Notwendigkeit) haben; deswegen sind sie einander auch nicht Negation (so wie Unwahrheit Wahrheit negiert), sondern *beide* sind Präferenzwerte. Interaktionssysteme sind nicht per se »besser« oder »schlechter« als Gesellschaftssysteme, sondern beide zum Vollzug der modernen Gesellschaft notwendig. Die vereinseitigende Dynamik des Männlichen wird historisch zwar kritisiert, aber offensichtlich ebenso wenig verabschiedet wie die interaktionelle Güte des Weiblichen, auch wenn Diskurse mal das eine, mal das andere empfehlen. Zumal scheinen Geschlecht und die Interaktion/Gesellschaft-Differenz inzwischen so gründlich verklebt zu sein, dass sie nur mit der Preisgabe einer der beiden grundlegenden Systemformen der Gesellschaft zu lösen wären. Daher kommt die Oszillation des Geschlechts auch nicht zur Ruhe – weil sie mit Energie aus einer seismisch hochaktiven Bruchstelle der Moderne gespeist wird, an der stetig Zweifel aufsteigen: Dem Zweifel, sich (nur) auf die Gesellschaft, oder (nur) auf Interaktion verlassen zu können.

Wie wichtig diese grundlegende Unterscheidung ist, ist auch daran ersichtlich, dass sie den Diskurs der Moderne stimuliert hat wie keine zweite. Die Differenz von Interaktion und Gesellschaft haben zwei semantische Großkomplexe überwuchert, in die Ge-

schlecht eingelassen ist. Sie tragen viele Namen: Gemeinschaft und Gesellschaft (Tönnies), organische und mechanische Solidarität (Durkheim), Interaktion und Gesellschaft, Lebenswelt und Systemrationalität (Habermas), Kultur der Dinge und Kultur der Personen, Individualismus und Kollektivismus, subjektive und objektive Kultur (Simmel) – oder eben: Weiblichkeit und Männlichkeit.[47] An diese symbolischen Kosmen hat sich eine kalorische Metaphorik angelagert, deren warme Seite (Alltag, Familie, Liebe, Natur, Ehe, Menschlichkeit etc.) als die Kritik der kalten aufzutreten vermag (Ferne, Kälte, Unkontrollierbarkeit, Technizität, Rationalität, Destruktivität, Anonymität, Sachlichkeit, Gewalt etc.) – und vice versa. Im Diskurs des Geschlechts erscheint das als die stereotype und ermüdende Gegenüberstellung von unemotionaler, unmoralischer Männlichkeit und ethischer Weiblichkeit. Noch jüngste Theorieentwürfe, etwa Carol Gilligans Versuch, eine überlegene weibliche Moral zu finden, partizipieren an dieser Opposition.[48]

Bleibt die Frage nach den Gründen der geschlechtlichen Supercodierung der Differenz von Interaktion und Gesellschaft: Weshalb wurde und wird Geschlecht derart massiv zur Markierung dieser Differenz herangezogen? Aus einer Vielzahl möglicher Gründe erscheinen einige besonders relevant: Verkörperung, protosoziologisches Kausalitätsmanagement, Versöhnungsperspektive und Erwartbarmachen des Nichterwartbaren.

Offenbar herrschte um 1800 ein gesteigertes Interesse, die als existenziell empfundene Dichotomie der beiden Sozialbereiche in der vermeintlich eindeutigen Dichotomie der Geschlechtskörper zu verankern. Es bestand Bedarf an schneller, »zweifelsfreier« und »verkörperter« Verfügbarkeit der Unterscheidung für alle Kommunikationen und Kommunikanten, was nicht verwundert angesichts der grundlegenden Bedeutung, die ihr zugemessen wurde. Geschlecht erhöhte die »Erkennbarkeit« der Differenz, zumal es als soziale Ka-

47 Wer mag, kann die Unterscheidung *überall* sehen: Tönnies 1992. Zur frühen Kritik an dem Schisma: Plessner 2001 (1924).

48 Gilligan 1996 und die sich anschließende care/justice-Debatte; Larrabee 1993; Horster 1998; Kämmerer/Speck 1999.

tegorie eine lange Tradition und Selbstverständlichkeit besaß. Zudem wurde die Differenz, wie beschrieben, zuerst an Männern beobachtet, es lag also nahe, sie als Differenz der Geschlechter zu deuten. Weitere Merkmale von Geschlecht, die in den Gender Studies inzwischen gut erforscht sind, tragen ein Übriges bei. Geschlecht wird sozial rigoristisch gehandhabt, alle Menschen werden in die Geschlechterschematik eingeschlossen und erhalten ein/ihr Geschlecht (und meistens nur eines von nur zweien), es gibt keinen irritierenden Rest, selten Zwischengrößen oder Zweideutigkeiten. Zudem muss die Ungleichheit von Mann und Frau sozial *nicht* erklärt werden, man muss nicht darüber sprechen und kann doch sehr viel damit *meinen.*[49] Dennoch gibt es Geschlechtsidentität »nur in sprachlicher Fassung«,[50] sie ist ein semantisches, kein natürliches Produkt, weswegen sie sich bestens für die Verkopplung mit anderen semantischen Komplexen eignet. Gerade weil der Geschlechtskörper nichts sagt, nichtssagend ist, kann allerhand über ihn und mit ihm gesagt werden. Schließlich konnte das Aufkommen dieser neuen, unvertrauten Differenz zu Beginn der Moderne per Geschlecht auf vertraute Weise recodiert werden. Männer und Frauen waren »bekannt« und vermochten das Unbekannte zu binden. Dabei half, dass es sich um oppositionelle Schemata handelt, der Dimorphismus des Geschlechts also gut auf jenen anderen Dimorphismus »passt«.

Des Weiteren verstand sich die Gesellschaft um 1800 noch immer mehrheitlich als Personenverbund. Um sich selbst zu erklären, »benötigte« die Gesellschaft handelnde Personen, die ursächlich soziale Phänomene erzeugten. Die geschlechtliche Naturalisierung erlaubte es der Gesellschaft, sich ihre eigene Entwicklung auch dort erklären zu können, wo Erklärungen fehlten. Die »unsichtbare Hand« war eine solches Erklärungsschema, dem aber schon Smith selbst, wie in seiner Moralphilosophie zu sehen ist, misstraute. Gerade für die unerwünschten, negativen Entwicklungen bot sich Geschlecht (in diesem Fall: Männlichkeit) an, um Gründe zu erzeugen. Der männliche Geschlechtscharakter, naturale Anlagen, Triebregungen

49 Hirschauer 1993, 70, 74.
50 Tyrell 1986, 462.

konnten als Agenzien eines sozialen Wandels herhalten, der sich nur schwer oder gar nicht in Begriffe fassen ließ. Dass dabei Männlichkeit (und nicht Weiblichkeit) mit Gesellschaft verkoppelt wurde, dürfte als eine Art Ironie der Kontinuität zu lesen sein: Das alte Repräsentationsmodell der stratifizierten Gesellschaft wurde auf die dynamischsten Teile der Gesellschaft übertragen und mit Männlichkeit identifiziert – mit dem Effekt, dass es dann keine diskursiven Abwehrmechanismen mehr gab gegen die negativen Konnotationen dieser Verschränkung. So erklärt sich, dass vor allem Männer am Diskurs der Negativen Andrologie mitgewirkt haben, in einer Mischung aus Kontinuität, Konsequenz und unintendierter Diskursdynamik.

Zu allem bisher Gesagten tritt hinzu, dass Geschlecht ein geeignetes Mittel ist, Gesellschaft in vereinfachter Form dazustellen und zu bearbeiten. Es macht kommunikationsfähig, was sonst nicht zu kommunizieren wäre. Das, was die dramatisierte Erzählung des Naturzustandes für die unbestimmte Natur des Menschen ist, ist Geschlecht für die Gesellschaft: die Simplifizierung eines hochkomplexen Sachverhaltes, die Greifbarmachung des Un(be)greifbaren. Und das auf drastische Weise, wie die Quellentexte bewiesen haben: polemisch, polarisierend, die Unterscheidung zuspitzend und dramatisierend, das Drama der Moderne inszenierend. Zugleich erlaubt es die geschlechtliche Codierung, Soziales auf »Natur« zurückzuführen und dadurch zu »sichern« und mit Geltungsdichte anzureichern.[51] Die Geschlechtskörper wurden also um 1800 in ein Kausalitätsmanagement eingefügt, das auf personale Vertretung komplexer sozialer Phänomene nicht verzichten konnte und nicht darauf, Gesellschaft in Kategorien des Natürlichen zu denken.

Des Weiteren eröffnet die Verkopplung von Geschlecht und Interaktion/Gesellschaft eine Versöhnungsperspektive. Die Flut von Schriften, die aus der ehelichen Verbindung der Geschlechter das Überwinden der sozialen Widersprüche und die Rettung der Gesellschaft ableiteten, ist ein Indiz dafür. Das abstrakte Problem wurde als kon-

51 Douglas 1991, 84.

krete Verhaltenserwartung behandelt und erschien so als lösbar: lösbar durch guten Willen, familiären Druck, strenge Erziehung und/oder gute Literatur, also durch spezifisch bürgerliche Handlungskompetenzen. Dieser Lösungsweg musste besonders einer Gesellschaft verlockend erscheinen, die sich von der Interaktion unter Anwesenden ihre eigene Stabilität versprach. Durch die Supercodierung mit Geschlecht konnten überdies unterschiedliche Verhaltenserwartungen dauerhaft etabliert werden, auch hoch unwahrscheinliche. Geschlecht präfiguriert nun die Anschlüsse von Kommunikationen in einem Maße, das vorher unbekannt war. Man »wusste« fortan gleich, welche Formen von Kommunikationen bei welchem Geschlecht Erfolg versprechend (genauer: zugelassen) sind: Kindererziehung und Zärtlichkeit bei der Mutter und nicht, wie früher, beim Vater, desgleichen religiöse Kompetenz; Sexualität nicht mehr bei der Frau, wie früher, sondern im Übermaß beim Mann; Anweisungen für moralisches Verhalten von der Frau, für effizientes vom Mann etc.

Auf beiden Seiten waren natürlich Idealzustände vorgesehen, Schönheit, Anmut, Keuschheit hier, Selbsttätigkeit, Effizienz, Durchsetzungsvermögen dort, die aber gerade dadurch, dass es *unwahrscheinlich* ist, dass diese Verhaltensweise ausgerechnet geschlechtlich verteilt sein könnten, als Markierung einer anderen Unterscheidung dienen konnten, in diesem Fall der Unterscheidung von Interaktion und Gesellschaft. Weil die Kopplung an Geschlecht *un*plausibel ist, wurde sie signifikant. Die in der Moderne stets mitlaufende Kritik am modernen Geschlechterverhältnis lebt von diesem Plausibilitätsparadox.[52] Die Unwahrscheinlichkeiten finden sich überall: Frauen sollten in der Beschränkung auf das Haus unbeschränktes Glück finden, Männer sollten Erfüllung finden im Beruf, der als nichterfüllend definiert ist; die (bürgerliche) Gleichheit der Menschen wurde in der geschlechtlichen Ungleichheit widerrufen; die

52 Genauer müsste man formulieren, dass das moderne Geschlechterverhältnis durch die Kritik an sich selbst *mit*konstituiert wird. Es *ist* die Kritik an sich selbst als dauerhafte Verschleierung des Umstandes, dass es *nicht* um Geschlecht geht. (Vgl. zur konstitutiven Instabilität von *gender*: Deutscher 1997.)

Geschlechter definierten jeweils die sozialen Ausschluss- und Einschlussbedingungen füreinander usw.

Das Schema ist bis heute aktivierbar, auch weil es eben und längst in Habitus und Körperlichkeit eingewandert ist. Die einschlägige Forschung dazu hat Christine Weinbach anschaulich aufgearbeitet, mit dem Ergebnis, dass sich bis in Körperhaltungen und Gesprächsstrategien Geschlechterunterschiede feststellen lassen, die auf die Differenz von Interaktion und Gesellschaft hinweisen. Dies ist besonders instruktiv, da Weinbach zwar einen systemtheoretischen, aber eben einen anderen als den hier vorgeschlagenen Weg wählt. Sie zeigt dennoch, dass »männliche Kommunikation« sich eher »selbstreferentiell als handelnd« versteht (was, in unserem Sprachgebrauch, die Nähe zur anthropologischen Unterfütterung der Gesellschaft verrät), während »weibliche Kommunikation« eher »fremdreferentiell als erlebend« auftritt.[53] Männer betonen, um ein weiteres Beispiel zu nehmen, eher die »unterschiedliche Perspektive von Ego und Alter«, während Frauen sich bemühen, »eine stabile gemeinsame kommunikative Umwelt« entstehen zu lassen.[54] Nach wie vor orientieren sich die Geschlechterstereotypen entlang diverser Unterscheidungen, die – bei allen Variationen im Detail – der hier zugrunde liegenden Grundunterscheidung folgt. Dies soll genügen, um plausibel zu machen, dass noch die (heutigen) geschlechtlichen Habitusformationen mit der Differenz von Interaktion und Gesellschaft korrelieren. Weitere eingehende Untersuchungen könnten Feinheiten ausmalen. Jedenfalls ergibt sich aus dem Gesagten der Anfangsverdacht, dass das hier vorgeschlagene Programm nicht nur für die Zeit um 1800 ein brauchbarer Weg ist, die semantische Neuformierung der Geschlechter zu analysieren, sondern die Differenz von Interaktion und Gesellschaft bis heute der entscheidende Hebel ist, das Geschlechtersyndrom und seine Hartnäckigkeit in der Moderne zu verstehen. Wie sehr das Programm erlaubt, den Blick auf das Geschlechterverhältnis zu ändern, zeigt das folgende Kapitel.

53 Weinbach 2004, 75.
54 ebd., 73.

D. Korrekturen

»Wie immer dient Offensichtlichkeit dazu,
etwas zu verdecken.«[1]

Die Negative Andrologie verlangt nach Korrekturen – auf zweifache Weise. Einmal Korrekturen an den Männern selbst: Werden sie als egoistisch, gewalttätig, triebhaft wahrgenommen, folgt daraus, dass sie nicht so bleiben dürfen. Sie müssen andere Männer werden, bessere, verantwortungsvollere. Das führt zum Projekt der Regulation des Maskulinen, dem sich die Moderne wie keine Epoche zuvor verschrieben hat. Die Negative Andrologie erfordert aber auch Korrekturen am heutigen Diskurs über Geschlecht. Ist sie erst einmal als systematischer Bestandteil der Moderne rekonstruiert und damit ihres Status als »silent referent« entkleidet, dann werden neue Lesarten des Geschlechterdiskurses und neue Deutungen scheinbar vertrauter Texte und Themen möglich. Daraus ergibt sich ein Projekt der Relektüre, dem sich dieses Buch verschrieben hat. Beide, Regulation und Relektüre, bedingen einander. Nur wenn die Männer um 1800 tatsächlich als (auch) defizient und korrekturbedürftig gedeutet wurden, lassen sich die Texte aus der Zeit neu lesen; im üblichen Deutungsschema von männlicher Überlegenheit (Allgemeinheit) und weiblicher Schwäche (Besonderheit) stellen sich jene Fragen überhaupt nicht, die hier im Vordergrund stehen; und die Quellen offenbaren nur immer wieder, was bereits bekannt ist.

Eine andere Lesart soll im Folgenden an drei sehr unterschiedlichen Themen erprobt werden: an Johann Gottlieb Fichtes »Deduktion der Ehe«, an dem Phänomen des »weiblichen Blicks« um 1800 und an der gewaltigen Antionaniekampagne, die in der Mitte des 18. Jahrhunderts begann und weit bis in das 20. Jahrhundert andauerte. Die Unterschiedlichkeit der Diskurse (in Thema und Umfang) ist erwünscht; zumindest für diesen ersten Testlauf der Negativen Andrologie empfiehlt es sich, möglichst heterogene semantische Felder aufzusuchen, um die Variabilität des Ansatzes zu erproben.

1 Luhmann 1995, 211.

1. Konjugale Kybernetik und demoralisierter Patriarchalismus: Fichtes »Deduktion der Ehe«

»Liebe ist Natur, und Vernunft
in ihrer ursprünglichsten Vereinigung.«[1]

Es ist deutlich geworden, dass die Ehe (Liebe) im Denken um 1800 als zentraler Selbstreferenzunterbrecher fungierte. Die Details dieser Unterbrechung blieben allerdings bislang unerörtert: Wie wurde das schwierige Problem gelöst, die selbstreferenzielle Ge- und Verschlossenheit des Maskulinen aufzubrechen? Wie wurden männliche Un- und weibliche Hypermoral in Verbindung gebracht, wie die verschiedenen Naturen des Geschlechtlichen relationiert? Eine Antwort auf diese Fragen soll anhand eines Schlüsseltextes um 1800 nachgezeichnet werden, an Johann Gottlieb Fichtes »Deduktion der Ehe«. Zugleich kann daran demonstriert werden, welche alternativen Lesemöglichkeiten der Ansatz der Negativen Andrologie eröffnet und wie blinde Flecken bisheriger Deutungen aufgehellt werden.

Bis heute erscheint die »Deduktion der Ehe« als eines der kompromisslosesten patriarchalen Manifeste der Zeit. Dass die Frau, wie Fichte schrieb, in der Ehe »ihrem Gatten ganz unterworfen sey, und keinen anderen Willen habe, als den seinigen«, dass sie überhaupt »aufgehört hat, das Leben eines Individuums zu führen« und ihre Existenz ein Teil der Existenz des Ehemannes geworden sei[2] – derlei Sätze wecken noch 200 Jahre später wütende Reaktionen. In der feministischen Philosophiekritik und Historiographie herrscht weitgehend Konsens, dass Fichte, als »Chefideologe des bürgerlichen Patriarchalismus«,[3] mit seiner Deduktion eine »Legitimationsbasis für die Fortdauer weiblicher Unterjochtheit« und »eine Absicherung

1 Fichte, System der Sittenlehre (SL), 289.
2 Fichte, Grundlage des Naturrechts (GN) 102, 103; a. 113.
3 Gerhard 1978, 143.

weiblicher Unterordnung über Vernunftgründe«[4] bereitzustellen versucht habe. Als ebenso unstrittig gilt, dass Fichte für die völlige »Entsexualisierung und Entrechtung« der Frau plädiert habe, und zwar als Preis, »den die Frau für die moralische Kompensation ihrer natürlichen Minderwertigkeit in der und durch die Ehe zu zahlen« habe.[5] Fichtes Geschlechterdenken sei entsprechend »durch und durch traditional« und »vorurteilsgeladen« gewesen, und er habe patriarchale Sympathien für den »double standard« gehegt, dem Manne seinen Sexualgenuss zu gestatten, diesen der Frau aber zu verwehren.[6] Insgesamt treffe Fichte eine Unterscheidung von »aktiver superiorer Männlichkeit und passiver inferiorer Weiblichkeit«,[7] die der Abwehr der »Gefahr, die männlichem Vorrang drohte« dienen soll.[8]

Der Kritik liegt die bereits erörterte Allgemeinheitsthese zugrunde, der zufolge der Philosoph Frauen als inferiore Naturwesen und Männer als sittlich und intellektuell überlegene Vernunftmenschen definiert habe. Auch bei großer hermeneutischer Sorgfalt[9] läuft die Interpretation stets auf eine lineare Geschlechterhierarchie bei Fichte hinaus: Die minderwertige Frau (als »Besondere«) habe sich dem überlegenen Mann (als »Allgemeinem«) zu unterwerfen. Allerdings fällt bei Durchsicht der Fichte-Kritik deren Selektivität ins Auge. Mit einer geringfügigen Ausnahme[10] ignorieren die KritikerInnen zumindest drei zentrale Aspekte der Fichteschen Geschlechterphilosophie:

– den Umstand, dass Fichte *ledigen* Frauen die *gleichen* Bürgerrechte wie den Männern zuspricht;
– die Verfügungsmacht der Frau über die *Konstitution* der Ehe;
– das negativ andrologische Bild von *Männlichkeit* bei Fichte.

Es kann nicht überraschen, dass diese Aspekte in der bisherigen

4 Bennent 1985, 119, 115.
5 Heinz 2002, 226; s. a. Heinz/Kuster 1998, 837; Heinz 1998.
6 Archard 2001, 192, 195.
7 Hartlieb 2006, 87.
8 Gerhard 1978, 145.
9 Heinz/Kuster 1998.
10 Gerhard (1978, 147) über ledige Frauen.

Fichte-Rezeption systematisch übergangen wurden. Zum einen unterminieren sie jede binäre Geschlechterhierarchie, zum andern erfordert ihre Analyse ein Instrumentarium, das in den traditionellen Ansätzen nicht entwickelt worden ist. Aus Sicht der Negativen Andrologie aber können alle drei Punkte nicht nur nicht überraschen, sie sind als Signum von Fichtes Zeit geradezu zu erwarten. Sie werden im Folgenden untersucht mit dem Ergebnis, dass sie eine komplexere Lesart der Fichteschen Ehetheorie nahelegen, die sich der simplen Geschlechterhierarchie nicht fügt. Vielmehr wird sich die »Koinzidenz von Befreiung und Unterdrückung« bei Fichte erweisen[11] sowie das Denken in Heterarchien und in einer konjugalen Kybernetik, die jene Rückbezüglichkeitsschleifen nachvollzieht, die notwendig zum Geschlechterverständnis der Moderne gehören.

1.1 Das Recht der ledigen Frauen

> »Der physische Mensch ist nicht Mann oder Weib,
> sondern er ist beides; eben so der moralische.«[12]

Fichtes Kritiker sprechen durchgängig von der »Entrechtung« und »Unterordnung« der Frau, verallgemeinern also das Schicksal der verheirateten Frau auf alle Geschlechtsgenossinnen – eine Universalisierung, die Fichte ausdrücklich *nicht* vornahm. Er behandelte verheiratete und unverheiratete Frauen höchst unterschiedlich. Für ihn besaß die ledige Frau, also »die Wittwe, die Abgeschiedene, und die, welche sich überhaupt nicht verheiratet hat«, die gleichen Rechte wie jeder Mann: »Diese alle sind keinem Manne unterworfen: es ist sonach gar kein Grund, warum sie nicht alle bürgerlichen Rechte, gerade wie die Männer, durch sich selbst ausüben sollten. – Sie haben das Recht ihre Stimme zu geben, in der Republik; das Recht, selbst vor Gericht zu treten, und ihre Sache zu führen.« (GN 132) Sie dürften sich wohl einen (männlichen) Vormund

11 Müller-Sievers 1993, 84.
12 SL 291.

wählen, wollen sie dies aber nicht, »so ist gar kein Rechtsgrund vorhanden, sie dazu zu zwingen« (132).

Ledige dürfen, so Fichte, im gleichen Maße wie Männer Eigentum besitzen an Land und Geld, es gibt für sie keine Berufsbeschränkungen, jede Kunst und jedes Handwerk steht ihnen offen, auch die »Kaufmannschaft«. Allein öffentliche Staatsämter sollten ihnen verwehrt sein, was nicht an den Anforderungen des Amtes oder mangelnden Fähigkeiten der Frau liege, sondern an einer möglichen Ehe: Diese würde die Frau ihrem Manne völlig unterwerfen, sodass ihm auch das Amt zufiele, eine Übertragung, die der Staat nicht dulden könne (133 f.). Die einzige Einschränkung der Rechte der ledigen Frau ist also wiederum an die (mögliche) Ehe geknüpft. Ausdrücklich schloss Fichte jegliche »Zurücksetzung« der Frau aufgrund natürlicher Anlagen aus, auch die real oder vermeintlich »geringern Geistes- und körperlichen Kräfte des Weibes« waren für ihn kein Einwand gegen ihre völlige Rechtsgleichheit (128). Die Pointe liegt auf der Hand: In seiner Behandlung von ledigen Frauen erscheint der große Misogyn Fichte als einer der radikalsten Verfechter umfassender Frauenrechte seiner Zeit.[13] Kaum eine Handvoll Denker um 1800 wagte es, ähnlich weitreichende Forderungen zu stellen.[14] Und bei keinem anderen war der Graben zwischen verheirateten und ledigen Frauen so breit wie bei Fichte: völlige Rechtlosigkeit innerhalb und nahezu völlige Rechtsgleichheit außerhalb der Ehe.[15] Jede Rekonstruktion des Fichteschen Eheverständnisses sollte beide Aspekte erfassen und nicht den »unbequemen« Part der

13 Umso überraschender die Einschätzung Claudia Honeggers, Fichte spreche – außer der Freiheit der ehelichen Unterwerfung – »der Frau jede Handlungsfreiheit« ab (1989, 101).

14 Dass Hippel (1976/1793) »die einzige Forderung nach unbegrenzten bürgerlichen und ökonomischen Rechten [der Frau] im Deutschland des 18. Jahrhunderts erhoben« habe (Hull 1996, 323), ist deutlich verkürzt. Ähnliche Forderungen bei Bergk (1797, 186 ff.), Behr (1804), Reinhard (1797, 463 ff.), Sprengel (1798, X f.).

15 Auch für die verheiratete Frau hält Fichte bei aller Unterwerfung Rechte bereit, etwa die Vertretung aller familiären Belange nach außen durch sie im Falle der Abwesenheit des Mannes, oder – was damals revolutionär war – die Gütertrennung mit Zugewinnausgleich (GN 126 ff.). Sehr ähnlich, weil von Fichte inspiriert: Behr 1804.

weitgehenden Gleichstellung lediger Frauen unterschlagen, um eine homogene Theorie der Unterjochung *der* Frau zu stützen.[16]

Nimmt man die Behandlung Lediger bei Fichte ernst, erscheint die These, er habe Frauen qua ihrer naturhaften Inferiorität in die Unterwerfung befohlen, unplausibel. Es ist nicht nachzuvollziehen, wieso Fichte diese Minderwertigkeit angenommen, sie aber auf ledige Frauen nicht angewandt haben sollte. Wäre sie ihm Kennzeichen von Weiblichkeit schlechthin gewesen, hätte sie für alle Frauen gelten und ledige beispielsweise zum Mündel des Staates erklärt werden müssen. Um die Inferioritäs-These dennoch zu verteidigen, bieten sich zwei Optionen an. Es wäre denkbar, dass Frauen im Moment ihrer Verheiratung eine Art substanziellen, natürlichen – und nicht nur sozialen – Statuswechsel vollziehen, der diese Inferiorität überhaupt erst konstituierte; doch dafür lassen sich keine Spuren in Fichtes Texten finden. Oder man wertet den Widerspruch zwischen Verheirateten und Ledigen als bloßes »Zugeständnis«: »Nur in diesem einen Fall war der Bürgerpatriarch [Fichte] nach 1789 zu Konzessionen bereit, da er selbst davon nicht betroffen war.«[17] Wieso die Rechtsgleichheit von Frauen in der Öffentlichkeit den Philosophen nicht hätte betreffen sollen, bleibt allerdings offen. Eine solche Erklärung reduziert Fichtes Theoriedesign auf die Annahme eines psycho-sozialen Defektes: Zu Hause konnte der Philosoph ein gleichberechtigtes Weib nicht ertragen, also schrieb er es in die Unmündigkeit hinein. Man kann das »Ärgernis« der ledigen Frau auf diese Weise entschärfen, bringt sich so aber um den Versuch, auf die Einheit der Differenz zwischen Ledigen und Verheirateten bei Fichte zu reflektieren. Es erscheint sinnvoller, dahinter eine bewusste theorietechnische Entscheidung zu vermuten.

Zumal die These von der naturhaften Minderwertigkeit der Frau noch weitere Einwände auf sich zieht. Zum einen: Wenn Fichte tatsächlich von der Zweitrangigkeit der Frau ausgegangen wäre, dann

16 Um vermeintliche »Widersprüche« bei Fichte zu handhaben, hat es sich eingebürgert, in einer Art Stellenexegese »aufgeklärte Passagen« (Archard 2001, 193) von »reaktionären« zu separieren. Für Bennent (1985) ist der »progressive Gestus« Fichtes »reine Rhetorik ohne praktische Konsequenzen« (119).

17 Gerhard 1978, 147.

beim Mann verschwindet der Gedanke an die »Gutthäterin«, sowie der sexuelle »Genuß« verweht ist. Überhaupt: Weder Kinder (sobald sie selbstständig sind) noch Mütter oder Väter haben irgendetwas miteinander zu tun, sie sind »einer dem andern ganz gleichgültig«.[10] Das Leben ist Mangel. Es fehlen Eigentum, Sittlichkeit, Pflicht, auch Dauer, Zeit, Zahl, Anfang, Ende, Leben und Tod – schon weil es an Begriffen mangelt, diese Erfahrungen zu beschreiben. Es gibt nur Gegenwart, keine Vergangenheit, keine Zukunft. So weit, so konventionell.

Doch mit dieser amorphen und anomischen Urphase konnte sich Iselin nicht begnügen, weil sonst der Fortschritt nicht zu denken gewesen wäre: Wie sollten sich aus solch gleichgültiger Regellosigkeit die Anfangselemente einer zivilisatorischen Struktur herauskristallisieren, wo konnte eine Höherentwicklung ansetzen, wenn das blinde Walten der Triebe sie stets im Keim erstickte? In naturrechtlichen Entwürfen war an dieser Stelle die Vernunft aufgetreten, die bei aller Wildheit im Menschen stets vorausgesetzt worden war. Iselin besaß diesen Ausweg nicht, die Vernunft ist ihm nicht länger im Menschen angelegt, sondern muss sich erst allmählich entwickeln; im Naturzustand herrschen Sinnlichkeit und Einbildungskraft, nicht Ratio und Einsicht. Iselin etablierte als Alternative ein Muster, das Schule machen sollte: Er substituierte die Vernunft durch Geschlecht. Die entscheidende entwicklungsgeschichtliche Differenz hing nun am Unterschied zwischen Mann und Frau. Die egalitäre Gleichgültigkeit des *status naturalis* wich dem naturalen Kontrast von Männlichkeit und Weiblichkeit, und aus der Gleichheit wurde eine tyrannische Hierarchie, in der sich der Mann zum Herrscher der Wildnis und der Frau erhob:

> »Der Mann als der Stärkere unterwirfet sich das schwächere Weib, behandelt solches als sein Eigenthum, kennet keine Pflichten und keine Achtung gegen dasselbe, und fordert dagegen von solchem Gehorsam, Treue und Hilfe mit einer tyrannischen Hartnäckigkeit. Der erste Sclave, den er sich machet, ist seine Frau.

10 Iselin 1768, I 136 ff.

würde jenes Problem, das die Deduktion überhaupt erst in Gang setzt, weniger ge- als vielmehr aufgelöst. Die Frage nach dem Verhältnis von Trieb, Natur, Vernunft und Moral bei der Frau (und beim Mann) stellte sich nur, weil Fichte an der Vernünftigkeit der Frau festhielt.[18] Entsprechend hartnäckig betonte Fichte die moralische und intellektuelle Gleichwertigkeit der Frau: »Es läßt sich nicht behaupten, daß das Weib an Geistestalenten unter dem Manne stehe.« (GN 135) Auch sei gewiss, dass »Vernunft im Weibe wohnt« (SL 289), denn »der physische Mensch ist nicht Mann oder Weib, sondern er ist beides; eben so der moralische«. (SL 291). Wie könnte daher »zwischen zwei Geschlechtern, die beide dieselbe Vernunft und dieselbe Freiheit besitzen, ein Unterschied der Rechte Statt finden?« (GN 128)

Zum anderen: Die Annahme einer Opposition von weiblicher Naturhaftigkeit und männlicher Vernünftigkeit widerstrebt der grundlegenden Gedankenführung Fichtes, der stets auf die gegenseitige Bedingtheit von Vernunft/Freiheit und Natur reflektierte. Gerade zur Überwindung der Kantschen Scheidung von Sein und Sollen betonte Fichte die Naturbedingungen von Freiheit, Erkenntnis und sittlichem Handeln: »Ich bin selbst in gewisser Rücksicht, unbeschadet der Absolutheit meiner Vernunft und meiner Freiheit, Natur.« (SL 108) Die vielfältigen Schwierigkeiten dieser Position seien hier nicht ausgeführt. Aber für Fichte kann die Scheidung von Vernunft und Natur nicht zur Debatte gestanden haben; wohl aber die Frage der spezifischen Ausprägung der jeweiligen Triebstruktur der Geschlechter. Dabei folgte Fichte in etwa jenem Theorem der zwei Naturen der Geschlechter, das oben zur Sprache kam: Frauen werden als natural und inhaltlich bestimmt, Männer als unbestimmt bzw. bestimmungsbedürftig gedacht. Aber diese Unterscheidung greift natürlich nicht im Falle lediger und verheirateter Frauen; hier ließ sich Fichte offenbar von deren unterschiedlichen *sozialen* Positionen leiten (ich komme darauf zurück).

18 Zur Gleichheit von Mann und Frau in Bezug auf die Vernunft bei gleichzeitiger Verschiedenheit der Organisation: Fichte, »Zu ›Platners Aphorismen‹, Vorlesungen über Logik und Metaphysik« Teil 1, GA II/4, 161 f.

Mit Blick auf die Ledigen, das Beharren auf der weiblichen Vernünftigkeit und die Verkopplung von Natur und Vernunft lässt sich als Zwischenresümee festhalten: Die »Unterjochung« der Frau scheint nicht durch weibliche Minderwertigkeit begründet gewesen zu sein, sondern durch das Wesen der Ehe. Die »Frauenfrage« bei Fichte lässt sich daher vorläufig so reformulieren: Warum verlangte Fichte ausschließlich in der Ehe von der vernünftigen Frau die völlige Unterwerfung und die Aufgabe aller ihrer Rechte?

1.2 Macht und Ohnmacht in der Ehe

»[N]ur sie selbst kennt ihr Herz,
und kann darüber entscheiden.«[19]

Die Kritik am »Patriarchalismus« Fichtes fußt auf der Annahme, er habe die Ehe als Einrichtung allein zur Herrschaftsausübung des Mannes gedacht: konstituiert durch den Mann und von diesem beherrscht. Die Ehe füge sich entsprechend in die Tradition maskuliner Privilegien, in der die Frauen zwischen Vätern und Söhnen zirkulieren als Tauschobjekte im Reproduktionsprozess männlicher Herrschaft. Das erscheint offenbar als so zweifelsfrei, dass der Konstitutionsprozess der Ehe bei Fichte meines Wissens bislang nicht analysiert wurde. So blieb verborgen, dass die Ehe bei ihm nicht patriarchal, sondern ausschließlich uxorial konstituiert wird. Die Macht zur Eheschließung besitzt allein die Frau, ebenso die Option der Scheidung, was wiederum auf die eigentümliche Verschränkung von Macht und Ohnmacht bei Fichte verweist: Die völlige Unterwerfung der Frau findet in einer Ehe statt, über deren Bestand allein sie selbst verfügt.
Die Ehe ist »eine freie Verbindung, die sich nicht erzwingen läßt« (GN 121), also darf die Frau weder durch Eltern, Staat oder den prospektiven Ehemann zur Einwilligung genötigt werden. Jeder Zwang

19 Fichte GN 125.

ist »moralische Gewalt«, durch die die Frau »betrogen« und »völlig und auf immer zum Werkzeuge heraberniedrigt« wird (108) und durch die sich die Eltern der »lebenslänglichen Unterdrückung der Menschenrechte ihres Kindes« (109) schuldig machen. Allein das faktische Handeln der Frau zählt also, um eine Ehe zu gründen. Nicht die Trauung, nicht das Jawort, sondern die ungezwungene, freie Einwilligung der Frau in den Geschlechtsakt konstituiert die Ehe – ganz gleich, ob das vorehelich oder nach einer formellen Trauung geschieht, ganz gleich auch, ob dem Mann die Folgen bewusst sind oder nicht (GN 112). Sollte der Mann nach vorehelichem Verkehr nicht in die Trauung einwilligen, so ist er als rechtmäßiger Ehemann zu behandeln und für Unterhaltszahlungen heranzuziehen. Sein Ja bei der Trauung tut nichts mehr zur Sache, es ist nur die Bürgschaft dafür, dass er die öffentliche Vertretung der Frau übernehme – »und nur unter dieser Bedingung erhält es einen Sinn« (GN 113). Der Mann ist buchstäblich Zaungast bei seiner eigenen Hochzeit, obgleich sie ihn gegenüber der Öffentlichkeit als unumschränkten Herrscher über seine Frau einsetzt. Die Machtlosigkeit des Mannes in Bezug auf die Eheschließung beinhaltet auch, dass er die Konditionen der Ehe nicht verhandeln darf, sondern »die Ergebung des Weibes, nur auf die Bedingungen annehmen, auf welche sie allein dieselbe machen kann« (SL 290).[20]

Spiegelbildlich funktioniert die Scheidung, vor allem die nicht einvernehmliche. Unterhält die Frau ein außereheliches Verhältnis, ist die Ehe unmittelbar »vernichtet« (GN 115), denn dadurch hat die Frau ihrem Gatten die Ehe konstituierende Liebe entzogen. Führt dagegen der Mann ein außereheliches Verhältnis, ist die Ehe nicht notwendig beendet, sondern erst nachdem die Frau das Ende ihrer Liebe zu ihrem Mann verkündet hat. Das ist als typisch patriarchale Doppelmoral interpretiert worden: Der Mann »darf« außerehelich, die Frau nicht. Fichte sprach jedoch nicht davon, dass der Frau ein Seitensprung verboten sei, im Gegenteil: Es »steht ihr äußerlich frei« (GN 118) aus »sinnlicher Lust, oder um eines äußeren Zwecks

20 Die Liebe der Frau darf sich sogar über Inzestschranken hinwegsetzen (GN 110 ff.).

willen« (GN 116) Ehebruch zu begehen oder im Konkubinat zu leben – denn die Freiheit, gegen den Naturtrieb und/oder das Sittengesetz zu handeln, ist allen Vernunftwesen eigen. Ein solcher Seitensprung hat allerdings ganz andere Konsequenzen, eben weil die Frau über die Ehe verfügt. Was als Doppelmoral erscheint, ist aus dieser Perspektive die Ohnmacht des Mannes über die Konstitutionsbedingungen der Ehe. Der Mann hat schlicht nicht die Macht, die Ehe zu beenden, weil er sie nicht begründet hat; deswegen ist sein Ehebruch zwar sittlich verwerflich, für den Bestand der Ehe aber folgenlos, solange die Frau ihm »verzeiht«.[21]

Auch die patriarchale »Klage über versagte eheliche Pflicht von Seiten des Weibes« trennt die Ehe nicht, sondern diese Klage selbst ist eine »Sünde wider die Natur, [...] eine Barbarei«, (GN 126), die die Frau entehrt; zwar wäre die Versagung dessen, was »man auf eine sehr unedle Weise eheliche Pflicht genannt hat« (124) ein »Rechtsgrund der Trennung« – nur können auch »Krankheit, oder ein anderer physischer Verhinderungsgrund« (125) eine Rolle spielen, so dass es keinen anderen Grund für das Ende einer Ehe geben kann als das konkludente Handeln der Frau per Ehebruch oder ihrer Erklärung des Liebesendes. Zwar ging Fichte davon aus, dass an einer zerrütteten Ehe »die größte Schuld [...] gewiß der Mann hat« (Vorlesung über die Moral SS 1796 [VM], 143), denn »nichts tödtet unwiederbringlicher die Liebe des Weibes, als die Niederträchtigkeit und Ehrlosigkeit des Mannes« (GN 103) – doch was aus dieser Niedertracht folgt, bestimmt die Frau.[22]

Der Kern dieser fundamental antipatriarchalen Ehekonzeption liegt im Begriff der Liebe. Für Fichte war »nur die Liebe [...] der Grund

21 Bei Fichte blieb offen, was passieren sollte, wenn die Frau den Ehebruch aus Liebe beginge. Der Logik nach müsste sie dadurch eine neue Ehe konstituiert und die alte beendet haben.

22 Da die Frau die Ehe *jederzeit* aufkündigen kann, bleibt sie letztlich allein ihrem *eigenen* Willen unterworfen, genauso, wie es Fichte für eine »rechtmäßige« Aufgabe der eigenen Rechte im Dritten Hauptstück der »Grundlage des Naturrechts« deduziert: Da man sich »vernünftiger Weise nicht unterwerfen« könne, müsse der Unterwerfende die Bedingungen der Unterwerfung restlos kontrollieren: »Obgleich ich unterworfen bin, bleibe ich immerfort nur *meinem* Willen unterworfen.« (GN-I 397 f.)

einer rechtmäßigen Ehe« (GN 124). Und wie es der Zeit entsprach, konnte für Fichte (zunächst) allein die Frau lieben, also auch nur sie die Ehe begründen. Dieses Motiv ist uns bereits häufiger begegnet, es lohnt sich, es anhand von Fichtes Deduktion noch einmal schärfer zu betrachten. Der Philosoph war kategorisch, wenn es um die Liebe ging. Liebe, das höchste Gut der Menschheit, ist ein exklusives Vermögen der Frauen: »Nur dem Weibe ist die Liebe, der edelste aller Naturtriebe, angebohren; nur durch dieses kommt er unter die Menschen; so wie andere gesellige Triebe mehr [...].« (GN 100)

Der Mann dagegen ist vor der Ehe restlos unfähig zur Liebe: »Bei ihm geht die eigentliche Liebe [...] der Ehe nicht vorher, sondern wird erst durch sie erzeugt« (GN 109; 99), die Liebe »ist überhaupt in ihm kein ursprünglicher, sondern nur ein *mitgetheilter, abgeleiteter,* erst durch die Verbindung mit einem liebenden Weibe *entwickelter* Trieb« (GN 100). Der Mann ist der Idiot der Liebe, er kommt als Liebesunfähiger auf die Welt und muss erst mühsam lernen, was es heißt, sein Herz zu erwärmen und zu lieben. Der einzige Weg dorthin führt über Frau und Ehe. Erst durch die matrimoniale Unterweisung hat der Mann die Chance, das höchste Ziel der Menschheit zu erreichen (GN 102 f.). Für den Fichteschen Begriff der Ehe bedeutet das: Der Mann ist konstitutionell – von Natur (!) aus – nicht in der Lage, die auf Liebe gegründete Ehe zu schließen. In diesem Sinne konnte Fichte sagen, dass »im bloßen Begriff der Liebe [...] der der Ehe enthalten« sei (SL 290), was nichts anderes heißt als: Die Ehe ist im Begriff der Frau enthalten.[23]

Die Exklusion des Mannes aus dem Reich der Liebe bannt diesen auch weitgehend an die Peripherie der Familie. Der Akt der Zeugung geschieht seinerseits ohne »Freiheit und Bewußtseyn« und knüpft keinerlei Verbindung zwischen Erzeuger und Kindern.[24] Der

23 Und nicht nur für Fichte. Zur Frau als »Trägerin der ehelichen Paarbeziehung« aus der Perspektive von Familienratgebern und Schriften der Frauenbewegung: Biermann 2002, 40 ff.

24 Womit Fichte jenes »Ende männlicher Zeugungsmythen«, das in den Naturwissenschaften des späten 18. Jahrhunderts bereits ausgerufen war (Olenhusen 1998), auch sozialphilosophisch nachvollzog.

Vater kann seine Kinder zunächst ebensowenig lieben wie seine Frau und erlernt dies erst später und nur »mittelbar«, nämlich durch Vermittlung der Mutter: »Die besondere Liebe des Vaters zu seinem Kinder geht ursprünglich [...] aus seiner Zärtlichkeit zur Mutter hervor.« (GN 139)[25] Alle personalen Beziehungen innerhalb der Familie knüpfte Fichte an die Liebe der Frau/Mutter – und denkt so die familiäre Marginalisierung des Mannes/Vaters im 19. und 20. Jahrhundert voraus. Die Liebe erhält in Fichtes Philosophie aber noch eine weit grundsätzlichere Bedeutung: Sie ist der einzige Ort, wo Vernunft und Natur versöhnt werden (GN 100), und bedingt dadurch die »Möglichkeit *aller* Moralität« (SL 293; meine Hervorhebung, C. K.). Von der Teilhabe an dieser Moralität ist der Mann »ursprünglich« gänzlich ausgeschlossen, er ist, ganz im Sinne einer Negativen Andrologie, das moralische Mängelwesen; ich komme auf diesen für die »Deduktion der Ehe« entscheidenden Punkt zurück.

Es ist offensichtlich, dass Fichte in aller Radikalität einen Schnitt zwischen Männlichkeit und Weiblichkeit zog, nicht entlang von Vernunft und Natur, sondern entlang dessen, was ich mit Interaktion und Gesellschaft umschrieben habe. Das Reich der Interaktion – Liebe, Familie, Moralität – wurde trennscharf auf die Seite der Feminität geschlagen, während der Mann zum Bettler in dieser Sphäre degradiert wurde – ohne eigenständigen Zugang zu ihr. Diese Trennung fiel wiederum zusammen mit der Trennung der Geschlechternaturen in die als liebende bestimmte weibliche und die unbestimmte männliche. Umso rätselhafter ist daher, warum sich die Frau gerade in ihrer ureigensten Sphäre dem Mann völlig unterwerfen sollte, denn das ist, man darf es nicht aus den Augen verlieren, die zentrale Fichtesche Anweisung an die Frauen. Als Zwischenfazit lässt sich also festhalten: Zusätzlich zum Problem der

25 Ein geläufiger Gedanke seit Mitte des 18. Jahrhunderts. Die Mutter »veredelt [...] das Thier zum Menschen. Sie ist zugleich Mittlerin zwischen Kind und Vater. Um ihretwillen liebt das Kind den Vater; mit um ihretwillen liebt der Vater sein Kind. Sie ist der Christus, in dem der unbegreifliche Vater, für den kindlichen Zwek begreiflich, der ferne Vater ihm nahe wird.« (Ewald 1804, I 40) Vgl. Brandes 1802, 28, 120; Condorcet 1796, 19; Cabanis 1804, I 97, 338 f.

scharfen Trennung zwischen Ledigen und Verheirateten eröffnet sich die Schwierigkeit, die Unterwerfung der Frau in einer Ehe zu rekonstruieren, über deren Existenz sie von Anfang bis Ende verfügt und in der der Mann nur Zaungast ist: weibliche Ohnmacht im Rahmen weiblicher Konstitutionsmacht. Man muss dieses Paradox scharf in den Blick nehmen, um die spezifische Form der Deduktion zu verstehen. Das wird noch deutlicher beim Blick auf Fichtes Verständnis von Männlichkeit.

1.3 Böse Männlichkeit

»Die männliche Liebe außer dem wirklichen ehelichen Leben [ist] ohne dies mehr Einbildung.«[26]

Die feministische Fichte-Kritik ruht auf der Annahme, der Philosoph habe – wie der Rest der »Meisterdenker« jener Zeit – den Mann zum Maßstab aller intellektuellen und sittlichen Dinge erklärt. Die Frau werde bei Fichte »definitorisch durch Negation männlicher Charakteristika gesetzt«.[27] Dieser Deutung steht ein erstaunlicher Mangel an Untersuchungen über das Männlichkeitsbild bei Fichte entgegen. Vielmehr wurde offensichtlich in einer Art vagem Syllogismus gefolgert: Wenn der Philosoph Erniedrigendes über Frauen sagt, wird er wohl Erhebendes über Männer denken.

Die Frau ist Liebe – was ist der Mann? Ganz das, was er nach der Negativen Andrologie um 1800 zu sein hat. »Im Manne ist ursprünglich nicht Liebe, sondern Geschlechtstrieb« (GN 100), »der bloßen Naturanlage nach geht der Mann [. . .] auf die Befriedigung des Geschlechtstriebes aus«, er lebt ganz im Reich der »niedern Sinnlichkeit«, in dem er »bloß genießen« will (115). Für den Mann ist – vor und zu Beginn der Ehe – die Befriedigung des Geschlechtstriebes als Naturtrieb der letzte Zweck seines Handelns, weil er

26 Brief an Wagner 3. 10. 1797, in: GA III/3, 85.
27 Bennent 1985, 127.

keinen anderen kennen kann in Bezug auf Frauen und Ehe.[28] Für Fichte trug die Unterworfenheit allein unter den Naturtrieb alle Merkmale der Unsittlichkeit. »Darin aber besteht ja eben das Wesen der Unmoralität, daß die Befriedigung des Naturtriebes der letzte Zweck meines Handelns sey«, wohingegen das Sittengesetz fordert, dass dieser Trieb »einem höhern Antriebe ganz und gar« untergeordnet wird (SL 277); diese Unmoral äußert sich entweder als »völlige Roheit« oder als »Verzweiflung an sich selbst« (280). Die Fixierung auf den Geschlechtstrieb muss beim Mann die »Pein der Selbstverachtung« (280) aktivieren, schließlich entzieht sich der geschlechtliche Naturtrieb jeder Achtung, dem Grundmodus der Moralität: »Die Sinneslust kann man lieben, suchen, begehren, Vergnügen über ihren Genuß empfinden: aber nimmermehr kann man sie achten: dieser Affekt findet hier gar keine Anwendung.« (279) Da die »erste Regel für die Verbreitung der Moralität« ist: »[Z]eige deinen Mitmenschen achtungswerthe Dinge« (279), drängte Fichte den Mann in eine moralisch prekäre Lage: Definitorisch reduziert auf den Geschlechtstrieb, hat er keine Möglichkeit, Achtung auf sich zu ziehen, und bleibt – ohne die liebende Gnade der Frau – aus dem Reich der Sittlichkeit verbannt. Es kann also keine Rede davon sein, dass Fichte »es Männern vergönnt, ihren Geschlechtstrieb in seiner ›wahren Gestalt‹ als aktive Vernunft zu erfahren«.[29] Vielmehr gilt: »Wer in der Verbindung mit einem liebenden Weibe diese Befriedigung allein sich noch zum Zwecke machen könnte, wäre ein roher Mensch« (GN 99).

Allerdings war auch bei Fichte der männliche Naturtrieb nicht nur negativ konnotiert, sondern zugleich das Element, das den Mann zur zivilisierenden Frau hinlenkt. Gerade wegen seiner Stärke und Leidenschaftlichkeit schafft der Trieb des Mannes die Verbindung zwischen den Geschlechtern, die der passive Trieb der Frau nicht zu stiften in der Lage ist. In diesem Sinne ist auch die notorische Passage zu deuten, nach der das weibliche Geschlecht »der Natur-

28 Auf eine Analyse des »Systems der Triebe« bei Fichte muss hier verzichtet werden; vgl. Jacobs 1967, Rohs 1991.

29 Frevert 1988, 24.

einrichtung um eine Stufe tiefer« stehe: »[...] es ist Objekt einer Kraft des erstern, und so mußte es seyn, wenn beide verbunden seyn sollten« (GN 99). Üblicherweise werden die Sätze als Beleg für die grundlegende Abwertung der Frau bei Fichte gelesen. Dagegen scheint er meines Erachtens Bezug nicht auf die Natur als solche genommen zu haben, sondern auf jene »Kraft«, die die geschlechtliche Verbindung schafft. Wie bedenklich es ist, diese Passage als Beleg für eine generelle Tieferstufung der Frau heranzuziehen, ergibt sich auch aus den unmittelbar folgenden Sätzen: »Nun aber sollen beide, als moralische Wesen gleich seyn. Dies war nur dadurch möglich, daß im zweiten Geschlechte eine ganz neue, dem ersten völlig ermangelnde Stufe eingeschoben würde.« (GN 99). Diese Stufe ist die Liebe, die überhaupt erst die Ehe stiftet. Es erscheint gewagt, von einer grundsätzlichen Abwertung der Frau in einem Zusammenhang zu sprechen, der ihr die Konstitutionsmacht über die Ehe zuschreibt und als Mangel nur die männliche Liebesunfähigkeit thematisiert. Deutlich wird der Herabstufung der geschlechtlichen Kraft der Frau die männliche Liebesdefizienz entgegengesetzt. Fichte entwarf hier in nuce eine nach Kraftarten und -quanten differenzierte komplementäre Mängelanthropologie der Geschlechter,[30] die deren gegenseitige Angewiesenheit und Bezogenheit aufeinander als Garantie für die Fortpflanzung der Gattung und als Voraussetzung für die bürgerliche Sozialität zu verankern suchte.

Eine weitere »Überlegenheit«, die laut Fichte aus dem stärkeren Trieb des Mannes resultiert, ist dessen höheres Reflexionsvermögen, seine größere analytische Kompetenz, die sich alles »gestehen« kann, auch die triebhafte Geschlechtlichkeit der Existenz (GN 101, 102: s. a. 135). Dieser Reflexionsvorsprung wird zuweilen als höhere »Vernunft« des Mannes gewertet, hat damit aber wenig zu tun, sondern ist eine höchst zweischneidige Angelegenheit, weil die von Trennung und Zergliederung ausgehende (männliche) Reflexion überhaupt erst die Entzweiung der Einheit des Seins und der Ver-

30 Zur Erinnerung: »So hebt der doppelte Fehler beider Geschlechter sich selbst wieder auf.« (Humboldt 1795a, 130)

nunft erzeugt (SL 21 ff.).[31] Sie verlangt also nach jener Korrektur durch die einende, weibliche Liebe, die Fichte in der Deduktion unternahm. Nicht verwunderlich: Auch bei Fichte ist die männliche Fixierung auf die Geschlechtslust innigst verbunden mit dem Kernübel der Unmoral: dem Eigennutz – oder in unserer Sprache: der Selbstreferenz. Die Befriedigung des Geschlechtstriebes galt Fichte (anders als Kant) zwar als durch sich selbst gerechtfertigt, aber in »unveredelter« Form bildet sie gleichsam das Urmodell des Egoismus: Befriedigung um ihrer selbst willen, Selbstbefriedigung. Sie drückt sich am krassesten aus in der Notzucht, also in jedem sexuellen Akt des Mannes ohne Zustimmung der Frau: Dieses Verbrechen kennzeichnet »zuvörderst Brutalität, die zum Leben in der Gesellschaft überhaupt untüchtig macht. Stärke der Leidenschaft entschuldigt nicht, sondern erschwert vielmehr das Verbrechen. Wer seiner selbst nicht mächtig ist, ist ein wüthendes Tier; die Gesellschaft kann ihn durch kein Mittel zähmen, sonach ihn nicht in ihrer Mitte dulden.« (GN 107) Für den Vergewaltiger, den Prototypen des Asozialen, erwog Fichte sogar die Todesstrafe, die er ansonsten kategorisch ablehnte.

Der Egoismus ist naturhafte Wesensart von Männlichkeit. Das zeige sich bereits in der Kindheit. Der Knabe ist »wild, zerstörerisch, egoistisch« und »von Natur selbstsüchtig« (»Die Republik der Deutschen« [RD], 390). Als Erwachsener will der Mann dann »zuerst Herr seyn« (GN 102), zeigt also eine Neigung zur Unabhängigkeit und Befehlsgewalt, die zwar als »heroisch« bewundert werde, aber in »moralischer Hinsicht« betrachtet »nicht den geringsten Wert [hat], weil sie nicht aus Moralität hervorgeht«. (SL 175) Die Möglichkeit der Moralität ist bei Fichte ursprünglich, das heißt vor jeder Erziehung und Belehrung, auf die Frau übergegangen, der Mann ist Gefangener seiner Sinnlichkeit und seines Selbstbezuges. Der männlich-bürgerliche Drang »nach absoluter Selbständigkeit« ist zwar als Naturtrieb notwendig und legitimiert (SL 182), zugleich aber Grund aller Übel, da er »als blinder Trieb wirkend einen sehr un-

31 Deren Grund lag in Fichtes Diktion in der ursprünglichen Alienation qua Setzung des Nicht-Ich durch das Ich; vgl. Meyer 1984, 78-84; Schuller 1991, 154-65.

moralischen Charakter hervorbringt« (SL 176). Damit stand Fichte, wie hinlänglich gezeigt, im Konsens mit seiner Zeit, aber er spitzte diese Zuschreibungen mit großer Konsequenz zu und rückt Männlichkeit in unmittelbare Nähe zum »Bösen«.[32]

Im Dritten Hauptstück des »Systems der Sittenlehre« deutete Fichte das »Böse« nicht ontologisch-metaphysisch als Qualität (bzw. Korruption) eines bestimmten Seins, sondern transzendentalphilosophisch als Ausdruck einer Entscheidung gegen das Sittengesetz, also als »Nichtgebrauche seiner [des Menschen] Freiheit« (SL 169). Das Böse hat nach Fichte verschiedene Grade der Verworfenheit (165 ff.). Auf dem ersten »Reflexionspunkt« handelt der Mensch nach dem Naturtrieb und ist sich überhaupt nur dieser Dimension des Handelns bewusst; auf der zweiten Stufe handelt das Subjekt nach dem Naturtrieb, aber mit Bewusstsein der Freiheit; auf der dritten Stufe handelt der Mensch dem Trieb nach absoluter Selbstständigkeit gemäß, also ohne ein moralisches Gesetz anzuerkennen, mithin nur als reiner Wille; sein Ziel ist die »unbeschränkte [...] und gesetzlose [...] Oberherrschaft über alles außer uns« (CM, 91). Die Idee des Bösen verschmilzt überraschend deutlich mit dem sich selbst setzenden, autonomen Subjekt männlicher Bürgerlichkeit, bei dem, »der Voraussetzung nach [...] keine Moralität, sondern nur Eigenliebe stattfindet«, da jeder »den gemeinsamen Zweck seinem Privatzwecke« unterordnet (GN-1 433). Das Böse ist gleichsam, was dieses Subjekt wäre, würde es sich nicht dem Sittengesetz, dem Zwangsrecht oder der Gattin unterwerfen: Selbstzentrierung, Herrschsucht, verabsolutierte Subjektivität.[33]

Auch für Fichte stellte sich so als zentrales Problem: Wie ist Moralität möglich trotz Männlichkeit? Wenn alle Menschen egoistische, nach Befriedigung ihrer Geschlechtslust strebende Männer wären – wie könnte der endlose Solipsismus der Begierden unterbrochen

32 Ich folge hier Ivaldo (1991).

33 Dass Fichtes »Männer-Menschenbild [...] am sozialen Ort außerhalb des Hauses entschieden negativ« ist und vom »totalen Egoismus und der ›Eigenliebe‹ der Privatmänner« ausgeht, sieht auch Schröder (1979, 155), kann das aber angesichts von Fichtes »Patriarchatsideologie« nur als »völlig unglaubwürdig und politisch unlogisch« handhaben.

werden, wie ließe sich Sittlichkeit und Sozialität leben, mehr noch: nur denken? Würden Mann und Frau einander nur als Mittel zur Befriedigung ihrer Geschlechtslust betrachten, dann »gäbe [es] kein eheliches Verhältniß«, sondern nur »eine freie Wechselwirkung zweier Personen« (SL 288). Diese sei zwar keineswegs verboten, »wenn nur beide eingewilliget haben«, aber sie konstituiere kein moralisches Verhältnis. Außerhalb der Ehe – also ohne die Liebe der Frau – ist die Befriedigung des Geschlechtstriebes die »Benutzung einer thierischen Neigung« (SL 290), »ein einziges zusammenhängendes Verbrechen, das der Verbesserung durch Sittenregeln unfähig ist« (SL 291) – mit anderen Worten: Krieg der (männlichen) Lüste.

Dieses Problem praktisch-moralischen Handelns – und nicht die vermeintliche Inferiorität der Frau – war daher auch explizit die »Aufgabe«, die zu lösen sich Fichte in seiner Deduktion vorgenommen hatte: »Wie kann man das Menschengeschlecht von Natur aus zur Tugend führen? Ich antworte: lediglich dadurch, daß das natürliche Verhältniß zwischen beiden Geschlechtern wieder hergestellt werde. Es giebt keine sittliche Erziehung der Menschheit, außer von diesem Punkte«, also von der Ehe aus (GN 104). Der Blick auf Fichtes Männlichkeitsbild als Negative Andrologie eröffnet also eine grundlegende Umdeutung seiner Deduktion: Aus dieser Perspektive erscheint die Ehe nicht als Antwort auf den Herrschaftsanspruch des Mannes, sondern auf dessen Unmoral. Sie bildet die Eindämmungsfront gegen den egoistischen Geschlechtstrieb des Mannes, gegen seine Unsittlichkeit, die er aus sich selbst heraus nicht überwinden kann, da sie in die Definition seiner Männlichkeit eingelassen ist.

1.4 Liebe als Unterwerfung

»[D]ie Achtung läßt sich nicht erzwingen, und erkünsteln, sondern sie giebt sich freiwillig und unvermerkt.«[34]

Nach allem lässt sich die Fragestellung von Fichtes Ehe-Deduktion so reformulieren: Wie kann die Frau im vollen Gebrauch ihrer Vernunft und Freiheit in der Ehe die Bedingungen der Moralität zur Geltung bringen – und zwar gegen die Logik des maskulinen, egoistischen Lustkalküls? Die Beantwortung dieser Fragen führt uns in die Mechanik der Versittlichung des Maskulinen, die bislang nur gestreift worden ist.

Die Liebe, wir sahen es oben, ist die Tätigkeit, die die Frau als Vernunftwesen zum Zweck hat, und zwar nur die Frau. Sie ist eine »nur diesem Geschlechte zukommende Thätigkeit« (GN 98). Der Mann hat Zugang zur Liebe nur durch die Frau. Dazu bedarf es einer maternalen Fürsorge, die schon weit vor der Ehe beginnen muss, damit der Mann überhaupt die Gnade der Liebe verstehe. Durch »Nachdenken und Belehrung, und in dem wirklichen Umgang mit ehrwürdigen Personen des weiblichen Geschlechts, (besonders an seiner Mutter)« lernt der Mann, »daß im Weibe Liebe wohne, und sie nur aus Liebe sich ergeben solle«, und so »veredelt sich auch bei ihm der bloße Naturtrieb. Auch er will nicht mehr bloß genießen, sondern er will geliebt seyn« (GN 115). So einfach, wie das klingt, kann es transzendentalphilosophisch aber nicht zugehen. Denn nur dasjenige ist moralisch zu nennen, »was aus eignem freien Entschlusse geschieht, ohne die geringste Zunöthigung, und ohne den mindesten äußeren Bewegungsgrund« (SL 277), etwa der Verheißung von Lohn oder der Androhung von Strafe. Es scheint daher unmöglich, dass »Moralität mitgeteilt werde, und daß in diesem Geschäfte die geringste Hilfe von außen einem Menschen durch einen anderen Menschen geleistet werden könne« (277). Weil Moral

34 SL 284

in der unergründlichen freien Selbst-Bestimmung des vernünftigen Ich gleichsam wie durch ein »Wunder« (184) entsteht, wirkt die Forderung, Moralität zu verbreiten, »unausführbar« und als ohnmächtiger Wunsch (277).

Dieser Aspekt ist als Ausgangsproblem von Fichtes Argumentation entscheidend, daher sei es genauer betrachtet. Was Fichte hier transzendentalphilosophisch als Problem der Freiheit des Subjekts beschrieben hat, entspricht – systemtheoretisch gesprochen – der selbstreferenziell-geschlossenen Menschennatur, von der in der kybernetischen Anthropologie die Sprache ist. Wenn die psychischen Systeme sich nur noch selbst aktivieren, spezifizieren, verändern können und nicht durch die »Natur« dazu gedrängt werden, ihre »eingebaute« Perfektion zu verwirklichen, dann wird zum zentralen Problem, wie sie von außen dazu gebracht werden sollen, zu tun, was für sie oder für die Gemeinschaft gut ist. Es ist kein Zufall, dass dasselbe Problem im 18. Jahrhundert in der Erziehung auftauchte:

> »Wir [. . .] haben die Aufgabe zu lösen, wie überhaupt Einwirkung eines menschlichen Wesens auf das andere, und wie besonders die Art der Einwirkung möglich sey, durch welche ein menschliches Wesen auf die erste nicht mehr rein physische Stufe des Daseyns gehoben, und von dieser auf noch höhere Stufen geführt, d. h. erzogen wird.«[35]

Mit den Mitteln der Transzendentalphilosophie war dieses Problem der solitär agierenden Systeme nicht zu lösen, daher verfiel Fichte auf eine Art Trick, der zwar seinen Prämissen widerspricht, aber dennoch die »Erziehung« des Mannes plausibel zu machen scheint.

Den einzigen Ausweg sah der Philosoph in einer eigentümlichen interpersonalen Achtungsdynamik. Es müsse in der menschlichen Natur etwas »Unaustilgbares« geben, »an welches die Bildung zur Tugend stets angeknüpft werden kann«. Als dieses Etwas setzte Fichte ohne weitere Begründung und »mit Zuversicht« den »Affekt der Achtung« (SL 279). Dieser möge verschüttet und ungebraucht in der Seele ruhen, doch könne er weder ausgerottet noch auf ein ihm un-

35 Wagner 1803, 50.

angemessenes Objekt gelenkt werden: »[...] alles Achtungswerte wird ganz sicher geachtet.« (279) Fichte verlegte die Bedingung der Möglichkeit praktischer Moralisierbarkeit in diesen prästabilisierten Zusammenhang von Achtungsempfinden und Achtbarkeit des Objekts – eine Passung, die alle Kantsche Vorsicht unterlief und zugleich die moralische Erreichbarkeit des Ich als freie Intelligenz garantieren sollte.

Aus dieser Logik der Achtung folgt die Pflicht des guten Beispiels. Wenn das Subjekt nicht anders kann, als Achtungswertes achtungswert zu finden, wird das Objekt in die Lage versetzt, diese Achtung durch entsprechendes Betragen zu forcieren. Da vernünftige Wesen durch das Sittengesetz verpflichtet sind, die Moralität aller Mitwesen zu befördern, erwächst daraus die Pflicht zum guten Beispiel. Jene Nötigung, die Fichte zunächst als moralisch unstatthaft ablehnte, tritt hier als unwiderstehliche Macht des Objekts über das Subjekt wieder ein, gleichsam als zwangloser Zwang durch das gute Beispiel. Und es ist kein Zufall, dass Fichte im »System der Sittenlehre« im unmittelbaren Anschluss an diese Überlegungen das Verhältnis der Ehegatten behandelte (287 ff.). Denn vor allem hier wirkt sich die moralisierende Nötigung durch gutes Beispiel aus.

Um moralisiert zu werden, muss der Mann achten – nur was? Sich selbst als eigennütziges, geschlechtliches Triebwesen wohl kaum. Es müsse aber, so Fichte, »als gutes Princip« die Möglichkeit geben, »irgend etwas, uneigennützig, ohne alle Rücksicht auf Vortheile, als aus einem Grunde schlechthin a priori, achten zu können« (SL 281). Wäre die Frau so triebgesteuert wie der Mann, könnte dieser sie so wenig achten wie sich selbst; wäre sie so egoistisch wie er, ebensowenig. Er kann sie nur achten, wenn sie *nicht* wie er ist, wenn sie das »Andere«, wenn sie Nicht-Mann ist, also moralisch, passiv, trieblos und unegoistisch ist (GN 100).[36] Und wenn sie tut, was

36 Sehr deutlich auch bei Pockels: »Dadurch aber, daß das Weib von Natur dem Manne als ein mäßigeres und regelmäßigeres Wesen, als er selbst, erscheint, und ihm ohne wirkliche Verführungen in seiner Sinnlichkeit nicht gleichkommt, erhält sie sich bey ihm [...] in einer Art von Respect, und wird dadurch nach und nach, – weil er sich in ihrer Gegenwart seiner Ueberladungen schämt, seine sittliche Bildnerinn und Erzierinn.« (1805 I, 393)

der Mann konstitutionell nicht tun kann: lieben. Liebe ist maximale Achtungsnötigung, denn sie »ist es, wenn man um des andern willen, [...] sich aufopfert« (100). Die liebende Frau erfüllt die Forderung des Sittengesetzes, »daß man sich in anderen vergesse« (100), um die Logik des berechnenden Eigennutzes zu brechen. In diesem fremdreferenziellen, antiökonomischen Liebesbeweis liegt das größte Opfer, das zu bringen ist: die eigene Person. Die totale Selbstauslöschung. Genau dies wird von der Frau verlangt als freiwilliger Beweis ihrer moralisierenden Liebe: das Verschwinden im Willen des Mannes, die Totalunterwerfung. Nur aus diesem Opfer entsteht die »eheliche Zärtlichkeit« im Gegensatz zur maskulinen Rohheit (103). Die Gleichsetzung von Liebe und Unterwerfung ist in dieser Achtungsdynamik begründet: »Die Liebe geht aus von dieser Unterwerfung der Frau, und die Unterwerfung bleibt die fortdauernde Aeusserung ihrer Liebe.« (125)

Marco Ivaldo (1991) hat in anderem Zusammenhang als geheimes Gravitationszentrum der Fichteschen Sittenlehre das »Gesetz des Opfers« herauspräpariert. Demnach kehrt das Opfer die Logik des Bösen – als Selbstzentrierung der Subjektivität im Anspruch auf absolute Herrschaft – vollständig um: »Die Verabsolutierung der Subjektivität ist Vernichtung des Anderen als Person. Im Gegensatz dazu ist die Selbsthingabe im Opfer Vernichtung dieser Verabsolutierung; sie öffnet den Raum zum Leben der Person.« (168) Das Opfer nimmt eine fremde Schuld auf sich, um die Möglichkeit einer Läuterung des Geistes zu eröffnen. Die religiösen Implikationen arbeitet Ivaldo deutlich heraus, aber er übersieht, dass Fichte die Logik des Opfers auch in seine Ehe-Deduktion implantiert hat. Dort findet jenes Opfer als der »tiefste Kern des Sittengesetzes der Transzendentalphilosophie« (169) seinen sozialen Ort. Daher konnte Fichte von der Ehe sprechen als Begründung der »Möglichkeit *aller* Moralität« (SL 293; meine Hervorhebung, C. K.), als weit über den privaten Kosmos hinauswirkende Verankerung der Sittlichkeit in der quasireligiösen Selbstaufgabe der Frau.

Was bewirkt dieses Opfer, diese Unterwerfung im Mann? Wie von Fichte erwünscht: die Nötigung zur Achtung. Indem sich die Frau buchstäblich mit Körper und Seele einsetzt, wird der Mann gezwungen, einen anderen zu achten, im besten Falle: mehr als sich selbst. Die Frau sprengt gleichsam durch den Zwang ihrer Güte das egoistische Bollwerk des Mannes auf und lenkt ihn um auf Fremdreferenz, auf das Akzeptieren von etwas anderem außerhalb seiner selbst. »Er sieht ein ursprünglich freies Wesen mit Freiheit, und unbegrenztem Zutrauen sich ihm unbedingt unterwerfen«, sieht, dass sie ihr ganzes Schicksal, ihren »sittlichen Charakter«, sogar den Glauben an sich selbst, ihm ohne Rest überantwortet. Das aktiviert seine Großmut, sein natürliches Achtungsvermögen. Zwar will er »zuerst Herr seyn«, Herrscher, »wer aber mit Zutrauen ihm sich hingiebt, gegen den entkleidet er sich aller Gewalt« (GN 102) – und die Zähmung des Gewalttätigen hat begonnen.[37] Das ist aber nur der erste Schritt. In einer zweiten Phase lernt der Mann anhand der Achtung, die er der Frau entgegenbringt, was es bedeutet, selbst achtungswürdig zu handeln. Er wird durch das Verhältnis mit der achtbaren Gattin »genöthigt, achtungswürdig zu seyn« (103), also jene Qualität zu erlangen, die ihm vor der Ehe fehlte. Die Identifikation mit der Achtbaren führt zu einer Internalisierung moralisch korrekten Verhaltens und zur Nachsozialisation des Mannes. In einem dritten Schritt gewinnt der Mann über diese Dynamik schließlich einen Begriff von jenem Gefühl, dessen Fehlen die Achtungsspirale notwendig gemacht hat: das Gefühl der Selbstachtung. »Sobald der Mensch etwas außer sich zu achten genöthigt wird, so entwickelt sich in ihm der Trieb sich selbst zu achten.« (SL 279)[38]

Aber mehr noch als für den Mann ist dieser Prozess für die Frau ein hochkomplexer und anspruchsvoller Vorgang. Die Frau liebt zunächst einen Liebens- und Achtungsunwürdigen, sie nimmt sich eines moralischen Monsters an – in diesem quasigöttlichen Akt liegt

37 Der Großmut des Mannes erscheint aus dieser Perspektive nicht als »Belohnung« des Mannes für die Unterwerfung der Frau (Frevert 1988, 24), sondern als hart erkämpftes Ergebnis der weiblichen Moralisierungsarbeit am schwer erziehbaren Mann.

38 War der Prozess so weit gediehen, nötigte Fichte nicht nur Frauen dieses Opfer ab, sondern allen Menschen, »ihr individuelles Leben der Gattung aufzuopfern«, einer Gattung, die durch den Staat vertreten wird (GZ, 321 ff.). Vgl. Popitz 1953, 22; Meyer 1984, 83. Das Uropfer aber stammt stets von der Frau.

ja der Heroismus ihrer Unterwerfung/Liebe. Durch diesen Achtungsvorschuss verstrickt sie den Mann in eine heikle, voraussetzungsvolle Dynamik voller (Dis-)Simulationen: Sie empfindet oder fingiert vielmehr eine Achtung gegenüber dem Mann, zu der er keinen Anlass gibt, um ihn durch dieses grundlose Geschenk zu bewegen, ihre Achtung durch achtungswertes Verhalten seinerseits zu vergelten und sich selbst so weit zu mäßigen, dass sie ihn schließlich tatsächlich und aus gutem Grund zu achten vermag – und er so auch sich selbst. So bleibt ihr nichts, als anfangs allerhand zu verzeihen, zu übersehen und zu ignorieren, also ein Leben des Als-ob zu führen, bis endlich der Mann zur Gegenliebe erzogen worden ist und die Gatten sich schließlich in Selbstaufopferung, also in gegenseitiger Liebe, zu übertreffen suchen: »Jeder will seine Persönlichkeit aufgeben, damit die des andern Theils allein herrsche«, »die Umtauschung der Herzen und der Willen« vollkommen (GN 103) und die Ehe schließlich »eine gänzliche Verschmelzung vernünftiger Individuen in Eins« werde (SL 290).

Der Kern der Fichteschen Deduktion ist also nicht eine überlegene männliche Vernunft, sondern im Gegenteil: die unterlegene Sittlichkeit des Mannes. Das war zutiefst androzentrisch gedacht, aber eben: negativ androzentrisch. Der argumentative Aufwand entstand erst durch die Kombination aus selbstreferenzieller Geschlossenheit des unbestimmten Mannes und der Nötigung, dennoch Moralität herzustellen. Die eigentümliche Achtungsdynamik qua weiblichen Opfers sollte genau diese beiden disparaten Momente miteinander verbinden. Damit setzt, aus systemtheoretischer Perspektive, die Ehe im Fichteschen Sinne am Problem der doppelten Kontingenz ein, also am basalen Prozess der Vergesellschaftung. Das Kontingenz-Problem dreht sich um die Bedingungen, unter denen Alter und Ego ihre Erwartungen koordinieren sowie die Annahme oder Ablehnung von Kommunikationen regulieren. Dabei ist Moral ein wichtiger Faktor, denn sie regelt, nach welcher Maßgabe Kommunikanten Achtung und Missachtung ausdrücken.[39]

39 Das ist erkennbar kein moralphilosophisches, sondern ein soziologisches Moral-

Fichte löste das Problem von Achtung und Missachtung ersichtlich über Geschlecht: Männer und Frauen erhielten unterschiedliche Rollen im Achtungsgeschehen, und die Kernrolle besetzte die Frau gerade dadurch, dass ihr *verwehrt* wurde, Missachtung zu zeigen. Obwohl der Mann nicht achtenswert ist, darf sie ihm genau das *nicht* kommunizieren. An ihrer bedingungslosen (durchaus: geheuchelten) Achtung hängt das Projekt der bürgerlichen Moralisierung. Das macht auch verständlich, warum die Frau beharrlich als die Passive gedacht wurde: Als die Aktive könnte sie von sich aus kommunikative Zumutungen abwehren und eigene Standpunkte beziehen. Sie soll aber Zustimmung auch dort signalisieren, wo sie eigentlich keine geben kann, Bewunderung, wo Verwunderung oder gar Abscheu angebrachter wären. Sie fungiert dadurch als Kontingenzabsorber. Einen erheblichen Teil ihrer kommunikativen Möglichkeiten realisiert sie *nicht*, sie vernichtet Optionen (genauer: soll sie vernichten). Sie etabliert die Unwahrscheinlichkeit der Nicht-Ablehnung kommunikativer Zumutungen. Das erlaubt es, sie einerseits als langweilig und unoriginell zu beschreiben, es macht sie aber auch zur Hüterin der Ordnung – zumindest wenn man einen nichtnormativen Ordnungsbegriff zugrunde legt, wie ihn die Systemtheorie bereitstellt.

In der normativen Tradition wird Ordnung als Verhältnis von Allgemeinem zu Besonderen gedacht, als Effekt der sozialen Integration über gemeinsame Werte wie Freiheit, Gleichheit, Brüderlichkeit. Ungleichheit wird so zum Skandal und zur Bedrohung der Ordnung. In nichtnormativer Perspektive ist Ordnung hingegen ein Effekt von Kontingenzbeschränkung, von Limitation der Optionen, damit die weiteren kommunikativen Anschlüsse mit größerer Beschränkung, also mit höherer Sicherheit funktionieren. Ob dabei geteilte Werte im Spiel sind, Gleichrichtung von Bewusstseinen, ist irrelevant. Die bürgerliche Frau erfüllt die Bedingungen dieser Ordnungsform in höchstem Maße. Sie ist die Verkörperung der Limitation, von ihr sind kaum Überraschungen und keine Störungen (als

verständnis. Es geht nicht um Begründungen oder Geltungen, sondern um die Produktion von kommunikativen Anschlüssen.

Abweichungen) zu erwarten. Sie wird in Grenzen verwiesen, die ihr nur noch erlauben, Fraglosigkeit und Einverständnis zu kommunizieren. Deswegen wird sie von Meisterdenkern wie -denkerinnen als Fundament der bürgerlichen Gesellschaft gesetzt. Einschränkung und Idealisierung, Begrenzung und Bewunderung haben in dieser Ordnungsfunktion ihre Identität. Der Mann muss aus dieser Perspektive als der Störenfried par excellence wirken, als drängendes Ordnungsproblem – qua mangelnder Begrenzung. Das ist die Kehrseite. Man kann eine solche Weiblichkeit nicht ohne die entsprechende Männlichkeit haben.

1.5 Rückkopplungen und Fixierungen

> »Die weibl. Natur war daher der eigentliche Boden, u. die Bildung derselben der Grund aller andern Bildung.«[40]

Es ist allerdings nicht zu übersehen, dass sich in Fichtes Deduktion eine instruktive Spannung auftut zwischen der zirkulären Achtungsdynamik einerseits und der vorgängigen Definition der Geschlechtscharaktere andererseits. Zum einen platzierte Fichte seine Ehetheorie in erkennbare Nähe zu jenen Modellen kybernetischer Regelkreise, die um 1800 in den verschiedensten Disziplinen in den Vordergrund drängten, in der »romantischen Ökonomie« ebenso wie in der Physiologie, in den Selbstbegründungsversuchen der Philosophie wie in der Erziehung.[41] All diese kybernetischen Modelle verwischten die Hierarchien, und es wurde systematisch unklar, wer wen im Spiel von Wirkung und Rückwirkung kontrollierte. Es galt auch hier »das harte Gesetz, dass alle Kontrolle ein Kontrolliertwer-

40 Fichte RD, 390.

41 Zur Ökonomie: Vogl 2000; 2002, 223-288. Mit dem ökonomischen Diskurs war Fichte über seinen »Geschlossenen Handelsstaat« vertraut; dort findet sich eine strukturähnliche, thematisch natürlich ganz anders geartete Spannung zwischen Selbstregulierung und Staatszielen. Zur Philosophie: Gamm 2000; zur Erziehung: Luhmann 1993d, 140 ff.; zur Physiologie: Reill 1998, Koschorke 2000a.

den durch das Kontrollierte voraussetzt«.[42] Die eheliche Glückseligkeit etwa »kann nur dadurch geschehen, daß er ihre Wünsche ausspäht, um als seinen eigenen Willen sie vollbringen zu lassen, was sie, sich selbst überlassen, am liebsten thun würde« (GN 103). Darin besteht das Liebesprogramm: Ego muss das eigene Handeln nach Maßgabe des Erlebens von Alter wählen.[43] Das war eine um 1800 unermüdlich wiederholte kybernetische Figur bei Ehetheoretikern, in libidinöserer Variante etwa bei Ramdohr:

> »Indem Er, der Regel nach, Erwecker der Lüsternheit wird, wird Sie, der Regel nach, Leiter der seinigen. Da Sie aber eben so wie Er Anlage zu dem nehmlichen Zustande hat, so bietet Sie sich demselben entgegen, und wirkt bald verstärkend eben die Empfindungen auf Ihn zurück, welche Sie kurz vorher von Ihm empfangen hatte.«[44]

Ein (möglicher) männlicher Anspruch auf Steuerungshoheit wird in der Zirkularität der Rückkopplungen zermahlen, jede patriarchale Überordnung wird zu einem Kreis umgebogen, in dem die Autonomie der Beteiligten sich gegenseitig einschränkt und sie sich in der Verschränkung von Erwartungen so aneinander justieren, dass sie am Ende ununterscheidbar, »Eins« werden. Aus Krieg wird die Verschränkung von Selbst- und Fremd-Regulierung. Dabei ist auch hier, und das ist entscheidend, das vermeintlich sekundäre Werkzeug, das »Medium« Frau, konstitutiv für den Prozess, denn ihr Achtungsvorschuss, ihr Liebeskredit, setzt die Regulierung überhaupt erst in Gang. Zum anderen aber gab Fichte die prinzipiell ergebnisoffene Austauschbewegung innerhalb der Regulierung eben nicht frei, sondern band sie teleologisch zurück an sein geschlechtsspezifisches Moralisierungsprogramm und damit an die vorgängigen naturalen Definitionen von Mann und Frau. Im ehelichen Regelkreis sind keine prinzipiellen Positionsverschiebungen denkbar, der unmoralische Mann bleibt stets (als Subjekt) das Objekt der weiblichen Bemühungen. Fichte steuerte die kybernetische Regulierung

42 Luhmann 1995, 209.
43 Luhmann 1982, 21 ff.
44 Ramdohr 1798, 149 f.

wieder zurück in den quasireligiösen Kontext der Bekämpfung des Unmoralischen, und das eheliche Moralisierungsprogramm erwies sich als strukturidentisch mit jenem, das Fichte zur Überwindung des »Bösen« proklamierte:

> »Das Individuum müßte sich selbst in seiner verächtlichen Gestalt erblicken, und Abscheu für sich empfinden: es müßte Muster erblicken, die ihn emporhöben, und ihm ein Bild zeigten, wie er sein sollte, ihm Achtung, und mit ihr die Lust einflößten, dieser Achtung sich selbst auch würdig zu machen. Einen anderen Weg der Bildung gibt es nicht. Dieser gibt das, was da fehlt, Bewußtsein und Antrieb.« (SL 187)

Bis in die grammatische Dissoziation hinein findet hier an einem Ort, an dem es vermeintlich nicht um Geschlechter geht, eine Verschiebung vom Menschen als Individuum (»es«) zum Mann (»ihn«, »er«) als eigentlichem Problemfall der praktischen Moralität statt. So groß schien für Fichte die moralische Monstrosität des Mannes zu sein, dass allein das monströse Konzept der Liebe als einseitige Unterwerfung Abhilfe versprach – diese zugleich supererogatorische wie »routinisierte« Virtuosenleistung der Frau, durch die allein sich für den Mann »ein äußerer Antrieb zur Tugend« finden sollte (GN 104).

Der Preis dieser konjugalen Theorie der Moralität ist hoch, für beide Geschlechter. In einer doppelten Naturalisierung wird nicht allein die Frau, sondern auch der Mann fixiert. Durch die säuberliche, geschlechtsspezifische Aufteilung der Naturtriebe versuchte Fichte in seiner Deduktion unterschiedliche und teils widersprüchliche Desiderate seiner Theorie zu versöhnen: Fortpflanzung der Gattung, Freiheit und Naturbedingtheit der Subjekte, Moralität und sittliches Handeln im amoralischen Kontext der bürgerlichen Gesellschaft, Bezogenheit der Geschlechter u. a. Im Verbund mit der ehelichen Kybernetik der Achtung ergab sich daraus ein komplexes System von Apositionen, die sich nicht einer linearen Geschlechterhierarchie fügten. Der »überlegene« Trieb des Mannes erzeugt sowohl geschlechtliche Verbindung als auch moralische Unterlegenheit, die die »trieb-unterlegene« Frau aus moralischer Überlegenheit durch freiwillige Unterwerfung zu kompensieren und schließlich in die wechselseitige Unterordnung zu überführen hat – aus solchen gegenläufigen Polyhierarchien bezieht Fichtes Theorie ihre unheimliche Konsequenz. Begriffe wie Minderwertigkeit und Überlegenheit verflüssigen sich dabei und verlieren ihre Eindeutigkeit, weil sie offensichtlich domainspezifisch sind, also je nach Problembereich (Trieb, Reflexion, Moral, Liebe) variieren. Was hier das »Allgemeine« und was das »Besondere« ist, lässt sich nicht mehr mit Sicherheit sagen, auch lässt sich das Fichtesche System nicht mit den herkömmlichen Modellen des »Anderen« (Lévinas, Foucault) fassen. Hier wird nicht ein minderwertiges Anderes produziert, um dagegen ein besseres Eigenes zu konturieren. Sondern es wird von einem (moralisch) minderwertigen Eigenen her gedacht, um dagegen ein besseres Anderes zu imaginieren, das deswegen wieder ausgeschlossen und eingehegt wird. Dies ist ein Prozess gegenseitiger Ausschließung und Ermangelung, ein heterarchischer Prozess, der laufend lokale Hierarchien erzeugt, die im nächsten Schritt wieder kippen können.

Die naturale Absicherung der weiblichen Moralität stellt dabei – genau wie die naturale Absicherung der maskulinen Unmoral – kein wesentliches Problem innerhalb von Fichtes Theorie dar. Zum einen erlaubte ihm sein Ansatz die Behauptung, dass man auch dann formal frei handeln kann, wenn man ausschließlich dem Naturtrieb folgt (SL 129, 135).[45] Zum andern kommt die naturale Verankerung

45 Rohs 1991, 176. Vgl. dagegen Heinz/Kuster 1998, 833, die – wie viele andere – davon ausgehen, dass das Selbstopfer der Frau nicht moralisch sei, weil es ja *nur* vom Naturtrieb herrühre. Der sittliche Trieb ist nach Fichte aber stets ein »gemischter Trieb« (SL 143): »[...] die Materie der Handlung muß zugleich, in einem und eben demselben Handeln, angemessen seyn dem reinen Triebe und dem Naturtriebe. Beide müssen vereinigt seyn.« (SL 140) Wo der Naturtrieb die materiale Sittlichkeit bereits beinhaltet, kommt der reine Trieb nur noch als formales Kriterium der Freiheit hinzu (gleichsam als Kontingenzoption: Es ließe sich auch anders handeln) – das aber begleitet den Naturtrieb in jedem Fall, ist also für die Materialität des Handelns irrelevant. Grundsätzlich liegt der Kritik an einer vermeintlich geringeren Moralität qua Naturtrieb oft eine Fehldeutung des transzendentalen Status der formalen moralischen Autonomie des freien Willens zugrunde. An der intelligiblen Welt aller vernünftigen Wesen hat bekanntlich »selbst der ärgste Bösewicht« teil (Kant 1911, 454), sie dient allein der Deduktion des Sollens.

der Fichteschen Vernunfts- und Reflexionsskepsis entgegen. Die Erkenntnis des materialen Gehaltes des Sittengesetzes stützt er bekanntlich zweifach ab, einerseits in der reflexiven Klärung, ob das Handeln mit der Freiheit als apriorischem Zweck übereinstimmt, andererseits in der intuitiven Gefühlsevidenz, dass die Handlungen mit dem Gewissen in Einklang stehen. Letzterem vertraute Fichte deutlich stärker als jeder sittlichen Selbstbeschränkung durch Reflexion. Und so vertraute er auch den Naturtrieben mehr als jeder freien Einsicht des Menschen. Jedenfalls verlegte er den Trieb zur Moralität offenbar aus demselben Grunde in die Natur der Frau, aus dem er den Geschlechtstrieb im Mann verortete: »Die Natur konnte die Erreichung [ihrer Ziele] nicht von der Freyheit der Menschen abhängig machen.« (CM, 141). Fortpflanzung und Moralität waren zu wichtig, um sie der Deliberation der Subjekte zu überlassen.

In der Geschlechterpolarität taucht so letztlich der Dualismus, den Fichte auf allen Ebenen bekämpft hat, in unbezwingbarer Form wieder auf. Die Versöhnung von Moral und Freiheit, von Sein und Sollen »gelingt« um den Preis des Geschlechterschismas. Und auf beiden Seiten der Spaltung lassen sich die blinden Flecken beobachten, die das Dilemma verbergen. Auf Seiten der Frau erfordert die radikale Demoralisierung von Männlichkeit als Kompensation eine paradoxe Form der bewusst unbewussten Weiblichkeit, die zwar wie der Mann ein Geschlechtswesen ist, ihren Geschlechtstrieb aber »für sich« nicht wahrnehmen darf, um die Imagination der selbstlosen Liebe aufrechtzuerhalten. Und da für Fichte alles Sein ein Gewusstes war, musste der weibliche Geschlechtstrieb hinter einer Art »Schleier der Ignoranz« – *avant la lettre* – verschwinden und als geläutert wieder hervortreten: »Im Weibe erhielt der Geschlechtstrieb eine moralische Gestalt, weil er in seiner natürlichen die Moralität derselben ganz aufgehoben hätte.« (GN 100)

Auf Seiten des Mannes tritt der blinde Fleck der Naturalisierung an zentraler Stelle der Theorie auf. Wenn die Frau ihren eigenen

Das praktische Handeln, auch das moralische, kann sich aus ganz anderen Quellen speisen. (Geismann 2000, 515 f.)

Trieb nicht befriedigen kann/darf, welcher Trieb wird dann befriedigt im bürgerlichen Bett? Es kann nur der des Mannes sein, der gewissermaßen in Abwesenheit der Frau dieselbe benutzt – und somit dem Dilemma der Selbstbefriedigung nicht entgeht. Es war restlos konsequent, wenn Fichte schrieb, »das Weib giebt sich immer nur der Liebe« (SL 290), also eigentlich *nicht* dem Mann, doch das Erlösungsprogramm für den Mann, das zugleich die Bedingung der Möglichkeit der Moralisierung bürgerlicher Beziehungen sein soll, wird so an entscheidender Stelle sabotiert.

Die Annahme, Fichte habe im Kern seiner Deduktion nicht mit einem positiven Männerbild (Vernunft), sondern mit einem negativen (Unmoral) operiert, hat schließlich auch die Konsequenz, jene Aspekte zu klären, die sich in der feministischen Deutung als »Widersprüche« nicht endgültig klären lassen. So löst sich das Rätsel der gleichgestellten ledigen Frau. Sie erhält bei Fichte alle Rechte, weil sie nicht für die Moralisierung des Mannes requiriert werden muss. Sie lebt, da sie nicht verheiratet ist, auf der Seite der Gesellschaft, wo die interaktionellen Zumutungen der Moralität entfallen und damit die weibliche Unterwerfung. In der Gesellschaft geht es – funktionssystemisch – um Rechtsverhältnisse (also um Anerkennung, nicht um Achtung), und dabei hat »jeder [...] nur auf die Legalität des anderen, keineswegs auf seine Moralität Anspruch« (GN-1 425). Und auch die Frage nach der weiblichen Konstitution der Ehe löst sich: Erst diese Totalverfügung verleiht ihrem Opfer jene Qualität, die Fichte als Bedingung praktischer Moralität verstehen kann.

Zum anderen tritt die Gewaltsamkeit im Fichteschen Geschlechterverhältnis noch plastischer in den Blick als in den feministischen Kritiken. Einer weiblichen Unterwerfung unter eine überlegene männliche Vernunft könnte – in zugespitzter Deutung – ja ein ähnliches Maß an Rationalität zugebilligt werden wie etwa dem Verhältnis von Experten zu Laien. Fichte aber verlangte von verheirateten Frauen eine ungleich schmerzhaftere, radikalere Unterordnung: nicht unter eine überlegene Vernunft, sondern unter eine defiziente Moralität, die dennoch alle Rechte behalten sollte. Dies war genauso androzentrisch gedacht, wie es Fichte vorgeworfen wird, allerdings auf die männliche *Verworfenheit* zentriert.[46]

Es geht hier also, um es noch einmal zu wiederholen, nicht darum, etwa die Forderung der »unbegrenzteste[n] Unterwerfung« der verheirateten Frau »unter den Willen des Mannes« (GN 113) bei Fichte zu bestreiten. Aber der Begründungszusammenhang stellt sich völlig anders dar als in der feministischen Interpretation. Es fällt daher schwer, zu entscheiden, ob Fichtes sittlich evakuierter Patriarchalismus eher misogyn oder misandrisch zu nennen ist, ja, ob solche Begriffe der Theorie überhaupt angemessen sind. Die Verbannung des Mannes vom Terrain der Liebe und der Moralität erscheint nicht minder gewaltsam als die Festschreibung der Frau auf ihre entsinnlichte Güte. Die eigentliche Violenz besteht in der starren Verkopplung der Zuschreibungen, darin, dass Fichte deren Reversibilität – oder gar Auflösung – nicht zu denken vermochte. Der Mann erschien ihm nirgendwo als ursprünglich moralisch, die Frau nie als zu moralisierende. Rollentausch wäre Chaos (GN 116 f.), und so vertraut Fichte letztlich seinen naturalen Fixierungen mehr als der prinzipiellen Schematik seiner Achtungskybernetik.

46 Fichte verlangte also das, was Mary Wollstonecraft als unerträglich beschrieben hat: Sie sei ja bereit, sich der »*Vernunft*« zu unterwerfen, aber »nicht dem *Manne*«. (Zit. in Honegger 1989, 97)

2. Visionen und Sichtungen

»Praktiken des Sehens und des Sagens«[1]

Eines der Grundaxiome der *visual studies* besagt, dass Sehen nicht »unschuldig« ist. Es ist eine sozial konstruierte und konstruierende Tätigkeit, keine »natürliche«. Wie Worte haben Blicke nur Bedeutung innerhalb eines Systems aus Verweisungen, in einem Netz von Codes und Referenzen, die sich nicht aus »der Sache selbst« ergeben, sondern Resultate kollektiver Prozesse der Sinngebung sind. Das Subjekt erscheint nicht als Zentrum oder Quelle der visuellen Wahrnehmung, sondern seine Wahrnehmung wird von den visuellen Codes einer Kultur geprägt. Um diese Differenz zu beschreiben, wurde die Unterscheidung von *Vision* als individueller visueller Erfahrung im Rahmen eines kulturellen Systems der *Visualität* vorgeschlagen.[2] Visualität ordnet den topographischen und den sozialen Raum, sie platziert Gruppen und Individuen in Hierarchien, sie scheidet Sehen von Gesehenwerden, sie verteilt Macht und Ohnmacht, sie schafft Positionen des Wissens und solche der Verblendung und Blindheit. Das ist nachdrücklich anhand der Erfindung der Zentralperspektive demonstriert worden, die einen homogenen, mathematischen Raum erzeugt. Diese Perspektive wird installiert als der Blick eines einäugigen, unbewegten, distanzierten, gewissermaßen körperlosen Beobachters, der die Welt vollständig unter Kontrolle zu nehmen gedenkt, indem er sie zum Opfer des *gaze*, des objektiven Blicks, macht: »Objektivierung des Subjektiven«.[3] Aus der Zentralperspektive wird die Welt für den Beobachter arrangiert wie für Gott. Nicht wenige Theoretiker halten diesen »view from nowhere« für das Signum der Moderne, für den Ausdruck ihrer vereinheitlichenden, »normalisierenden« Tendenzen.

1 Deleuze 1992, 91.
2 Bryson 1988, 91 f. Allgemein zu *visual studies*: Jenks 1995; Walker/Chaplin 1997, Mirzoeff 1998.
3 Panofsky, zit. in Mathes 2001, 103.

In der feministischen Visualitätskritik ist diese Einschätzung zugleich bestätigt und bekämpft worden als zu einseitig und *gender blind*: Die meist männlichen Theoretiker hätten übersehen, »dass sich im ›Gaze‹ das Geschlechterverhältnis konstituiert«.[4] Der zentralperspektivische Blick sei bis in die Moderne hinein nicht nur für Gott reserviert, sondern auch für die Protagonisten und Profiteure des Patriarchats. Mit Bezug auf Freud und Lacan wird der »phallische Blick« gekennzeichnet als einer, der die Frau als kastrierte wahrnehme. Sie erscheine als mangelhaft, wodurch der Mann wiederum die »Gewissheit« seiner Vollständigkeit und Überlegenheit erhalte. Das ist ersichtlich eine Variante der Allgemeinheitsthese: Der phallische Blick erzeuge eine Hierarchie, eine Überordnung des Mannes über das defekte und defiziente Weib. »Sehen in der Logik des Phallus heißt in diesem Sinne immer auch die Herstellung der Geschlechterdifferenz durch den Blick.«[5] Im Feminismus ist diese Logik vor allem in der Rezeption des populären Erzählkinos durchdekliniert worden, etwa bei Laura Mulvey, die behauptet, das moderne Kino trage vornehmlich der voyeuristischen Schaulust des Mannes Rechnung, indem es Frauen zum Objekt des männlichen Blickes mache.[6] In der patriarchalen Kultur sei der Mann stets darauf angewiesen, seine überlegene Position durch die »visuelle Verifizierung« der weiblichen Kastration aufrechtzuerhalten, und das narrative Kino bilde einen zentralen Ort dieser Vergewisserung.

In der Theorie des *male gaze* sind also die Zusammenhänge von Blick, Macht, Kontrolle und Hierarchie ausgelotet worden, was ihn zu einem der wichtigsten Begriffe der *visual studies* gemacht hat.[7] Durch den »voyeuristischen Blick« werden Frauen visualisiert, kontrolliert, diszipliniert und in Objekte des Wissens und der Überwachung transformiert, so die zentrale Annahme.[8] In jüngster Zeit ist die Theorie allerdings von vielen Seiten kritisiert worden. Sie reduziere die Vielfalt der Blicke in der Moderne auf einen einzigen

4 Mathes 2001, 105.
5 ebd., 106.
6 Mulvey 1994; für die Kunstgeschichte: Pollock 1988; Schade/Wenk 1995.
7 Mirzoeff 1998a, 391.
8 Neiva 1999, 74.

und reproduziere damit das, was sie bekämpfe. Die Neuzeit kenne mehr als *ein* »scopic regime«, und der objektive Blick sei kein Alleinherrscher über die Wahrnehmung.[9]
Besonders energisch hat Mieke Bal die vermeintliche Verbindung von Blick und Patriarchat analysiert und dem Konzept des *male gaze* vorgeworfen, selbst ein vereinheitlichendes, essenzialisierendes Konzept zu sein. Es beruhe zudem auf einem Modell einer Kommunikation der Blicke, das jede Kommunikation ausschließe:

> »Dieses visuelle Modell tendiert dazu, Sehen allein auf Macht zu reduzieren, auf eine absolute Subjekt-Objekt-Beziehung, in der der Betrachter die totale Macht besitzt und das Objekt des Blickes nicht einmal an der Kommunikation partizipiert. Dieses Modell basiert eigentlich auf Nicht-Kommunikation.«[10]

Ein solch totalisierendes Modell erlaube keine »komplexe, historische und politisch bewusste Analyse« von Kunst, Gesellschaft oder Geschlechterverhältnissen. Bal schlägt stattdessen vor, von verschiedenartigen Arten und Weisen von Blicken auszugehen, von »vervielfältigenden Perspektiven, wuchernden Gesichtspunkten«, denen unterschiedliche Epistemologien und Machtformen entsprechen.[11]
Das gilt gleichermaßen für die Gegenwart, in der vor allem die *queer theory* die Pluralität von Perspektiven betont,[12] wie auch für die Vergangenheit. Um mit Jacqueline Rose zu sprechen: »Unsere bisherige Geschichte ist nicht der versteinerte Block eines einzigen visuellen Raums; schräg betrachtet [looked at obliquely], kann man sehen, dass sie stets Momente der Unruhe enthält.«[13]
Dieser schräge (*oblique*) Blick soll im Folgenden auf die Spuren einer alternativen Visualität um 1800 führen, in der Frauen viele Elemente des »patriarchalen Blicks« einsetzen, um ihre überlegene Wahrnehmung vom Männlichen zu behaupten. Eine solche »Verquerung« des Blicks in der Moderne ist aufgrund systemtheoretischer Annahmen nicht nur denkbar, sondern erwartbar: In der heterarchischen

9 Jay 1998.
10 Bal 1993, 383.
11 ebd., 379; ähnlich Silverman 1996; Jay 1998.
12 Waugh 1998; Lewis 1998.
13 Rose 1986, 232 f.

Gesellschaft gibt es zwingend eine Vielheit der Blicke und Perspektiven, die nicht aufeinander zu reduzieren sind. Das gilt auch für den weiblichen Blick, den *female gaze*, der bislang nur relativ wenig Aufmerksamkeit erhalten hat in der Annahme, auch dieser Blick sei im Wesentlichen bestimmt worden durch den männlichen.[14] Wenn Weiblichkeit in der hier beschriebenen Weise als Regentin des Interaktionellen gilt, dann ist zu erwarten, dass damit auch ein eigenes visuelles Regime einhergeht, eine eigene visuelle und visionäre Epistemologie sowie eine eigene Formensprache der Macht qua Blick. Das dürfte keine Kopie des *male gaze* sein, wie es Bettina Mathes nahelegt, wenn sie sagt, dass der objektivierende Blick grundsätzlich auch Frauen offenstehe, diese Option in der Geschichte aber zumeist als Hexenblick dämonisiert worden sei.[15] Es handelt sich vielmehr um ein eigenständiges komplexes Modell des *female gaze* – und der Fixierung des Männlichen. Diese Fixierung dient der Korrektur des negativ andrologischen Mannes. Dies zu sehen wiederum dient der Korrektur von Visualitätstheorien.

2.1 Ihr Auge hört alle Worte: die Frau als absolute Leserin

»Macht mag nicht immer sichtbar sein,
aber durch Sichtbarkeit wird aus Macht Handlung.«[16]

Was Männer visualisieren (sollen), wenn sie eine Frau sehen, diese Frage hat die wissenschaftliche Debatte bislang beherrscht. Was visualisieren Frauen beim Anblick von Männern? Genauer: Welchem Regime der Visualität sind beide aus der Perspektive von Weiblichkeit unterworfen? Darüber hat man sich in der Zeit um 1800 intensiv Gedanken gemacht. Und vielfach lautete die Antwort schlicht: Frauen sehen am und im Mann – alles: »[... M]it bewundernswer-

14 Goddard 2000, 23; dort passim eine psychoanalytisch fundierte Analyse des *female gaze*.
15 Mathes 2001, 108.
16 Neiva 1999, 74.

them Scharfblik durchschauet sie ihn, mit der erstaunendsten Leichtigkeit weiß sie – wenn sie will – das Eigenthümliche seiner Denkart, seiner Launen sich eigen [...] zu machen [...].«[17]

Vor dem Blick der Frau wird der Mann transparent. Das kann sie nutzen, »wenn *sie* will«, zu einer mimetischen Anverwandlung an den Mann, die Philipp Christian Reinhard, Autor des obigen Zitats, im Rahmen seiner Negativen Andrologie ausdrücklich empfahl: Ihr Wissen von der inneren Topographie des Gatten ist ein Überlebensvorteil, um »den Härten seines Charakters auszuweichen« und rechtzeitig zu ahnen, wann und »wenn die Härte des Mannes in Brutalität ausartet«. Die Hartschaligkeit des Männlichen mag dem Weib ein Ärgernis oder eine Bedrohung sein, dem weiblichen Blick aber bietet sie kein Hindernis. Ihr *gaze* dringt ähnlich tief ein wie der Gottes.

> »Sie [die Frauen] kennen ihn sehr bald besser, als ihn seine Freunde kennen, oft besser, als er sich selbst kennt. Seinen Schwächen und Blößen, sehen sie auf den Grund. Wie muß er sich bilden, wenn er sich ihnen nahen, ihnen gefallen will!«[18]

Der weibliche Blick seziert und klassifiziert, er teilt das männliche Innere in Wert und Unwert, in Stärken und Schwächen und entblößt, was womöglich verborgen bleiben sollte oder wollte. Frauen seien, wusste Heydenreich, »wie Rousseau mit Recht sagt, die natürlichen Richter, von dem Werth eines Mannes, als Mann und als Mensch«.[19] Diese Wert(ein)schätzung hängt ersichtlich an der Fähigkeit des Einblicks, an der Visibilität im Inneren des Mannes, und zwar bis auf dessen Grund. Oben haben wir gesehen, dass die Frau das Innere des Mannes wie einen Garten zu bestellen und zu gestalten habe, hier lässt sich eine weitere Voraussetzung für diesen Eingriff erkennen: die Macht der Einsicht.

Die ist der Frau nicht nur für ihren Gatten vorbehalten, sondern für die ganze Familie. Das hat einerseits einen praktischen Aspekt; als »Vorsteherin des Hauswesens« hat sie eine Art *argus panoptes* zu

17 Reinhard 1797, 44.
18 Heydenreich 1799, 109.
19 ebd., 108.

sein, eine Allesseherin in ihrem Reich. Es sei ihre Aufgabe, forderte Joachim Heinrich Campe, dass sie »überall, wenigstens ruckweise, zugegen sei, alles im Auge behalte, alles befriedige und alles beseele«.[20] Das ist insofern bemerkenswert, als traditionell dem Hausvater diese Umsicht abverlangt wurde; ihm, nicht der Frau, war in früheren Zeiten die panoptische Funktion zugekommen, wie Jean-Jacques Rousseau noch im Artikel »Economie« der Enzyklopädie vermerkte: Der Hausvater »peut tout voir par lui même«.[21] Andererseits hat die weibliche Fähigkeit zum Allessehen auch eine tiefenpsychologische Dimension, die die Innenräume aller Familienmitglieder aufschließt; so schrieb etwa Betty Gleim:

> »Wie herrlich, wie schön ist es doch, wenn sie nun ihren Söhnen und Töchtern Rathgeberinn, vertraute Freundinn ist; wenn jede Regung, die in den Seelen dieser vorgeht, von ihr durchschaut; von ihr mit empfunden; von ihr zum Guten geleitet wird; wenn die Kinder kein Geheimnis vor ihr haben mögen, weil sie wissen, daß sie hier sicher zart begriffen werden [...].«[22]

Vor dem Blick der Frau rücken Kindern und Vater/Gatte auf die gleiche Stufe, sie erscheinen allesamt als Erziehungsbedürftige, deren Fortschritte von der Mutter/Frau angeleitet und bewertet werden. Der Vater ist in dieser Hinsicht das Kind seiner Frau und der Bruder seiner Kinder. Das Blickregime reorganisiert die Hierarchien in der Familie. Der *gaze* der Gattin/Mutter ist dabei nicht nur ein analytischer, ein erfassender, sondern auch ein disziplinierender, ein moralisierender, ein normierender. Er ist kein kalter, sondern ein besorgter Blick, der nicht nur nüchtern registrieren, sondern ermuntern, leiten und dirigieren will. Er ist ein Richtstrahl in eine bessere, tugendhaftere Zukunft, ein aktiver Blick, der korrigieren soll, was die Frau in ihrer Familie noch als Mangel wahrnimmt. Kurz: Es ist ein handelnder Blick. Eines der Dinge, die die Frau tut mit der Macht ihres Blickes, ist die Erzeugung von Wahrheit. Sie besitzt, wie wir im Vergleich mit dem männlichen Blick noch genauer sehen

20 Campe 1796, 94.
21 zit. in Stockhammer 2000, 140.
22 Gleim 1810, 69.

werden, das Monopol auf die Inneneinsichten und also auch auf die Deutungshoheit der, wenn man so will, Familienpsyche. Und nicht nur dieser. Ihre Kompetenzen reichen weit darüber hinaus, was nicht überraschen kann, wenn man ihr die Domäne der Interaktion zuordnet.

> »Auch der Theil der practischen Philosophie gehört für sie, der zur Beobachtung des menschlichen Herzens und der Gesellschaft führt. [sic] Denn umsonst bedeckt die Kunst der Welt das Innere des Menschen mit ihrem monotonischen Schleyer; die Scharfsichtigkeit des Weibes ergründet leicht jeden Zug und jede Schattierung in ihm. Das stete Interesse die Männer und ihre Nebenbuhlerinnen zu beobachten, verschafft dieser Art von Instinct eine Schnelligkeit und Sicherheit, welche die Urtheilskraft des größten Philosophen nie erreichen kann. Ihr Auge, wenn ich mich so ausdrücken darf, hört alle Worte, ihr Ohr sieht alle Bewegungen; und zur Vollendung ihrer Kunst weiß sie fast immer ihre stete Beobachtung unter dem Schein von Unachtsamkeit und einer schüchternen Verlegenheit zu verbergen.«[23]

Die »Feinheit ihres Augenmaßes«[24] ist dabei unmittelbar an ihre überlegene Fähigkeit zur Sympathie gekoppelt. Der Blick dient als Vehikel des sympathetischen Einfühlungsvermögens, er fungiert als optisches Äquivalent zur blitzartigen Erfassung fremder Seelenzustände, auf die Weiblichkeit hingetrimmt wird. Das ist, wir hatten es gesehen, eine ebenso spektakuläre wie spekulative Gabe, die im weiblichen Blick ihre optische Grundlage findet.

> »Das weibliche Herz sympathisirt augenblicklich mit den Menschlichkeitsgefühlen eines andern Herzens, das ist, es vergegenwärtigt sich urplötzlich, instinctartig den glücklichen oder unglücklichen Zustand desselben. [. . .] Das hohe [sic] Licht, worin sofort alle die Bilder vor ihrer Seele stehen, reflectirt, so zu reden, auf den Spiegel derselben mit solcher Stärke, daß sie in eine Art von Täuschung versetzet, und die frohen oder schmerzlichen Empfindungen des Andern gewissermaßen ihre Eigenen werden. Was

23 Cabanis 1804 I, 342.
24 ebd., 341.

> heisset dies aber anders, als – den *Mitmenschen lieben wie sich selbst?*«[25]

Im weiblichen Blick schafft sich also die Liebe ein okularisches Instrumentarium. Der *female gaze* fungiert als eine Art *speculum*, um die Seelen der Nahestehenden zu inspizieren. Aber nicht immer bedarf es dieser Tiefensicht, begabten Frauen reichen wenige Zeichen, um sich den Rest zu erschließen: Frauenzimmer vermögen »mit richtiger Beurtheilung von dem Aeußeren auf das Innere [... zu] schließen«, wusste Mariane Ehrmann.[26] Überhaupt treibt die Zuschreibung des penetrierenden Blicks allerhand symbolischen Überschuss hervor und eine Wahrheit eigenen Kalibers. Die überlegene Sicht der Frauen erlaubt ihnen ein umfassendes Wissen und die Erkenntnis der Wahrheit auch dort, wo nur Bruchstücke zu deren Rekonstruktion vorliegen. Fast scheint es, als würde der Blick überhaupt erst die Wahrheit in die Dinge hineinsehen, als würde der Blick einen Mehrwert transportieren, der sich aus den Sachen selbst nicht ergibt. Der feminine Blick tritt auch hier wieder in die Funktion von Weiblichkeit generell ein und schafft Einheiten, wo andere (Männer) nur Disparates vermuten. Dafür sind alle Mittel recht, auch die Imagination.

> »Den Frauen stellt sich jedes so dar, wie es ist – vollständig, und wenn sie irgendwo nur Züge erhaschen, so hat ihre Phantasie bald daraus ein Ganzes gebildet, und mit Hülfe eines feinen ahnenden Sinnes die Lücken so glücklich aufgefüllt, daß das Gebilde sich selten weit von der Wahrheit entfernt.«[27]

Der weibliche Blick dient in solchen Beschreibungen ganz offenbar nicht nur als Erkenntnisinstrument, als Abbildverfahren, sondern er wirkt als bildgebendes Verfahren, das das, was als sichtbar zumindest für die Frau in Erscheinung tritt, überhaupt erst als Erscheinung erzeugt. Das erinnert an Leibniz, der Gott in einer unübersichtlichen, kontingenten Welt zum Garanten der Bestimmbar-

25 Sprengel 1798, 108 f.
26 Ehrmann 1784, III f.
27 Ehrenberg 1836, 63.

keit der Welt gemacht hat: als »absoluten Leser«.[28] Auch dieser Leseakt »sieht in die Welt hinein«, was der Mensch nicht zu sehen vermag: Wohlgeordnetheit, Harmonie – als Ausdruck seiner Allwissenheit. Die Lesbarkeit des Mannes durch die Frau entspricht durchaus einer solchen Bestimmung, sie ist die »absolute Leserin« des Mannes. Auch ihr Blick ist ein kreativer, ein Welten schaffender, und die Kontrolle über die Ergebnisse ist dem Mann weitgehend entzogen: Er kann all das nicht sehen, was dort zu erkunden ist, und er muss sich für Botschaften aus diesem Reich auf die Berichterstattung seiner Frau verlassen.

Erkennen, bewerten und hervorbringen – dies alles »tut« die Frau mit ihrem Blick, aber sie darf es nicht aus Genuss an ihrer Macht oder aus bloßer Neugier tun. Der Blick ist an die schwere Arbeit der Moralisierung gekoppelt. Daraus bezieht ihr Blick die Legitimität, und deswegen muss sich ihre Umwelt diesem Blick auch unterwerfen; wer es nicht täte, der würde sich gegen jene Sittlichkeit stellen, deren Leitstrahl der weibliche Blick darstellt. Pockels spricht sehr treffend von »dem recensirende[n] Blick des mäßigen Geschlechts«,[29] mäßig natürlich nicht im Sinne von mittelmäßig, sondern von maßvoll, mäßigend.

Das System der weiblichen Visualität ist ein durch und durch moralisches und moralisierendes, es soll Kinder und Männer animieren, sich zu betrachten, wie sie aus der Sicht der Frau betrachtet werden: unbestechlich, umfassend, unnachsichtig und nachsichtig zugleich. Die Frau ist der innerweltliche Gott, dessen Blick er- und beleuchtet und stets eine Botschaft enthält: Ich sehe was, was du auch sehen könntest, wenn du es nur wolltest. Das lässt die Frau einerseits in einer geheimnislosen Welt leben und verbreitet an ihre Umwelt andererseits die Aufforderung, sich in einer bestimmten Weise sowohl zu öffnen wie zu betrachten. Diese Botschaft ist von den Männern sehr wohl verstanden und akzeptiert worden. Die Überlegenheit und Legitimität dieser weiblichen Sicht wird jedenfalls um 1800 in der Literatur wie in Ego-Dokumenten immer wie-

28 Christine Frémont, zit. in Vogl 2002, 146.
29 Pockels 1905 I, 347.

der bestätigt. Der Hamburger Kaufmann Carl Friedrich Petersen empfand es 1836 offenbar als notwendig, seiner Verlobten Katharina Hasche das umfassende Recht zu innerer Inspektion einzuräumen und sich zu Läuterung unter ihrer Aufsicht zu verpflichten: »Ich will aber auch so liebenswürdig sein, so liebenswürdig, du sollst mir nicht widerstehen können. Alle meine Fehler will ich ganz ausrotten und alle meine Tugenden sollen unter Deinen Augen wachsen!«[30]

Männliche Tugenhaftigkeit wird an weibliche Beobachtung gekoppelt. Der Mann bessert sich – für die Frau. Die Notwendigkeit der Asymmetrisierung taucht hier als Akzeptanz der moralischen Hegemonie des Weibes wieder auf, und es verbindet sich damit die Hoffnung auf dauerhafte Moralisierung. Doch wieso bedarf es dafür des weiblichen Blicks? Müsste nicht, was gut und sittlich ist, auch vom Mann zu erspähen sein, dem doch schärferer Intellekt und überlegene Erkenntniskraft zugesprochen wird? Mit anderen Worten: Was sieht der Mann in diesem System der Visualität, in diesem Gegendiskurs weiblichen Sehens und männlicher Sichtbarkeit?

2.2 Wachstum unter ihren Augen

»[D]as Weib das Aug,
der Mann der Arm.«[31]

Wo die Frau eine Seherin ist, ist der Mann ein Scanner, ein Surfer auf der Oberfläche der Dinge und Körper. Der kleinste Reiz regt ihn zu Phantasien an, aber nicht zu Erkenntnissen, zu Einsichten. Im Regime der Blicke gibt der Mann den sehend Blinden. Das gilt bereits im Naturzustand, wo die männlichen Verhaltensweisen beharrlich als Ergebnisse einer selbstzentrierten Blindheit auftreten: »das blinde Recht des Stärkern«, voll »blinder Willkür«, »blinder Triebe« und versehen »mit der blinden Stärke des Raubthiers«, um

30 zit. in Trepp 1996, 287: s. a. Meister 1785, 40.
31 Ehrmann 1784, 57.

exemplarisch Schiller zu zitieren. Wer nur seine eigenen Gelüste sieht, sieht gar nichts. Das setzt sich fort, auch der bürgerliche Mann ist nicht wesentlich scharfsichtiger geworden.

> »Warum aber sind die Männer nicht vorsichtig genug, unser Geschlecht zu prüfen? [...] Wenn ein niedliches Gesichtchen, ein leichter Gang – ein schlanker Wuchs – und eine kleine Dosis tändelnden Witzes – Dinge sind, die einen Mann bezaubern, so ist er schon weg, ehe er noch einen Blick in das Herz des Mädchens warf!«[32]

Wo das Äußere der Frau Indizien liefert für innere Vorgänge im anderen, rufen diese Indizien beim Mann nur ihn selbst auf: seine Triebe, seine Wünsche, seine Phantasien. Der Weg in die Tiefe ist ihm verschlossen, weil er sich selbst im Weg steht. Hier taucht das Motiv des Egoismus wieder auf, der alles Tun des Maskulinen durchwirkt. Der männliche Blick ist in *diesem* Diskurs eigentlich kein Blick, sondern ein Projektionsstrahl, mit dem der Mann sich veräußert und seine Sicht der Dinge auf den Rest der Welt stempelt. Das mag in Maßen angemessen sein, wo es um seinesgleichen geht, wird aber zur Anmaßung dort, wo sein Blick die Frau trifft. Dann macht er sie zum Objekt seiner selbst, indem er sich selbst in sie hineinsieht. Das ist durchaus etwas anderes als der objektivierende, voyeuristische Blick der feministischen Visualitätskritik. Um 1800 besteht die Beleidigung durch den männlichen Blick darin, dass er in die Frau hineinsieht, was nicht ihr, sondern allein sein Charakteristikum ist: Die meisten Männer sehen in das weibliche Geschlecht nur »des Mannes thierischen Sinn hinein«.[33] Die Beleidigung liegt in der Überblendung des sittlichen Weiblichen durch das triebhafte Männliche. Der Blick des Mannes reißt den Geschlechterunterschied ein und macht die Frau zu dem, was sie auf keinen Fall wollen kann und sein darf: zum Mann.

Darin liegt in damaliger Sicht eine doppelte Verblendung. Zum einen ignoriert es die Spezifizität des Weiblichen, zum anderen maßt sich der Mann an, seine Sicht der Dinge zu verallgemeinern. Könnte sich

32 ebd., 16 f.
33 Pockels 1805 I, 194.

der Mann damit durchsetzen, würde es seine Selbstsucht entgrenzen. Wenn in Weiblichkeit der Entwurf einer Gegenwelt gespeichert ist, muss sie sich also so weit verschleiern können, dass der Mann darauf keinen Zugriff besitzt. Dieser Schutz wird durch weibliche Intransparenz gesichert. An der Undurchsichtigkeit der Frau scheiden sich Sehen und Gesehenwerden, und der Blick des Mannes kann diese Grenze nicht überwinden. Er bleibt auf seinen Phantasien hocken, die eine Bedrängnis sind für die Frau, auch eine Bedrohung, aber keine ernstzunehmende Konkurrenz im Reich der Blicke. Immer wieder wird diese Differenz der Visionen von Mann und Frau vorgeführt.

> »Einen ähnlichen Unterschied wird man zwischen dem liebenden Mädchen und dem begeisterten Liebhaber finden. Dieser nutzt offenbar das lebende Original als ein bloßes Mittel, seine Phantasie mit einem Bilde zu füllen, und bezieht die Begünstigung dieses Triebes aus der Verbesserung seines Zustandes durch Spannung seines Kopfes. Der Zustand der Person, die den Stoff zu dem Bilde hergegeben hat, kümmert ihn nicht. Das liebende Mädchen hingegen, das sogar in seiner Nebenbuhlerin diejenige sieht, die seinen Geliebten beglückt, verliert sich ganz in seinem Wohl, empfindet noch Wonne, da wo es sich selbst zertrümmert.«[34]

Die Selbstlosigkeit der Frau fungiert hier deutlich als Voraussetzung ihrer Befähigung zur Seherin. Sie kann von sich selbst ab- und daher andere sehen, der Mann vermag nichts Vergleichbares. Man sieht also in diesem Diskurs, wie die gesamte Codierung des Geschlechterverhältnisses auch noch einmal im System der Visualität artikuliert wird. Die Mangeltheorie des Maskulinen erfasst auch das Visuelle. Und wie bei der ehelichen Verbindung zwecks Versittlichung (s. Fichte) hängt auch bei der visuellen Vereinigung alles an der Bereitschaft der Frau, ihre unterlegene Position der Überlegenheit zu nutzen, um dem Mann etwas anderes zu zeigen als bloß ihn selbst. Sie ist sein Spiegel, der ihm nicht ein exaktes Bild von ihm selbst

34 Ramdohr 1798, I, 65 f.

zurückwirft, weil das nur wieder seine Selbstreferenz mehren würde, sondern ein Bild von sich als anderem. Genauer: von sich als Frau. Dazu bedarf es eines Entschlusses der Frau, sie konstituiert diese Form des »Spiegelstadiums« und öffnet sich nach eigener Maßgabe:

> »[...] wenn sie [das tugendhafte Mädchen à la Rousseaus Sophie] ihn würdigt, ihm etwas von ihrem Inneren aufzuschließen, und er etwas erblickt von dieser liebenswürdigen Wärme für das Gute und Schöne: wie anstekend muß diese Wärme für ihn seyn! Jeder Reiz, der ihn an sie fesselt, fesselt ihn auch an das Gute, in dem sie lebt.«[35]

Diese quasireligiöse Offenbarung öffnet dem Jüngling ganz buchstäblich die Augen für eine Welt des Guten und Warmen, die nicht seine eigene ist. Dieser Einblick substituiert im besten Falle die Triebphantasie, die das Maskuline auf jeden Reiz pfropft, durch eine andere Phantasie, die zwar ebenso pauschal, dafür aber wesentlich »besser« und sozialverträglicher wirkt. Die Intransparenz des Weiblichen, die als Blickschutz vor den Projektionen des Mannes dient, wird ersetzt durch eine Achtungsdistanz, die es dem Mann verbietet, die Frau mit sich und seinen dürftigen und schmutzigen Wünschen zu behelligen. Die Männer sehen, wie es in der Parlance der Zeit heißt, ihre bessere Hälfte. Sie finden

> »die wache Freude [...] bey Erblickung ihres – ich möchte sagen, bessern Ichs: das schnelle Vorgefühl, nun aus dem Zustande beschwerlicher Vorstellungen befreiet, aus der Menge widerwärtiger, oder doch kalter Empfindungen, in behägliche, aus der Anspannung in Ruhe, aus Verdruß in Vergnügen versetzt zu seyn.«[36]

Kurz: Sie werden vor sich selbst gerettet. Darin liegt naturgemäß auch die Aufforderung, sich zu verändern. Immer wieder wird betont, dass der weibliche Blick nicht nur den Frauen, sondern vor allem den Männer die Augen öffnet – über sich selbst: »Sie [die Frauen] sind es, durch welche wir mit unserem eigenen Geschlech-

35 Ewald 1804, 111.
36 Sprengel 1798, 81.

te, fast möchte ich sagen mit uns selbst, erst recht bekannt werden [...].«[37]

Wie funktioniert diese Anstiftung – blickweise? Das lässt sich nur im Rahmen einer Theorie der Beobachtung zweiter Ordnung rekonstruieren.[38] Denn offensichtlich lernt sich der Mann nicht durch den Blick der Frau kennen, sondern durch *seinen* Blick auf den Blick der Frau. Die reine Beobachtung bleibt wirkungslos, weil sie bloß die Positionen von Subjekten und Objekten verteilt, also auf der Ebene der Beobachtung erster Ordnung verharrt. Erst wenn der Mann die Beobachtung der Frau beobachtet und daran wiederum seine Beobachtung der Frau wie die Beobachtung seiner selbst orientiert, wird das System der Visualität dynamisiert, und es beginnen Veränderungsprozesse. Jede Individualisierung hängt, wie Luhmann gezeigt hat, an solchen Beobachtungen zweiter Ordnung. Diese Logik der Blicke entspricht ziemlich exakt der ehelichen Achtungslogik von Fichte. Durch die gegenseitige Verschränkung der Blicke entsteht jene kybernetische Dynamik, in der allein noch Moralisierungen möglich sind. Die einzige Hierarchie ist eine zeitliche, die im Zuge der sich aufeinander beziehenden Beobachtungen aber verschliffen wird: Die Frau initiiert den Prozess der gegenseitigen Beobachtungen dank ihrer selbstlosen Visionen. Unter Männern allein wäre das nicht denkbar, wir kennen dieses Motiv inzwischen zur Genüge.

Das Visualitätsschema, wie es im *female gaze* um 1800 imaginiert wird, fügt sich somit in den generellen Übergang zu Beobachtungen zweiter Ordnung, wie sie in jener Zeit angesichts fortgeschrittener funktionaler Differenzierung in allen Funktionssystemen festzustellen sind. In der Wissenschaft beobachten Forscher, wie andere Forscher beobachten; in der Liebe versuchen die Geliebten herauszufinden, ob der/die andere sie (noch) liebt; Preise helfen dabei, zu beobachten, wie andere den Markt beobachten (und bei bestimmten Preisen kaufen oder nicht). Dieses Schema gilt, anders als es etwa Foucault in seiner Theorie des Panoptismus beschreibt,[39] ganz

37 Heydenreich 1799, 86.
38 Luhmann 1997, 69 f., 766 ff., 868 ff.
39 Foucault 1977, 251 ff.

besonders auch für Machtbeziehungen: Sie sind »auf ein wechselseitiges Beobachten von Beobachtungen angewiesen; denn anderenfalls müsste man ständig drohen oder Drohungen provozieren, um herauszufinden, welche Kommunikationen durch Macht gedeckt sind«.[40]

Das »Totale« am weiblichen Blick, also seine Allerfassung des Mannes, kann in diesem Sinne nicht als ein Blick der totalen Macht beschrieben werden, wie es der Panoptismus nahelegen würde. Die Totalität hat vielmehr zwei andere Bedeutungen. Zum einen ist sie eine Folge der weiblichen Allzuständigkeit im Rahmen der Interaktion: Sie signalisiert, dass der andere – sei es Kind oder Gatte – in seiner Gesamtheit berücksichtigt wird – so, wie es die Codierung der Interaktion verlangt. Zum anderen verweist die Totalität auf das, was Foucault mit der diffusen, vielseitigen, polyvalenten Ausbreitungsweise der ›Disziplinen‹ und Mächte in der Gesellschaft meint: Die Diffusion ist ein Effekt der Beobachtung zweiter Ordnung, die sich nicht mehr auf ein Zentrum zurückrechnen lässt. Diese Form der Realitätsvergewisserung, die von Beobachtungen von Beobachtungen lebt, »muß [. . .] ohne jede repräsentative Autorität, also ohne Hierarchie, also ohne Möglichkeit der Beobachtung einer maßgebenden Spitze oder eines Zentrums der Gesellschaft auskommen. Sie muß sich heterarchisch vernetzen und sich stets nur vorläufig an operativen Bewährungen halten«.[41]

Entsprechend ist, wie gesehen, in das System der weiblichen Visualität automatisch eine Kritik am starren Blick des Patriarchats eingebaut. Der stets nur sein Triebverlangen in die Welt hineinäugelnde Mann ist jenes Wesen erster Ordnung, das sich aufgrund seiner Blindheit den Zumutungen der Selbstbeobachtung entzieht – und daher als visuelles Monster wirken muss. Er sieht nicht, was er nicht sieht, und lässt sich von anderen Sichten nicht korrigieren. Nicht der Blick selbst ist dabei der Skandal (denn es wird nicht bestritten, dass diese sinnliche Form des Blickens auch ein Recht, ja, für die Vereinigung der Geschlechter eine Notwendigkeit besitzt), son-

40 Luhmann 1997, 374.
41 ebd., 768.

dern die Verweigerung, sich auf einen anderen Blick zu beziehen. Der gebetsmühlenartige Verweis auf die alles überragende Bedeutung der Mutter-Imago in der Literatur um 1800 mag in dieser Kritik seinen Grund haben. Der weibliche Blick soll nicht nur eine aktuelle Reform initiieren, sondern als Daueranreiz verankert werden, sich anhand der internalisierten mütterlichen Fremdbeobachtung selbst zu beobachten:

> »Jünglinge, lebendig und feurig, auf der Universität allen Lockungen zur Sünde hingegeben, erhielten sich unschuldig und rein, weil das Bild der theuern hoch verehrten Mutter sie überall wie ein schützender rettender Genius umschwebte; weil sie den Gedanken nicht ertragen konnten, ihre beglückende Achtung [...] zu verlieren.[...] So gingen sie unter tausend Gefahren umher, angethan mit dem Schilde der Mutterehrfurcht, der Mutterliebe, und [...] brachten der Mutter eine reine und keusche Seele zurück, und durften ihr freudig dankend entgegen rufen: ›Du rettest, Du!‹«[42]

Dass die optisch markierte Mutterbeschwörung einem Gottesdienst gleichkommt, ist kein Geheimnis. Wo Gott war, soll Mutter sein. Es wird eine Beobachtungsinstanz simuliert, die das Ganze als Ganzes sehen kann und an dessen Beobachtung man seine eigene schärfen kann – das Schema der Religion. Aber diesen Zusammenhang will ich hier nicht weiter verfolgen. Es ging darum, zu zeigen, dass um 1800 auch auf dem Gebiet des Visuellen Korrekturen vorgenommen wurden am mangelhaften Mann und am Blick des Mannes, was wiederum verlangt, auch die heutigen Theorien der damaligen Visualität zu korrigieren. Diese Teiluntersuchung entspricht damit den Forderungen der neueren *visual studies*, sich den »Komplexitäten des Sehens« in der Moderne zu stellen.[43]

42 Gleim 1810, 70f.
43 Mirzeoff 1998, 396.

3. Die Hochzeit mit der eigenen Hand

»Das Laster der Knabenzeit, der Schandfleck der Jugend, der Fluch der Männer.«[1]

Weit über Fichte und den weiblichen *gaze* hinaus trug ein Diskurs, der sich zeitgleich mit dem der Negativen Andrologie entwickelte: die Antionaniedebatte des 18. und 19. Jahrhunderts. In ihm wurde wie nie zuvor die »eigenhändige« Sexualität vor allem der Knaben und Männer scharf moralisiert, pathologisiert und als Grund vieler (bisweilen auch: aller) gesundheitlichen und sozialen Übel verdächtigt. Die Ausmaße der Antimasturbationskampagne, ihre hysterische Intensität, ihre maßlosen Übertreibungen, die panische Hartnäckigkeit, mit der bereits kleinkindliche Autoerotik verfolgt wurde, die oft irrwitzig brutalen Therapien zur Ausrottung der »Selbstbefleckung«, die strengen Überwachungsregime, die etwa an Schulen eingeführt wurden, die physischen und psychischen Traumatisierungen der Jugendlichen – das alles ist heute kaum noch nachvollziehbar, geschweige denn griffig erklärbar.

Aber auch dieser Diskurs kann neu und anders gelesen werden. Im Folgenden soll er rekonstruiert werden als Transmissionsriemen der Negativen Andrologie in die maskuline Körperlichkeit und Sexualität. Ohne diese Andrologie, so die These, sind die Masturbationsängste des 18. und 19. Jahrhunderts nicht zu verstehen, und auch nicht die überaus brutalen Maßnahmen, mit denen männliche Sexualität normalisiert und diszipliniert wurde. Negative Andrologie und Antionaniedebatte teilen die gleichen Wurzeln, nämlich die Problematisierung der modernen selbstreferenziellen Menschennatur, so wie sie im Zuge der funktionalen Differenzierung der Gesellschaft entworfen wurde. Deswegen auch wandte sich die Antionaniebewegung vor allem gegen Knaben und Männer, weil bei ihnen der Sitz jener kybernetischen Natur vermutete wurde, die es sozial anzuschließen galt.

1 Untertitel eines Antionanietraktates, zit. in Cohen 1993, 35.

3.1 Die Wuth der männlichen Zeugungsglieder

Onaniterey, onanitische Sünd, stumme Sünd,
Unreinigkeit, Cheiromanie, Manulisation,
Selbstbefleckung, Schoßbefleckung, Handsünde,
Autoerotismus, Ipsation, Selbstschwächung,
Selbstbesudelung, Seuche, Verbrechen[2]

Wenn es eine Art »Patient Zero« der Antionanieepidemie gibt, dann war es »L. D.«, ein unseliger Uhrmacher, den der berühmte Arzt Samuel Tissot aus Lausanne beschrieben hat. Die traurige Mär des L. D. findet sich als erste Krankengeschichte im wichtigsten Antimasturbationstraktat des 18. Jahrhunderts, in Tissots *Von der Onanie*. Mit ihm hob um 1760 das lange Jahrhundert der Onaniepanik an, das erst im 20. Jahrhundert allmählich verebbte. Der Uhrmacher L. D. hatte bis zum 17. Lebensjahr keusch gelebt, schrieb Tissot, um dann mit dem »Laster der Selbstbefleckung« zu beginnen, »welches er täglich, und oft dreymal an einem Tage, trieb«. Während der Ausspritzung des Samens, so Tissot, sei der Mann jedes Mal »halb außer sich« und von einem langen, violenten Krampf erfüllt. Bald verschlechterte sich der Gesundheitszustand des Handwerkers, dann konnte er nicht mehr arbeiten, und schließlich lag er »fast ohne alle Hülfe da«, bis der Arzt ihn aufsuchte:

> »[...] da fand ich nicht sowohl ein lebendiges Wesen, als einen häßlichen Leichnam. Ausgemergelt, blaß, unreinlich, lag er auf dem Stroh, duftete einen abscheulichen Geruch aus, und konnte fast kein Glied bewegen. Aus der Nase lief ihm öfters ein blasses und wässerichtes Blut, und aus dem Munde trat ihm beständig Eiter. Er hatte den Durchlauf, und ließ, ohne daß ers merkte, allen seinen Unflath ins Bette gehen; der Saame floß ohne Unterlaß aus [...]. Der Zustand seiner Seele war nicht minder kläglich: ohne Begriff, ohne Gedächtnis, nicht fähig, zwo Redensarten mit-

2 Bezeichnungen für Onanie im 18. und 19. Jahrhundert; s. Müller 1903, 24 f.; Eder 2002, 95; Lütkehaus 1992, 14.

> einander zu verbinden; ohne Bekümmerniß um sein Schicksal; ohne eine andere Empfindung, außer des Schmerzes [...].«[3]

Zu helfen war dem Manne nicht mehr, »er starb nach wenigen Wochen, im Junius 1757; sein Körper war allenthalben aufgedunsen«. Der Geist des L. D. sollte bis ins 20. Jahrhundert hinein Masturbanten verfolgen. Solche und ähnliche Schilderungen wurden in ungezählten Variationen verbreitet, um Kinder, Jugendliche und Erwachsene von der »Handsünde« abzuschrecken. Die narrativen Elemente blieben über mehr als 150 Jahre gleich: Verlust der Gesundheit bis zum sicheren Tod, völlige Isolation (»ohne Hülfe«), Verlust aller sozialen und kommunikativen Kompetenzen (»ohne Begriff, ohne Gedächtnis«), Dehumanisierung (»keinem Mensche mehr ähnlich«), Wahnsinn (»halb außer sich«) – und das bei totaler Verantwortung des Kranken für sein Leiden und weitgehender Hilflosigkeit der Ärzte. Die Verschränkung von physischem, mentalem und sozialem Verfall bildete fortan das Grundmuster, auf dem die Folgen der Onanie ausgemalt wurden. Darauf ließen sich alle denkbaren Krankheiten abbilden. Schon 1786 stellte S. G. Vogel fest, es gebe »kaum eine Krankheit, die nicht aus der Unzucht und Selbstbefleckung hervorgegangen sein könnte«,[4] 1842 diagnostizierte der US-amerikanische Arzt Eugene Beckland, dass zwei Drittel aller Krankheiten auf die Onanie zurückgeführt würden,[5] ein Jahr früher führte Dr. Smyth im *Lancet* neun Zehntel aller Geisteskrankheiten auf »sexual weaknesses« zurück.[6] Das Spektrum der Leiden reichte im Laufe der zweihundertjährigen Panik von »Wirbelkaries«,[7] »Rückendarre«,[8] »masturbatory insanity«[9] bis zu Augenleiden, moralischer Haltlosigkeit, »*Cerebrasthenie* (Hirn-Erschöpfung)« und »Grübelsucht«.[10] Auch wurden ganz neue Krankheiten rund um

3 Tissot 1776, 32 ff.
4 zit. in Begemann 1987, 210.
5 zit. in Gilbert 1975, 217.
6 zit. in Dawson 1853, 2.
7 Meyer 1890, 4.
8 zit. in Maasen 1998, 402.
9 Hare 1962, 6 f.; s. a. Deslandes/Schenck 1835; Flemming 1838.
10 Cohn 1894, 5 ff.

das schändliche Treiben »entdeckt«, allen voran die Spermatorrhea, den unablässigen Samenfluss als Ausdruck fortgeschrittener Selbstschädigung.[11]

Foucault hat zutreffend geschrieben, dass die Onanie als »totale Krankheit« behandelt wurde.[12] In dieser »polymorphen, absoluten, unerbittlichen Krankheit« wurden alle erdenklichen Symptome, Leiden und Ursachen miteinander vereinigt zu einem alles erdrückenden und alle Differenzierungen verwischenden Komplex. Parallel und gegenläufig dazu wurde das Phänomen in immer weitere Verästelungen verfolgt und, dem Klassifikationsfuror des 19. Jahrhunderts gehorchend, minutiös zergliedert: Da gab es die gewöhnliche Masturbation (Autoonanie), die mutuelle, die ununterbrochene (*onania prolongata*), die somnambulistische (die »nächtliche unbewusste«), die instrumentelle (unter Verwendung von Hilfsmitteln) und die »geistige« Onanie, die schlimmste von allen, die ohne körperliche Zeichen auskam.[13] In diesem Diskurs wurde *alles* zur Onanie. Und nahezu auf jede ärztliche Frage des 19. Jahrhunderts hieß die Antwort: Onanie. Allerdings: Die Antwort galt nur für Männer.

Wie kaum ein anderer Diskurs des 18. und 19. Jahrhunderts bezog sich der antionanistische auf Knaben und Männer. Auch Frauen wurden selbstverständlich als der Masturbation fähig und zugeneigt bezeichnet, aber ihre einsamen Tätigkeiten wurden nur selten als bedrohlich erachtet. 1782 stellte sich ein Anonymus im »Almanach für Ärzte und Nichtärzte« die Frage: »Was ist weibliche Onanie? Eine Frage der Menschheit wichtig« – nur um die weibliche Masturbation als eine Art »krampfhafter Zufall von scharfen hitzigen Säften« ins Unwillkürliche zu verschieben. Zimmermann behauptete 1778, die Onanie der Mädchen sei gefährlicher, um von einem anderen Anonymus energisch zurückgewiesen zu werden: Da wolle einer »dem schönen Geschlecht auch bereits in der zartesten Jugend einen Schandfleck anhängen«.[14] Das wurde ein stehender To-

11 Thomas 1836; Lallemand 1836; Dawson 1853; Albers 1862.
12 Foucault 2003, 310.
13 Rohleder 1921, 27 ff.
14 Zimmermann 1778; Anon. 1797.

pos der Debatte: Frauen Onanie zu unterstellen war eine Beleidigung ihrer Reinheit, ihrer geschlechtlichen Sonderstellung. Damit war der Streit allerdings nicht entschieden, sondern zog sich bis ins späte 19. Jahrhundert weiter, wobei immer wieder einzelne Ärzte die weibliche Masturbation als gravierender ansahen als die männliche.[15]

Gleichwohl besteht heute weitgehend Konsens, dass es im 18. und 19. Jahrhundert vor allem um die »Problematisierung der einsamen männlichen Lust« ging, um die »*Wuth der männlichen Zeugungsglieder*«.[16] Nicht die weibliche Lust galt es zu regulieren, sondern die männliche.[17] In der Onanie-Panik wurde das Misstrauen gegen den männlichen Sexualtrieb universalisiert und zugleich als »normal« verankert, jeder Mann war ein »Onanite« und als solcher vom Trieb beherrscht. Die Idee des späten 18. Jahrhunderts, dass vor allem Männer sexuell unersättlich und daher kaum beherrschbare Geschlechtswesen seien, wurde durch den Onaniediskurs zu einer Wahrheit, die seit Mitte des 19. Jahrhunderts bis in unsere Tage gilt. Kein anderer Diskurs hat mehr dazu beigetragen, dieses Wissen vom Mann zu erzeugen. Umso bemerkenswerter sind jene Autoren, die den Geschlechterunterschied ignorieren, wie etwa Laqueur und Foucault.[18] Es ist zweifelhaft, ob man zu einer akkuraten Einschätzung des Phänomens kommen kann, ohne den androzentrischen *bias* in Rechnung zu stellen und zu erklären. Ein Grund für diese Schlagseite war sicherlich die Fortführung der patriarchalen Anmaßung, das männliche Geschlecht gebe den Ton an:

> »Da die Unordnung im Geschlechtstriebe des weiblichen Geschlechts von der Unordnung im Geschlechtstriebe des männlichen Geschlechts herrührt: so muß man die erste und größte

15 Rohleder rechnet auch Tissot dieser Position zu (1921, 61 f.), womit er nicht richtig liegt (s. Tissot 1760, 38, 40 f.).

16 Tissot 1760, 243.

17 Hunt 1998, 595; Eder 2002, 117; Hall 1992, 366; Pockels 1805 I, 293 f.; Esquirol 1836 I, 68; Fout 1992, 413; Spitzka (1888) zit. in Hare 1962, 7; Hurteau 1993, 18; Vila 1995; Hull 1996, 262; Koschorke 1999, 77; Bloch 1998, 115, 152, 176; Siegert 1898, 7; Salzmann 1819, 9; Mehlmann 1998, 107.

18 Laqueur 2003; Foucault 2003.

Sorge auf das männliche Geschlecht verwenden. Mit dem männlichen kommt auch das weibliche Geschlecht in Ordnung.«[19]

An solchen Formulierungen lässt sich einmal mehr erkennen, wie sehr die Geschlechterhierarchie kippt, wenn der Mann als Negativbeispiel fungiert und er zum Sorgenkind einer Gemeinschaft wird, die er doch »beherrschen« soll. Das spiegelt sich in der Organisationsform des Antionaniediskurses. Er wurde nicht von staatlicher Seite vorangetrieben, sondern war eine dezentrale »Bürger(innen)bewegung«, ein amorphes Bündnis aus Doktoren, Erziehern, Evangelisten, Müttern, Vätern, Offizieren, Quacksalbern und vielen anderen, die zudem von der zunehmenden Alphabetisierung profitierten.[20] Vor allem aber war die Bewegung ein historisch neues Phänomen. Jenseits der Klöster war man die meiste Zeit nicht der Meinung gewesen, autoerotische Verrichtungen überwachen zu müssen, »einsamer Sex war über Jahrtausende kein großes Thema gewesen«.[21] Das antike Abendland hatte keine moralischen Einwände gegen die Selbstbefriedigung, sondern gesundheitliche, das christliche kaum gesundheitliche, aber moralische.[22] Allerdings unternahm die Kirche wenig, die Sünde der *manustupratio* zu verfolgen. Unter bestimmten Umständen erlaubten katholische Theologen das Handanlegen sogar ausdrücklich, etwa bei Frauen das postkoitale Masturbieren angesichts der Rapidität des männlichen Orgasmus; die Erlaubnis sollte der konjugalen Stabilität dienen und die Empfängnis erleichtern, für die der weibliche Orgasmus als unverzichtbar galt.[23] Gleichwohl begann die moderne Verfolgung der Onanie nicht erst mit dem bekannten englischen Werk *Onania* (Anon. 1716), sondern bereits im 16. Jahrhundert, wie neuere Forschungen zeigen.[24] Und Masturbanten hat-

19 Faust 1791, 3.
20 Cohen 1993, 35; Hunt 1998, 578; Hall 1992, 375.
21 Laqueur 2003, 185 ; ähnlich Hunt 1998, 575.
22 In Grazians Rechtskanon (1140) rangierte die Masturbation an 5. Stelle des Sündenregisters, hinter der »unerlaubten Position beim Geschlechtsverkehr« und vor dem »Inzest«; vgl. Hull 1996, 13. Später registrierte sie Kaan (1846) als schlimmste psychopathische Verirrung, vor der Paederastia, dem Amor Lesbicum und der Violatio cadaverum (zit. in Maassen 1998, 403) – und begründete damit die moderne Heuristik der Perversionen.
23 Hurteau 1993, 6, 23.
24 Stolberg 2000; ähnlich Bloch 1998.

ten sich auch im 17. Jahrhundert bereits mit Schuldgefühlen geplagt.[25] Was *Onania* und später Tissots Schrift bewirkten, war die populäre Verbreitung der Ideen. Aber das allein erklärt nicht den überragenden »Erfolg« der Angst vor den Onaniefolgen. Sie mussten auf ein diskursives Substrat treffen, auf dem aus alten Erkenntnissen neue Ängste wuchsen. Worin bestand dieses, warum hat sich der Antionaniediskurs ab dem 18. Jahrhundert so explosionsartig entwickelt? Diese Frage ist intensiv diskutiert worden und hat viele Antworten hervorgebracht.

3.2 Näherungen

3.2.1 Repression

»Onanie-Inquisition«[26]

Masturbationsbekämpfung ist Repression – so stellte es sich in der (anti)bürgerlichen Theorie der 1960er und 1970er Jahre dar. Nur was unterdrückt wurde, war umstritten: die kindliche Sexualität[27] oder die Sexualität als solche?[28] Ebenso schemenhaft blieb, wer unterdrückte: mächtige Männer alle schwächeren[29] oder medizinische Autoritäten ahnungslose Laien? In jedem Fall stand, so die Ansicht, die Antimasturbationskampagne in der Tradition von Hexenverfolgung und Häresiekontrolle, in diesem Fall: Bekämpfung sexueller Häresie.[30] Allerdings mit spezifisch bürgerlicher Färbung: Es ging darum, die Libido umzuleiten in Schaffenskraft. Aus dem »Organ der Lust« wurde ein »Instrument der Leistung« (van Ussel). Zur Repressionshypothese hat Foucault alles Notwendige gesagt und deutlich gemacht, dass Begriffe wie Unterdrückung, Verdrängung etc. »der Mechanik eines geschichtlichen Prozesses« nicht angemessen

25 Stevenson 2000.
26 Lütkehaus 1992, 12.
27 Elschenbroich 1977, 170.
28 Ussel 1970.
29 Comfort 1967.
30 ebd., 181.

sind.[31] Es ging in der Antionaniekampagne nie nur darum, ein unterdrücktes, schweigendes Subjekt zu erzeugen, sondern um die Produktion ganz bestimmter sexueller Subjekte. Aber welcher? Und wieso vornehmlich männlicher?

3.2.2 Familie

> »Um das lauwarme und verdächtige Bett
> des Halbwüchsigen herum festigt sich
> der Zusammenhalt der Kleinfamilie.«[32]

An die Kritik der Repressionshypothese hat Foucault in einem Vorlesungszyklus eine der tiefgründigsten Analysen der Masturbationshysterie angeschlossen.[33] Er hat herausgearbeitet, dass es in dem Diskurs nicht um »Lust« oder »Begehren« ging und dass die Frage, was den Onaniten antreibt, kaum gestellt wurde. Motivationen waren irrelevant, so die zeitgenössische Überzeugung, es reichten auch mechanische Reizungen, um das Laster hervorzubringen. In dem Diskurs wurde auch nicht die Sexualität als solche in Frage gestellt. Das erwachsene, »reife«, heterosexuelle, eheliche Sexualleben wurde als selbstverständlich und weitgehend problemfrei beschrieben. Des Weiteren wurde die Masturbation nicht moralisiert im eigentlichen Sinne, sondern pathologisiert und somatisiert: Das Schreckbild war nicht ein Leben des Lasters, sondern der Krankheit, des elenden Siechtums. Und schließlich wurde sowohl die »unerschöpfliche Kraft der kindlichen Sexualität« etabliert als Universalursache aller Leiden als auch die totale Verantwortung des Individuums für die Folgen.
Aus diesen Strukturmerkmalen folgert Foucault, dass es in der Masturbation um das Begehren der Erwachsenen nach den Kindern ging – »das ist der Ursprung der Masturbation«. Da die Kinder nicht im eigentlichen Sinne schuld waren an ihrer Onanie, sondern diese entweder durch mechanische Reizungen oder durch schlechtes Vorbild erlernt hatten, wurden die Erwachsenen zu den Schlüsselfigu-

31 Foucault 2003, 309; Kritik der Repressionsthese: ders. 1983, 17 ff.
32 Foucault 2003, 337.
33 ebd., 300-343.

ren des Diskurses. In doppelter Weise: Zum einen wurde »die sexuelle Verführung der Kinder durch die Erwachsenen« gegeißelt, zum anderen wurden die Eltern angehalten, ihre Kinder zu schützen. So wies man den Eltern die Aufgabe zu, »den polymorphen und gefährlichen Großraum des Hauswesens auf seinen Kern zu reduzieren und mit ihren Kindern, mit ihrer Nachkommenschaft nurmehr einen einzigen Körper zu bilden«. In dieser Verschmelzung wurde der Kern der modernen Kleinfamilie erzeugt, die sich gegen den Rest der Gesellschaft ausdifferenzierte. Um die Masturbation ist »die moderne Familie entstanden«.
So klug die Analyse, so zweifelhaft bleibt die Foucaultsche Deutung. Sie steht erkennbar in einer familiensoziologischen Tradition, die einen mehr oder minder kontinuierlichen Übergang von traditionalen Großfamilien zu modernen Kleinfamilien annahm. Dieses Modell ist inzwischen empirisch weitgehend widerlegt.[34] Vor allem aber scheint Foucault die Bedeutung der Erwachsenen als Auslöser der Onanie zu überschätzen: Mehr als Dienstboten und andere Mittelspersonen galten Gruppen von Gleichaltrigen als Ansteckungsherde, vor allem die Schulen, aber auch Kasernen oder Klöster, also androsoziale Orte: »Schulen und sonstige Sammelanstalten der Knaben bringen das Hauptkontingent [. . ., so] dass manches Mal das Gros der Schüler der verderblichen Gewohnheit verfällt, während sie das Zusammenleben von Mädchen in Instituten nur in einzelnen Fällen zu reifen [sic – vermutlich: reizen] pflegt«, schrieb Fürbringer 1888.[35] Nicht die Eltern standen im Mittelpunkt der Kampagne, sondern Onaniten jeden Alters.

3.2.3 Medizin

»Masturbation erlaubte Erklärungen.«[36]

Einer anderen Deutung zufolge verloren im 18. Jahrhundert traditionelle Erklärungen (wie Hexenkraft oder der böse Blick) für phy-

34 Gillis 1996; Coontz 1992; 2000.
35 zit. in Cohen 1894, 6 f.; dort weitere Referenzen.
36 Stengers/Neck 2001, 97.

sische wie psychische Krankheiten immer mehr an Überzeugungskraft.[37] Die überkommenen Hypothesen wurden allerdings nicht durch neue überzeugende Antworten ersetzt, wodurch ein Erklärungsvakuum entstand. Der aufklärerische Rationalismus konnte seine eigenen Ansprüche nicht erfüllen. In dieses Vakuum stießen »allumfassende Erklärungen« wie die der Onanie. Gerade die Totalität und Unspezifiziertheit der Symptome/Diagnosen seien ein Indiz, dass hier globale Lücken geschlossen werden sollten ohne entsprechendes medizinisches Wissen. An diesem Ansatz ist ohne Zweifel richtig, dass das medizinische Wissen bis weit ins 19. Jahrhundert – an heutigen Maßstäben gemessen – bescheiden war und dass für die meisten der Krankheiten, die mit Masturbation in Zusammenhang gebracht wurden, keine alternativen Erklärungen bereitstanden. Auch stößt die Onaniedebatte Ende des 19. Jahrhunderts deswegen auf immer mehr Skepsis, weil Fortschritte in der Medizin (Entwicklung der Bakteriologie ab den späten 1870ern) die Zweifel an der Onaniehypothese verstärkten. Doch der Ansatz zeichnet nicht nach, warum ausgerechnet die Masturbation dieses Vakuum füllte, und vor allem nicht, warum gerade der bürgerliche Junge die Rolle des Übeltäters spielte.

3.2.4 Abschließung

»Hemme die Phantasie augenblicklich.«[38]

Die derzeit dominante Form der Erklärung des »Onanie-Rätsels« ist eine Kombination aus verschiedenen Denkrichtungen. Gemeinsam ist ihnen, dass sie um die Figur der Abschließung des bürgerlichen Körpers kreisen: Abschließung als ökonomische Leistungseinheit, als physiologische Säftekonzentration im Vergleich zur traditionellen humoralen Durchlässigkeit, als selbstregulierende Imaginationskontrolle.[39]

37 Stengers/Neck 2001; Gilbert 1975; abgeschwächt: Hare 1962.
38 Joachim Heinrich Campe zit. in Begemann 1987, 220.
39 Laqueur 2003; Koschorke 1999; Duden 1987; Barker-Benfield 1976; Stolberg 2000; Richter 1996; Rohlje 1991.

Grundlegend beschreibt Koschorke, wie im Wechselspiel von literarisch-philosophischem und physiologischem Diskurs die moderne Körperlichkeit hervorgebracht wurde. Die traditionelle Vorstellung eines offenen Körpers, der von Miasmen und *humores* durchströmt wurde und keine scharfe Grenze zur Umwelt benötigte und fand, wurde im 18. Jahrhundert ersetzt durch die Idee eines geschlossenen, seine Grenzen selbst regulierenden Körpers. Subjekte mussten gleichermaßen ihre Tränen- wie ihre Samenflüsse kontrollieren, die Imaginations- wie die Geldströme ihrer ökonomischen Aktivitäten. In einem Doppelprozess aus innerer und äußerer Abschließung wurde das bürgerliche Subjekt als vereinzeltes geboren; zugleich musste diese Tendenz zur Vereinzelung wieder bekämpft werden, wofür unter anderem der Antionaniediskurs diente. Der Samen wurde wertvoll im Rahmen einer neuen Ökonomie. Geld und Samen repräsentierten Investitionskraft, die »Kapital-Embryonen« mussten gehütet werden im Rahmen einer »ökonomische[n] Spermienkalkulation«, um sie »im Dienste des beruflichen Erfolgs in Leistung zu transformieren«.[40]
Eine der zentralen Schwierigkeiten der These ist, dass die Abschließung des Körpers im 18. und 19. Jahrhundert je nach Körpersaft und Anlass höchst unterschiedlich gehandhabt wurde. Eine generelle Verhaltung der Flüssigkeiten war nicht gefordert. Eine universale Theorie des korporalen Flüssigkeitshaushalts hat es im 18. Jahrhundert nicht gegeben, und zwischen den Körpersäften wurden deutliche Unterschiede gemacht. Zur selben Zeit etwa, in der die Onanieangst aufstieg, wurde von Männern zunehmend erwartet, ihren Tränen freien Lauf zu lassen, wie oben gesehen.[41] Ähnliches galt für das Blut. Es wurde im 18. und 19. Jahrhundert in großen Mengen aus den Adern gezapft oder von Blutegeln aus dem Körper gesogen, Aderlass war die wohl gängigste medizinische Therapie.[42] Jener Saft also, aus dem – zumindest nach der hämatogenen Theorie – der Samen »gekocht« wurde, der Rohstoff der männlichen Es-

40 Heintz/Honegger 1981, 36, 45, 36; s. a. Ussel 1970; Begemann 1987, 45 ff., 208 ff.
41 Vgl. zur »Normalität« des Tränenflusses auch jenseits der Romane: Trepp 1996, 61 f.
42 Stengers/Neck 2001, 94 ff.

senz, wurde in erheblichen Quantitäten aus dem Körper geholt, ohne Rücksichtnahme auf irgendwelche Abschließungen.[43] Darüber hinaus herrschte im 18. Jahrhundert keine einheitliche Theorie des Samens. Seit der Antike konkurrierten diverse Modelle der Samenentstehung und -ökonomie miteinander,[44] bedeutende Forscher wie Buffon hielten sogar gerade die *Zurückhaltung* der »liqueur seminale« für schädlich.[45] Andere wiederum schätzten die physiologische Bedeutung des Samens gering ein und gingen davon aus, dass dieser allein durch seine geistige Kraft wirke, seine »aura seminalis«.[46] Zugleich fällt im Antimasturbationsdiskurs natürlich auf, dass die Samengabe durchaus erwünscht und verlangt war. Es wurde keine *generelle* Verhaltung erwartet, vielmehr galt als erste Bürgerpflicht, aus einer Ehe heraus Nachwuchs in die Welt zu setzen.

Es ging in der Onaniedebatte also keineswegs um Abschließung als solche, sondern um die *Konditionierung der sozialen Bedingungen von Ab- und Aufschließung*. Mögen auch physiologische Samentheorien eine Rolle gespielt haben, der eigentliche Diskurs drehte sich um die Frage, wann und bei wem der Mann sein Geschlechtsorgan benutzen und seinen Samen verspritzen durfte. Oder kurz: Es ging um eine soziale Theorie des Samens, nicht um Säftekonservierung per se.

Die Schwierigkeiten, die im Modell der Abschließung bei den Körpersäften auftreten, finden sich in ähnlicher Weise auch auf den Gebieten der Ökonomie und Imagination. Bei Letzterer ist auffällig,

43 Und noch im 19. Jahrhundert wurden Fälle von »menstruierenden« Männern beobachtet (Moscucci 1990, 19), also meist hämorrhoidalen Männern, deren Leiden auf der Folie der Menstruation interpretiert wurden. Diese Deutung hat eine lange Tradition, wie Gianna Pomata quellenreich dargelegt hat und damit die These, Männerkörper hätten im »Ein-Geschlecht-Modell« (Laqueur 1992) stets als Maßstab und Frauenkörper als Schwundform gegolten, domainspezifisch falsifiziert hat (2001). Vgl. a. Park /Nye 1991; Park 1997.

44 Pomata 1995. Die antiken Konzepte spielten im 18. Jahrhundert noch eine große Rolle: Goltz 1987

45 s. etwa für katholische Moralisten: Hurteau 1993, 57 f.

46 Der Gedanke hielt sich: Noch im 20. Jahrhundert sprach August Müller von dieser Aura (1903, 19). Börner resümierte 1776 halb verzweifelt: »Die verschiedenen Meinungen von der Natur und Beschaffenheit des männlichen Saamens, sind Folgen gewisser Entdeckungen großer Naturforscher, die sich größtentheils widersprochen und nichts Gewisses bestimmet haben.« (1776, 60) S. Eder 2002, 99 ff.

dass zwar Frauen allgemein als empfänglicher für Imaginationen galten und als ausgestattet mit der lebhafteren Einbildungskraft, sie aber gleichwohl im Onaniediskurs als weniger gefährdet galten. Wenn die Imaginationskontrolle die unterstellte Bedeutung hatte, so fragt sich, warum sich die Aufmerksamkeit nicht vor allem auf das »imaginative« Geschlecht richtete. Verschwommen ist die Lage auch in Bezug auf die Gleichung Onanie = Ökonomie. Es ist nämlich nicht immer eindeutig, was gleichgesetzt wird. Bei Laqueur kommt mal »die Logik der Masturbation der Logik der neuen [bürgerlichen] Ökonomie nahe«,[47] mal »steht sie außerhalb [der] Ökonomie«.[48] Natürlich kann der Onanite durchaus beides sein, Bild und Gegenbild, also eine Art »perverted Doppelgänger« des Bürgertums. Aber dann müsste genauer geklärt werden, was ihn gleich macht im Ungleichen bzw. ungleich im Gleichen und was diese Differenz des Differenten zu sagen hat. Der Vorwurf, Laqueur habe zwar auf die Figur des »Doppelgängers« hingewiesen, sie aber nicht »gedacht«, mag aus dieser Unklarheit resultieren.[49]

Die Ambivalenz des Onanisten zwischen ökonomisch-imaginativer Ab- und Aufschließung findet sich auch dort, wo die Onanie als Drehpunkt moderner Techniken der Selbstkontrolle verstanden wird.[50] Die Rede von der Selbstkontrolle ist so selbstverständlich und seit 250 Jahren so eingeschliffen, dass sie selten analysiert wird. Männer hatten selbstkontrolliert zu sein, wobei verblüfft, dass dieses Ideologem der bürgerlichen Selbstbeschreibung bis heute ganz undekonstruiert in Gebrauch steht. Denn Selbstkontrolle in der Antionaniebewegung war stets eine Funktion der Fremdkontrolle. Die neue pathologische Definition des Onanisten erzeugte ein Subjekt, dessen Selbstbeherrschung sich unter den Augen eines weiten Spektrums institutioneller und privater Blicke vollzog. Es ging nie um Selbstkontrolle im Sinne einer maskulinen Autonomie, sondern um Unterwerfung unter Regulierungspraktiken und deren *Deutung*

47 Laqueur 2003, 292.
48 ebd., 236, 213.
49 »Sex mit jemand, den man wirklich liebt«, *FAZ*, 21. 7. 2004.
50 Hunt 1998, 582.

als selbst gewählte. Das zeigte sich besonders an der Reorganisation der Schulen im Zuge der Antimasturbationskampagne ab dem frühen 19. Jahrhundert. Die diskursive Perhorreszierung von Männergesellschaften diente der Legitimation drastischer Umbauten männlicher Sozialbeziehungen. Die Schlafsäle wurden unterteilt, jüngeren Schülern der Umgang mit älteren verboten, Stundenpläne umgeschrieben, um die freie Zeit auf ein Minimum zu reduzieren, und es wurden strenge körperliche Exerzitien eingeführt, um den körperlichen Exzess der Onanie zu unterbinden.[51] Wo früher die Schuljungen in den Pausen unbeaufsichtigt herumgetollt waren, wurden jetzt Zuchtordnungen eingeführt und Sportveranstaltungen organisiert: Die Erschöpfung der Körpers durch Sport galt als eines der wichtigsten Bollwerke gegen die Selbsterschöpfung. Zudem wurde »strengste Observation« der Eleven gefordert und regelmäßige Inspektion der Bettwäsche.[52]

Schulen entwickelten sich auch in anderer Hinsicht zu Fabriken einer neuen Form von Männlichkeit. Durch Examen und Wettkämpfe wurden die Beziehungen der Schüler untereinander neu organisiert. Die Jungen mussten miteinander konkurrieren und kämpfen, und wurden je nach ihrer körperlichen Leistungsfähigkeit oder Geschicklichkeit in Hierarchien geordnet, die dann als »natürlicher« Referenzpunkt von Männlichkeit galten. Die Studenten-Körper wurden maskulinisiert, indem sie standardisiert und hierarchisiert wurden. Daran knüpften nach Abschluss der Schule dann vor allem das Militär an, das sich dieser Körper in zunehmend selbstverständlicher Weise bediente, und die Fabriken, die solch vornormierte Menschenprodukte verwerten konnten.

51 Cohen 1993, 44.
52 Cohn 1894, 25 ff.

3.2.5 Selbstreferenz

»[Ein] schändlicher und unflätiger
Mann[, der] mit seiner
eigenen Hand Hochzeit gehalten hat.«[53]

Im Folgenden wird versucht, die Antimasturbationskampagne abweichend von den zuvor vorgestellten Deutungen in den theoretischen Rahmen einzuordnen, der in den Kapiteln A bis C erarbeitet wurde, den der Negativen Andrologie. Der Antionaniediskurs wendete sich nicht zufällig vor allem gegen Jungen und Männer, sondern ist engstens mit der im späten 18. Jahrhundert etablierten negativ andrologischen Semantik verknüpft.

Der Onanite wurde mit den Begriffen und Charakterisierungen beschrieben, mit denen auch der Wilde und der naturale Jüngling bedacht wurden. Der Masturbant war der Ur-Mann, dem es nicht gelungen war, sich zu zivilisieren. Bereits bei Tissot hieß es, dass der Onanite »unterhalb des Wilden« stünde.[54] Das Absinken des Mannes unter das Niveau des Tieres, die »tierische Stupidität«,[55] wurde im 19. Jahrhundert zum Klischee der Antionanieliteratur und folgte jener Logik, die wir oben gesehen hatten: Weil die Selbstbezüglichkeit des Mannes unendlich zu sein schien und er sich nicht daraus befreien konnte, war er noch nutzloser und »tierischer« als das Tier. Die »Brutalisierung« des Onanisten war dabei weit mehr als eine rhetorische Figur. In ihr wurde die selbstreferenzielle Verschließung des Mannes thematisiert sowie die Gefahr, dass es keine andere Kontrollinstanz über ihn gäbe als ihn selbst. Der Diskurs hatte also gerade nicht Abschließung, sondern Anschließung im Sinn und nicht Selbst-, sondern Fremdkontrolle. Es war ein Kampf gegen den autonomen, selbstgenügsamen, sich zurückhaltenden Mann, der sich der Zirkulation des Geldes und der Spende des Samens verweigerte. Der berühmte Arzt und Antimasturbationskämpfer Lallemand charakte-

53 Tissot 1760, 68.
54 zit. in Cohen 1993, 46.
55 zit. in ebd., 47.

risierte den Onaniten in seinem dreibändigen Werk über unfreiwillige Samenabgänge (1836 ff.) als eine Art lebende Antisozialmaterie:

> »Man kann von einem, den diese abstumpfende Leidenschaft beherrscht, weder Offenheit noch Mitteilsamkeit erwarten. Konzentriert auf sein einsames Begehren, ist er zu keiner anderen Tätigkeit fähig; er liebt keinen Menschen; er bindet sich an nichts; er kann angesichts der großen Szenen der Natur oder der Meisterwerke der Kunst keinerlei Emotionen empfinden; er ist noch weniger zu einem Akt der Großzügigkeit fähig, einem Akt der Hingebung; er ist wie ein Toter gegenüber allen Gefühlen für die Familie, das Vaterland und die Menschheit.«[56]

Gefühllosigkeit, Egoismus, Unfähigkeit zur Empathie, Unempfindlichkeit gegenüber Schönheit, soziale Isolation und totaler Selbstbezug – darin gleichen sich Wilder, Jüngling und Onanist. Sie sind Brüder im Ungeiste. Mit bedrohlichen Folgen: »Aus Geschlechtsegoism wird Allgemeinegoism.«[57] Aus der Perspektive der Negativen Andrologie erschließen sich hier diskursive Zusammenhänge, die bislang nicht gesehen werden konnten. Die Asozialität aller drei wurde in ähnlichen Begriffen beschrieben, die sich stets um das drehten, was in dem hier vertretenen Ansatz als Selbstreferenz geführt wird. Der Topos selbstreferenzieller Genügsamkeit ruht, wie gesehen, auf der Umdeutung der humanen Natur im Zuge der funktional differenzierten Gesellschaft. Insofern ist der Onanist ein Produkt der Moderne – und nicht, wie Hull meinte, ein Atavismus aus absolutistischer Zeit.[58] Er trat als Schreckbild erst auf, als diskursiv das »Subjekt« erzeugt wurde, das allen sonstigen sozialen Bestimmungen vorauslag – und somit unsicher wurde, ob die Bestimmungen ihr Ziel überhaupt noch erreichen würden. Die Einheit des Subjekts ist zugleich Voraussetzung wie Bedrohung der Ordnung – und der Onanist die zentrale Figur dieses Dilemmas.

In den Masturbationstraktaten wurde wie in den zivilisationshistorischen Erzählungen der Naturzustand der Männlichkeit vor aller

56 Lallemand 1836 III, 133.
57 Heydenreich 1798, 75; s. a. Ebers 1844, 227 f.; Wernz 1993, 94 ff.
58 Hull 1969, 258 ff.

sozialen Anbindung geschildert, pure, isolierte Selbstbezüglichkeit. Das ist mehr als Antisozialität, wie Gilbert sagt,[59] denn die hätte ja stets bereits einen Bezug zur Sozialität, und bestünde er in der Abgrenzung. Das eigentliche Drama der kybernetischen Anthropologie liegt darin, eine menschliche Natur denken zu können (und zu müssen), die das soziale Begehren nicht mehr und noch nicht kennt und die keinerlei Begriff von Sozialität enthält. Eine Isolation, die über den Kerker oder die Verbannung weit hinausgeht und für die existenzielle Isolation der Subjekte steht – die wiederum im Begriff der negativen Männlichkeit thematisiert wird. Im Antionaniediskurs fand in diesem Sinne kein analogisches Denken statt, hier war der Mann nicht *wie* der Händler, der Leser, der Romancier, sondern das Grundproblem der Moderne wurde viel direkter dramatisiert und inszeniert: als isolierte sexuelle Natur von Männlichkeit. Dem folgte die Logik des Diskurses: Alle »tun« es, da es dem männlichen Wesen entspricht; es ist eine Krankheit zum Tode, da sie nie zum Leben führen kann, das in sozialer Verbindung und Fortpflanzung besteht; und doch ist sie zu überwinden, durch Fremdreferenzialität. Dazu sind wiederum Frauen unerlässlich, die »Anderen« der Onanieangst. Lesley Hall hat den Zusammenhang zwischen naturaler Maskulinität, Onanie und Weiblichkeit deutlich formuliert:

> »Die Diskurse über Masturbation [...] sind Diskurse über männliche Sexualität, ihre Natur und ihre Kontrolle. Die Einstellungen der Männer zur Masturbation waren Einstellungen zu ihrer eigenen Sexualität, soweit sie nicht durch die Frau vermittelt war [unmediated through the female].«[60]

Die »Unvermitteltheit« (*unmediated-ness*) der männlichen Sexualität ist wie schon im Diskurs des Naturzustandes, des Jünglings und des Hagestolzes das zentrale Problem – und Bedingung für dessen Lösung. Auch hier tritt die Frau als zentrale Andockstation für den Mann auf, als primärer sozialer Bezugspunkt. Ehe als Heilung, das ist, kurz gefasst, das zentrale antionanistische Programm.[61] Das

59 Gilbert 1975, 224: Onanie als »antisocial act«.
60 Hall 1992, 366.
61 Rohleder 1921, 27.

führt weit über physiologische Säftelehren hinaus, der Samen ist nur das physische Substrat eines sozialen Vorgangs. Heydenreich konnte daher den einsamen Wollüstling vor allem als Feminitätsflüchtling schildern und Frauen als erste Vorkämpferinnen gegen die Onanie, deren Zurückstoßung die masturbatorische Verworfenheit des Mannes zeigt:

> »Er flieht seine Ehehälfte, sieht in ihr nur die stete Quälerin und die zartesten Geschenke aus ihrer Hand, von lieblichen Worten begleitet, erheben ihn nicht, sie sind ihm Qualen und er stößt zurück, was Liebe und Wohlwollen ihm bietet.«[62]

Die Autoren attackierten frontal den Gedanken einer männlichen Autonomie der Lustbefriedigung, die Idee, der Mann könne sich »frey dünken«, auf die Frau zu verzichten: Die Ungeheuerlichkeit der onanistischen Anmaßung besteht darin, sich bei der Lustbefriedigung nicht von der Frau steuern zu lassen. Pockels wiederholte das gleiche Argument seitenlang immer und immer wieder, und der Impetus verrät: In der masturbatorischen Frauenverweigerung steht weit mehr auf dem Spiel als nur Säfteverlust oder ökonomischer Investitionskalkül. Es geht um die grundlegende Verkopplung der selbstreferenziellen Mannesnatur mit dem Rest der Welt. Wenn das Weib nichts mehr über den Mann »vermag«, wer sonst könnte noch etwas vermögen? Wenn der sexuelle Trieb nicht einmal diese basale Verbindung der Geschlechter, diese animalische Bezogenheit herstellen kann, wie soll dann erst verfeinerte, bürgerliche Geselligkeit möglich sein?[63] Die Onanie jedenfalls »macht den Onanisten völlig unbrauchbar für die Gesellschaft«.[64]

Der Onanite verkörpert in seiner selbstreferenziellen Geschlossenheit den Prototyp der neuen Subjektivität und damit die Grundlage aller möglichen Sozialität. Und er ist zugleich derjenige, der diese

62 Albers 1862, 4.

63 In diesem Zusammenhang liegt auch der Grund, warum Frauen praktisch nie als Grund der männlichen Onanie genannt werden – was ja, zumindest in einer Theorie des bürgerlichen Patriarchats, mehr als erwartbar wäre. Der Grund liegt auf der Hand: Wenn die Frau die Ursache wäre, würde das geschlechtliche Versittlichungsmodell qua Weiblichkeit zusammenbrechen.

64 Cohen 1993, 47.

Sozialität sabotiert, die pervertierte Grundlage der neuen Gesellschaft. Er ist wie alle, aber wenn alle so wären, würde es alle nicht mehr geben. Aus diesem Paradox zog der Antionaniediskurs seine enorme Kraft und »Produktivität«, seine nicht nachlassende Hartnäckigkeit und seine maßlosen Übertreibungen. In diesem großen Paradox versanken all die kleineren Paradoxien, die Bekämpfung des (masturbatorischen) Exzesses mit (sportlichen) Exzessen, das dauernde Reden über das »Unsagbare«, die öffentliche Heimlichkeit.

Aber womöglich ging es in der Kampagne gar nicht um eine »Lösung«, nicht um die Beseitigung der Onanie, sondern um das Einrichten einer sozialen Dauerirritation. Die Vergeblichkeit des antimasturbatorischen Kampfes war dessen Voraussetzung. In ihm machte sich die Gesellschaft damit vertraut, dass sie die Grundlagen ihrer selbst nicht mehr in verlässlich traditionaler Weise kontrollieren konnte. Subjektive Begierden und soziales Bedürfnis kamen nicht mehr zur Deckung, und der Onaniediskurs zwang die Gesellschaft zu akzeptieren, dass sie nicht war, wie sie sein sollte und wollte. Daher das ewige Oszillieren der onanitischen Kampagne. In ihr wurden die Grundlagen der modernen Gesellschaft immer wieder benannt und verschleiert, sie wurden zugleich als unumstößliche Realität akzeptiert und als unerträglich zurückgewiesen – in diesem Diskurs haderte die Gesellschaft mit sich selbst. Sie konnte daher auch nicht auf ihre eigenen Probleme verzichten und etwa das Phänomen Onanie endgültig ignorieren oder akzeptieren. Diese Lösung steht erst dem späten 20. Jahrhundert zur Verfügung, als die Selbstabstoßung der subjektivistischen Grundlagen der Gesellschaft der Einsicht weicht, dass damit zu leben sei: Selbstbefriedigung wird zu einem selbstbewussten Akt der Befreiung.

Im 18. und 19. Jahrhundert wurde das onanitische Paradox hingegen in Männerkörper und Männerseele verankert. Befreiung? Undenkbar. Vielmehr wurden die Körper in Paradoxien verstrickt, damit in ihnen traktiert werden konnte, was sonst ungreifbar blieb. Es ging auch hier, wie im Diskurs der Geschlechter insgesamt, darum, die Dilemmata der Gesellschaft zu verkörpern und Ansatzpunkte zu deren Bearbeitung zu schaffen. Dem Heranwachsenden wurde zugleich die Normalität (alle machen »es«) wie die Perversion seines Tuns bedeutet. Die Botschaft lautete: Sei nicht, wer du bist. Seine Natur durfte ihm nicht natürlich sein. Das hat niemand treffender gesagt als der englische Arzt William Acton:

> »Dem Jungen muss gelehrt werden, dass er seinen Neigungen und Instinkten nicht blindlings folgen darf. Er sollte informiert werden, dass der Genuss seines sexuellen Begehrens für ihn nicht natürlich ist – und dass der Befriedigung die schlimmsten Konsequenzen folgen.«[65]

Aber wie vermittelte man dem Jungen die Konsequenzen? Wie bekam er sie zu spüren, weit bevor er sie als Verfall spüren konnte? Dafür fühlte sich im Laufe des 19. Jahrhunderts zunehmend die Medizin verantwortlich. Sie wusste sich auf einer historischen Mission. Es ging um nichts weniger als um die Rettung der Gesellschaft. Der selbstreferenzielle Mann musste auf die richtige Spur gebracht werden, zu Anschluss, Fremdbestimmung, Unterwerfung. Dafür wurde jene Methode genutzt, die schon immer für die Einschreibungen der wichtigen Botschaften in Menschen- und insbesondere Männerkörper gewählt worden war: Erziehung durch Schmerz.

3.3 Penile Sondierungen

> »[Das] Anlegen eines [...]Vogelbauers, dessen Schlüssel der Vater zu sich nahm.«[66]

Dem Ausmaß des Problems entsprachen die körperlichen Therapiemethoden (die »sozialen« haben wir bereits kennengelernt: in Schulen, beim Militär). Im 18. und vor allem im 19. Jahrhundert wurde ein breites Arsenal von Behandlungen ersonnen, um den Onanisten von seinen Genitalien fernzuhalten. Die Methoden reichten von harmlosen Bandagen über systematische Einredungen (»Suggestionstherapie«) bis zu überaus schmerzhaften Eingriffen in die

65 zit. in ebd., 49.
66 Rohleder 1921, 346.

männlichen Reproduktionssysteme. Wer die einschlägige Literatur betrachtet, kommt zu dem Schluss: Kein anderes Organ wurde im 19. Jahrhundert hartnäckiger und gewaltsamer malträtiert als der Penis.

Dieser Befund muss überraschen. Bislang galten die Frau und ihre Genitaltrakte als erste Opfer der medizinischen Bemühungen im 19. Jahrhundert. Die historischen Gender Studies haben sich bislang auf die Medizinalisierung der Frauen konzentriert und daran oft weitreichende Thesen geknüpft. So hat sich seit den 1970er Jahren ein starker Forschungszweig etabliert, der davon ausgeht, dass im 19. Jahrhundert vor allem Frauen, zuweilen gar: *nur* Frauen harschen medizinischen Prozeduren unterzogen wurden. In der patriarchalen Gesellschaft sei die Frau zum schwachen, kranken und sexuellen Geschlecht erklärt worden, zum wandelnden Uterus. Diese »medizinische Pathologisierung der weiblichen Physiologie«[67] habe brutale medizinische Maßnahmen nach sich gezogen: »Die Eroberung des weiblichen Körpers durch die Ärzte war die letzte Phase innerhalb einer Jahrhunderte währenden Kampagne zur Bändigung einer bedrohlich erscheinenden weiblichen Sexualität und Naturhaftigkeit.«[68] Aus dieser Perspektive erscheint das medizinische Establishment als Stellvertreter einer männlich dominierten Gesellschaft, das sich auf die therapeutische Unterdrückung der Frau spezialisiert hatte. Explizit heißt es, dass Männer von Ärzten weniger drastisch behandelt wurden.[69]

Schon früh allerdings hat etwa Gail Pat Parsons anhand empirischer Untersuchungen die Selektivität dieser Sichtweise kritisiert.[70] Männer seien ebenso wie Frauen als Geschlechtswesen kategorisiert und als Verlängerung/Opfer ihrer Geschlechtstrakte gesehen worden. Die Prostata wurde oft mit dem Uterus gleichgesetzt, und das Nervensystem der Männer galt als ebenso krankheitsanfällig wie das weibliche, wenn auch auf andere Weise. Das hat nicht zuletzt die »Neur-

67 Meyer-Knees 1992, 42.
68 ebd., 35.
69 Wood 1973, 37.
70 Parsons 1977.

asthenie«-Epidemie Ende des 19. Jahrhunderts gezeigt, bei der explizit die weibliche Anatomie mit der des Mannes parallelisiert wurde.[71] Die viktorianische Frau hatte zu keiner Zeit das Monopol auf schlechte Gesundheit: »Die Theorie und Behandlung männlicher Sexualprobleme in der zweiten Hälfte des 19. Jahrhunderts zeigt, daß Mediziner kaum Unterschiede zwischen den Geschlechtern machten. Männer wie Frauen erlitten peinvolle Behandlungen.«[72] Nichts anderes wäre aus Sicht der Negativen Andrologie zu erwarten. Mehr noch: Die Negativstereotypisierung als emotionslos, gewalttätig und egoistisch ließ sogar besondere Disziplinierungsanstrengungen gegen Männer erwarten. Die »totale Krankheit« Onanie wirkte als Katalysator für diese Bemühungen, und ein Überblick über die »Therapien« lässt keinen Zweifel daran, dass von einer gnädigeren Behandlung der Männer oder einer Schonung der »Herrschenden« keine Rede sein kann.[73]

In der ersten Hälfte des 18. Jahrhunderts standen die antimasturbatorischen Maßnahmen noch weitgehend im Zeichen des »christlichen Diskurses vom Fleisch« (Foucault) und setzten auf die Einsicht des Sünders und seine Fähigkeit zur Besserung.[74] Auch Spätaufklärer und Pädagogen empfahlen um 1800 noch überwiegend ein klassisches Repertoire aus Selbstkasteiung und Überwachung. Dazu gehörten eine spezielle Diät, »Kältepädagogik« (kalte Zimmer, Entfernung des Federbetts, kalte Wassergüsse),[75] verschärfte Aufsicht seitens der Lehrer und Eltern sowie Tabuisierung der Nacktheit. Zuweilen wurden auch schon chirurgische Eingriffe angeraten, wenn

71 Beard 1890, 11.

72 Parsons 1977, 57.

73 Zu dieser Erkenntnis kommt in Bezug auf Psychiatrie und Geisteskrankheiten auch eine Reihe neuer Studien. Sie zeichnen nach (vor allem für den angelsächsischen Raum), wie Männer im 19. Jahrhundert geschlechtsspezifisch psychiatrisiert oder Krankheiten als Männerkrankheiten konstruiert wurden. Für Hypochondrie und Nervosität: Oppenheim 1991; für Hysterie: Micale 1995, 1990; Goldstein 1991; Malleier 1996; für Neurasthenie: Radkau 1998; für Kriegsneurosen, -verstümmelungen etc.: Bourke 1996; Shephard 2000; Babington 1997; Kritik an der These, »Verrücktheit« sei vor allem eine Frauenkrankheit gewesen: Busfield 1994; Tomes 1994; Kritik an der These, dass Geschlecht bei »madness« in der Frühen Neuzeit überhaupt einen Unterschied gemacht habe: Eigen 1998.

74 Sarganeck 1746, 374 ff.

75 Elschenbroich 1977, 165.

auch krude, hausgemachte. Ein besonders extremes Beispiel diskutierte Campe in der *Allgemeinen Revision*, dem Standardwerk aufklärerischer Pädagogik. Campe berichtete von einem zehnjährigen Jungen, der durch Mitschüler angesteckt worden war. Als ihm das Antionaniewerk von Tissot in die Hände fiel und ihn mit Entsetzen füllte, wollte er sich seinen Penis abschneiden, bevor ihm ein anderes Mittel einfiel: die Infibulation.

> »Er nahm einen Nagel, legte die Vorhaut etwas hervorgezogen auf den Tisch, setzte einen Nagel darauf und – man bewundere den tugendhaften Heldenmuth des Knaben! – nagelte sich, indem er einen derben Schlag mit einem Buche darauf versetzte, fest. Er riß hierauf den Nagel aus, und wurde ohnmächtig. Nachdem er sich wieder erholt hatte, zog er durch die noch blutigen Löcher einen mit Kampferspiritus eingeweichten Faden [...]. Durch diese steckte er hierauf einen messingenen Drath, den er in der Mitte, wo er über die Eichel hinging ein wenig gebogen hatte, damit er ihn nicht drückte. Dann krümmte er auch, durch Hülfe einer kleinen Zange, die Enden des Draths, so daß sie das Stückchen Vorhaut über jeglichem Loche umfaßten und den Drath daran befestigten.«[76]

Der Nutzen eines solchen Ringes sei dreifach, erklärte Campe: Er mache die Selbstschändung unmöglich, verhindere durch den Schmerz jede Erektion, wodurch er schließlich »ein vollkommen sicheres Verwahrungsmittel [...] gegen alle unwillkürlichen Schwächungen im Schlafe« wurde. Ob ein Junge eine solche Operation ersinnen, geschweige denn durchführen konnte, sei dahingestellt. Entscheidend ist, dass die Negative Andrologie ihren Tribut am männlichen Körper forderte. Die diskursive Zurichtung wurde prothetisch eingelöst. Dabei erscheint, was Campe schilderte, im Rückblick vergleichsweise harmlos. Ab dem frühen 19. Jahrhundert entwickelten vor allem Mediziner immer aufwändigere Mittel gegen die Masturbation.

Eher passiv noch waren jene mechanischen »Pollutions- und Ona-

76 zit. in ebd., 168 f.

niesperrer«,[77] die den Kontakt des Delinquenten mit seinen Genitalien unterbinden sollte. Dazu gehörte jener »Onanieverhinderungsgürtel«, der 1822 erfunden und noch 1921 ausführlich beschrieben wurde. Die aus grauem Segeltuch- oder Baumwollstoff bestehende Bandage wurde auf dem Rücken geschnürt und hatte »am unteren Ende, in der Gegend der Genitalien« eine Metallkapsel »zur Aufnahme des Gliedes und des Hodensackes«; darin fanden sich sowohl ein kleiner Auslass für den Urin als auch »Luftlöchelchen«, um die Haut zu belüften.[78] Aus den Vorkehrungen ist zu entnehmen, dass der Gürtel offenbar dauerhaft getragen werden sollte. Andere Mediziner entwarfen Masken aus engmaschigem Eisendraht,[79] wieder andere befestigten Metallblättchen, meist aus Kupfer, mit Riemen so an den Schenkeln, dass die Genitalien unerreichbar waren.[80] Wie viele Kinder derartigen Prozeduren über welche Zeiträume unterzogen wurden, ist bislang meines Wissens nicht untersucht worden. Die verbreitete Kommerzialisierung der Gürtel und anderer Gerätschaften lässt allerdings auf einen ausgedehnten Antionaniemarkt schließen.

In jedem Sinne einschneidender als die Gürtel waren jene »Pollutionsverhinderungsringe«, die, entweder aus Leder oder Metall bestehend, nach innen mit Spitzen, Nägeln oder scharfen Zacken versehen, bei jeder Erektion »unter starken Schmerzen in den Penis« einschnitten.[81] Diese Ringe sollten vor allem nachts getragen werden, um Pollutionen zu verhindern. Andere nächtliche Selbstüberwachungsmaßnahmen bestanden etwa aus einem mit Fischleim bestrichenen Pflaster, das auf die Rückseite des Penis geklebt wurde und das, wie der US-amerikanische Erfinder in den 1880ern schrieb, »wahre Wunder wirkt«. Mit der Verfügbarkeit von Elektrizität wurden auch Geräte auf den Markt gebracht, die dem Benutzer bei einer Erektion einen Elektroschock versetzten.[82] Simpler war es, nachts

77 Becker 1807, 115.
78 Rohleder 1921, 345 f.
79 ebd., 346.
80 ebd., 344.
81 ebd., 346; s. a. Parsons 1977, 66; Stengers/Neck 2001, 77; Hall 1992, 368.
82 Parsons 1997, 66.

Hände und Beine – auf »möglichst wenig quälende Art«[83] – zu fesseln.

Die penilen Disziplinierungsanstrengungen endeten aber nicht mit äußerlichen Erektionspatrouillen. Beim Versuch, die Onanie an ihren Wurzeln auszurotten, schnitten, bohrten, brannten und ätzten sich die Ärzte immer tiefer in die männlichen Genitalien und eröffneten einen medizinischen Feldzug gegen das, was man heute als selbstverständlichen Ausdruck männlicher Sexualität betrachten würde. Unter der Bezeichnung »Lokalbehandlung« florierten all jene Methoden, die ohne Einsatz von Skalpell das Lustempfinden am männlichen Genital (zer)störten. Dazu gehörte vor allem die Einführung diverser Sonden und ätzender Lösungen in die Harnröhre, die »Akupunktur« der Prostata sowie die Elektrifizierung der Genitalien. Bereits im frühen 19. Jahrhundert hatte der Leibarzt von Napoleon folgende Methode vorgeschlagen: Man fülle einem Knaben eine ätzende Lösung in die Harnröhre, binde sein Glied an der Wurzel fest ab, so dass die Lösung dauerhaft in der Harnröhre verbleibe und nicht in die Blase gelange. Die so hervorgerufenen schmerzhaften Verletzungen benötigen Wochen, um wieder abzuheilen, und vereiteln in dieser Zeit die Masturbation.[84]

Die Kauterisation, also die Zerstörung des Harnröhrengewebes durch Ätz- oder Brennmittel, war offenbar eine der bevorzugten Methoden der Ärzte, vermutlich weil sie relativ leicht zu applizieren war, geeignete Stoffe zur Verfügung standen und die Prozedur ohne die hygienischen Gefahren chirurgischer Eingriffe auskam. Welche Mittel in die Urethra eingefüllt wurden, war der Phantasie des Arztes überlassen. Albers empfahl die »Aetzung« mit Höllenstein, ein »erprobtes Heilmittel«, das die Schleimhaut zerstörte, wodurch die »Schwielen in den Saamenkanälen« wieder ihr »Verschliessungsvermögen« erlangten.[85] Die medizinische Logik hinter diesem Eingriff ruhte auf der Vermutung, dass eifrige Onanierer die Muskelspannung in ihren Genitalien absenkten, sie also gleichsam ausleierten, bis diese

83 Rohleder 1921, 348.
84 Foucault 2003, 335.
85 Albers 1862, 131.

den Samen nicht mehr zurückhalten konnten. Als extreme Maßnahme hat sicherlich jene »Hot Water Retrojection Therapy« zu gelten, die ein amerikanischer Arzt ersann: Er füllte in die Urethra des Patienten einen knappen Liter 80 Grad Celsius heißes Wasser ein, bis »jenseits des Toleranz-Punktes«.[86] Die gezielte Erzeugung dauerhafter Schmerzen erachteten viele Ärzte als notwendig, sogar das Fachblatt *The Lancet* empfahl 1870 Verätzungen des Penis, um eine Erektion »hinreichend schmerzhaft« zu machen.[87]

Um die Botmäßigkeit des Gliedes zu sichern, wurden die chemischen Ausfüllungen des Penis zusätzlich mit mechanischen Insertionen kombiniert. Im Laufe des Jahrhunderts entwickelten Ärzte ein ganzes Arsenal von speziellen Sonden, die sie tief in die Penisse ihrer Patienten schoben. Dazu gehörte etwa das Psychrophor, die Kühlsonde, die das Harnröhrengewebe durch Kälte zerstörte, aber auch Hitze- oder Dehnungssonden, die dauerhafte Irritationen verursachten.[88] Der Präsident der Gesellschaft der Pathologen in Philadelphia, Samuel W. Gros, empfahl 1890, statt eines Harnröhren-Dilators ein Messer zu nehmen, die Erfolge seien weit nachhaltiger.[89] Nebeneffekte wie schmerzhaftes Urinieren oder Blut im Urin wurden meist als geringfügig abgetan. Oft wurde auch die Prostata mit Zentimeter langen Nadeln perforiert. Als Favorit bei den Ärzten hat aber sicherlich der Elektroschock zu gelten. Albers etwa führte einen Katheter durch die Harnröhre bis in die Blase ein, richtete die Anode in der Form eines Knopfes auf den After und schickte »starken Strom« hindurch; doch der Erfolg war nur kurzfristig, später »kehrte der Kranke zur üblen Gewohnheit zurück«.[90] Der renommierte Robert Bartholow applizierte bei seinen Patienten allmorgendlich statische Elektrizität an Penis und Hoden, bis »Zentimeter lange Funken« stoben. Über den Erfolg zeigte er sich sehr zufrieden.[91] Männer allen Alters und aller Schichten scheinen mit heute unfass-

86 zit. in ebd., 69.
87 Moscucci 1996, 64.
88 Rohleder 1921, 348; Beard 1890, 78.
89 Parsons 1977, 67.
90 Albers 1862, 134.
91 Parsons 1977, 67.

barer Selbstverständlichkeit derartige Prozeduren auf sich genommen zu haben. In der allgemeinen Angst vor den verheerenden Folgen der Onanie müssen die Heilmethoden als das geringere Übel erschienen sein.

Die ultimativen Waffen gegen den asozialen Trieb aber entwickelten die Chirurgen. Sie schnitten ein und schnitten weg in der Hoffnung, mit dem Fleisch den Grund des Übels zu entfernen. Als wichtigste unter den »operativen Therapien« listete Rohleder die Infibulation auf, die wir oben bei Campe bereits in einer kruden Variante kennengelernt hatten. Ärzte bedienten sich nicht des Hammers, sondern vernähten die Vorhaut meist mit biegsamem Silberdraht, um zu vereiteln, dass sie über den Penisschaft rutscht.[92] Es fanden sich aber auch Kritiker der Methode. Einige befürchteten ein Einreißen der Vorhaut, Rohleder beklagte, dass besonders »wüst und wild Masturbierende« gar keine Erektion mehr benötigen, um zum Orgasmus zu kommen.[93] Um dennoch den gewünschten Erfolg zu erzielen, berichtete er von einer Operation, die an einem »geisteskranken, 43jährigen Masturbanten« mit Erfolg durchgeführt worden sei: die Resektion des Nervus dorsalis penis, also eines Hautnervs an der Unterseite des Penis.

Manchmal war die Entnervung aber noch nicht genug, sondern es musste Wichtigeres entfernt werden: die Hoden. Viele Ärzte rieten zur Kastration, und zwar nicht erst, wie Breidenstein nahelegt, Ende des 19. Jahrhunderts, um den »abnormen Sexualtrieb« bei Männern trockenzulegen, sondern bereits früher, um die Onanie zu unterbinden, wenn anderes nicht mehr half.[94] Es wäre ebenso aufwändig wie verdienstvoll, sich eine Übersicht über Ausmaß und Häufigkeit von Kastrationen im 19. Jahrhundert zu verschaffen. Mehr als Einzelfälle sind derzeit nicht zugänglich, etwa jene 80, die Keil beschrieb, oder jener Fall, den Albers Mitte des Jahrhunderts anführte.[95] Sie zeigen,

92 Rohleder 1921, 350.
93 ebd., 351.
94 Hunt 1998, 599 Fn. 97. Breidenstein 1996. Zur Kulturgeschichte der Kastration: Taylor 2000.
95 Keil 1886; Albers 1862, 117 ff. Die Einzelfälle reichen aber, um Thomas Laqueurs Verallgemeinerung zu bezweifeln: »Es gab keine männliche Kastration, keine Ent-

dass Kastration nicht nur Geisteskranke oder Anstaltsinsassen betraf, sondern auch bürgerliche Männer. Albers' Patient war ein »reizbarer, phantasiereicher Mann, Arzt«, der infolge schlechten Beispiels in der Schule zum Onanisten geworden war und den »beständiger und ununterbrochener, saamenähnlicher Ausfluss aus der Urethra« quälte. Mehrere Heilungsversuche waren gescheitert. Schließlich wurde in der Not ein Hoden entfernt, aber es zeigte sich keine Besserung. Der zweite Hoden wurde herausgeschnitten, was auch keine Besserung brachte, sondern weiterhin »tägliche Ergiessungen und Erektionen«. Da dämmerte den Ärzten die Erkenntnis, dass »man den Sitz des Uebels verkannt habe und dass es nicht in den Hoden, sondern in der Prostata zu suchen sei«.
Doch alle Bemühungen scheiterten, den Sitz eines Übels zu lokalisieren, dessen Kennzeichen die Ubiquität war. Dass die Mediziner nicht abschließend fündig wurden, erhöhte nur die Gefährlichkeit der Onanieepidemie. Sie hatten es mit einem Feind ohne Hauptquartier zu tun, einem flexiblen, heimtückischen Gegner, der alle Attacken parierte. Am Ende des Jahrhunderts der Ätzungen und Schneidungen jedenfalls war dieser keineswegs geschlagen, sondern viriler denn je. Doch parallel dazu entdeckten Mediziner einen Ort des männlichen Körpers, den bedenkenlos wegzuschneiden sie sich nicht nehmen ließen. Auch dieser Teil hat nicht die Erwartungen der Triebdämpfung erfüllt, die die Antimasturbanten in ihn investierten, aber seine millionenfache Beseitigung hatte gleichwohl die weitreichendsten Folgen – diskursiv wie physisch.

3.3.1 Die Vorhaut zum Tode

»Die kontroverseste Operation der Welt.«[96]

Wirkungsvoller als die tatsächlich durchgeführten Kastrationen waren womöglich jene, die angedroht wurden. Das dürften nicht we-

fernung gesunder Hoden, außer in wenigen Fällen wg. krimineller Unzurechnungsfähigkeit oder um Prostatakrebs zu heilen.« (Zit. in Darby 2003, 742)

96 Gollaher 2000.

nige gewesen sein. Ivan Bloch schrieb von älteren Ärzten, die mit Messern und Scheren bewaffnet vor Kindern erschienen und ihnen drohten, die Genitalien abzuschneiden. In einer Untersuchung 1938 fand Mabel Huschka unter 320 Kindern 46, denen mit Kastration gedroht worden war.[97] Vor dem späten 19. Jahrhundert sind keine ähnlichen Amputationsdrohungen bekannt.[98] »Es muss als sicher gelten«, kommentiert Hare, »dass in der zweiten Hälfte des 19. Jahrhunderts kleine Jungen (und auch kleine Mädchen) weithin mit Genitalamputation bedroht wurden«.[99]

Dass Drohungen von Genitalverstümmelung den Hintergrund des »Kastrationskomplexes« bilden, vermutet Wendy Colman, die Freuds Obsession mit dem Genitalverlust auf seine Erfahrungen bei der Beschneidung des jüngeren Freud-Bruders Julius zurückführt.[100] Eine solche Beschneidung fand meist in einer Atmosphäre aus Angst und Spannung statt, in der sich die Freude über die Geburt eines männlichen Nachkommen mit der Sorge vor bösen Geistern mischte, denen das Neugeborene nach verbreiteter Vorstellung schutzlos ausgeliefert war. Die ersten acht Tage bis zur Beschneidung waren daher angefüllt mit Ritualen und Vorkehrungen, bevor dann am Morgen der Beschneidung der *mohel* eintraf, der Beschneidungsspezialist, der eigentlich ein Spezialist des Vorhautabreißens war. Der Beschneider versicherte sich der Gesundheit des Jungen und davon, dass Vorhaut und Eichel nicht verwachsen waren und der Junge nicht aus einer Familie von Blutern stammte. Dann rieb er das kleine Glied bis zur Erektion, klemmte die Vorhaut in eine Art Spatel und trennte mit einem abgerundeten Messer den vorderen Teil der Vorhaut ab. Draufhin erfolgte die eigentliche Beschneidung:

»Der Beschneider muß zu diesem Akte eigens zugespitzte Daumennägel besitzen. Dieselben müssen so zugeschnitten sein, daß sie in der Mitte eine hervorragende scharfe Spitze bilden. Mit denselben faßt er nun den oberen Theil der blutenden Vorhautränder,

97 Huschka 1938.
98 Darby 2003, 738.
99 Hare 1962, 17 Fn. 12.
100 Colman 1994.

> drückt sie nach oben gegen den Zeigefinger, welche dicht aneinander liegen, fest an, und schlitzt die so gefaßte Vorhaut durch rasches Auseinanderziehen der Hände in einem Zuge kräftig auf. Die aufgerissenen zwei Vorhautstücke werden dann zurückgeschlagen, um die Eichel ganz zu entblößen. Ist die Vorhaut sehr hart und resistent, so muß die Kraft, mit der er sie aufreißen will, noch verstärkt werden.«[101]

Danach wurde die blutende Wunde ausgesaugt. Der Beschneider nahm dazu einen Schluck Wein in den Mund, fasste die blutende Wunde zwischen seine Lippen, saugte sie in mehreren Zügen aus und spie das mit Wein gemischte Blut aus. Der Vorgang wurde zwei oder drei Mal wiederholt und die Wunde verbunden. Man stelle sich diesen Vorgang in den Augen eines 18 Monate alten Jungen vor, der noch nicht zwischen Realität und Fantasie unterscheidet. Dass er Beschneidung und Kastration auseinanderhalten kann, ist eher unwahrscheinlich. Und in *Totem und Tabu* bestätigte Freud später die Überlagerung: »Wenn unsere [jüdischen] Kinder von der Beschneidung hören, halten sie sie für Kastration.«[102] Sechs Monate nach der Beschneidung starb Bruder Julius an Ruhr. Geburt, Beschneidung und Tod des Bruders mochten sich als tiefe Traumatisierung in Sigmund verankert haben, wie spätere Texte von ihm nahelegen.[103] Doch einerlei, ob diese Spekulation über den biographischen Urgrund des Kastrationskomplexes zutrifft oder nicht, zwei Dinge bleiben festzuhalten.

Da ist zum einen natürlich die Trivialität, dass Kastration nie die Entfernung des Penis bedeutet hat, sondern immer nur die der Hoden. Nach einer fachgerechten Kastration erscheint der Mann äußerlich als praktisch unverändert.[104] Dass der Begriff der Kastration in psychoanalytisch inspirierten Texten als Beseitigung des Penis/Phallus gedacht wird (denn nur diesen Unterschied könnten Jungen und Mädchen aneinander und an den Eltern entdecken), ist verwun-

101 Bergson 1844, 96 f.
102 zit. in Colman 1994, 608.
103 Colman 1994.
104 Als fachgerecht galt bis in die Neuzeit das langsame Zerdrücken der Hoden des Knaben nach einem warmen Bad.

derlich, kann hier aber nicht weiter untersucht werden. Es erscheint allerdings naheliegend, dass Freud die entscheidenden Anregungen zu seiner Theorie nicht der Kastration im medizinischen Sinne einer Ablation, also der Penisbeseitigung, verdankt, sondern den Kastrationsdrohungen in den bürgerlichen Kinder- und Behandlungszimmern. Durch die Universalisierung dieser Drohungen als Kastrationskomplex, als gleichsam überhistorische *conditio sexualis*, wäre demnach die geschichtliche Wahrheit zumindest teilweise unsichtbar gemacht und in einen abstrakten Raum der Imaginationen verschoben. So ist im Kastrationskomplex womöglich die Verdrängung dessen gespeichert, was Knaben in jener Zeit angetan worden ist. Diese Verdrängung wiederum als Signifikanz des »Phallus« auszuweisen, ließe sich dann als eine Art Kontinuität der Drohung, als permanente Fortführung der Verletzung an den Jungen lesen. Dies jedoch wird gründlich verschleiert: Im Denken des Kastrationskomplexes wird die Verstümmelung als Intaktheit ausgegeben, gar als Überlegenheit gedeutet. Nur Jungen wurden mutiliert, aber im Kastrationskomplex verwandelt sich diese Tatsache auf magische Weise zu einer beneidenswerten Vollständigkeit, der gegenüber die Vollständigkeit der Mädchen als zweitrangig imaginiert wird. Der Verlust wird zu einem Gewinn – das Paradox des Kastrationskomplexes. Wie jedes Paradox macht auch dieses etwas unsichtbar, und es grenzt an eine böse Ironie, dass Männlichkeit bis heute in vielen Genderstudien im Schatten dieser Unsichtbarkeit gedacht wird. Der Kastrationskomplex erscheint so als eines der unheimlichsten Erbstücke der Antionaniebewegung.[105]

Zum anderen leitet die Beschneidungsszene im Hause Freud über zu dem Umstand, dass die Beschneidung im Zuge der Antionaniebewegung zum Lebensschicksal von Millionen von Jungen in der westlichen Welt wurde. Dieser wichtige Aspekt ist in deutschen Studien zum Thema bislang kaum beachtet worden, deshalb wird er hier in einiger Ausführlichkeit behandelt. Erst ab Mitte des 19. Jahr-

105 Wie die Kausalitäten von den Füßen auf den Kopf fallen, demonstriert Hurteau: »Onanisten, so möchte ich argumentieren, symbolisieren die männlichen Ängste vor potenzieller sozialer Impotenz oder Kastration.« (1993, 16)

hunderts setzte sich die massenhafte routinemäßige Beschneidung von Neugeborenen vor allem in den angelsächsischen Ländern durch. Zuvor hatte die christliche Welt dieses jüdische und muslimische Ritual verabscheut.

Die Forschung zu Ursachen und Ausmaß der Beschneidungen in den westlichen Ländern des 19. und 20. Jahrhunderts ist dürftig und beschränkt sich nahezu ausschließlich auf die angelsächsischen Länder, vor allem die USA und Großbritannien. Im Vereinigten Königreich setzten massenhafte Beschneidungen nach 1850 ein und wurden aufgrund massiver medizinischer Einwände nach den 1940er Jahren kaum noch praktiziert; in der Zwischenzeit waren allerdings mindestens zwei Drittel aller Schüler auf den Public Schools beschnitten, im Unterschied zu kaum zehn Prozent aller Arbeiterjungen.[106] In den USA werden seit Mitte des 19. Jahrhunderts Neugeborene in der Regel beschnitten, in den 1970ern erreichte die Quote mehr als 80 Prozent, inzwischen ist sie, auch aufgrund einer wachsenden Anticircumcisionsbewegung, auf rund 60 Prozent gefallen, was bedeutet: Noch immer werden in den USA jedes Jahr mehr als eine Million Babys routinemäßig beschnitten.[107] Diese hohe Rate wird auch als »amerikanisches Rätsel« bezeichnet, denn sie ist außerhalb der jüdischen und islamischen Welt die mit weitem Abstand höchste.[108]

In den übrigen Ländern der westlichen Welt liegen die Beschneidungsquoten heute im unteren einstelligen Bereich, weltweit aber leben mehr als 650 Millionen Männer ohne Vorhaut.[109] Historische Daten für die Länder Europas liegen meines Wissens nicht vor, es lassen sich also keine verlässlichen Angaben über das Ausmaß der Beschneidungen etwa im Deutschen Kaiserreich machen. Es herrscht allerdings die implizite Meinung, dass Beschneidungen auf dem europäischen Kontinent keine Rolle gespielt haben, was angesichts der

106 Moscucci 1996, 61.
107 Dunsmuir/Gordon 1999, 10; Zoske 1998, 189; Goldman 1999, 93. Im Vergleich: Die WHO schätzt, dass bis zu 120 Millionen Frauen auf die eine oder andere Weise genitalverstümmelt sind und dass jährlich rund zwei Millionen Mädchen in der Gefahr stehen (»at risk«), verstümmelt zu werden. (Elchalal u. a. 1999; etwas niedrigere Zahlen bei Hammond 1999, 85)
108 Riner 1989. S. aber die andere Anomalie: Südkorea. (Kim u. a. 1999)
109 Hammond 1999, 85; Dunsmuir/Gordon 1999, 10.

mangelhaften Daten- und Forschungslage erst noch zu überprüfen wäre. Mit wenigen Ausnahmen ist die Geschichte der Beschneidung in der westlichen Welt bislang kaum untersucht worden.[110] Das ist umso erstaunlicher, als die Beschneidung von Neugeborenen und von Männern die einzige Form der Genitalverstümmelung darstellt, die in der Moderne akzeptiert worden ist und akzeptiert wird. Die Versuche einiger Ärzte im 19. Jahrhundert, die Klitoridektomie durchzusetzen, also die Entfernung der Klitoris zwecks Masturbationskontrolle, ist rasch am Widerstand der Öffentlichkeit und der Fachwelt gescheitert.[111] Mehr noch, wie Ornella Moscucci, Robert Darby und David Gollaher beklagen: Es hat sich eine Art »double standard« etabliert, über Klitoridektomie Abscheu zu zeigen, über das millionenfache Abtrennen gesunder Vorhäute aber zu schweigen und sie nicht als Genitalverstümmelung zu behandeln.[112] »Sogar in den Tagen, als sie am ehesten akzeptiert wurde, wurde sexuelle Chirurgie nur an einer kleinen Minderheit von Frauen praktiziert. Im Gegensatz dazu wurde die männliche Beschneidung stillschweigend demokratisiert und schließlich nahezu auf die gesamte männliche Bevölkerung der USA ausgedehnt.«[113] Erst in den 1990er Jahren wurde darüber debattiert, dass die Amputation der Vorhaut sich ethisch und rechtlich nicht von der Beschneidung von Mädchen unterscheidet.[114]

110 Bryk 1931; Gollaher 2000; Darby 2003; Zoske 1998, jeweils mit weiterführender Literatur.
111 Moscucci 1996, 60 ff.; Elchalal 1999, 103.
112 Moscucci 1996; Darby 2003, 745. Männliche Beschneidung als Genitalverstümmelung zu betrachten legt u. a. die Komplikationsrate nahe: Sie liegt selbst unter guten hygienischen Bedingungen bei bis zu 10 Prozent aller Fälle, mit Folgen wie Gangrenen, Vernarbung, Schmerzen und Blutungen bei Erektionen/Manipulationen, Urethritis, aber auch (sehr selten) Verlust des Penis (Hammond 1999, 85 f.). Unter unhygienischen Umständen steigt die Komplikationsrate auf bis zu 85%, zuweilen mit Todesfolge (Rizvi u. a. 1999). Im jüdischen Recht findet sich die Vorschrift, dass nach drei bei der Beschneidung verstorbenen Söhnen der vierte nicht mehr beschnitten werden muss (Bryk 1931, 186). Darüber hinaus erhebt sich das juristische und ethische Problem, ob Ärzte ohne Zustimmung des Patienten und ohne klare Indikation ein gesundes Organ wegschneiden dürfen. (Somerville 2001; van Howe u. a. 1999). S. a. den großen Überblick in Denniston u. a. (1999), allerdings aus Sicht von Antibeschneidungsaktivisten.
113 Gollaher 2000, 82.
114 Scheper-Hughes 1991.

Wie tief der Diskurs der Beschneidung mit der Negativen Andrologie verkoppelt ist, ergibt sich aus einem Vergleich mit den Versuchen, im 19. Jahrhundert die Klitoridektomie zu etablieren. Die erste Exzision der Klitoris hat offenbar ein deutscher Arzt namens Graefe im Jahre 1822 vorgenommen, worüber drei Jahre später ein Artikel in *The Lancet* erschien.[115] Mitte des 19. Jahrhunderts wurde über eine Reihe von Klitorisentfernungen berichtet, von denen sich manche Experten die Heilung einiger Krankheiten erhofften. Aber offenbar widersprach die weibliche Beschneidung zutiefst den Vorstellungen der Zeit über die weibliche Sexualität. Das wurde deutlich in der Affäre um den Londoner Arzt Isaac Baker Brown.[116] Der Gynäkologe galt als exzellenter Operateur, der Medizinern aus ganz Europa seine raffinierten Techniken bei der Entfernung von Vaginalfisteln und -tumoren beibrachte. 1866 veröffentlichte er einen Artikel, in dem er den Wert der Klitorisamputation als Maßnahme gegen Masturbation und ihre Folgen beschrieb. Eine Kirchenzeitschrift lobte die Anstrengungen Browns, das medizinische Establishment aber verdammte den Arzt in ungewöhnlich scharfer Weise. Im *Lancet* veröffentlichte der renommierte Gynäkologe Charles West eine Entgegnung, in der er betonte, dass Masturbation bei Frauen viel seltener sei als bei Männern. In jedem Fall aber sei die Entfernung der Klitoris »im höchsten Maße unkorrekt und verlangt die stärkste Missbilligung«. Andere schlossen sich an, in der medizinischen Fachpresse entsprang eine breite Debatte, in der es um »grundlegende Fragen der Ethik ging« und in der sich als Konsens herauskristallisierte, dass die Entfernung der Klitoris eine Verstümmelung ohne therapeutischen Nutzen sei. Baker Brown wurde aus der Vereinigung der Gynäkologen ausgeschlossen, sein Ruf und seine Praxis waren ruiniert. Seither wurden, mit wenigen umstrittenen Ausnahmen, in Europa und den USA keine Klitorisexzisionen mehr vorgenommen.[117]

In ihrer Analyse der Faktoren, die zum schnellen Ende der Klitorid-

115 Elchalal 1999, 103.
116 im Folgenden stütze ich mich stark auf Moscucci 1996, 65 f.
117 Elchalal 1999, 103.

ektomie führten, kommt Ornella Moscucci zum Ergebnis, dass vor allem Vorstellungen über das sexuelle Wesen von Weiblichkeit mit der Beschneidung unvereinbar waren. Mit dieser Deutung setzt sich Moscucci von früheren Ansätzen ab, die sich nicht auf die vergleichsweise geringe Verbreitung der Operation konzentrierten, sondern darauf, dass sie überhaupt vorkamen. Dies sei, so etwa Ann Dally, ein Zeichen des patriarchalen Versuchs gewesen, die weibliche Lust zu unterdrücken und die weibliche Sexualität auf Reproduktion zu begrenzen.[118] Moscucci konzentriert sich dagegen auf den Umstand, dass sich die Klitorisamputation *nicht* durchsetzen konnte. Als Grund führt sie an, dass Vorstellungen von »weiblicher Reinheit und Moralität« zu der Zeit bereits so dominant waren, dass die Beschneidung nicht nur als körperliche, sondern auch als diskursive Verletzung erschien: Weiblichkeit konnte nicht mehr so gedacht werden, dass eine Klitoridektomie als angemessen erschien. Sie verfehlte gleichsam das Wesen von Weiblichkeit. Ihre Durchführung unterstellte sexuelle Verderbtheit und legte nahe, dass Frauen die sexuellen Normen der Zeit überhaupt massiv übertreten konnten.[119]

Dagegen war die Amputation der Vorhaut ganz offensichtlich nicht nur vereinbar mit dem Bild von Männlichkeit, sondern wirkte mehr und mehr wie ein Erfordernis, um die gewünschte Männlichkeit herzustellen. Dass Klitoridektomie und Circumcision vergleichbar seien, wurde durchaus debattiert. Doch obwohl in der Theorie Masturbation bei Männern wie Frauen als schädlich erachtet wurde, wurde in der Praxis nur der Penis für den operativen Zugriff kollektiver Ansprüche freigegeben. In der Circumcision des Penis konnte die »gefährliche« und »gierige« Sexualität des Mannes reguliert und im wahrsten Sinne des Wortes beschnitten werden. Die symbolische Präsenz des Mannes im Phallus wurde genutzt, um beide zurechtzustutzen. Die Negative Andrologie wurde im Diskurs der Be-

118 zit. in Moscucci 1996, 69.

119 ebd., 73 f. Aus ähnlichen Gründen scheiterten Konservative damit, im wilhelminischen Reich »Lesbianismus« ebenso per Strafgesetz verfolgen zu lassen wie Homosexualität (Fout 1992, 394).

schneidung auf eine Körperstelle verdichtet und durch Abtrennung symbolisch (und real) vernichtet. Wie gesehen, hat die Antimasturbationskampagne zwar stets nach dem Sitz des Übels Ausschau gehalten, diesen ob der Polymorphie der Befunde aber nicht verlässlich aufspüren können. Das änderte sich durch die »Entdeckung« der Vorhaut. Dass sich diese im Zyklus der Antionaniedebatte vergleichsweise spät einstellte, erst ab 1850, ging vermutlich auf das religiöse Tabu zurück, eine Operation zu erwägen, die bis dahin von »Ungläubigen« praktiziert wurde. Erst nach der zögerlichen Judenemanzipation und nach dem Bedeutungsverlust der Religion im Zuge der funktionalen Differenzierung war der Weg zur »Demokratisierung« der Beschneidung frei.

Die Masturbationsfurcht spielte dabei eine zentrale Rolle. Durch Abtrennung der Vorhaut erhoffte man sich, alle mit der Onanie einhergehenden Leiden zu beseitigen. Beschneidung wurde zum Allheilmittel sämtlicher Männerkrankheiten – und der »Krankheit Mann« – durch die imaginative Überdetermination jener 64-90 Quadratzentimeter Haut.[120] Diese Imaginationen waren durchaus in der medizinischen Theorie verankert, wie Frederick Hodges analysiert hat.[121] Er hat die Perhorreszierung der Vorhaut auf Theorien über degenerative Krankheiten und Reflexneurosen zurückgeführt, die speziell in den irritablen Teilen des Körpers die Gefahr nervöser Energieungleichgewichte vermuteten. So wurden erotische Sensationen als Irritationen eingeordnet, Orgasmen als Konvulsionen und Erektionen als Priapismus. Als sensibelster Teil des Körpers war besonders die Vorhaut suspekt. Viele Antimasturbationsexperten folgten diesen Theorien, und so wurde »das normale Funktionieren der männlichen Sexualität [...] als lebensbedrohliche Krankheit kategorisiert, die drastische Behandlung verlangt«.[122] Doch die nervöse Bedrohung durch das Präputium allein reicht zur Erklärung der Beschneidungslust nicht aus. Weiteres kam hinzu. Die Vorhaut wurde zum überragenden *signifier*, weil sie zugleich gefährlich und be-

120 beim Erwachsenen (Hammond 1999, 86).
121 Hodges 1997.
122 Darby 2003, 749.

seitigbar war, Ort des Bösen und Ort medizinischer Interventionen, weil sie notwendig und entbehrlich war und weil sie in den Diskurs von Reinheit und Schmutz passte, der gegen Ende des 19. Jahrhunderts zunehmend geschlechtlich codiert wurde: Unter der männlichen Vorhaut verbargen sich der Schmutz, die Bakterien und die Krankheiten, die das familiale Idyll bedrohten.

Die Vorhaut geriet in den Focus einer Vielzahl unterschiedlicher, auch widersprüchlicher Diskursstränge und wurde zu deren verbindendem Symbol. Die Mediziner konnten in der Bekämpfung ihre Handlungsfähigkeit beweisen und einen medico-moralischen Ort vieler Probleme benennen; die Sittlichkeitsbewegung fand einen Locus, der qua körperlicher Funktion etwas versteckte, ein Geheimnis verbarg, das nur ein schmutziges sein konnte; und die Männer konnten an sich selbst oder an ihren Söhnen ihre Bereitschaft zum Selbstopfer signalisieren, sie konnten gerade wegen der Schmerzhaftigkeit der Operation ihren Mannesstatus in den Dienst der (Selbst-)Bekämpfung des Übels investieren. In der Beschneidungsliteratur jedenfalls wurden möglichst schmerzhafte Circumcisionen empfohlen, um sie als Bestrafungen wirken zu lassen.[123] Die Beschneidung wurde, wie Darby treffend schreibt, zu einer »Kompromiss-Prozedur an Jungen«.[124]

Dazu kamen etwa für den britischen Raum spezifische Umstände. Drei davon hat Ronald Hyam benannt: erstens die Wahrnehmung sinkender Fitness-Standards, die eine Reihe von Gegenmaßnahmen auslöste, darunter auch forcierte Beschneidungen, um gesündere und selbstbewusstere Männer für das Empire zu produzieren; zweitens ein plötzlicher Enthusiasmus für Erziehungsmethoden der jüdischen Gemeinschaft, in der Onanie und Syphilis besonders wenig verbreitet gewesen sein sollen; drittens schließlich die Annahme, dass unbeschnittene Verwaltungsbeamte in den feuchtheißen Kolonien ein besonderes Gesundheits- und Hygienerisiko darstellten. Allerdings erklärt Hyam nicht, warum das Problem der Hygiene Unbeschnittener erst ein Problem wurde, *nachdem* die Beschneidung im kalten

123 ebd., 739, 745.
124 ebd., 2003, 740.

Klima der Mutterinsel populär geworden war, und warum sich in den kolonialen Jahrhunderten zuvor niemand Gedanken über den Vorhautstatus der Beamten gemacht hatte. Hyam übersieht, dass die Beschneidungseuphorie aus der Antimasturbationskampagne hervorging. Auch die Begeisterung für jüdische Erziehungsmuster resultierte vor allem aus der Annahme, dass jüdische Jungen weniger masturbierten, eine Annahme, die in Fachjournalen ausgiebig diskutiert wurde.[125]

Richtig an Hyams Beobachtungen ist aber, dass der Penis im Gesundheits-, Rassen- und Kolonialdiskurs des 19. Jahrhunderts gleichsam entprivatisiert und zur Sache der nationalen Gesundheit, Wehrhaftigkeit und »Standhaftigkeit« erklärt wurde. Die Selbstkontrolle des Mannes über sein Glied wurde weiter unterbunden und der Penis unmittelbar nach der Geburt den imaginären Anforderungen von Sauberkeit und imperialem Nutzen unterworfen, gleichsam für das Kollektiv zurechtgeschnitten. Aus der in dieser Arbeit vertretenen Perspektive erscheint das als frühkindliche Fremdreferenzialisierung des Jungen, dem durch den Beschnitt bedeutet wird, dass sein Körper nicht ihm selbst, sondern dem Kollektiv gehört, genauer noch: dem Staat und seinen Belangen. Das hat sich im männlichen Lebenslauf dann in der Zwangsrekrutierung zunächst in den Sport und dann ins Militär und den Krieg fortgesetzt. Die Beschneidung war der erste Schritt zum Anschluss des selbstreferenziellen Mannes an die Erfordernisse des modernen Nationalstaates; daher hat sie womöglich vor allem in den fortschrittlichsten Nationen der angelsächsischen Welt solchen Anklang gefunden. Aber diese Frage bedürfte noch intensiver Forschung. Mit Sicherheit lässt sich sagen, dass Voraussetzung und Folge des vielschichtigen Beschneidungsdiskurses ein Phänomen war, das man als die Gleichzeitigkeit von Hysterisierung und Trivialisierung der Vorhaut bezeichnen könnte. Hysterisiert: Ihre Bedeutung als pathogenes Element wurde ins Gigantische gesteigert. Trivialisiert: Ihre physische Relevanz wurde minimiert als ein Stück tote Haut. Nicht einmal der Umstand, dass

125 Hyam 1990; zur Kritik Darby 2003, 747.

die Beschneidung keinerlei sichtbaren Gesundheitsnutzen stiftete, hielt von ihr ab. In aller Deutlichkeit gestand das der renommierte Arzt William Beard ein: »Ich meinestheils habe wohl nie Gelegenheit gehabt, sofortigen Heilerfolg nach Vornahme der Circumcision zu beobachten; doch hege ich durchaus keinen Zweifel bezüglich jener Fälle, die von zuverlässigen Autoren als günstige berichtet worden sind.«[126]

Das Vertrauen in die Operation hält bis heute. Womöglich auch, weil man »weiß«, dass sie nicht schaden kann angesichts des zugrunde liegenden Bildes von Männlichkeit. Erst seit den 1990er Jahren werden die Folgen der Beschneidung genauer analysiert mit dem Ergebnis: Die Vorhautamputation ist eine schmerzhafte, traumatisierende und – mit wenigen Ausnahmen – medizinisch überflüssige Maßnahme, die keinen belegten Effekt auf die Reduktion von Mortalität, Geschlechtskrankheiten oder Krebs besitzt.[127] Allerdings fordert die UN inzwischen wieder »Massenbeschneidungen« vor allem in Afrika, mit dem Ansinnen, AIDS einzudämmen.[128] In jedem Fall unumstritten ist, dass Antionaniehysterie und Beschneidungsmanie tiefgreifende Auswirkungen auf das sexuelle Empfinden, die Selbstwahrnehmung und das Handeln von Männern hatte, wie Lesley Hall gezeigt hat.[129] Deutlich Folgen hatte die Kombination von Negativer Andrologie und Sexualisierung des Mannes auch auf politischem und sozialreformerischem Gebiet. Dem wenden wir uns abschließend kurz zu.

126 ebd., 168.
127 Hammond 1999; Goldman 1999; O'Hara/O'Hara 1999; Zoske 1998, Gollaher 2000, 125 ff.; Denniston u. a. 1999.
128 »UN calls for mass circumcision of men to tackle Aids epidemics«, *The Guardian*, 29. 3. 2007.
129 Hall 1992.

3.4 Keuschheit, Staat und Mutterinstinkte: die Sittlichkeitsbewegung um 1900

»In der Anschauung vom Mann liegt der Schwerpunkt des Pessimismus. In der Niederkritisierung des Mannes gipfelt die einzig wahre und richtige Weltbeleuchtung.«[130]

Die Sittlichkeitsbewegung des späten 19. und frühen 20. Jahrhunderts war historisch die erste Protestformation, in der das sexuelle Verhalten des Mannes zum Kern politischer und sozialer Forderungen gemacht wurde. Erstmals speiste sich eine politische Bewegung aus der offenen moralischen Überordnung von Weiblichkeit über Männlichkeit. »Wahlrecht für Frauen, Keuschheit für Männer« – dieser Schlachtruf britischer Suffragetten bündelte die Verkopplung von Sexualität und Politik, von Moral und Geschlecht. Die Reinheitsbewegung legitimierte sich explizit durch die moralische Hierarchie zwischen Frau und Mann, das sittliche Gefälle von Weiblichkeit zu Männlichkeit. Und erstmals wurden daran, anders als um 1800 und in der ersten Hälfte des 19. Jahrhunderts, nicht überwiegend private und karitative Ansprüche seitens der Frauen gestellt, sondern politische und wohlfahrtsstaatliche.

Die moralische Überlegenheit und sexuelle Keuschheit der Frau half eine breite Mischung von Themen, Organisationen und Anliegen zu verbinden. Die Sittlichkeits- und Frauenbewegung war ein überaus komplexes und unübersichtliches Phänomen. In ihr verschmolzen politische, moralische und sexuelle Fragen zu einem Amalgam, in dem oft überraschende Koalitionen anzutreffen waren: zwischen Progressiven und Konservativen, Feministinnen und Imperialisten, Moralisten und Sozialisten.[131] Vielerlei Aspekte dieser europäisch-amerikanischen Bewegung sind bereits untersucht worden, ich möchte sie hier – sehr skizzenhaft – beleuchten als eine Reformbewegung, die ohne den 100-jährigen Vorlauf negativer Andrologie und ohne

130 Druskowitz 1988 (1905), 33. (Vgl. als humoristische Variante: Backfisch 1906.)
131 Allen 1993, 29.

die intensive Kampagne um die männliche Sexualität im 19. Jahrhundert nicht zu verstehen ist.

Die Bewegung kreiste um fünf große sozialreformatorische Themenkomplexe, in denen jeweils mehr oder weniger versteckt Maskulinität problematisiert wurde: um die jahrhundertealte Frage der Frauenbildung, sei es der höheren oder der elementaren – und deren Blockade durch Männer; um die Schaffung und Erweiterung der Erwerbsmöglichkeiten für Frauen und die Erhöhung ihrer Löhne – und deren Blockade durch Männer; um die Reform des bürgerlichen Rechts und die Abschaffung der maskulinen Privilegien in der Ehe; um die politische Partizipation und das Wahlrecht für alle, für Unterschichtenmänner ebenso wie für Frauen; und um die »sexuelle Frage«, also um die »Sittlichkeit« oder moralische Reinheit vor allem der Männer, die am Problem des »double standard«, der Prostitution und der »weißen Sklaverei« gemessen wurde.[132]

Die Sittlichkeitsfraktion, die sich nach Vorläufern in den 1840er Jahren um 1880 mit einem losen Komplex vieler kleiner Organisationen bildete, stellte nur einen Teil der gesamten Protestbewegung der Zeit. Ihr Bild von einer essenziellen Unterschiedlichkeit von Mann und Frau wurde nicht von allen geteilt, insbesondere nicht von den Adeptinnen eines liberalen Gleichheitsdenkens.[133] Im Kern aber reartikulierte die Sittlichkeitsbewegung jenes negativandrologische Wissen von Männlichkeit, das von den Aufklärern um 1800 entwickelt worden war. Auch im Diskurs um 1900 ging es zentral um eine Kritik der Moderne, die als Kritik an Männlichkeit geäußert wurde. Zwar wurden auch soziale Missstände als Gründe für den »beklagenswerten« Zustand der modernen Welt angeführt (Wohnungsnot, Armut, Arbeitslosigkeit etc.), als die eigentlichen Urheber der Misere wurden aber die »unmoralischen Männer« in der Regierung und in den »Abtritten« ausgemacht:

> »Für weiße Feministinnen der Mittelklasse waren nicht soziale Verhältnisse das Kernproblem des Sozialverfalls, sondern die ›Unreinheit‹ der Männer. Die Männer zu ändern war entsprechend

132 Bock 2000, 169 f.
133 zu beiden Richtungen: Käppeli 1997.

entscheidend, um sowohl die Sache der Frauen zu befördern wie den Fortschritt der Gesellschaft.«[134]

Der Begründungskern der Bewegung bestand in der Konstruktion des Mannes als triebhaft-unberechenbarer Verführer und Beschmutzer nicht nur der Frauen, sondern der Gesellschaft; sowie in der Konstruktion der Frau als sittliches, unschuldiges Opfer der dunklen Triebe des Mannes. »Das Projekt der sexuellen Reinheit war zentral auf die Zivilisierung der männlichen Sexualität gerichtet, auf die Zähmung und Zügelung der Bestie.«[135] Dieser Diskurs überlagerte sich in vielfältiger Weise mit rass(ist)ischem, imperialistischem, sozialistischem und bürgerlichem Gedankengut, das muss uns hier nicht weiter interessieren. Wichtiger ist, dass die Regulationsversuche von Männlichkeit gegen Ende des Jahrhunderts zunehmend verschärft und besser organisiert wurden – eine Vertiefung jener Disziplinierungen, wie sie im Namen der Onanieabwehr bereits in der Aufklärung angelaufen waren. Die Kampagne steigerte sich in einen Furor, zwar kaum staatlicherseits, aber von vielen Vereinen, die den unbeherrschbaren männlichen Trieb vermehrt zu einer »Tatsache« werden ließen, indem sie ihn ausgiebig bekämpften. Über die Zuschreibung als solche wurde nicht debattiert, die Naturalisierung des männlichen Triebes war längst unsichtbar. Eine auflagenstarke Ratgeberliteratur, die sich an Jungen wandte, kam auf, und eine Phalanx von Vereinen marschierte gegen den Trieb der Jungen und inokulierte Keuschheit.[136] Dabei ging Keuschheit stets mit Nationalisierung einher. Die Jungen sollten von ihrem Glied absehen, um als tüchtiges Glied der Königin oder dem Kaiser zu dienen. Männliche Reinheit würde nicht nur Prostituierte, Ehefrauen und Kinder von Tripper und Syphilis verschonen, sondern auch die nationale Stärke befördern: »Das große britische Empire, die größte zivilisie-

134 Messerschmidt 1993, 164.

135 Hunt 1999, 99; s. a. Bland 1995. Hier ließe sich ein anderes großes Thema anschließen, das negativ-andrologisch erschlossen werden müsste: die Kriminalisierung von Männlichkeit und weitgehende Entkriminalisierung von Weiblichkeit im 19. Jahrhundert. Zum Einstieg: Feeley/Little 1991; Wiener 1998.

136 Schmackpfeffer 1989, 25-84; Fout 1992; Hunt 1999; Lisberg-Haag 2002; Dickinson 2003.

rende, Ordnung schaffende, christianisierende Macht, die es je gegeben hat, kann nur durch den erhabenen Bund seiner Frauen gerettet werden, die einen [...] hohen Reinheitsstandard für Männer und Frauen gleichermaßen durchsetzen.«[137] Die Perhorreszierung der männlichen Sexualität war das wirkungsvollste Element der Disziplinierung und Regulierung des Maskulinen und der Idealisierung des Weiblichen.[138]

Aus der Perspektive der Negativen Andrologie wirken Versuche, die Sittlichkeitsbewegung vor allem als gesteigerte Bemühungen zu lesen, männliche Dominanz zu retten, als hoffnungslos einseitig. So bestehe etwa, »[...] ein Großteil der epistemischen Klärungsversuche jenes Epochenumbruchs [um 1900] darin, das ›Weibliche‹ aus dem Prozess der Bedeutungsproduktion nach Möglichkeit auszuschließen, es als stumm, abwesend und wirkungslos zu behandeln«.[139] Es erfordert große Selektivität und einen erheblichen Willen zum Immergleichen, auch im Geschlechterdiskurs um 1900 nur das alte Lied von weiblicher Unterdrückung und männlicher Herrschaft zu hören und die historisch erstmalige politisch-soziale Organisation einer genuin weiblichen Perspektive als Stummheit zu bezeichnen. Vielmehr trat in der Sittlichkeitsbewegung um 1900 die geschlechterdifferente Bedeutungsproduktion in voller Macht ans Tageslicht. Für das Männliche hieß das: Die Negative Andrologie war nach langem Vorlauf gleichsam so gefestigt, so »selbstverständlich«, dass man und frau mit ihr wirkungsvoll und politisch durchschlagend operieren konnte. Die Wahrheit über den Mann war etabliert. Für weitere Untersuchungen ist es von Bedeutung, zu sehen, dass sich in diesem Klima sowohl der moderne Feminismus wie der moderne Wohlfahrtsstaat formiert haben. Beide hängen eng miteinander zusammen. Ein starker Zweig der Bewegung forderte, sehr kurz gesagt, angesichts der Verworfenheit des Mannes/Vaters dessen Ersetzung durch den Staat. Ruth Bré etwa, eine Aktivistin des Mutterschutzbundes, klagte eine radikale Staatsinter-

137 Ellice Hopkins 1899, zit. in Hunt 1998, 603.
138 s. a. Biermann 2002, 92 ff.
139 Koschorke 2000, 152.

vention in das konjugale Arrangement der Einehe ein: staatlich betriebene Kolonien für alleinstehende Mütter auf dem Land, in denen die Regierung die traditionelle (finanzielle) Verantwortung der Väter übernehmen sollte.[140] Andere Forderungen gingen in eine ähnliche Richtung: Schutzgesetze für weibliche Arbeiter, Verbote, Frauen in Berufen zu beschäftigen, die ihrer Moral schaden könnten, Entfernung von Kindern aus schlechten Familien, die durch das deutsche Fürsorgeerziehungsgesetz von 1900 möglich geworden war. Die Details müssen hier nicht interessieren, sondern die Stoßrichtung, die aus der Kombination von Negativer Andrologie, Misstrauen gegenüber männlicher Sexualität und Idealisierung von Mütterlichkeit resultierte: »Um die traditionale, patriarchale Autorität der Polizei zu ersetzen, forderten die Abolitionistinnen (wie andere feministische Reformer der Zeit auch) einen neuen, mütterlichen Staat – nährend, beschützend und kontrollierend.«[141]
Damit allein ist nicht die Genese des Wohlfahrtsstaates zu erklären, aber es ergaben sich daraus mittelfristig Machtkonstellationen, die zu einer neuen Geschlechterformation im 20. Jahrhundert überleiteten: »Kurz gesagt, Mütter plus Wohlfahrtsstaat bildeten eine neue Machtachse, die der Konstruktion von Frauen als universale Opfer männlicher Herrschaft, wie sie in feministischen Diskursen vorherrschte, widersprach.«[142] Aber das wäre ein anderes großes Kapitel. Hier sollte nur angedeutet werden, dass die Einsicht in die tiefe Verwurzelung der Negativen Andrologie in der Moderne neue Perspektiven auf die Formation nicht nur des Geschlechterverhältnisses, sondern auch politischer und staatlicher Entwicklungen offeriert.

140 Allen 1993, 34.
141 ebd., 36.
142 Hunt 1998, 609; aber auch eine Neudefinition anderer Figuren, etwa des Vaters: Lenzen 1991.

Schluss:
Genderphantasien

»Das Innen als Werk des Außen.«[1]

Woher wissen Männer (und Frauen), wie Männer sind? Es ist ihnen gesagt worden. Sie haben es gelernt, ihnen sind soziale Unterscheidungen zur Verfügung gestellt worden, mit denen sie diese Frage beantworten können. Mit diesem Vorrat an Gesagtem können wir nicht nur erkennen, »wie« Männer sind, wir wissen sogar, »warum« sie so sind. Dieses Wissen haben wir nicht erfunden, sondern aus der sozialen Sphäre übernommen, genauer: Unser Wissen darüber, dass und wie es Männer und Frauen gibt, ist uns durch diese semantischen Formen zugetragen. Ein Teil dieses Gesagten und Sagbaren, ein Teil des Wissens von Männlichkeit, ist in der vorliegenden Arbeit untersucht worden. Es ist der Teil, der uns erzählt, was mit Männern nicht stimmt und warum Männlichkeit ein Problem darstellt.

Dieses Wissen hat eine Geschichte. Hier wurde sie zurückverfolgt bis an den Beginn der Moderne, als sich dieses Wissen gebildet hat in Reaktion auf die funktionale Differenzierung der Gesellschaft. Die Negative Andrologie erscheint somit als semantisches Korrelat grundlegender gesellschaftsstruktureller Transformationen. Sie erscheint explizit weder als Ausdruck eines männlichen Herrschaftsbedürfnisses/männlicher Ohnmacht noch als Resultat irgendwelcher psychischer Prozesse. Sondern sie hat sich entwickelt als Versuch, fundamentale Umbrüche der Gesellschaft auf dem Schema von Männlichkeit/Weiblichkeit abzubilden bzw. dieses Schema als Supercodierung der Differenz von Interaktion und Gesellschaft zu benutzen. Daraus resultierte die symbolische Identifizierung von Männlichkeit mit jenen Aspekten der Moderne, die als bedrohlich, »unmenschlich«, triebhaft (maßlos) und gewalttätig erachtet wurden (und werden). Daraus wiederum formierte sich im Umkehrschluss eine Charakterologie von Männlichkeit, aus der jene Identifikationen als Eigenschaften von Männern zurückscheinen.

Die starke Behauptung dieser Arbeit lautet: Ohne diesen Zusam-

1 Deleuze 1992, 135.

menhang, ohne die Negative Andrologie können die modernen Geschlechterverhältnisse nicht angemessen verstanden werden. Daran knüpft sich die Hoffnung, dass weitere Studien die Negativierung der Männlichkeit einbeziehen und damit weitere Aspekte der Geschlechtersemantik aufschlüsseln.

Die soziologische Systemtheorie hat sich, entgegen anders lautenden Einschätzungen, als guter Wegweiser durch die hyperkomplexe, heterarchische Geschlechterlandschaft der Moderne erwiesen, ja, sie hat den Zugang zu ihr erst ermöglicht. Zugleich dämpft der hier gewählte Weg die Hoffnungen, Geschlecht könne in der Moderne allmählich an Bedeutung verlieren. Wenn es an der Differenz von Interaktion und Gesellschaft angedockt ist, wird es auch weiterhin an dieser aufgeladen werden. *Gender is here to stay.* Darauf deutet vieles hin. Seitdem vor 200 Jahren Geschlecht und Interaktion/Gesellschaft verschmolzen wurde, arbeitet sich die Moderne an diesem Amalgam ab – bis heute. Sie produziert es in ihren Subjekten und sie reproduziert es in ihrer Semantik, auch in den Gender Studies. Deren kritische Kraft stammt dabei vielfach aus der lebensweltlich-interaktionellen Sphäre, die jene Differenz überwinden will, durch die sie konstituiert wird. So wird Weiblichkeit in einer kalten, rationalen Welt zum Sehnsuchtsort, von wo aus sich die Gesellschaft kritisieren lässt: Weiblichkeit hat sich als Dauervorwurf am männlichen Kosmos etabliert.

Die Verkörperung der negativen Moderne in Männlichkeit weckt allerdings Hoffnungen, die an Illusionen grenzen: Die Gesellschaft könnte eine bessere werden, wenn Männlichkeit gebessert würde oder Männer sich besserten. Diese Sicht spielt zu Beginn des 20. Jahrhunderts eine größere Rolle denn je. Männer werden »typischerweise als emotional ausdruckslos, eigensüchtig und berechnend wahrgenommen. [. . .] Das emotionale Leben von Männern ist zum zentralen Aspekt der gegenwärtigen Sexualpolitik geworden. Es wird weithin angenommen, dass Männer sich selbst und die Gesellschaft ändern könnten, wenn sie nur offen und ehrlich über ihre Beziehungen sprechen würden.«[2] Das Drama der Männlichkeit wird wieder und wieder und wieder inszeniert.

Oder es werden Frauen gedrängt, als Retterinnen einzutreten, wo der unmoralische Mann versagt. Das war die ursprüngliche Eingebung der Aufklärer um 1800, der Tenor der Sittlichkeitsbewegung um 1900, und es ist das Credo vieler Postmoderner um 2000.

> »Meine Vorstellung [...] besteht darin, dass unsere männliche Kultur sich nicht nur ändern muss, indem mehr Frauen Zugang [zu Machtpositionen] erhalten, sondern auch durch eine tiefe Veränderung der Männer, die die kommunikativen Fähigkeiten der Frauen erlernen müssen, weil diese schlicht menschlicher und effektiver sind.«[3]

Das ist Schleiermacher, Fichte und Co. 3.0. Wobei erstaunt, dass man der Frau diese Aufgabe bis heute zumutet und damit auch noch ihre »Befreiung« anstrebt: Weiblichkeit wird zum »Ausgangspunkt einer Vision der Gesellschaft und des Subjekts, die nicht nur Frauen, sondern alle Menschen befreien kann«.[4]

Das alte, abgesungene Lied kann nicht verklingen, weil es in die Struktur der Moderne eingebaut ist. Entgrenzung, Einheit, Symmetrie durch Weiblichkeit: Den verstörenden Abschottungen der Funktionssysteme wird die einende Kraft der Interaktion entgegengesetzt. Das kann genauer Reflexion nicht genügen, denn wieso sollte Interaktion in irgendeiner Weise »sozialer« sein oder mehr zum Gesellschaftsganzen beitragen als andere Formen der Sozialität? Zudem stellt sich die Frage, wie die Entgrenzung erreicht werden kann: per Befreiung durch oder zu Weiblichkeit? In jedem Fall: Befreiung von Männlichkeit. Die muss scheitern, da Männlichkeit nur für etwas Tieferliegendes einsteht, für einen Strukturaspekt der Moderne. Man kann Männlichkeit weiterhin traktieren, wird damit aber nur die Verhüllung, nicht den Kern treffen. An Männern lässt sich nicht korrigieren, was der modernen Gesellschaft eingeschrieben ist; an Frauen ebenso wenig. Das hieße nur, die Blaupause der Gesellschaft auf Individuen zu malen – und sich dann zu wundern, dass sich am Gebäude nichts ändert. Am deutlichsten wird das womög-

2 Petersen 1998, 88 f.
3 Trömel-Plötz 1997, 347.
4 Young 1989, 56.

lich gerade an den Erfolgen der Frauenbewegung: Je mehr Frauen in Führungspositionen aufsteigen und gegen alle Widerstände die Spitzenpositionen von Hierarchien besetzen,[5] je mehr sie in das Geschehen auch jener Funktionssysteme inkludiert werden, die ihnen in der Moderne zunächst verschlossen waren, je mehr die Barrieren also endlich wegbrachen, umso deutlicher wird erkennbar, was sich am *Gefüge der Moderne* verändert: nichts. Weiblichkeit rettet nicht. Was bedeutet: Männlichkeit zerstört nicht.

Genauer: Es ist nicht Männlichkeit, die zerstört, und nicht Weiblichkeit, die rettet, sondern es sind Strukturlogiken, die ihren Lauf nehmen ganz unabhängig davon, welches Geschlecht jeweils einem der Vorgänge eingepasst wird. Dass die Moderne es durch andauerndes »Sagen« so eingerichtet hat, dass es scheint, als hätte Geschlecht etwas mit diesen Strukturlogiken zu tun, ja, dass Geschlecht diese Logiken gar erzeugen würde, ist eine inzwischen sozialisatorisch verankerte und also nur schwer zu korrigierende Tatsache. Eine zwingende Verkopplung von Geschlecht und Gesellschaft muss dennoch nicht angenommen werden. Vielmehr erscheint es sinnvoll, den negativ andrologischen Bias unserer Geschlechterideologie bei jeder Aussage über Geschlecht einzurechnen: Jede Aussage über die Geschlechter, jede Wahrnehmung von ihnen ist immer schon davon geprägt; nur innerhalb dieser Diskursformation wird Geschlecht verstanden, weil es von dieser allererst konstituiert wird. Über diesen Zusammenhang kann man sich selbst aufklären, ohne dieser Verstrickung gänzlich zu entgehen. Aber immerhin kann sie zu größerer Vorsicht anhalten, zum Misstrauen gegenüber dem »Sagen«, mit dem wir Geschlecht in die Welt bringen.

Eine wahrhaft radikale Geschlechterkritik besteht daher nicht in der variantenreichen Wiederholung dessen, was seit 1800 die Geschlechter umweht, sondern darin, die Verschmelzung von Geschlecht mit der Differenz von Interaktion und Gesellschaft zu analysieren

5 Warum Frauen nur langsam an die Spitze der Hierarchien vordringen, darüber ist viel geschrieben worden. Aus der hier vertretenen Sicht drängt sich die Beobachtung auf, dass Frauen nicht als (fachlich) zu schlecht, sondern als (moralisch) zu gut gelten. Ihnen wird jene (»maskuline«) Gewissenlosigkeit, auch Zehntausende von Jobs zu streichen, nicht zugetraut. Fluch des (zu) guten Images.

als nur quasinotwendige Verbindung, die womöglich gelöst werden könnte. Die Verschmelzung versorgt sich zwar bis heute beständig mit Plausibilität und erscheint als unkappbar, sie aber als zwingend zu betrachten ginge zu weit. Sie hergestellt zu haben mag um 1800 einleuchtend, womöglich unvermeidbar gewesen sein, heute können wir ihren »Verhängnischarakter« erkennen. Oder anders gesagt: Es gab und gibt zwar gute Gründe für die Verkopplung, aber nicht einen zwingenden Grund.

Vielleicht wäre es ein geschlechterpolitisch wertvolles und radikales Ziel, unsere heutigen Diskurse so einzurichten, dass diese Fusion wieder gelöst wird – auch wenn nicht zu erkennen ist, dass Bereitschaft bestünde zum Abschied von dieser Genderphantasie. Dann ließe sich Geschlecht aus dem schweren Erbe, die Moderne mitzurepräsentieren, entlassen. Und Männer und Frauen und alle anderen Geschlechter wären, was immer sie dann wären. Vielleicht sind die *queeren* Verhältnisse, die sich zwischen Transgender-Menschen und Cyborgs aufspannen, Vorboten der Entkopplung; vielleicht werden aber auch diese neuen Geschlechterformen nur der alten Semantik unterworfen. Womöglich muss sich auch erst die primäre Differenzierungsform der Gesellschaft ändern, bevor die Kopplung gesprengt werden kann; doch worin diese neue Form bestehen könnte und welche Konturen die Nachmoderne hätte, ist bis auf weiteres unabsehbar. Bis dahin gilt: Wenn sich Geschlecht und Moderne lösten, wäre das Erleichterung und Desillusionierung zugleich. Denn auch ohne diese Form von Geschlecht würde uns die Form der Gesellschaft bleiben, samt der Differenz von Interaktion und Gesellschaft – und allen Problemen, die wir *damit* haben. Es gibt in der Moderne keine Rettung vor der Moderne. Weder mit noch ohne Geschlecht.

Literatur

1. Primärliteratur

Ackermann, Jakob Fidelis, *Ueber die körperliche Verschiedenheit des Mannes vom Weibe außer den Geschlechtstheilen*, Koblenz: Huber 1788.

Alexander, William, *The History of Women From the Earliest Antiquity, to the Present Time; Giving Some Account of Almost Every Interesting Particular Concerning That Sex, Among All Nations, Ancient and Modern*, (2 Bde.) London: Strahan & Cadell 1779.

Albers, Johann Fr. Hermann, *Die Spermatorrhoe nach ihren körperlichen Verhältnissen, ihrer anatomischen Grundlage und dem Heilverfahren derselben in Nerven-, Gemüths- und Geisteskrankheiten*, Bonn: A. Henry 1862.

Anon., *Onania, or the Heinous Sin Of Self-Pollution, and All Its Freightful Consequences, In Both Sexes, Considered. With Spiritual and Physical Advice For Those Who Have Already Injur'd Themselves by This Abominable Practice*, London 1716.

Anon., »Von den Quellen der ältesten Geschichte der Teutschen«, in: *Der teutsche Merkur* Bd. 2 (1773), S. 30-44 u. 136-150.

Anon., »Was ist weibliche Onanie? Eine Frage der Menschheit wichtig«, in: *Almanach für Aerzte und Nichtärzte* (1782), S. 262-270.

Anon., »Onanie«, in: *Almanach für Aerzte und Nichtärzte* (1785), S. 239-250.

Anon., »Etwas über die Onanie. Zur endlichen Beruhigung der Pädagogen«, in: *Almanach für Aerzte und Nichtärzte* (1790), S. 158-163.

Anon. (J. C. Siede), *Zeichen und Werth der Männerkeuschheit, ein schamhaftes Gegenstück zu jenem Buche betittelt, Zeichen und Werth der Jungfernschaft von einem Weibe nebst einem Wort zu seiner Zeit an edle Jünglinge und Mädchen*, Berlin: Schöne 1794.

Anon. (H.W. Kraushaar), »Ueber die Ausbildung der Menschheit«, in: *Deutsches Magazin* Bd. 13 (1797), S. 463-492.

Anon., »Rettung unschuldiger Kinder weiblichen Geschlechts von fälschlich beschuldigter Selbstbefleckung gegen den Herrn Leibarzt Zimmermann«, in: *Neues Magazin für Aerzte* Bd. 1 (1797), S. 52-60 (plus anschließender Erwiderung von Zimmermann).

Anon., »Ist wohl nur die erzwungene Befriedigung des Geschlechtstriebes als Unzucht und widernatürlich zu betrachten?« In: *Deutsche Zeitschrift* Bd. 18 (1798), S. 459-476.

Backfisch, Juste (= A. Hopf), *Beweis, daß die Männer eigentlich keine Menschen sind!*, Berlin: Lassar 1906.

Bahrdt, Carl Friedrich, *Handbuch der Moral für den Bürgerstand*, Halle: Hemmerde u. Schwetschke 1789.

Bauer, Karl Gottfried und C. G. Salzmann, *Über die Mittel dem Geschlechtstriebe eine unschädliche Richtung zu geben: eine durch die Erziehungsanstalt zu Schnepfenthal gekrönte Preissschrift*, Leipzig: Crusius 1791.

Baur, Samuel, *Charakteristik des Frauenzimmers. Für Jünglinge und Mädchen, die das Glück ihres Lebens fest gründen wollen*, Gotha: Ettinger 1789.

– *Liebe. Was sie ist, und seyn sollte. Beobachtungen, Lehren und Warnungen, für Jünglinge und Mädchen, die mit Ueberlegung in den Ehestand treten wollen*, Gotha: Ettinger 1790

Beard, George M., *Die sexuelle Neurasthenie, ihre Hygiene, Aetiologie, Symptomatologie und Behandlung. Mit einem Anhang von Receptformeln*, Leipzig/Wien: Deuticke 1890.

Becker, Gottfried Wilhelm, »Der Ratgeber vor, bei und nach dem Beischlafe oder Faßliche Anweisung, den Beischlaf so auszuüben, daß der Gesundheit kein Nachteil zugefügt und die Vermehrung des Geschlechts durch schöne, gesunde und starke Kinder befördert wird«, in: *Ob die Weiber Menschen sind. Geschlechterdebatten um 1800*, hg. v. Sigrid Lange, Leipzig: Reclam 1992 (1805), S. 51-75.

– *Über Pollutionen und die untrüglichsten Mittel dagegen*, Leipzig: Graeff 1807.

Behr, Wilhelm Joseph, *System der allgemeinen Staatslehre*, Bamberg: Göbhardt 1804.

Bergk, Johann Adam, *Briefe über Immanuel Kant's Metaphysische Anfangsgründe der Rechtslehre, enthaltend Erläuterungen, Prüfung und Einwürfe*, Leipzig/Gera: Wilhelm Heinsius 1797 (Nachd. 1968 Brüssel: Culture et Civilisation).

Bergson, J., *Die Beschneidung vom historischen, kritischen und medicinischen Standpunkt. Mit Bezug auf die neuesten Debatten und Reformvorschläge*, Berlin: Athenaeum 1844

Berlepsch, Emilie von, »Ueber Liebe als Leidenschaft, und den Grundsatz zur Beurtheilung ihrer Dignität«, in: *Der neue teutsche Merkur* Bd. 3 (1790), S. 411-438.

– »Ueber einige zum Glück nothwendige Eigenschaften und Grundsätze«, in: *Der neue teutsche Merkur* Bd. 2 (1791), S. 63-102 u. S. 113-134.

Blumenbach, Johann Friedrich, *Über den Bildungstrieb und das Zeugungsgeschäfte*, Göttingen: Dieterich 1791.

Boerner, Christian Friedrich, *Christian Friedrich Börners Praktisches Werk von der Onanie*, Leipzig: Heinsius 1776.

Brandes, Ernst, *Über die Weiber*, Leipzig: Weidmann 1787.

– »Ueber den verminderten Sinn des Vergnügens«, in: *Berlinische Monatsschrift* Bd. 15 (1790), S. 421-475.

Buchholz, Friedrich, *Hermes oder über die Natur der Gesellschaft mit Blicken in die Zukunft*, Tübingen: Cotta 1810.

Bürger, Gottfried August, »Beichte eines Mannes, der ein edles Mädchen nicht hintergehen will« (1790), in: *Bürgers Liebe. Dokumente zu Elise Hahn und G. A. Bürgers unglücklichem Versuch, eine Ehe zu führen*, hg. v. Hermann Kinder, Frankfurt am Main: Insel 1981, S. 26-43

Burke, Edmund, *Betrachtungen über die Französische Revolution*, aus dem Englischen übertragen von Friedrich Gentz, Zürich: Manesse 1987.

Cabanis, P. J. G., *Ueber die Verbindung des Physischen und Moralischen in dem Menschen*, (2 Bde.) Halle/Leipzig: Ruff 1804

Campe, Joachim Heinrich, *Theophron oder der erfahrne Rathgeber für die unerfahrne Jugend. Ein Vermächtniß für seine gewesenen Pflegesöhne, und für alle erwachsnere junge Leute, welche Gebrauch davon machen wollen*, Hamburg: K. Bohn 1783.

– *Väterlicher Rath für meine Tochter. Ein Gegenstück zum Theophron. Der erwachsenen weiblichen Jugend gewidmet*, Braunschweig: Schulbuchhandlung 1796.

Canitz, Max, *Die Geschlechtskrankheiten: ihre Ursachen, ihr Krankheitsverlauf und ihre naturgemässe Heilung*, Berlin: Selbstverlag 1901

Chamfort, Nicolas S., *Maximes, pensées, caractères et anecdotes*, Paris: o. V. 1796.

Cohn, Hermann, *Was kann die Schule gegen die Masturbation des Kindes thun*, Berlin: Richard Schoetz 1894.

Condorcet, Marie Jean Antoine Nicolas Caritat (Marquis de), *Entwurf eines historischen Gemähldes der Fortschritte des menschlichen Geistes*, dt. von E. L. Posselt, Tübingen: Cotta 1796.

Dawson, Richard, *An Essay on Spermatorrhea, and Urinary Deposits; with Observations on the Nature, Causes, and Treatment of the Various Disorders of the Generative System*, London: Aylott & Co. 1853.

Deslandes, Leopold und Schenck, J. N., *Von der Onanie und den übrigen Verirrungen des Geschlechtstriebes*, Leipzig: Wigand 1835.

Deutsches Staats-Wörterbuch, Bd. 3, hg. v. Bluntschli u. Krater, Stuttgart – Leipzig 1858.

Diderot, Denis, »Fortlaufende Widerlegung von Helvétius' Werk ›Vom Menschen‹«, in: ders.: *Philosophische Schriften*, Bd. 2, Berlin: Aufbau 1961a, S. 7-193.

– »Nachtrag zu ›Bougainvilles Reise‹ oder: Gespräch zwischen A. und B. über die Unsitte, moralische Ideen an gewisse physische Handlungen zu knüpfen, zu denen sie nicht passen«, in: ders., *Philosophische Schriften*, Bd. 2, Berlin: Aufbau 1961b, S. 195-237.

Druskowitz, Helene von, *Der Mann als logische und sittliche Unmöglichkeit und als Fluch der Welt. Pessimistische Kardinalsätze* (1905), Freiburg: Kore 1988.

Ebers, Johann Jacob Heinrich, *Die Ehe und die Ehegesetze vom naturwissenschaftlichen und ärztlichen Standpunkte beleuchtet und beurtheilt*, Erlangen: Palm & Enke 1844.

Ehrenberg, Friedrich, *Der Charakter und die Bestimmung des Mannes.* Zweyte verm. u. verbesserte Auflage, Elberfeld: Büschler 1822.

– *Weiblicher Sinn und weibliches Leben: Charakterzüge, Gemählde und Reflexionen*, Berlin: Hayn 1836.

Ehrmann, Mariane, *Philosophie eines Weibes*, o. O. 1784.

Esquirol, Jean Étienne Dominique, *Des maladies mentales*, Paris: Baillière 1836.

Ewald, Johann Ludwig, *Der gute Jüngling, gute Gatte und Vater, oder Mittel es zu werden*, Frankfurt: Wilmans 1804.

Faust, Bernhard Christoph und Campe, Joachim Heinrich, *Wie der Geschlechtstrieb der Menschen in Ordnung zu bringen und wie die Menschen besser und glücklicher zu machen*, Braunschweig: Schulbuchhandlung 1791.

Ferguson, Adam, *Versuch über die Geschichte der bürgerlichen Gesellschaft* (1767), Frankfurt am Main: Suhrkamp 1988.

Fichte, Johann Gottlieb (alle zitiert nach Gesamtausgabe [GA], hg. v. Reinhard Lauth und Hans Gliwitzky, Stuttgart/Bad Cannstatt: F. Frommann 1964 ff.), *Eigne Meditationen über ElementarPhilosophie*, 1793/94, GA II/3.

– *Zu Platners »Philosophischen Aphorismen«. Vorlesungen über Logik und Metaphysik* Teil 1, 1794-1812, GA II/4.

– *Collegium über die Moral im Sommerhalben Jah. 17.96* (CM), 1796, GA IV/1.

– *Grundlage des Naturrechts nach Principien der Wissenschaftslehre* (GN-1), 1797, GA I/3.

– *Grundlage des Naturrechts nach Principien der Wissenschaftslehre. Zweiter Theil oder Angewandtes Naturrecht* (GN), 1797, GA I/4.

– *Das System der Sittenlehre nach den Principien der Wissenschaftslehre* (SL), 1798, GA I/5.

– *Die Republik der Deutschen zu Anfange des zwei u. zwanzigsten Jahrhunderts unter ihrem fünften Reichsvogte* (RD), Nachlass, GA II/10.

– *Grundzüge des gegenwärtigen Zeitalters* (GZ), GA I,8.

Fischer, Christian August, *Ueber den Umgang der Weiber mit Maennern: Ein nothwendiger Anhang zu der bekannten Schrift: Elisa, oder das Weib, wie es seyn sollte*, Leipzig: Graeff 1800.

Flemming, G. F., »Über das Causal-Verhältnis der Selbstbefleckung zur Geistesverwirrung«, in: *Zeitschrift für die Beurtheilung und Heilung der krankhaften Seelenzustände* 1 (1838), S. 205-237.

Flittner, Christian Gottfried, *Das Band der Ehe. Aus dem Archiv des Natur- und Bürgerstandes*, 2 Teile, Berlin: Oehmigke jr. 1795-96.

Fordyce, James, *Sermons to Young Women*, London: Milar & Cadell 1765.

Forster, Johann Georg, »Leitfaden zu einer künftigen Geschichte der Menschheit«, in: *Neues Deutsches Museum* Bd. 1 (1789), S. 269-283.

Fourier, Charles, »Theorie der vier Bewegungen und der allgemeinen Bestimmungen«, in: *Ob die Weiber Menschen sind. Geschlechterdebatten um 1800*, hg. v. Sigrid Lange, Leipzig: Reclam 1992, S. 249-281.

Fuchs, Alfred, *Therapie der anormalen Vita sexualis bei Männern, mit spezieller Berücksichtigung der Suggestivbehandlung*, Stuttgart: o. V. 1899.

Garve, Christian, »Ueber die Maxime Rochefoucaults: das bürgerliche Air verliehrt sich zuweilen in der Armee, niemahls am Hofe« (1792), in: ders., *Popularphilosophische Schriften*, hg. v. Kurt Wölfel, Bd. 1, Stuttgart: Metzler 1974, S. 559-716.

– »Ueber Gesellschaft und Einsamkeit«, in: ders., *Versuche über verschiedene Gegenstände aus der Moral, der Literatur und dem gesellschaftlichen Leben*, Theil 3, Breslau: Korn 1797, S. 19 ff.

Gatterer, Johann Christoph, *Handbuch der Universalhistorie nach ihrem gesamten Umfange*, 2 Bde., Göttingen: Vandenhoeck 1761-64.

Gellert, Christin Fürchtegott, »Moralische Charaktere: Der Jüngling von der guten und schlimmen Seite« (1770), in: ders., *Gesammelte Schriften*, hg. v. Sibylle Späth, Bd. 6, Berlin: de Gruyter 1992.

Gleim, Betty, *Erziehung und Unterricht des weiblichen Geschlechts*, Leipzig: Göschen 1810.

Globig, Hanns Ernst von, *Ueber die Gründe und Gränzen der väterlichen Gewalt. Beantwortung einer, im Jahr 1786 von der Akademie der Wissenschaften zu Berlin ausgeschriebenen Preisaufgabe*, Dresden/Leipzig: J. G. I. Breitkopf 1789.

Goncourt, Edmond de und Goncourt, Jules de, *Die Frau im 18. Jahrhundert* (1862), München: Piper 1986.

Gosch, Josias Ludwig, *Fragmente über den Ideenumlauf*, Kopenhagen: Horrebrow 1789.

Gouges, Olympe de, »Erklärung der Rechte der Frau und Bürgerin« (1791), in: *Ob die Weiber Menschen sind. Geschlechterdebatten um 1800*, hg. v. Sigrid Lange, Leipzig: Reclam 1992, S. 112-123.

Hegel, Georg Wilhelm Friedrich, *Werke in 20 Bänden*, hg. von Eva Moldenhauer und Karl Markus Michel, Frankfurt am Main: Suhrkamp 1970.

Hegewisch, Dietrich Hermann, *Allgemeine Uebersicht der deutschen Kulturgeschichte bis zu Maximilian d. Ersten. Ein Anhang zur Geschichte dieses Kaisers*, Hamburg: Bohn 1788.

– »Ueber die Verschiedenheit des gesellschaftlichen Zustandes in Ansehung der Cultur, Wildheit und Barbarey«, in: ders., *Kleine Schriften*, Flensburg/Leipzig: Korten 1789, S. 193-208.

Heydenreich, Karl Heinrich, *Mann und Weib. Ein Beytrag zur Philosophie über die Geschlechter*, Leipzig: Martini 1798.

Heynig Johann Gottlob, *Ideen zur Geschichte des großen Ganges der Cultur und der Menschheit in der Welt*, Zwickau: Schumann 1803.

Hippel, Theodor Gottlieb von, *Über die Ehe* (1774), Leipzig: Brockhaus 1872.

– *Über die bürgerliche Verbesserung der Weiber* (1793), Frankfurt: Syndikat 1977.

Hobbes, Thomas, *Leviathan*, hg. v. Iring Fetscher, Frankfurt am Main: Suhrkamp 1991.

Horstig, Karl Gottlieb, »Einige Ursachen über die Unzufriedenheit in der Ehe«, in: *Schleswigisches Journal* 2 (1792), S. 430-443.

Howe, Joseph, *Excessive Venery, Masturbation and Continence*, New York: Bermingham 1883.

Hufeland, Christoph Wilhelm, *Die Kunst das menschliche Leben zu verlängern*, Jena: Akad. Buchhandlung 1797.

Humboldt, Wilhelm von, »Ueber die männliche und weibliche Form«, in: *Die Horen* Bd. 2 (1795), 2. Stück, S. 80-132 sowie 3. Stück, S. 14-40.

– »Ueber den Geschlechtsunterschied«, in: *Die Horen* Bd. 1 (1795a), 2. Stück, S. 99-132.

– »Über den Geist der Menschheit«, in: ders., *Werke in fünf Bänden*, hg. v. Andreas Flitner und Klaus Giel, Bd. 1, Stuttgart: Cotta, 1960a, S. 506-518.

– »Plan einer vergleichenden Anthropologie«, in: ders., *Werke in fünf Bänden*, hg. v. Andreas Flitner und Klaus Giel, Bd. 1, Stuttgart: Cotta 1960b, S. 337-375.

Hupel, August Wilhelm, *Zweck der Ehen, ein Versuch, die Heurath der Castraten und die Trennung unglücklicher Ehen zu vertheidigen*, Riga: Johann Friedrich Hartknoch 1771.

Irwing, Karl Franz von, *Erfahrungen und Untersuchungen über den Menschen* Bd. 3. Berlin: Realschulbuchhandlung 1779.

Iselin, Isaak, *Geschichte der Menschheit*, Zürich: Orell, Geßner & Co. 1768.

– *Versuch über die gesellige Ordnung*, Basel: Schweighauser 1772.

Jenisch, Daniel, *Universalhistorischer Ueberblick der Entwicklung des Menschengeschlechts, als eines sich fortbildenden Ganzen. Eine Philosophie der Culturgeschichte in zwey Bänden*, Berlin: Bossische Buchhandlung 1801.

Jung(-Stilling), Johann Heinrich, *Lehrbuch der Staats-Polizey-Wissenschaft*, Leipzig: Weidmann 1788.

Kant, Immanuel, *Werkausgabe in 12 Bänden*, hg. v. Wilhelm Weischedel, Frankfurt am Main: Suhrkamp 1977.

– *Bemerkungen in den »Beobachtungen über das Gefühl des Schönen und Erhabenen«*, Hamburg: Meiner 1991.

Keil, Hermann, *Casuistische Beiträge zur ablatio testis. Achtzig Fälle von Castration aus der chirurgischen Klinik in Halle a. S.* (Diss. Halle), Halle: E. Karras 1886.

Knigge, Adolph Freiherr von, *Über den Umgang mit Menschen* (1790), hg. v. Gert Ueding, Frankfurt am Main: Insel 1977.

Kosengarte, Ernst Heinrich, *Der Mann in gesellschaftlichen Verhältnissen. Eine Anleitung zur Weltklugheit, Umgangskunst und praktischen Lebensweisheit überhaupt. Nach Knigge, Pockels, Heidenreich, Montaigne u. and. m.*, Pesth: K. A. Hartleben 1816.

Kraft, Jens, *Die Sitten der Wilden, zur Aufklärung des Ursprungs und Aufnahme der Menschheit*, Kopenhagen: Mumm(ische Buchhandlung) 1766.

Krug, Wilhelm Traugott, *Philosophie der Ehe. Ein Beytrag zur Philosophie des Lebens für beyde Geschlechter*, Leipzig: Roch 1800.

Krünitz, Johann Georg, *Oekonomisch-technologische Encyklopädie, oder allgemeines System der Stats= Stadt= Haus= und Land=Wirthschaft und der Kunst=Geschichte*, (2. Aufl.) Berlin: Pauli 1782-1858.

Lallemand, M., *Des Pertes Séminales Involontaires*, Paris: Bechet Jeune 1836 ff.

Lavater, Johann Kaspar, *Geheimes Tagebuch eines Beobachters seiner Selbst*, Leipzig: Weidmann u. Reich 1771.

Lessing, Gotthold Ephraim, *Die Erziehung des Menschengeschlechts*, Stuttgart: Reclam 2003.

Locke, John, *Zwei Abhandlungen über die Regierung*, hg. v. Walter Euchner, Frankfurt am Main: Suhrkamp 1992.

Macaulay, Catharine, *Letters on Education* (Auszüge), in: *Mary Wollstonecraft: A Vindication of the Rights of Woman*, hg. v. Carol H. Poston, New York/London: Norton 1988, S. 204-212.

MacKenzie, Henry, *The Man of Feeling* (1771), London: Oxford University Press 1967.

Malthus, T. R., *An Essay on the Principle of Population; or, A View of its Past and Present Happiness; with an Inquiry into Our Prospects Respecting the Future Removal or Mitigation of the Evils which it Occasions*, London: J. Johnson 1803.

Mauvillon, Jakob, *Mann und Weib nach ihren gegenseitigen Verhältnissen geschildert. Ein Gegenstück zu der Schrift: Ueber die Weiber*, Leipzig: Dyk 1791.

Meiners, Christoph, *Geschichte des weiblichen Geschlechts*, Hannover: Helwing 1788-1800.

– *Grundriß der Geschichte der Menschheit*, Lemgo: Meyer 1793 (Nachdr. Königstein: Scriptor 1981).

Meister, Leonard, *Sittenlehre der Liebe und Ehe, nebst einer Beylage über die helvetische Galanterie*, Winterthur: Steiner 1785.

Menck, Johann Heinrich, »Ueber den engherzigen Geist der Deutschen im letzten Jahrzehnt« (1779), in: ders., *Ausgewählte Schriften*, hg. v. Adolf Stahr, Oldenburg: Schulz 1840, S. 280-286.

Meyer, Hermann Julius, *Das große Conversations-Lexikon*, Hildenburghausen: Bibliogr. Inst. 1848.

Meyer, Julius, *Über Psychosen in Folge von Masturbation* (Diss. Strassburg), Strassburg: Dusch & Comp. 1890.

Michelet, Jules, *Die Frauen der Revolution* (1854), hg. und übersetzt v. Gisela Etzel, Frankfurt am Main: Insel 1984.

Millar, John, *Vom Ursprung des Unterschieds in den Rangordnungen und Ständen der Gesellschaft* (1779), Frankfurt am Main: Suhrkamp 1967.

Montesquieu, *Vom Geist der Gesetze*, Stuttgart: Reclam 1994.

Morgenstern, Karl und Johannes Müller, *Plan im Leben nebst Plan im Lesen und von den Grenzen weiblicher Bildung*, Leipzig: Göschen 1808.

Müller, Adam, *Versuche einer neuern Theorie des Geldes mit besonderer Rücksicht auf Grossbrittannien*, Leipzig/Altenburg: Brockhaus 1816.

– *Kritische, ästhetische und philosophische Schriften I*, hg. v. Walter Schroeder und Werner Siebert, Neuwied: Luchterhand 1967.

Müller, August, *Ihr sollt keusch und züchtig leben! Erprobte ärztliche Ratschläge zur Heilung der Onanie und ihrer Folgen* (Hausbücher für Gesundheitspflege, Bd. 48), Berlin: Wilhelm Möller 1903.

Niemeyer, Georg Friedrich, *Der Greis an den Jüngling*, Frankfurt/Leipzig: o. V. 1798.

Novalis, »Das Allgemeine Brouillion«, in: ders. *Werke, Tagebücher und Briefe von Friedrich von Hardenberg*, hg. v. H.-J. Mähl und R. Samuel, Bd. 2, München: Hanser 1978, S. 471-720.

Pockels, Carl Friedrich, *Versuch einer Charakteristik des weiblichen Geschlechts. Ein Sittengemälde des Menschen, des Zeitalters und des geselligen Lebens* (4 Bde.), Hannover: Ritscher 1797-1801.

– *Der Mann. Ein anthropologisches Charaktergemälde seines Geschlechts. Ein Gegenstück zu der Charakteristik des weiblichen Geschlechts* (2 Bde.), Hannover: Ritscher 1805.

Pölitz, Karl Heinrich Ludwig, *Geschichte der Kultur der Menschheit, nach kritischen Principien*, Leipzig: Weygand 1795.

Poulain de la Barre, François, *De l'Égalité des Deux Sexes. Discours physique et moral, òu l'on voit l'importance de se défaire des Préjugez* (Nachdr. Paris: Fayard 1984), 1673.

Ramdohr, Basilius v., »J. J. Rousseau«, in: *Berlinische Monatsschrift* 16 (1790), S. 50 ff., S. 148 ff.

Ramdohr, Friedrich Wilhelm, *Venus Urania. Ueber die Natur der Liebe, über ihre Veredelung und Verschönerung* (3 Bde.), Leipzig: Göschen 1798.

Reinhard, Philipp Christian, *Versuch einer Theorie des gesellschaftlichen Menschen* (1797), Leipzig (Nachdruck Scriptor, o. O., 1979).

Rohleder, Hermann, *Die Masturbation. Eine Monographie für Ärzte, Pädagogen und gebildete Eltern*, Berlin: Fischers Med. Buchhandlung 1921.

Rousseau, Jean-Jacques, *Diskurs über die Ungleichheit*, hg. und übersetzt von Heinrich Meyer, Paderborn u. a.: Schöningh 1997.

– *Emile oder Über die Erziehung*, übersetzt von Ludwig Schmidts, Paderborn u. a.: Schöningh 1998.

Salzmann, Christian G., *Über die heimlichen Sünden der Jugend*, Leipzig: Vogel 1819.

Sarganeck, Georg, *Ueberzeugende und bewegliche Warnung vor allen Sünden der Unreinigkeit und heimlichen Unzucht: Darin aus Medicinischen u. Theologischen Gründen vernünftig vorgestellet wird; I. Was für Gefahr und Schaden, II. Was für Schalden und Gerichte, und III. Was für Rettungs-Mittel vorhanden. Aus Liebe u. verbindlicheit zum menschlichen Geschlecht sonderlich zur studi-*

renden Jugend auf Schulen und Universitäten mit züchtiger Feder und tiefer Ehrfurcht vor Gott entworfen, Züllichau: Waisenhaus 1746.

Sch. (= Woldemar Friedrich Graf von Schmettau), »Nicht jeder unbeweibte verdient den Namen *Hagestolz* noch den Spott seiner Mitbürger«, in: *Schleswigisches Journal* Bd. 1 (1793), S. 279-313.

Schiller, Friedrich, *Über die ästhetische Erziehung des Menschen in einer Reihe von Briefen* (1795), Stuttgart: Reclam 2000.

Schlegel, Friedrich, »Über die Diotima«, in: ders., *Werke in zwei Bänden*, Berlin – Weimar: Aufbau 1988, S. 15-52.

– »Ideen«, in: ders., *Werke in zwei Bänden*, Berlin – Weimar: Aufbau 1988a, S. 263-284.

Schleiermacher, Friedrich Daniel Ernst, *Versuch einer Theorie des geselligen Betragens* (1799), in: Krit. Gesamtausgabe I, Bd. 2, Berlin/New York: de Gruyter 1984, S. 163-184.

– »Idee zu einem Katechismus der Vernunft für edle Frauen« (1798), in: *Ob die Weiber Menschen sind. Geschlechterdebatten um 1800*, hg. v. Sigrid Lange, Leipzig: Reclam 1992, S. 359-361.

Schlözer, August Ludwig, *Vorstellung seiner Universal-Historie*, Göttingen/Gotha: Dieterich 1772.

Schmidt, Michael Ignaz, *Geschichte des Selbstgefühls*, Frankfurt: Stahel 1772.

Siegert, Wilhelm, *Die Unkeuschheit, ihre Ursachen, Folgen und wirksame Bekämpfung. Heilung der Onanie und ihrer Folgen. Ein Mahnwort an die erwachsene Jugend, an Eltern und Lehrer*, Berlin: Möller 1898.

Simmel, Georg, *Über sociale Differenzierung*, GA Bd. 2, Frankfurt am Main: Suhrkamp 1989, S. 109-295.

Smith, Adam, »The History of Astronomy«, in: *Essays on Philosophical Subjects*, hg. v. W. P. D. Wightman and J. C. Bryce, vol. III of *The Glasgow Edition of the Works and Correspondence of Adam Smith*, Indianapolis: Liberty Fund 1982.

– *Theorie der ethischen Gefühle* (1759, TMS), übersetzt von Walther Eckstein, Hamburg: Meiner 1994.

– *Der Wohlstand der Nationen* (1776; WON), aus dem Englischen übertragen von Horst Claus Recktenwald, München: dtv 1978.

Spencer, Herbert, *Prinzipien der Soziologie*, Stuttgart: Schweizerbart 1885.

Sprengel, Erhard Valentin Jakob, *Das andere Geschlecht, das Bessere Geschlecht*, Berlin: Vieweg d. Ä. 1798.

Stein, Sigmund Theodor, *Die allgemeine Elektrisation des menschlichen Körpers. Elektrotechnische Beiträge zur ärztlichen Behandlung der Nervenschwäche (Nervosität und Neurasthenie) sowie verwandter allgemeiner Neurosen*, Halle: Wilhelm Knapp 1882.

Suabedissen, David Theodor, *Über die innere Wahrnehmung: Eine Abhandlung, welcher von der Kön. Akademie der Wissenschaften zu Berlin der Preis von 50 Ducaten zuerkannt worden ist*, Berlin: Unger 1808.

Thomas, Antoine-Léonard, *Essai sur le Charactère, les Mœurs et l'Esprit des Femmes dans les différents Siècles*, Wien: Trattnern 1773.

Thomas, Georgius, *De Spermatorrhoea*, Bratislava (Diss.): 1839.

Tissot, Samuel A. D., *Von der Onanie, oder Abhandlung über die Krankheiten, die von der Selbstbefleckung herrühren*, Eisenach: Wittekindt 1776.

Tönnies, Ferdinand, *Gemeinschaft und Gesellschaft. Grundbegriffe der reinen Soziologie*, Darmstadt: Wiss. Buchges. 1991.

Volkmar, Friedrich Nathanael, *Philosophie der Ehe*, Halle: Hemmerde u. Schwetschke 1794.

Wagner, Johann Jakob, *Philosophie der Erziehungskunst*, Leipzig: Breitkopf und Härtel 1803.

Weber, Max, *Gesammelte Aufsätze zur Religionssoziologie I*, Tübingen: J. C. B. Mohr 1988.

Wolff, Christian, *Vernünftige Gedancken von der Menschen Thun und Lassen, zu Beförderung ihrer eigenen Glückseligkeit den Liebhabern der Wahrheit mitgetheilt* (1728), GW 1. Abt., Bd. 4 (hg. v. J. Ecole), Hildesheim: Olms 1976.

Wollstonecraft, Mary, *A Vindication of the Rights of Women* (1792), New York/London: Norton 1988.

Zimmermann, Johann Georg v., »Warnung an Aeltern, Erzieher und Kinderfreunde wegen der Selbstbefleckung, zumal bey ganz jungen Mädchen«, in: *Deutsches Museum* Bd. 1 (1778), S. 452-460.

2. Sekundärliteratur

Adorno, Theodor W., *Negative Dialektik*, Frankfurt am Main: Suhrkamp 1966.

Ago, Renate, »Junge Adlige im Zeitalter des Absolutismus: Zwischen väterlicher Autorität und Freiheit«, in: *Geschichte der Jugend. Von der Antike bis zum Absolutismus*, hg. v. Giovanni Levi und Jean-Claude Schmitt, Frankfurt am Main: Fischer 1996, S. 383-431.

Ahmad, Syed, »Adam Smiths four invisible hands«, in: *History of Political Economy* Bd. 22 (1990), H. 1, S. 137-144.

Alexander, Jeffrey C., *Soziale Differenzierung und kultureller Wandel*, Frankfurt am Main/New York: Campus 1993.

– ders. und Colomy, Paul (Hg.), *Differentiation Theory and Social Change: Comparative and Historical Change*, New York: Columbia University Press 1990,

Allen, Ann Taylor, »Feminism, venereal diseases, and the state in Germany, 1890-1918«, in: *Journal of the History of Sexuality* 4 (1993), H. 1, S. 27-50.

Ammermann, Monika, *Gemeines Leben. Gewandelter Naturbegriff und literarische Spätaufklärung. Lichtenberg, Wezel, Garve*, Bonn: Bouvier 1978.

Andree, Georg Johannes, *Sympathie und Unparteilichkeit: Adam Smiths System der natürlichen Moralität*, Paderborn: Mentis 2003.

Annerl, Charlotte, *Das neuzeitliche Geschlechterverhältnis. Eine philosophische Analyse*, Frankfurt am Main/New York: Campus 1991.

Andriopoulos, Stefan, »The invisible hand: supernatural agency in political economy«, in: *ELH* 66 (1999), S. 739-758.

Archard, David: »Family Law (First Annex)«, in: *Johann Gottlieb Fichte. Grundlage des Naturrechts* (Bd. 24 der Serie: Klassiker auslegen), hg. v. Jean-Christophe Merle, Berlin: Akademie Verlag 2001, S. 187-196.

Babington, Anthony, *Shell-shock: A History of Changing Attitudes to War Neurosis*, London: Leo Cooper 1997.

Bachorski, Hans-Jürgen, »Das aggressive Geschlecht. Verlachte Männlichkeit in Mären aus dem 15. Jahrhundert«, in: *Zeitschrift für Germanistik* VIII (1998), H. 2, S. 263-281.

Baecker, Dirk, »Männer und Frauen im Netzwerk der Hierarchie«, in: *Frauen, Männer, Gender Trouble. Systemtheoretische Essays*, hg. v. Ursula Pasero und Christine Weinbach, Frankfurt am Main: Suhrkamp 2003, S. 125-143.

Bal, Mieke, »His master's eye«, in: *Modernity and the Hegemony of Vision*, hg. v. David Levin, Berkeley/Los Angeles: University of California Press 1993, S. 379-404.

Barker-Benfield, G. J., *The Horrors of the Half-known Life. Male Attitudes toward Women and Sexuality in Nineteenth-Century America*, New York: Harper & Row 1976.

– *The Culture of Sensibility. Sex and Society in Eigtheenth-Century Britain*, Chicago: University of Chicago Press 1992.

Barrell, John, *English Literature in History, 1730-80: An Equal, wide Survey*, New York: St. Martin's Press 1983.

Bartra, Roger, *The Artificial Savage. Modern Myths of the Wild Man*, Ann Arbor: University of Michigan Press 2000.

Batscha, Zwi und Medick, Hans, »Einleitung«, in: *Ferguson, Adam, Versuch über die Geschichte der bürgerlichen Gesellschaft*, hg. von dens., Frankfurt am Main: Suhrkamp 1988, S. 7-91.

Bauer, Robin, Hoenes, Josch und Woltersdorff, Volker (Hg.), *Unbeschreiblich Männlich. Heteronormativitätskritische Perspektiven*, Hamburg: Männerschwarm Verlag 2007.

Baumeister, Roy F., »Is there anything good about men?«, Invited Address, gegeben bei der American Psychological Association, 24. 8. 2007 ⟨www.denisdutton.com/baumeister.htm⟩ (Stand: Dezember 2007).

Baumgarten, Katrin, *Hagestolz und alte Jungfer: Entwicklung, Instrumentalisierung und Fortleben von Klischees und Stereotypen über Unverheiratetgebliebene*, Münster u. a.: Waxmann 1997.

Beauvoir, Simone de, *Das andere Geschlecht. Sitte und Sexus der Frau*, Reinbek: Rowohlt 1999 (franz. Original 1949).

Beck, Ulrich, *Risikogesellschaft: auf dem Weg in eine andere Moderne*, Frankfurt am Main: Suhrkamp 1986.

– ders. und Beck-Gernsheim, Elisabeth, *Das ganz normale Chaos der Liebe*, Frankfurt am Main: Suhrkamp 1990.

Becker, Frank, und Reinhardt-Becker, Elke, *Systemtheorie. Eine Einführung für die Geschichts- und Kulturwissenschaften*, Frankfurt am Main/New York: Campus 2001.

Begemann, Christian, *Furcht und Angst im Prozeß der Aufklärung*, München: Athenäum 1987.

Behme, Thomas, *Samuel von Pufendorf: Naturrecht und Staat. Eine Analyse und Interpretation seiner Theorie, ihrer Grundlagen und Probleme*, Göttingen: Vandenhoeck & Ruprecht 1995.

Bellamy, Liz, *Commerce, Morality and the Eighteenth-Century Novel*, Cambridge: Cambridge University Press 1998.

Benard, Cheryl und Schlaffer, Edit: *Sagt uns, wo die Väter sind. Von Arbeitssucht und Fahnenflucht des zweiten Elternteils*, Reinbek: Rowohlt 1991.

Benatar, David, »The second sexism«, in: *Social Theory and Practice* Vol. 29 (2003), Nr. 2, S. 177-210.

Bennent, Heidemarie, *Galanterie und Verachtung. Eine philosophiegeschichtliche Untersuchung zur Stellung der Frau in Gesellschaft und Kultur*, Frankfurt am Main/New York: Campus 1985.

Berg, Urte von, *Theodor Gottlieb von Hippel*, Göttingen: Wallstein 2004.

Berger, Johannes, »Neuerliche Anfragen an die Theorie der funktionalen Differenzierung«, in: *Beobachter der Moderne. Beiträge zu Niklas Luhmanns »Die Gesellschaft der Gesellschaft«*, hg. v. Hans-Joachim Giegel und Uwe Schimank, Frankfurt am Main: Suhrkamp 2003, S. 207-230.

Berghahn, Sabine, »Verwaltung, Gleichheit, Gerechtigkeit. Der feministische und der systemtheoretische Blick«, in: *Die Verwaltung des politischen Systems*, hg. v. Klaus Dammann, Dieter Grunow und Klaus Peter Japp, Opladen: Westdt. Verlag 1994, S. 79-98.

Biermann, Ingrid, *Die einfühlsame Hälfte. Weiblichkeitsentwürfe des 19. und frühen 20. Jahrhunderts in Familienratgebern und Schriften der Frauenbewegung*, Bielefeld: Kleine 2002.

Bland, Lucy, *Banishing the Beast. Feminism, Sex and Morality, 1885-1918*, London: Penguin 1995

Bloch, Ruth, »The gendered meanings of virtue in revolutionary America«, in: *Signs* 13 (1987), H. 1, S. 37-58.

Bloch, Karl-Heinz, *Die Bekämpfung der Jugendmasturbation im 18. Jahrhundert: Ursachen. Verlauf, Nachwirkungen*, Frankfurt am Main u. a.: Lang 1998.

Bock, Gisela, *Frauen in der europäischen Geschichte. Vom Mittelalter bis zur Gegenwart*, München: Beck 2000.

Bödecker, Hans Erich und Hont, Istvan, »Naturrecht, Politische Ökonomie und

Geschichte der Menschheit. Der Diskurs über Politik und Gesellschaft in der Frühen Neuzeit«, in: *Naturrecht – Spätaufklärung – Revolution*, hg. v. Otto Dann und Diethelm Klippel, Hamburg: Meiner 1995, S. 80-89.

Böhme, Hartmut, *Natur und Subjekt*, Frankfurt am Main: Suhrkamp 1988

– »Einführung zum Kap. ›Neue Erfahrungen von der Natur des Menschen‹«, in: *Der ganze Mensch. Anthropologie und Literatur im 18. Jahrhundert*, hg. v. Hans-Jürgen Schings, Stuttgart: Metzler 1994, S. 139-144.

– »Masken, Mythen und Scharaden. Zeugung und Begehren in männlichen Phantasien«, in: *Männlichkeit als Maskerade. Kulturelle Inszenierungen vom Mittelalter bis zur Gegenwart*, hg. v. Claudia Benthien und Inge Stephan, Köln/Weimar: Böhlau 2003, S. 100-127

Bolten, Jürgen, »Einleitung: Zum denk- und werkgeschichtlichen Kontext der Briefe ›Über die ästhetische Erziehung des Menschen‹«, in: *Schillers Briefe über die ästhetische Erziehung*, hg. v. dems., Frankfurt am Main: Suhrkamp 1984, S. 9-29.

Bourdieu, Pierre, »Die männliche Herrschaft«, in: *Geschlechterkonstruktion in der Praxis*, hg. v. Irene Dölling und Beate Krais, Frankfurt am Main: Suhrkamp 1997, S. 153-217.

– *Die männliche Herrschaft*, Frankfurt am Main: Suhrkamp 2005.

Bourke, Joanna, *Dismembering the Male: Men's Bodies, Britain and the Great War*, London: Reaction Books 1996.

Bovenschen, Silvia, *Die imaginierte Weiblichkeit. Exemplarische Untersuchungen zu kulturgeschichtlichen und literarischen Präsentationsformen des Weiblichen*, Frankfurt am Main: Suhrkamp 1979.

Bowles, Paul, »John Millar, the four-stages theory, and women's position in society«, in: *History of Political Economy* Bd. 16 (1984), H. 4, S. 619-638.

Brandes, Holger, *Der männliche Habitus*, Bd. 2: Männerforschung und Männerpolitik, Opladen: Leske + Budrich 2002.

Breidenstein, Georg, »Geschlechtsunterschied und Sexualtrieb im Diskurs der Kastration Anfang des 20. Jahrhunderts«, in: *Was sind Frauen? Was sind Männer? Geschlechterkonstruktionen im historischen Wandel*, hg. v. Christiane Eifert, Frankfurt am Main: Suhrkamp 1996, S. 216-239.

Brennan, Teresa und Pateman, Carole, »Mere auxiliaries to the Commonwealth. Women and the origins of liberalism«, in: *Political Studies* XXVII/2 (1979), S. 183-200.

Brinks, Ellen, *Gothic Masculinity. Effeminancy and the Supernatural in English and German Romanticism*, Lewisburg: Bucknell University Press 2003.

Brissenden, R. F., *Virtue in Distress: Studies in the Novel of Sentiment from Richardson to Sade*, New York: Harper & Row 1974.

Brown, Vivienne, *Adam Smiths Discourse: Canonicity, Commerce and Conscience*, London u. a.: Routledge 1994.

Bryk, Felix, *Die Beschneidung bei Mann und Weib. Ihre Geschichte, Psychologie und Ethnologie*, Neubrandenburg: Gustav Fellner 1931.

Bryson, Norman, »The gaze in the expanded field«, in: *Vision and Visuality*, hg. v. Hal Foster, Seattle: Bay Press 1988, S. 87-108.

Bublitz, Hannelore, »Das Geschlecht der Moderne. Zur Genealogie und Archäologie der Geschlechterdifferenz«, in: *Das Geschlecht der Moderne: Genealogie und Archäologie der Geschlechterdifferenz*, hg. v. ders., Frankfurt am Main: Campus 1998, S. 26-48.

– »Geschlecht als historisch singuläres Ereignis: Foucaults poststrukturalistischer Beitrag zu einer Gesellschafts-Theorie der Geschlechterverhältnisse«, in: *Soziale Verortung der Geschlechter. Gesellschaftstheorie und feministische Kritik*, hg. v. Gudrun-Axeli Knapp und Angelika Wetterer, Münster: Westf. Dampfboot 2001, S. 256-287.

Bührmann, Andrea Dorothea, »Die Normalisierung der Geschlechter in Geschlechterdispositiven«, in: *Das Geschlecht der Moderne: Genealogie und Archäologie der Geschlechterdifferenz*, hg. v. Hannelore Bublitz, Frankfurt am Main: Campus 1998, S. 71-94.

Bullough, Vern L., »The Physician and the research into human sexual behaviour in nineteenth-century Germany«, in: *Bulletin of the History of Medicine* 63 (1989), S. 247-267.

Bürgin, Ariane, »Die Gleichheit aller vor dem Tod: Zur Situierung der Geschlechterdifferenz bei Thomas Hobbes«, in: *Ordnung, Politik und Geselligkeit der Geschlechter im 18. Jahrhundert*, hg. v. Ulrike Weckel, Göttingen: Wallstein 1998, 229-58.

Busfield, Joan, »The female malady? Men, women, and madness in nineteenth century Britain«, in: *Sociology* 28 (1994), S. 259-277.

Butler, Judith, *Das Unbehagen der Geschlechter*, Frankfurt am Main: Suhrkamp 1991.

Butler, Marilyn, *Jane Austen and the War of Ideas*, Oxford: Clarendon Press 1975.

Butler, Melissa, »Early liberal roots of feminism: John Locke and the attack on patriarchy«, in: *Political Studies* XXVII (1978), S. 183-200.

Cadden, Joan, *Meanings of Sex Difference in the Middle Ages: Medicine, Science, and Culture*, Cambridge: Cambridge University Press 1993.

Cameron, Elain und Bernardes, Jon, »Gender and disadvantage in health: Men's health for a change«, in: *Sociology of Health & Illness* 20 (1998), H. 5, S. 673-693.

Carnes, Mark C., *Secret Ritual and Manhood in Victorian America*, New Haven/London: Yale University Press 1989.

Cartier, Stephan, *Licht ins Dunkel des Anfangs. Studien zur Rezeption der Prähistorik in der deutschen Welt- und Kulturgeschichtsschreibung des 19. Jahrhunderts*, Herdecke: GCA 2000.

Carver, Terrell, *Men in Political Theory*, Manchester: Manchester University Press 2004.

Casey, Timothy J., »Der große Gedankenstrich im Buche der Natur. Jean Pauls Menschenbild und Erziehlehre«, in: *Anthropologie und Literatur um 1800*, hg. v. Jürgen Barkhoff und Eda Sagarra, München: iudicium 1992, S. 187-212.

Clinton, Katherine, »Femme et philosophe: Enlightenment origins of feminism«, in: *Eighteenth-Century Studies* 8 (1975), H. 3, S. 283-299.

Cohen, Ed, *Talk on the Wilde Side: towards a Genealogy of a Discourse on Male Sexualities*, London: Routledge 1993.

Cold, C. J. und J. R. Taylor, »The prepuce«, in: *British Journal of Urology* 83 (1999), Suppl. 1, S. 34-44.

Colman, Wendy, »The scenes themselves which lie at the bottom of the story. Julius, circumcision, and the castration complex«, in: *Psychoanalytic Review* 81 (1994), H. 4, S. 603-625.

Comfort, Alex, *The Anxiety Makers*, London: Nelson 1967.

Conley, John J., *The Suspicion of Virtue. Women Philosophers in Neoclassical France*, Ithaca u. a.: Cornell University Press 2002.

Connell, Robert [Raewyn] W., »The big picture. Masculinities in recent world history«, in: *Theory and Society* 22 (1993), S. 597-623.

– *Masculinities*, Berkely/Los Angeles: University of California Press 1995.

Coontz, Stephanie, *The Way We Never Were*, New York: Basic Books 1992.

– »Historical perspectives on family studies«, in: *Journal of Marriage and the Family* 62 (2000), S. 283-297.

Cornell, Drucilla, »Enabling paradoxes: Gender difference and system theory«, in: *New Literary History* 27 (1996), H. 2, S. 185-198.

Crane, R. S., »Suggestions toward a genealogy of the ›man of feeling‹«, in: *ELH* 1 (1934), H. 3, S. 205-230.

Darby, Robert, »The masturbation taboo and the rise of routine male circumcision: A review of the historiography«, in: *Journal of Social History*, Vol. 36, Number 3, Spring 2003, S. 737-757.

Dann, Otto, *Gleichheit und Gleichberechtigung. Das Gleichheitspostulat in der alteuropäischen Tradition und in Deutschland bis zum ausgehenden 19. Jahrhundert*, Berlin: Duncker & Humblot 1980.

Davidoff, Leonore und Hall, Catherine, *Family Fortunes. Men and Women of the English Middle Class, 1750-1850*, London/Chicago: The University Press of Chicago 1987.

Davis, Ronnie J., »Adam Smith on the providential reconciliation of individual and social interests: Is man led by an invisible hand or misled by a sleight of hand?«, in: *History of Political Economy* 22 (1990), S. 341-352,

Davis, John B., »Smith's invisible hand and Hegel's cunning of reason«, in: *International Journal of Social Economics* Vol. 16 (1989), H. 6, S. 50-66.

Degele, Nina, »Happy together: Soziologie und Gender Studies als paradigmatische Verunsicherungswissenschaften«, in: *Soziale Welt* 54 (2003), S. 9-30

– dies. und Dries, Christian, *Modernisierungstheorie. Eine Einführung*, München: Fink 2005.

– »Männlichkeiten queeren«, in: *Unbeschreiblich Männlich. Heteronormativitätskritische Perspektiven*, hg. v. Robin Bauer, Josch Hoenes und Volker Woltersdorff, Hamburg: Männerschwarm Verlag 2007, S. 29-42.

Deleuze, Gilles, *Foucault*, Frankfurt am Main: Suhrkamp 1992.

Dickinson, Edward Ross, »The men's christian morality movement in Germany 1880-1914: some reflections on politics, sex, and sexual politics«, in: *The Journal of Modern History* 75 (2003), H. 1, S. 59-110.

D'Emilio, John und Freedman, Estelle B., *Intimate Matters. A History of Sexuality in America*, New York u. a.: Harper & Row 1988.

Denniston, George C., Hodges, Frederick M. und Milos, Marilyn F., *Male and Female Circumcision. Medical, Legal, and Ethical Considerations in Pediatric Practice*, New York u. a.: Kluwer/Plenum 1999.

Deutscher, Penelope, *Yielding Gender. Feminism, Deconstruction and the History of Philosophy*, London/New York: Routledge 1997.

Dinges, Martin, »Männergeschichte als Geschlechtergeschichte. Einleitung«, in: *Geschichte als Argument*, hg. v. Stefan Weinfurter und Frank Martin Siefarth, München: Oldenbourg 1997, S. 114-117.

– *Hausväter, Priester, Kastraten. Zur Konstruktion von Männlichkeit im Spätmittelalter und Früher Neuzeit*, Göttingen: Vandenhoeck & Ruprecht 1998.

– »Formenwandel der Gewalt in der Neuzeit. Zur Kritik der Zivilisationstheorie von Norbert Elias«, in: *Kulturen der Gewalt. Ritualisierung und Symbolisierung von Gewalt in der Geschichte*, hg. v. R. P. Sieferle und H. Breuninger, Frankfurt am Main u. a.: Campus 1998a, S. 171-194.

– »Einleitung: Geschlechtergeschichte – mit Männern!«, in: *Hausväter, Priester, Kastraten. Zur Konstruktion von Männlichkeit im Spätmittelalter und Früher Neuzeit*, hg. v. dems., Göttingen: Vandenhoeck & Ruprecht 1998b, Göttingen, S. 7-28.

Döge, Peter und Meuser, Michael, »Geschlechterverhältnisse und Männlichkeit. Entwicklung und Perspektiven sozialwissenschaftlicher Männlichkeitsforschung«, in: *Männlichkeit und soziale Ordnung. Neuere Beiträge zur Geschlechterforschung*, hg. von dens., Opladen: Leske + Budrich 2001, S. 7-26.

Doktor, Wolfgang und Sauder, Gerhard, *Empfindsamkeit. Theoretische und kritische Texte*, Stuttgart: Reclam 1976.

Douglas, Mary, *Wie Institutionen denken*, Frankfurt am Main: Suhrkamp 1991.

Douthwaite, Julia, »Homo ferus: Between monster and model«, in: *Eighteenth Century Life* 20 (1997), S. 176-202.

Dudek, Peter, *Grenzen der Erziehung im 20. Jahrhundert*, Bad Heilbrunn: Klinkhardt 1999.

Duden, Barbara, »Das schöne Eigentum. Zur Herausbildung des bürgerlichen Frauenbildes an der Wende vom 18. zum 19. Jahrhundert«, in: *Kursbuch* 47 (1977), S. 125-140.

– *Geschichte unter der Haut. Ein Eisenacher Arzt und seine Patienten um 1730*, Stuttgart: Klett-Cotta 1987.

Dülmen, Richard van, *Die Gesellschaft der Aufklärer. Zur bürgerlichen Emanzipation und aufklärerischen Kultur in Deutschland*, Frankfurt am Main: Fischer 1996.

Dunsmuir, W. D. und Gordon, E. M., »The history of circumcision«, in: *British Journal of Urology* 83 (1999), Suppl. 1, S. 1-11.

Durkheim, Emile, *Über soziale Arbeitsteilung*, Frankfurt am Main: Suhrkamp 1988.

Eatwell, John, Milgate, Murray und Newman, Peter (Hg.), *The New Palgrave: The Invisible Hand*, New York: W.W. Norton 1989.

Eckes, Thomas, *Geschlechterstereoytpe. Frau und Mann in sozialpsychologischer Sicht*, Pfaffenweiler: Centaurus 1997.

Eder, Franz X., *Kultur der Begierde. Eine Geschichte der Sexualität*, München: Beck 2002

Edley, Nigel und Wetherell, Margaret, *Men in Perspective. Practice, Power and Identity*, London u. a.: Prentice Hall 1995.

Eibl, Karl, *Die Entstehung der Poesie*, Frankfurt am Main: Suhrkamp 1995.

Eigen, Paula, *Ernst Brandes (1758-1810) im Kampf mit der Revolution der Erziehung*, Weinheim/Berlin: J. Beltz 1954.

Eigen, Joel P., »Criminal lunacy in early modern England: Did gender make a difference?«, in: *International Journal of Law and Psychiatry* 21 (1998), H. 4, S. 408-419.

Eisner, Manuel, »Long-term historical trends in violent crime«, in: *Crime and Justice. A Review of Research* Vol. 30 (2003), S. 83-142.

Elchalal, U., Ben-Ami, B. und Brzezinski, A., »Female circumcision: The peril remains«, in: *British Journal of Urology* 83 (1999), Suppl., S. 103-108.

Elias, Norbert, *Über den Prozeß der westlichen Zivilisation*, Frankfurt am Main: Suhrkamp 1976.

– »Zivilisation«, in: *Grundbegriffe der Soziologie*, hg. v. Bernhard Schäfers, Opladen: Leske + Budrich 1995, S. 382-387.

Elledge, Scott, *Eighteenth-Century Critical Essays*, Ithaca: Cornell University Press 1961.

Elliott, Dorice Williams, *The Angel Out of the House. Philanthropy and Gender in Nineteenth-Century England*, Charlottesville/London: University Press of Virginia 2002.

Elschenbroich, Donata, »Das im Verborgenen schleichende Laster. Auf dem Wege zur ›Sexualerziehung‹«, Anhang in: *Oest, Johann Friedrich: Höchstnöthige Belehrung und Warnung für Jünglinge und Knaben die schon zu einigem Nachden-*

ken gewöhnt sind (1787), hg. von Johannes Merkel und Dieter Richter, München: Weismann (1977), S. 155-175.

Elshtain, Jean Bethke, »Symmetry and soporifics: A critique of feminist accounts of gender development«, in: *Capitalism and Infancy: Essays on Psychoanalysis and Politics*, hg. v. Barry Richards, London: Free Association Books 1984, S. 55-91.

Engelhardt, H. Tristram, »The disease of masturbation: Values and the concept of disease«, in: *Bulletin of the History of Medicine* 48 (1974), H. 2, S. 234-248.

Erhart, Walter, *Familienmänner. Über den literarischen Ursprung moderner Männlichkeit*, München: Fink 2001.

Eriksson, Björn, »The first formulation of sociology. A discursive innovation of the 18th century«, in: *Archives Européennes de Sociologie* XXXIV (1993), H. 2, S. 251-276.

Eschenbächer, Jörg, *Arbeit und Beruf bei Joachim Heinrich Campe*, Diss. Erlangen-Nürnberg 1966.

Esposito, Elena, »Frauen, Männer und das ausgeschlossene Dritte«, in: *Frauen, Männer, Gender Trouble. Systemtheoretische* Essays, hg. v. Ursula Pasero und Christine Weinbach, Frankfurt am Main: Suhrkamp 2003, S. 63-79.

Farrell, Warren, *Mythos Männermacht*, Frankfurt am Main: Zweitausendeins 1995.

Feeley, Malcolm M. und Little, Deborah L., »The vanishing female: The decline of women in the criminal process, 1687-1912«, in: *Law & Society Review* 25 (1991), H. 4, S. 719-757.

Fertig, Ludwig, *Campes politische Erziehung. Eine Einführung in die Pädagogik der Aufklärung*, Darmstadt: Wiss. Buchgesellschaft 1977.

Fink-Eitel, Hinrich, *Die Philosophie und die Wilden. Über die Bedeutung des Fremden für die europäische Geistesgeschichte*, Hamburg: Junius 1994.

Fischer-Homberger, Esther, *Medizin vor Gericht. Gerichtsmedizin von der Renaissance bis zur Aufklärung*, Bern u. a.: Huber 1983.

Fisher, Nick, »Violence, masculinity and the law in classical Athens«, in: *When Men Were Men. Masculinity, Power and Identity in Classical Antiquity*, hg. v. Lin Foxhall und John Salmon, London: Routledge 1998, S. 68-97.

Flax, Jane, »Political philosophy and the patriarchal unconscious: A psychoanalytic perspective on epistemology and metaphysics«, in: *Discovering Reality*, hg. v. Sandra Harding und Merrill B. Hintikka, Dordrecht: Reidel 1983, S. 245-281.

Fliegelman, Jay, *Prodigals and Pilgrims. The American Revolution Against Patriarchal Authority, 1750-1800*, Cambridge: Cambridge University Press 1982.

Force, Pierre, *Self-Interest Before Adam Smith. A Genealogy of Economic Science*, Cambridge: Cambridge University Press 2003.

Foucault, Michel, *Die Ordnung der Dinge*, Frankfurt am Main: Suhrkamp 1971.

- *Überwachen und Strafen. Die Geburt des Gefängnisses*, Frankfurt am Main: Suhrkamp 1977.
- *Der Wille zum Wissen. Sexualität und Wahrheit I*, Frankfurt am Main: Suhrkamp 1983.
- *Die Ordnung des Diskurses*, Frankfurt am Main: Fischer 1991.
- *Die Anormalen*, Frankfurt am Main: Suhrkamp 2003.

Fout, John C., »Sexual politics in Wilhelmine Germany: The male gender crisis, moral purity and homophobia«, in: *Journal of the History of Sexuality* 2 (1992), H. 3, S. 388-421.

Foxhall, Lin, »Introduction«, in: *When Men Were Men. Masculinity, Power and Identity in Classical Antiquity*, hg. v. ders. und John Salmon, London: Routledge 1998, S. 1-9.

Frank, Michael, »Trunkene Männer und nüchterne Frauen. Zur Gefährdung von Geschlechterrollen durch Alkohol in der Frühen Neuzeit«, in: *Hausväter, Priester, Kastraten. Zur Konstruktion von Männlichkeit in Spätmittelalter und Früher Neuzeit*, hg. v. Martin Dinges, Göttingen: Vandehoeck & Ruprecht 1998, S. 187-212.

Frevert, Ute, »Bürgerliche Meisterdenker und das Geschlechtsverhältnis. Konzepte, Erfahrungen, Visionen an der Wende vom 18. zum 19. Jahrhundert«, in: *Bürgerinnen und Bürger. Geschlechterverhältnisse im 19. Jahrhundert*, hg. v. ders., Göttingen: Vandenhoeck & Ruprecht 1988, S. 17-48.
- »Männergeschichte oder die Suche nach dem ›ersten‹ Geschlecht«, in: *Was ist Gesellschaftsgeschichte? Positionen, Themen, Analysen*, hg. v. Manfred Hertling, Claudia Huerkamp, Paul Nolte und Hans-Walter Schmuhl, München: Beck 1991, S. 31-43.
- »Unser Staat ist männlichen Geschlechts«. Zur politischen Topographie der Geschlechter vom 18. bis frühen 20. Jahrhunderts, in: *Mann und Weib und Weib und Mann. Geschlechter-Differenzen in der Moderne*, hg. v. ders., München: Beck 1995, S. 61-132.

Fronius, Helen, »Der reiche Mann und die arme Frau: German women writers and the eighteenth-century literary market-place«, in: *German Life and Letters* 56 (2003), H. 1, S. 1-19.

Fuchs, Hans-Jürgen, *Entfremdung und Narzissmus. Semantische Untersuchungen zur Geschichte der »Selbstbezogenheit« als Vorgeschichte von französisch amour-propre*, Stuttgart: Metzler 1977

Fuchs, Peter, *Die Erreichbarkeit der Gesellschaft. Zur Konstruktion und Imagination gesellschaftlicher Einheit*, Frankfurt am Main: Suhrkamp 1992.
- *Die Umschrift*, Frankfurt am Main: Suhrkamp 1995
- »Adressabilität als Grundbegriff der soziologischen Systemtheorie«, in: *Soziale Systeme* 3 (1997), S. 57-80.
- *Das Unbewusste in Psychoanalyse und Systemtheorie. Die Herrschaft der Ver-*

lautbarung und die Erreichbarkeit des Bewusstseins, Frankfurt am Main: Suhrkamp 1998.
– *Liebe, Sex und solche Sachen. Zur Konstruktion moderner Intimsysteme*, Konstanz: Universitätsverlag Konstanz 1999.
– *Die Metapher des Systems. Studien zu der allgemein leitenden Frage, wie sich der Tänzer vom Tanz unterscheiden lasse*, Weilerswist: Velbrück 2001.
Fulford, Tim, *Romanticism and Masculinity. Gender, Politics and Poetics in the Writings of Burke, Coleridge, Cobbette, Wordsworth, De Quincey and Hazlitt*, London: Macmillan 1999.
Gall, Lothar, *Bürgertum in Deutschland*, Berlin: Siedler 1989.
Gamm, Gerhard, *Flucht aus der Kategorie. Die Positivierung des Unbestimmten als Ausgang aus der Moderne*, Frankfurt am Main: Suhrkamp 1994.
– *Nicht nichts. Studien zu einer Semantik des Unbestimmten*, Frankfurt am Main: Suhrkamp 2000.
Gassenmeier, Michael, *Der Typus des* Man of feeling. *Studien zum sentimentalen Roman des 18. Jahrhunderts in England*, Tübingen: Niemeyer 1972.
Gatens, Moira, »Rousseau and Wollstonecraft: Nature vs. reason«, in: *Australasian Journal of Philosophy* 64 (1986), Suppl. S. 1-15.
Gay, Peter, *The Naked Heart*, London: HarperCollins 1998.
Gebauer, Curt, »Studien zur Geschichte der bürgerlichen Sittenreform des 18. Jahrhundert«, in: *Archiv für Kulturgeschichte* Bd. 15 (1923), S. 97-116.
– *Geistige Strömungen und Sittlichkeit im 18. Jahrhundert*, Berlin: Wegweiser-Verlag 1931.
Geismann, Georg, »Sittlichkeit, Religion und Geschichte in der Philosophie Kants«, in: *Jahrbuch für Recht und* Ethik, 8, 2000, S. 437-531.
Geitner, Ursula, »Passio Hysterica – Die alltägliche Sorge um das Selbst. Zum Zusammenhang von Literatur, Pathologie und Weiblichkeit«, in: *Das Argument* (Sonderband AS 134; hg. von Renate Berger u. a.; 1984), S. 130-144.
Gerhard, Ute, *Verhältnisse und Verhinderungen: Frauenarbeit, Familie und Rechte der Frauen im 19. Jahrhundert*, Frankfurt am Main: Suhrkamp 1978.
Giddens, Anthony, *The Consequences of Modernity*, Stanford: Stanford University Press 1990
– *Wandel der Intimität. Sexualität, Liebe und Erotik in modernen Gesellschaften*, Frankfurt am Main: Fischer 1993.
Gilbert, Arthur N., »Doctor, patient, and onanist diseases in the nineteenth century«, in: *Journal of the History of Medicine*, Vol. 30 (1975), S. 217-234.
Gilligan, Carol, *Die andere Stimme. Lebenskonflikte und Moral der Frau*, München: dtv 1996.
Gillis, John R., *A World of Their Own Making. Myth, Ritual, and the Quest for Family Values*, New York: Basic Books 1996.
Göbel, Andreas, *Theoriegenese als Problemgenese. Eine problemgeschichtliche Re-*

konstruktion der soziologischen Systemtheorie von Niklas Luhmann, Konstanz: Universitätsverlag 2000.

Goddard, Kevin, »›Looks Maketh the Man‹: The female gaze and the construction of masculinity«, in: *The Journal of Men's Studies* 9 (2000), H. 1, S. 23-39.

Goldman, R., »The psychological impact of circumcision«, in: *British Journal of Urology* 83 (1999), Suppl. 1, S. 93-102.

Goldstein, Jan, »The uses of male hysteria: Medical and literary discourse in nineteenth-century France«, in: *Representations* 34 (1991), S. 134-165.

Gollaher, David L., *Circumcision. A History of the World's Most Controversial Surgery*, New York: Basic Books 2000.

Goltz, Dietlinde, »Samenflüssigkeit und Nervensaft. Zur Rolle der antiken Medizin in den Zeugungstheorien des 18. Jahrhunderts«, in: *Medizinhistorisches Journal* 22 (1987), H. 2/3, S. 135-163.

Goodman, Dena, »Public sphere and private life: Toward a synthesis of current historiographical approaches to the old regime«, in: *History & Theory* 31 (1992), S. 1-20.

Göttert, Karl-Heinz, *Kommunikationsideale. Untersuchungen zur europäischen Konversationstheorie*, München: iudicium 1988.

Grass, Karl Martin und Koselleck, Reinhart, »Emanzipation«, in: *Geschichtliche Grundbegriffe. Historisches Lexikon zur politisch-sozialen Sprache in Deutschland*, Bd. 2, hg. v. Otto Brunner, Werner Conze und Reinhart Koselleck, Stuttgart: Klett-Cotta (1975), S. 153-197.

Green, Karen, *The Woman of Reason. Feminism, Humanism and Political Thought*, New York: Continuum 1995.

Griffin, Susan, *Woman and Nature: The Roaring Inside Her*, New York: Harper & Row 1978.

Griswold, Charles L., *Adam Smith and the Virtues of Enlightenment*, Cambridge: Cambridge University Press 1999.

Groenewegen, Peter, *Eighteenth-Century Economics. Turgot, Beccaria and Smith and Their Contemporaries*, London/New York: Routledge 2002.

Gumbrecht, Hans Ulrich, »Zum Wandel des Modernitäts-Begriffes in Literatur und Kunst«, in: *Studien zum Beginn der modernen Welt*, hg. v. Reinhart Koselleck, Stuttgart: Klett-Cotta 1977, S. 375-382.

– »Modern, Modernität, Moderne«, in: *Geschichtliche Grundbegriffe. Historisches Lexikon zur politisch-sozialen Sprache in Deutschland*, Bd. 4, hg. v. Otto Brunner, Werner Conze und Reinhart Koselleck, Stuttgart: Klett-Cotta 1978, S. 93-131.

Günther, Horst, »Historisches Denken in der frühen Neuzeit«, in: *Geschichtliche Grundbegriffe. Historisches Lexikon zur politisch-sozialen Sprache in Deutschland*, Bd. 2, hg. v. Otto Brunner, Wener Conze und Reinhart Koselleck, Stuttgart: Klett-Cotta 1975, S. 637-647.

Haag, Christine, *Flucht ins Unbestimmte. Das Unbehagen der feministischen Wissenschaften an der Kategorie*, Würzburg: Königshausen & Neumann 2003.

Haase, Carl, *Ernst Brandes*, Hildesheim: Lax 1973.

Habermas, Jürgen, *Theorie des kommunikativen Handelns*, Frankfurt am Main: Suhrkamp 1981.

Habermas, Rebekka, *Frauen und Männer des Bürgertums*, Göttingen: Vandenhoeck & Ruprecht 2000.

Hall, Lesley, *Hidden Anxieties. Male Sexuality, 1900-1950*, Cambridge: Polity Press 1991.

– »Forbidden by god, despised by men: Masturbation, medical warnings, moral panic, and manhood in Great Britain, 1850-1950«, in: *Journal of the History of Sexuality* 2 (1992), H. 3, S. 365-387.

Hammer, Heike, »Figuration, Zivilisation und Geschlecht. Eine Einführung in die Soziologie von Norbert Elias«, in: *Zivilisierung des weiblichen Ich*, hg. v. Gabriele Klein und Katharina Liebsch, Frankfurt am Main: Suhrkamp 1997, S. 39-76.

Hammond, T., »A preliminary poll of men circumcised in infancy or childhood«, in: *British Journal of Urology* 83 (1999), Suppl.1, S. 85-92.

Hanisch, Ernst, *Männlichkeiten. Eine andere Geschichte des 20. Jahrhunderts*, Wien u. a.: Böhlau 2005.

Hansen, Brigitte, »Geschlechterverhältnis und politische Philosophie des 17. Jahrhunderts. Zum feministischen Diskurs über die politische Theorie von Thomas Hobbes«, in: *Feministische Studien* Bd. 1 (1993), S. 65-80.

Harbsmeier, Michael, *Wilde Völkerkunde. Andere Welten in deutschen Reiseberichten der Frühen Neuzeit*, Frankfurt am Main/New York: Campus 1994.

Hare, E. H., »Masturbatory insanity. The history of an idea«, in: *Journal of Mental Science* 108 (1962), H. 1, S. 1-25.

Harlow, Mary, »In the name of the father: Procreation, paternity and patriarchy«, in: *Thinking Men. Masculinity and its Self-Representation in the Classical Tradition*, hg. v. Lin Foxhall u. John Salmon, London: Routledge, S. 155-169.

Hartlieb, Elisabeth, *Geschlechterdifferenz im Denken Friedrich Schleiermachers*, Berlin/New York: Walter de Gruyter 2006.

Hassauer-Roos, Friederike, »Das Weib und die Idee der Menschheit. Zur neueren Geschichte der Diskurse über die Frau«, in: *Der Diskurs der Literatur- und Sprachhistorie. Wissenschaftsgeschichte als Innovationsvorgabe*, hg. v. Bernard Cerquiglini und Hans Ulrich Gumbrecht, Frankfurt am Main: Suhrkamp 1983, S. 421-445.

Hausen, Karin, »Die Polarisierung der ›Geschlechtscharaktere‹ – Eine Spiegelung der Dissoziation von Erwerbs- und Familienleben«, in: *Sozialgeschichte der Familie in der Neuzeit Europas*, hg. v. Werner Conze, Stuttgart: Klett-Cotta 1976, S. 363-393.

– »Die Nicht-Einheit der Geschichte als historiographische Herausforderung.

Zur historischen Relevanz und Anstößigkeit der Geschlechtergeschichte«, in: *Geschlechtergeschichte und Allgemeine Geschichte. Herausforderungen und Perspektiven*, hg. v. Hans Medick und Anne-Charlott Trepp, Göttingen: Wallstein 1998, S. 17-55.

Hearn, Jeff, *The Gender of Oppression: Men, Masculinity and the Critique of Marxism*, New York: St. Martin's Press 1987.

– *Men in the Public Eye. The Construction and Deconstruction of Public Men and Public Patriarchies*, London: Routledge 1992.

Heilbron, Johan, »French moralists and the anthropology of the modern era: On the genesis of the notions of ›interest‹ and ›commercial society‹«, in: *The Rise of the Social sciences and the Formation of Modernity. Conceptual Change in Context, 1750-1850*, hg. v. dems., Lars Magnusson und Björn Witrock, Dordrecht u. a.: Kluwer 1998, S. 77-106.

Heintz, Bettina und Honegger, Claudia, »Zum Strukturwandel weiblicher Widerstandsformen im 19. Jahrhundert«, in: *Listen der Ohnmacht. Zur Sozialgeschichte weiblicher Widerstandsformen*, hg. v. dens., Frankfurt am Main: Frankfurter Verlagsanstalt 1981, S. 7-68.

Heintz, Bettina und Nadai, Eva, »Geschlecht und Kontext. De-Institutionalisierungsprozesse und geschlechtliche Differenzierung«, in: *Zeitschrift für Soziologie* 27 (1998), H. 2, S. 75-93.

Heinz, Marion, »Untersuchungen zu Fichtes Eherecht«, in: *Geschlechtertheorie, Geschlechterforschung. Ein interdisziplinäres Kolloquium*, hg. v. ders. und Friederike Kuster, Bielefeld: Kleine 1998, S. 11-25.

– »Ehe als vollkommene Vereinigung: Johann Gottlieb Fichte«, in: *Philosophische Geschlechtertheorien. Ausgewählte Texte von der Antike bis zur Gegenwart*, hg. v. Sabine Doyé, Marion Heinz und Friederike Kuster, Stuttgart: Reclam 2002, S. 223-226.

– dies. und Kuster, Friederike, »›Vollkommene Vereinigung‹: Fichtes Eherecht in der Perspektive feministischer Philosophie«, in: *Deutsche Zeitschrift für Philosophie* 46/5 (1998), S. 823-839.

Held, Victoria, »Non-contractual society: A feminist view«, in: *Canadian Journal of Philosophy* 13 (1987), Suppl., S. 111-137.

Hellmann, Kai-Uwe, »1988 – und was nun? Eine Zwischenbilanz zum Verhältnis von Systemtheorie und Gender Studies«, in: *Gender Studies und Systemtheorie. Studien zu einem Theorietransfer*, hg. v. Sabine Kampmann, Alexandra Karentzos und Thomas Küpper, Bielefeld: transcript 2004, S. 17-46.

Hendershot, Cyndy, *The Animal Within. Masculinity and the Gothic*, Ann Arbor: The University of Michigan Press 1998.

Henn-Schmölders, Claudia, »Sprache und Geld oder ›Vom Gespräch‹«, in: *Jahrbuch der deutschen Schillergesellschaft* Jg. 21 (1977), S. 327-351.

Hewitson, Gillian J., *Feminist Economics. Interrogating the Masculinity of Rational Economic Man*, Cheltenham, UK: Elgar 1999.

Hirschauer, Stefan, »Dekonstruktion und Rekonstruktion: Plädoyer für die Erforschung des Bekannten«, in: *Feministische Studien* 11 (1993), H. 2, S. 68-87.

Hirschman, Albert O., *Leidenschaften und Interessen. Politische Begründungen des Kapitalismus vor seinem Sieg*, Frankfurt am Main: Suhrkamp 1987.

Hodges, Frederick, »A short history of the institutionalization of involuntary sexual mutilation in the United States«, in: *Sexual Mutilations: a Human Tragedy*, hg. v. George C. Denniston und Marilyn Fayre Milos, New York: Plenum Press Milos, S. 17-40.

Hoffmann, Jochen und Mauvillon, Jakob, *Ein Offizier und Schriftsteller im Zeitalter der bürgerlichen Emanzipationsbewegung*, Berlin: Duncker & Humblot 1981.

Hoffmann, Stefan-Ludwig, *Die Politik der Geselligkeit. Freimaurerlogen in der deutschen Bürgergesellschaft 1840-1918*, Göttingen: Vandenhoeck & Ruprecht 2000.

Hofmann, Hasso, »Zur Lehre vom Naturzustand in der Rechtsphilosophie der Aufklärung«, in: *Rechtsphilosophie der Aufklärung*, hg. v. Reinhard Brandt, Berlin/New York: de Gruyter 1982, S. 12-46.

Holmes, Stephen, »Differenzierung und Arbeitsteilung im Denken des Liberalismus«, in: *Soziale Differenzierung. Zur Geschichte einer Idee*, hg. v. Niklas Luhmann, Opladen: Westdt. Verlag 1985, S. 9-41.

Holter, Oystein Gullvag, »Social theories for researching men and masculinities. Direct gender hierarchy and structural inequality«, in: *Handbook of Studies on Men and Masculinities*, hg. v. Michael Kimmel, Jeff Hearn und R.W. Connell, Thousand Oaks: Sage 2005, S. 15-34.

Honegger, Claudia, »›Weiblichkeit als Kulturform‹. Zur Codierung der Geschlechter in der Moderne«, in: *Kultur und Gesellschaft*, hg. v. Max Haller, Hans-Joachim Hoffmann-Nowotny und Wolfgang Zapf, Frankfurt am Main/New York: Campus 1989, S. 142-155.

– *Die Ordnung der Geschlechter. Die Wissenschaften vom Menschen und das Weib, 1750-1850*, Frankfurt am Main/New York: Campus 1991.

Hont, Istvan und Ignatieff, Michael (Hg.), *Wealth and Virtue. The Shaping of Political Economy in the Scottish Enlightenment*, Cambridge: Cambridge University Press 1983.

Hope, Vincent M., *Virtue by Consensus: The Moral Philosophy of Hutcheson, Hume and Adam Smith*, Oxford: Clarendon 1989.

Horster, Detlef (Hg.), *Weibliche Moral – ein Mythos?*, Frankfurt am Main: Suhrkamp 1998.

Howe, R. S. van, »Anaesthesia for circumcision. A review of the literature«, in: *Male and Female Circumcision. Medical, Legal, and Ethical Considerations in Pediatric Practice*, hg. v. George C. Denniston u. a., New York u. a.: Kluwer/Plenum 1999, S. 67-97.

– ders., Svoboda, J. S., Dwyer, J.G. und Price, C. P., »Involuntary circumcision: The legal issues«, in: *British Journal of Urology* 83 (1999), Suppl.1, S. 63-73.

Hull, Isabel V., *Sexuality, State, and Civil Society in Germany, 1700-1815*, Ithaca/London: Cornell University Press 1996.

Hulliung, Mark, *The Autocritique of Enlightenment. Rousseau and the Philosophes*, Cambridge, MA: Harvard University Press 1994.

Hunt, Alan, »The great masturbation panic and the discourses of moral regulation in nineteenth- and early twentieth-century Britain«, in: *Journal of the History of Sexuality* 8 (1998), H. 4, S. 575-615.

– *Governing Morals. A Social History of Moral Regulation*, Cambridge: Cambridge University Press 1999.

Hutchison, Terence W., *Before Adam Smith. The Emergence of Political Economy, 1662-1776*, Oxford u. a.: Blackwell 1988.

Hurteau, Pierre, »Catholic moral discourse on male sodomy and masturbation in the seventeenth and eighteenth centuries«, in: *Journal of the History of Sexuality* 4 (1993), H. 1, S. 1-26.

Huschka, Mabel, »The incidence and character of masturbation threats in a group of problem children«, in: *Psychoanalytic Quarterly* 7 (1938), S. 338-356.

Hyam, Ronald, *Empire and Sexuality: The British Experience*, Manchester: Manchester University Press 1990.

Ingram, Martin, »Reformation of manners in early modern England«, in: *The Experience of Authority in Early Modern England*, hg. v. P. Griffiths, A. Fox und S. Hindle, London: MacMillan 1996, S. 47-88.

im Hof, Ulrich, *Isaak Iselin und die Spätaufklärung*, Bern/München: Francke 1967.

Ivaldo, Marco, »Das Problem des Bösen bei Fichte«, in: *Fichte-Studien, Bd. 3: Sozialphilosophie*, Amsterdam/Atlanta: Editions Rodopi 1991, 154-169.

Jacobs, Karl-Felix, *Die Entstehung der Onanie-Literatur im 17. und 18. Jahrhundert*, München: Schön 1963.

Jacobs, Wilhelm, *Trieb als sittliches Phänomen: eine Untersuchung zur Grundlegung der Philosophie nach Kant und Fichte*, Bonn: Bouvier 1967.

Jamieson, Ruth, »The man of Hobbes. Masculinity and wartime necessity«, in: *Journal of Historical Sociology* 9 (1996), H. 1, S. 19-42.

Janke, Wolfgang, »Die Zeit in der Zeit aufheben. Der transzendentale Weg«, in: *Schillers Briefe ›Über die ästhetische Erziehung‹*, hg. v. Jürgen Bolten, Frankfurt am Main: Suhrkamp 1984, S. 229-260.

Jauch, Ursula Pia, *Damenphilosophie & Männermoral. Von Abbé de Gérard bis Marquis de Sade. Ein Versuch über die lächelnde Vernunft*, Wien: Passagen 1990.

Jay, Martin, »Scopic regimes of modernity«, in: *Vision and Visuality*, hg. v. Hal Foster, Seattle: Bay Press, S. 3-23.

Jenks, Chris (Hg.), *Visual Culture*, London/New York: Routledge 1995.

Joas, Hans, »Die Demokratisierung der Differenzierungsfrage«, in: *Soziale Welt* 41 (1990), S. 8-27.

– *Die Kreativität des Handelns*, Frankfurt am Main: Suhrkamp 1992.

Jonas, Friedrich, *Geschichte der Soziologie*, Opladen: Westdt. Verlag 1980 (2 Bde.).

Justman, Stewart, *The Autonomous Male of Adam Smith*, Norman/London: University of Oklahoma Press 1993.

– »Regarding others«, in: *New Literary History* 27 (1996), H. 1, S. 83-93.

Kämmerer, Annette und Speck, Agnes (Hg.), *Geschlecht und Moral*, Heidelberg: Verlag Das Wunderhorn 1999.

Käppeli, Anne-Marie, »Die feministische Szene«, in: *Geschichte der Frauen*, Bd. 4: 19. Jahrhundert, hg. v. Georges Duby und Michelle Perrot, Frankfurt am Main: Fischer 1997, S. 539-573.

Karras, Ruth Mazo, *From Boys to Men. Formations of Masculinity in Late Medieval Europe*, Philadelphia: University of Pennsylvania Press 2003.

Kaufman, Michael, »Die Konstruktion von Männlichkeit und die Triade männlicher Gewalt«, in: *Kritische Männerforschung. Neue Ansätze in der Geschlechtertheorie*, hg. v. BauSteineMänner, Hamburg: Argument 2001, S. 138-171.

Kersting, Christa, *Die Genese der Pädagogik im 18. Jahrhundert. Campes »Allgemeine Revision« im Kontext der neuzeitlichen Wissenschaft*, Weinheim: Dt. Studien Verlag 1992.

Kersting, Wolfgang, »Vertrag, Gesellschaftsvertrag, Herrschaftsvertrag«, in: *Geschichtliche Grundbegriffe. Historisches Lexikon zur politisch-sozialen Sprache in Deutschland*, Bd. 6, hg. v. Otto Brunner, Werner Conze und Reinhart Koselleck, Stuttgart: Klett-Cotta 1990, S. 901-945.

Kettler, David, *The Social and Political Thought of Adam Ferguson*, Columbus: Ohio State University Press 1965.

Kieserling, André, *Kommunikation unter Anwesenden. Studien über Interaktionssysteme*, Frankfurt am Main: Suhrkamp 1999.

– »Das Ende der guten Gesellschaft«, in: *Soziale Systeme* 7 (2001), H. 1, S. 177-191

Kim, D., Lee, J. Y. und Pang, M. G., »Male circumcision: A Korean perspective«, in: *British Journal of Urology* 83 (1999), Suppl. 1, S. 28-33.

Kimmel, Michael, *The Gendered Society*, New York/Oxford: Oxford University Press 2000.

King, Peter, »Gender, crime and justice in late eighteenth- and early nineteenth-century England«, in: *Gender and Crime in Modern Europe*, hg. v. Margaret Arnot und Cornelie Usborne, London: UCL Press 1999, S. 44-74.

Kittler, Friedrich, *Aufschreibesysteme 1800/1900*, München: Fink 2003.

Kittsteiner, Heinz Dieter, *Naturabsicht und unsichtbare Hand*, Frankfurt am Main u. a.: Ullstein 1980.

Kliemt, Hartmut, *Moralische Institutionen*, Freiburg/München: Alber 1985.

Klinger, Cornelia, »Das Bild der Frau in der Philosophie und die Reflexion von

Frauen auf die Philosophie«, in: *Wie männlich ist die Wissenschaft?*, hg. v. Karin Hausen und Helga Nowotny, Frankfurt am Main: Suhrkamp 1986, S. 62-86.

– »Romantik und Feminismus. Zu Geschichte und Aktualität ihrer Beziehung«, in: *Feministische Vernunftkritik. Ansätze und Traditionen*, hg. v. Ilona Ostner und Klaus Lichtblau, Frankfurt am Main/New York: Campus 1992, S. 29-52.

– »Beredtes Schweigen und verschwiegenes Sprechen: Genus im Diskurs der Philosophie«, in: *Genus – zur Geschlechterdifferenz in den Kulturwissenschaften*, hg. v. Hadumod Bußmann und Renate Hof, Stuttgart: Kröner 1995, S. 34-59.

– »Die Ordnung der Geschlechter und die Ambivalenz der Moderne«, in: *Das Geschlecht der Zukunft. Zwischen Frauenemanzipation und Geschlechtervielfalt*, hg. v. Sybille Becker, Gesine Kleinschmidt, Ilona Nord und Gury Schneider-Ludorff, Stuttgart: Kohlhammer 2000, S. 29-63 (zit. nach: ⟨http://www.uni-tuebingen.de/uni/f07/download/klinger-modpol.pdf⟩ (Stand Dezember 2007).

Knapp, Gudrun-Axeli, »Grundlagenkritik und stille Post. Zur Debatte um einen Bedeutungsverlust der Kategorie ›Geschlecht‹«, in: *Geschlechtersoziologie*, hg. v. Bettina Heintz, *KZfSS* Sonderheft 41 (2001), S. 53-74.

Knorr-Cetina, »Zur Unterkomplexität der Differenzierungstheorie. Empirische Anfragen an die Systemtheorie«, in: *Zeitschrift für Soziologie* 21 (1992), H. 4, S. 406-419.

Koch, Elisabeth, *Maior Dignitas Est in Sexu Virili. Das weibliche Geschlecht im Normensystem des 16. Jahrhunderts*, Frankfurt am Main: Klostermann 1991.

Kondylis, Panajotis, *Die Aufklärung im Rahmen des neuzeitlichen Rationalismus*, München: dtv 1986.

Koschorke, Albrecht, »Geschlechterpolitik und Zeichenökonomie. Zur Geschichte der deutschen Klassik vor ihrer Entstehung«, in: *Kanon – Macht – Kultur. Theoretische und soziale Aspekte ästhetischer Kanonbildung*, hg. v. Renate von Heydebrand, Stuttgart: Metzler 1998, S. 581-99.

– *Körperströme und Schriftverkehr. Mediologie des 18. Jahrhunderts*, München: Fink 1999

– »Die Männer und die Moderne«, in: *Der Blick vom Wolkenkratzer. Avantgarde – Avantgardekritik – Avantgardeforschung*, hg. v. Wolfgang Aasholt und Walter Fähnders, Amsterdam/Atlanta: Rodopi 2000, S. 141-162.

– »David Hartleys Assoziationstheorie, Adam Smiths Sympathielehre und die Dampfmaschine von James Watt«, in: *Das Laokoon-Paradigma. Zeichenregime im 18. Jahrhundert*, hg. v. Inge Baxmann, Michael Franz und Wolfgang Schäffner, Berlin: Akademie 2000a, S. 179-190.

Koselleck, Reinhart, »Die Herausbildung des modernen Geschichtsbegriffs«, in: *Geschichtliche Grundbegriffe. Historisches Lexikon zur politisch-sozialen Sprache in Deutschland*, Bd. 2, hg. v. Otto Brunner, Werner Conze und dems., Stuttgart: Klett-Cotta 1975, S. 593-595.

– »Einleitung zum Begriff ›Geschichte, Historie‹«, *Geschichtliche Grundbegriffe. Historisches Lexikon zur politisch-sozialen Sprache in Deutschland*, Bd. 2, hg. v.

Otto Brunner, Werner Conze und dems., Stuttgart: Klett-Cotta 1975a, S. 647-717.

– »Fortschritt«, in: *Geschichtliche Grundbegriffe. Historisches Lexikon zur politisch-sozialen Sprache in Deutschland*, Bd. 2, hg. v. Otto Brunner, Werner Conze und dems., Stuttgart: Klett-Cotta 1975b, S. 351-423.

– »Neuzeit. Zur Semantik moderner Bewegungsbegriffe«, in: ders. (Hg.), *Studien zum Beginn der modernen Welt*, Stuttgart: Klett-Cotta 1977, S. 264-299.

– *Vergangene Zukunft: Zur Semantik geschichtlicher Zeiten*, Frankfurt am Main: Suhrkamp 1979.

Krais, Beate, »Geschlechterverhältnis und symbolische Gewalt«, in: *Praxis und Ästhetik. Neue Perspektiven im Denken Pierre Bourdieus*, hg. v. Gunter Gebauer und Christoph Wulf, Frankfurt am Main: Suhrkamp 1993, S. 208-250.

– *Habitus*, Bielefeld: transcript 2001.

Krohn, Wolfgang, »Funktionen der Moralkommunikation«, in: *Soziale Systeme* 5 (1999), H. 2, S. 313-338.

Kubes-Hoffmann, Ursula, *Das unbewußte Erbe. Weibliche Geschichtslosigkeit zwischen Aufklärung und Frühromantik*, Wien: Wiener Frauenverlag 1993.

Kühne, Thomas, »Staatspolitik, Frauenpolitik, Männerpolitik: Politikgeschichte als Geschlechtergeschichte«, in: *Geschlechtergeschichte und Allgemeine Geschichte. Herausforderungen und Perspektiven*, hg. v. Hans Medick und Anne-Charlott Trepp, Göttingen: Wallstein 1998, S. 173-231.

Laak, Dirk van, »›Am Anfang war das Wort ...‹ Über die Theorien zum Beginn der Geschichte«, in: *Saeculum* Bd. 40. (H. 3/4, 1989), S. 296-312.

Lange, Lynda 1991: Rousseau and modern feminism, in: *Feminist Interpretation of Political Theory*, hg. v. Mary Shanley und Carol Pateman, University Park, PA: Pennsylvania State University Press, S. 95-111.

Laqueur, Thomas, *Auf den Leib geschrieben. Die Inszenierung der Geschlechter von der Antike bis Freud*, Frankfurt am Main: Campus 1992.

– *Solitary Sex. A Cultural History of Masturbation*, New York: Zone Books 2003.

Larrabee, May J. (Hg.), *An Ethic of Care. Feminist and Interdisciplinary Perspectives*, New York/London: Routledge 1993.

Laslett, Peter, *Verlorene Lebenswelten: Geschichte der vorindustriellen Gesellschaft*, Frankfurt am Main: Fischer 1991.

LeGates, Marlene, »The cult of womanhood in eighteenth-century thought«, in: *Eighteenth-Century Studies* 10 (1976), H. 1, S. 21-39.

Lehmann, William C., »Einleitung«, in: Millar, John, *Vom Ursprung des Unterschieds in den Rangordnungen und Ständen der Gesellschaft*, Frankfurt am Main: Suhrkamp 1967, S. 7-44.

Lenzen, Dieter, *Vaterschaft. Vom Patriarchat zur Alimentation*, Reinbek: Rowohlt 1991.

Levi, Giovanni und Schmitt, Jean-Claude (Hg.), *Geschichte der Jugend. Bd. 1: Von der Antike bis zum Absolutismus*, Frankfurt am Main: Fischer 1996.

Lewandowski, Sven, *Sexualität in den Zeiten funktionaler Differenzierung. Eine systemtheoretische Analyse*, Bielefeld: transcript 2004.

Lewis, Jan, »Motherhood and the construction of the male citizen in the United States, 1750-1850«, in: *Constructions of the Self*, hg. v. George Levine, New Brunswick: Rutgers University Press 1992, S. 143-163.

Lewis, Reina, »Looking good. The lesbian gaze and fashion imagery«, in: *The Visual Culture Reader*, hg. v. Nichaolas Mirzoeff, London/New York: Routledge, S. 463-477.

Linton, Marisa, *The Politics of Virtue in Enlightenment France*, Basingstoke: Palgrave 2001.

Lisberg-Haag, Isabell, *»Die Unzucht – das Grab der Völker«. Die Evangelische Sittlichkeitsbewegung und die »sexuelle Moderne« 1870-1918*, Münster: Lit 2002.

Luhmann, Niklas, *Liebe als Passion*, Frankfurt am Main: Suhrkamp 1982.

– *Soziale Systeme. Grundriß einer allgemeinen Theorie*, Frankfurt am Main: Suhrkamp 1984.

– »Die Differenzierung von Interaktion und Gesellschaft: Probleme der sozialen Solidarität«, in: *Solidarität in der Welt der 80er Jahre: Leistungsgesellschaft und Sozialstaat*, hg. v. Robert Knopp, Basel: Helbing & Lichterhahn 1984a, S. 79-96.

– (Hg.), *Soziale Differenzierung. Zur Geschichte einer Idee*, Opladen: Westdt. Verlag 1985.

– »Am Anfang war kein Unrecht«, in: ders., *Gesellschaftsstruktur und Semantik. Studien zur Wissenssoziologie der modernen Gesellschaft*, Bd. 3, Frankfurt am Main: Suhrkamp 1989, S. 11-64.

– »Gesellschaftliche Struktur und semantische Tradition«, in: ders., *Gesellschaftsstruktur und Semantik. Studien zur Wissenssoziologie der modernen Gesellschaft*, Bd. 1, Frankfurt am Main: Suhrkamp 1993a , S. 9-71.

– »Interaktion in Oberschichten. Zur Transformation ihrer Semantik im 17. und 18. Jahrhundert«, in: ders., *Gesellschaftsstruktur und Semantik. Studien zur Wissenssoziologie der modernen Gesellschaft*, Bd. 1, Frankfurt am Main: Suhrkamp 1993b, S. 71-161.

– »Frühneuzeitliche Anthropologie: Theorietechnische Lösungen für ein Evolutionsproblem der Gesellschaft«, in: ders., *Gesellschaftsstruktur und Semantik. Studien zur Wissenssoziologie der modernen Gesellschaft*, Bd. 1, Frankfurt am Main: Suhrkamp 1993c, S. 162-234.

– »Selbstreferenz und Teleologie in gesellschaftstheoretischer Perspektive«, in: ders., *Gesellschaftsstruktur und Semantik. Studien zur Wissenssoziologie der modernen Gesellschaft*, Bd. 2, Frankfurt am Main: Suhrkamp 1993d, S. 9-44.

– »Theoriesubstitution in der Erziehungswissenschaft: Von der Philanthropie zum Neuhumanismus«, in: ders., *Gesellschaftsstruktur und Semantik. Studien zur Wissenssoziologie der modernen Gesellschaft*, Bd. 2, Frankfurt am Main: Suhrkamp 1993e, S. 105-194.

– »Die gesellschaftliche Differenzierung und das Individuum«, in: ders, *Soziologische Aufklärung 6: Die Soziologie und der Mensch*, Opladen: Westdt. Verlag 1995, S. 121-136.
– *Die Wirtschaft der Gesellschaft*, Frankfurt am Main: Suhrkamp 1996.
– *Die Gesellschaft der Gesellschaft*, Frankfurt am Main: Suhrkamp 1997.
– »Frauen, Männer und George Spencer Brown«, in: *Frauen, Männer, Gender Trouble. Systemtheoretische Essays*, hg. v. Ursula Pasero und Christine Weinbach, Frankfurt am Main: Suhrkamp 2003, S. 15-62
– *Einführung in die Theorie der Gesellschaft*, hg. von Dirk Baecker, Heidelberg: Carl-Auer 2005
– »Interaktion, Organisation, Gesellschaft«, in: ders., *Soziologische Aufklärung 2. Aufsätze zur Theorie der Gesellschaft*, 5. Aufl., Wiesbaden: VS Verlag 2005a, S. 9-24
Luserke-Jaqui, Matthias, »›Dieses grausame, entartete, wilde Geschlecht‹. Über die literarische Darstellung der Schule als Ort männlicher Sozialisation«, in: *Abschied vom Mythos Mann: kulturelle Konzepte der Moderne*, hg. v. Karin Tebben, Göttingen: Vandenhoeck & Ruprecht 2002, S. 49-64.
Lütkehaus, Ludger, *»O Wollust, o Hölle«. Die Onanie. Stationen einer Inquisition*, Frankfurt am Main: Fischer 1992.
Maasen, Sabine, *Genealogie der Unmoral. Zur Therapeutisierung sexueller Selbste*, Frankfurt am Main: Suhrkamp 1998.
Macfarlane, Alan, *The Riddle of the Modern World. Of Liberty, Wealth and Equality*, London: Routledge 2000.
Macfie, Alec, »The invisible hand of Jupiter«, in: *Journal of the History of Ideas*, Vol. 32 (1971), S. 595-599.
Malleier, Elisabeth, »Formen männlicher Hysterie. Die Kriegsneurosen im Ersten Weltkrieg«, in: *Körper – Geschlecht – Geschichte. Historische und aktuelle Debatten in der Medizin*, hg. v. Elisabeth Mixa u. a., Innsbruck/Wien: Studienverl. 1996, S. 147-163.
Mariani, Philomena, »Law-and-order science«, in: *Constructing Masculinity*, hg. v. Maurice Berger, Brian Wallis und Simon Watson, New York/London: Routledge 1995, S. 135-156.
Marshall, David, *The Figure of Theater. Shaftesbury, Defoe, Adam Smith, and George Eliot*, New York: Columbia University Press 1986.
– *The Surprising Effects of Sympathy. Marivaux, Diderot, Rousseau, and Mary Shelley*, Chicago: Chicago University Press 1988.
Martens, Wolfgang, *Die Botschaft der Tugend. Die Aufklärung im Spiegel der deutschen Moralischen Wochenschriften*, Stuttgart: Metzler 1968.
Martens, Will, »Struktur, Semantik und Gedächtnis. Vorbemerkungen zur Evolutionstheorie«, in: *Beobachter der Moderne. Beiträge zu Niklas Luhmanns »Die Gesellschaft der Gesellschaft«*, hg. v. Hans-Joachim Giegel und Uwe Schimank, Frankfurt am Main: Suhrkamp 2003, S. 167-203.

Martschukat, Jürgen, »›Ein Mörder aus Liebe‹. Über Vaterschaft, Fürsorge und Verzweiflung an der Wende vom 18. zum 19. Jahrhundert«, in: *WerkstattGeschichte* 100 (2003), S. 8-26.

– ders. und Stieglitz, Olaf, »Mannigfaltigkeit: Perspektiven einer historischen Männerforschung«, in: *WerkstattGeschichte* 100 (2003), S. 4-7.

– ders. und Stieglitz, Olaf, *»Es ist ein Junge!«: Einführung in die Geschichte der Männlichkeiten der Neuzeit*, Tübingen: Edition Discord 2005.

Mason, Gail, *The Spectacle of Violence. Homophobia, Gender, and Knowledge*, London/New York: Routledge 2001.

Mathes, Bettina, *Verhandlungen mit Faust. Geschlechterverhältnisse in der Kultur der Frühen Neuzeit*, Köngstein/Ts.: Helmer 2001.

Maurer, Michael, *Die Biographie des Bürgers. Lebensformen und Denkweisen in der formativen Phase des deutschen Bürgertums (1680-1815)*, Göttingen: Vandenhoeck & Ruprecht 1996.

Mauser, Wolfram, »Geselligkeit. Zu Chance und Scheitern einer sozialethischen Utopie um 1750«, in: *Aufklärung* Bd. 4 (H.1, 1989), S. 5-36.

Mayntz, Renate et al. (Hg.), *Differenzierung und Verselbständigung. Zur Entwicklung gesellschaftlicher Teilsysteme*, Frankfurt am Main/New York: Campus 1988.

McKenzie, Alan T., *Certain, Lively Episodes. The Articulation of Passion in Eighteenth-Century Prose*, Athens/London: University of Georgia Press 1990.

McLeod, Hugh, »Weibliche Frömmigkeit – männlicher Unglaube? Religion und Kirchen im bürgerlichen 19. Jahrhundert«, in: *Bürgerinnen und Bürger. Geschlechterverhältnisse im 19. Jahrhundert*, hg. v. Ute Frevert, Göttingen: Vandenhoeck & Ruprecht 1988, S. 134-156.

McMillan, Carol, *Women, Reason and Nature*, Oxford: Blackwell 1982.

McNamara, Jo Ann, »The herrenfrage. The restructuring of the gender system, 1050-1150«, in: *Medieval Masculinities. Regarding Men in the Middle Ages*, hg. v. Clare A. Less, Minneapolis: University of Minnesota Press 1994, S. 3-29.

Mead, George H., *Geist, Identität und Gesellschaft*, Frankfurt am Main: Suhrkamp 1968.

Meckenstock, Günter, »Einleitung«, in: *Schleiermacher, Friedrich D. E., Krit. Gesamtausgabe*, hg. v. Hans-Joachim Birkner u. a., I. Abt., Bd. 3: Schriften aus der Berliner Zeit 1800-1802, VII-CXXVI, Berlin: de Gruyter 1988.

Medick, Hans, *Naturzustand und Naturgeschichte der bürgerlichen Gesellschaft. Die Ursprünge der bürgerlichen Sozialtheorie als Geschichtsphilosophie und Sozialwissenschaft bei Samuel Pufendorf, John Locke und Adam Smith*, Göttingen: Vandenhoeck & Ruprecht 1973.

Meek, Ronald L., *Social Sciene and the Ignoble Savage*, Cambridge u. a.: Cambridge University Press 1976.

Mehlmann, Sabine, »Das vergeschlechtlichte Individuum – Thesen zur historischen Genese des Konzeptes männlicher Geschlechtsidentität«, in: *Das Ge-*

schlecht der Moderne: Genealogie und Archäologie der Geschlechterdifferenz, hg. v. Hannelore Bublitz, Frankfurt am Main: Campus 1998, S. 26-48, S. 95-118.

Messerschmidt, James W., *Masculinities and Crime. Critique and Reconceptualization of Theory*, Lanham, MA: Rowman & Littlefield 1993.

Meuser, Michael, *Geschlecht und Männlichkeit. Soziologische Theorie und kulturelle Deutungsmuster*, Opladen: Leske + Budrich 1998.

– »Männerwelten. Zur kollektiven Konstruktion hegemonialer Männlichkeit«, Vortrag auf der 1. Tagung AIM Gender 2001 ⟨http://www.ruendal.de/aim/pdfs/Meuser.pdf⟩ (Stand: Dezember 2007).

Meyer, Eva, *Zählen und Erzählen. Für eine Semiotik des Weiblichen*, Wien/Berlin: Medusa 1983.

Meyer, Heinz, *Alienation, Entfremdung und Selbstverwirklichung*, Hildesheim u. a.: Olms 1984.

Meyer-Knees, Anke, *Verführung und sexuelle Gewalt. Untersuchung zum medizinischen und juristischen Diskurs im 18. Jahrhundert*, Tübingen: Staufenberg 1992.

Micale, Mark S., »Hysteria and its historiography: The future perspective«, in: *History of Psychiatry* 1 (1990), H. 1, S. 33-124.

– *Approaching Hysteria. Disease and its Interpretations*, Princeton: Princeton University Press 1995.

Mirzoeff, Nicholas (Hg.), *The Visual Culture Reader*, London/New York: Routledge 1998.

Mix, York-Gothart, »Männliche Sensibilität oder die Modernität der Empfindsamkeit. Zu den Leiden des jungen Werther, Anton Reiser, Buddenbrooks und den Verwirrungen des Zöglings Törleß«, in: *Aufklärung* Bd. 13 (2001), S. 191-208.

Mog, Paul, *Ratio und Gefühlskultur. Studien zu Psychogenese und Literatur im 18. Jahrhundert*, Tübingen: Niemeyer 1976.

Moravia, Sergio, *Beobachtende Vernunft. Philosophie und Anthropologie in der Aufklärung*, Berlin: Ullstein 1977.

Morillo, John D., *Uneasy Feelings: Literature, the Passions, and Class from Neoclassicism to Romanticism*, New York: AMS Press 2001.

Moscucci, Ornella, *The Science of Woman*, Cambridge: Cambridge University Press 1990.

– »Clitoridectomy, Circumcision, and the Politics of Sexual Pleasure in Mid-Victorian Britain«, in: *Sexualities in Victorian Britain*, hg. v. Andrew H. Miller und James Eli Adams, Bloomington and Indianapolis: Indiana University Press 1996, S. 60-78.

Mosse, George L., *The Image of Man. The Creation of Modern Masculinity*, New York/Oxford: Oxford University Press 1996.

Motooka, Wendy, *The Age of Reasons. Quixotism, Sentimentalism and Political Economy in Eighteenth-Century Britain*, London/New York: Routledge 1998.

Mullan, John, *Sentiment and Sociability. The Language of Feeling in the Eighteenth Century*, Oxford: Clarendon Press 1988.

Mulvey, Laura, »Visuelle Lust und narratives Kino«, in: *Weiblichkeit als Maskerade*, hg. v. Liliane Weissberg, Frankfurt am Main: Fischer 1994, S. 48-65.

Müller-Sievers, Helmut, *Epigenesis: Naturphilosophie im Sprachdenken Wilhelm von Humboldts*, Paderborn: Schöningh 1993.

– »Schiller, Fichte, Humboldt und die Genealogie des Masochismus«, in: *Der ganze Mensch. Anthropologie und Literatur im 18. Jahrhundert*, hg. v. Hans-Jürgen Schings, Stuttgart: Metzler 1994, S. 440-468.

– *Self-Generation. Biology, Philosophy, and Literature Around 1800*, Stanford: Stanford University Press 1997.

Münch, Richard, *Dialektik der Kommunikationsgesellschaft*, Frankfurt am Main: Suhrkamp 1991

– *Die Struktur der Moderne*, Frankfurt am Main: Suhrkamp 1992

Nash, Richard, *Wild Enlightenment. The Borders of Human Identity in the Eighteenth Century*, Charlottesville/London: University of Virginia Press 2003.

Nassehi, Armin, *Die Zeit der Gesellschaft. Auf dem Weg zu einer soziologischen Theorie der Zeit*, Opladen: Westdt. Verlag 1993.

– »Exclusion individuality or individualization by inclusion?«, in: *Soziale Systeme* 8 (2002), H. 1, S. 124-135.

– *Geschlossenheit und Offenheit. Studien zur Theorie der modernen Gesellschaft*, Frankfurt am Main: Suhrkamp 2003.

– »Geschlecht im System. Die Ontologisierung des Körpers und die Asymmetrie der Geschlechter«, in: *Frauen, Männer, Gender Trouble. Systemtheoretische Essays*, hg. v. Ursula Pasero und Christine Weinbach, Frankfurt am Main: Suhrkamp 2003a, S. 80-104.

Neiva, Eduardo, *Mythologies of Vision. Image, Culture, and Visuality*, New York u. a.: Lang 1999.

Nippel, Wilfred, *Griechen, Barbaren und »Wilde«. Alte Geschichte und Sozialanthropologie*, Frankfurt am Main: Fischer 1990.

Nitschke, Peter, *Einführung in die politische Theorie der Prämoderne 1500-1800*, Darmstadt: Wiss. Buchgesellschaft 2002.

Nussbaum, Felicity A., *The Brink of All We Hate. English Satires on Women 1660-1750*, Lexington: University Press of Kentucky 1984.

O'Hara, K.; O'Hara, J., »The effect of male circumcision on the sexual enjoyment of the female partner«, in: *British Journal of Urology* 83 (1999), Suppl. 1, S. 79-84.

Olenhusen, Irmtraud Götz von, »Das Ende männlicher Zeugungsmythen im Zeitalter der Aufklärung: Zur Wissenschafts- und Geschlechtergeschichte des 17. und 18. Jahrhunderts«, in: *Ordnung, Politik und Geselligkeit der Geschlechter im 18. Jahrhundert*, hg. v. Ulrike Weckel, Göttingen: Wallstein 1998, S. 259-283.

Oppenheim, Janet, *»Shattered Nerves«: Doctors, Patients, and Depression in Victorian England*, Oxford: Oxford University Press 1991.

Orgel, Stephen, *Impersonations: The Performance of Gender in Shakespeare's England*, Cambridge: Cambridge University Press 1996.

Otten, Dieter, *MännerVersagen. Über das Verhältnis der Geschlechter im 21. Jahrhundert*, Bergisch Gladbach: Lübbe 2000.

Ottow, Raimund, »Modelle der unsichtbaren Hand vor Adam Smith«, in: *Leviathan* 19 (1991), S. 558-574.

Pankoke, Eckart, »Soziologie, Geisteswissenschaften«, in: *Geschichtliche Grundbegriffe. Historisches Lexikon zur politisch-sozialen Sprache in Deutschland*, Bd. 5, hg. v. Otto Brunner, Werner Conze und Reinhart Koselleck, Stuttgart: Klett-Cotta 1984, S. 997-1032.

Park, Katharine, »The rediscovery of the clitoris«, in: *The Body in Parts: Fantasies of Corporeality in Early Modern Europe*, hg. v. David Hillman und Carla Mazzio, London: Routledge 1997, S. 171-194.

– dies. und Nye, Robert, »Destiny is anatomy«, in: *New Republic*, 18. 2. 1991, S. 53-57.

Parker, Patricia, »Virile style«, in: *Premodern Sexualities*, hg. v. Luise Fradenburg und Carla Freccero, New York: Routledge 1996, S. 199-222.

Parsons, Gail Pat, »Equal treatments for all: American medical remedies for male sexual problems: 1850-1900«, in: *Journal of History of Medicine* Bd. XXXII (1977), Nr. 1, S. 55-71.

Parsons, Talcott, *Das System moderner Gesellschaften*, München: Juventa 1972.

Pasero, Ulrike, »Geschlechterforschung revisited: konstruktivistische und systemtheoretische Perspektiven«, in: *Denkachsen. Zur theroetischen und institutionellen Rede vom Geschlecht*, hg. v. Theresa Wobbe und Gesa Lindemann, Frankfurt am Main: Suhrkamp 1994, S. 264-296.

– »Dethematisierung von Geschlecht«, in: *Konstruktion von Geschlecht*, hg. v. ders. und Friederike Braun, Pfaffenweiler: Centaurus 1995, S. 50-66.

– »Kommunikation von Geschlecht – stereotype Wirkungen: Zur sozialen Semantik von Geschlecht und Geld«, in: *Kommunikation von Geschlecht*, hg. v. ders. und Friederike Braun, Pfaffenweiler: Centaurus 1997, S. 242-260

– »Gender, Individualität, Diversity«, in: *Frauen, Männer, Gender Trouble. Systemtheoretische Essays*, hg. v. ders. und Christine Weinbach, Frankfurt am Main: Suhrkamp 2003, S. 105-124.

Pateman, Carol, *The Disorder of Women. Democracy, Feminism and Political Theory*, Stanford: Stanford University Press 1989.

Perry, Ruth, »Colonizing the breast: Sexuality and maternity in eighteenth-century in England«, in: *Journal of the History of Sexuality* 2 (1991), H. 2, S. 204-234.

Petersen, Alan, *Unmasking the Masculine. »Men« and »Identity« in a Sceptical Age*, London u. a.: Sage 1998.

Pfrang, Horst, »Der Mann in Ehe und Familie«, in: *Familie. Zerfall oder neues Selbstverständnis*, hg. v. Hans-Joachim Schulze, Würzburg: Königshausen & Neumann 1987, S. 67-106.

Pitkin, Hanna F., *Fortune Is a Woman. Gender and Politics in the Thought of Niccolò Machiavelli*, Berkeley: University of California Press 1984.

Plessner. Helmuth, *Grenzen der Gemeinschaft. Eine Kritik des sozialen Radikalismus* (1924), Frankfurt am Main: Suhrkamp 2001.

Pocock, J. G. A., *The Machiavellian Moment. Florentine Political Thought and the Atlantic Republican Tradition*, Princeton: Princeton University Press 1975.

– *Virtue, Commerce, and History. Essays on Political Thought and History, Chiefly in the Eighteenth Century*, Cambridge: Cambridge University Press 1985.

Poeter, Elisabeth, »›The World is the book of woman. Gender, knowledge, and education in the eighteenth century«, in: *Anthropology and the German Enlightenment: Perspectives on Humanity*, hg. v. Katherine M. Faull, Lewisburg: Bucknell University Press 1995, S. 165-181.

Pollock, Griselda, *Vision & Difference. Femininity, Feminism and the Histories of Art*, London/New York: Routledge 1988.

Pomata, Gianna, »Vollkommen oder verdorben? Der männliche Samen im frühneuzeitlichen Europa«, in: *L'Homme* 6 (1995), H. 2, S. 59-85.

– »Close-ups and long-shots. Combining particular and general in writing the histories of women and men«, in: *Geschlechtergeschichte und Allgemeine Geschichte. Herausforderungen und Perspektiven*, hg. v. Hans Medick und Anne-Charlott Trepp, Göttingen: Wallstein 1998, S. 101-124.

– »Menstruating men: Similarity and difference of the sexes in early modern medicine«, in: *Generation and Degeneration. Tropes of Reproduction in Literature and History from Antiquity through Early Modern Europe*, hg. v. Valeria Finucci und Kevin Brownlee, Durham/London: Duke University Press 2001, S. 109-152.

Popitz, Heinrich, *Der entfremdete Mensch. Zeitkritik und Geschichtsphilosophie des jungen Marx*, Basel: Recht u. Gesellschaft 1953.

Radkau, Joachim, *Das Zeitalter der Nervosität. Deutschland zwischen Bismarck und Hitler*, München: Hanser 1998.

Raphael, D. D., »The impartial spectator«, in: *Essays on Adam Smith*, hg. v. A. S. Skinner und T. Wilson, Oxford: Clarendon Press 1975, S. 83-99.

Reill, Peter Hanns, »The construction of the social sciences in late eighteenth and early nineteenth century Germany«, in: *The rise of the Social Sciences and the formation of Modernity*, hg. v. Johan Heilbron u. a., Dordrecht u. a.: Kluwer 1998, S. 107-140.

Richter, Horst-Eberhard, *Die Krise der Männlichkeit in der unerwachsenen Gesellschaft*, Gießen: Psychosozial-Verlag 2006.

Richter, Simon, »Wet-nursing, onanism, and the breast in eighteenth-century Germany«, in: *Journal of History of Sexuality* 7 (1996), H. 1, S. 1-22.

Riedel, Wolfgang, »Anthropologie und Literatur in der deutschen Spätaufklärung. Skizze einer Forschungslandschaft«, in: *IASL* (1994), S. 93-157.

Rieger, Stephan, »Die Suggestionen des Selbst. Zur Emergenz rekursiver Individualisierung«, in: *Blinde Emergenz? Interdisziplinäre Beiträge zu Fragen kultureller Evolution*, hg. v. Thomas Wägenbaur, Heidelberg: Synchron 2000, S. 191-209.

– »Arbeit an sich. Dispositive der Selbstsorge in der Moderne«, in: *Anthropologie der Arbeit*, hg. v. Ulrich Bröckling, Ulrich u. Eva Horn, Tübingen: Narr 2002, S. 79-96.

– *Kybernetische Anthropologie. Eine Geschichte der Virtualität*, Frankfurt am Main: Suhrkamp 2003

Riner, Reed D., »Circumcision: A riddle of American culture«, Vortrag vor *The First International Symposium on Circumcision*, Anaheim, CA, 1.-2. März 1989: ⟨http://www.nocirc.org/symposia/first/riner.html⟩ (Stand: Dezember 2007).

Roberts, David, »Die Paradoxie des Ursprungs. Zur Archäologie der Romantik«, in: *Blinde Emergenz? Interdisziplinäre Beiträge zu Fragen kultureller Evolution*, hg. v. Thomas Wägenbaur, Heidelberg: Synchron 2000, S. 87-99.

Rohlje, Uwe, *Autoerotik und Gesundheit. Untersuchungen zur gesellschaftlichen Entstehung und Funktion der Masturbationsbekämpfung im 18. Jahrhundert*, Münster/New York: Waxmann 1991.

Rohs, Peter, *Johann Gottlieb Fichte*, München: Beck 1991.

Roper, Michael und Tosh, John, »Introduction. Historians and the politics of masculinity«, in: *Manful Assertions. Masculinities in Britain Since 1800*, hg. v. dens., London/New York: Routledge 1991.

Rose, Jacqueline, *Sexuality in the Field of Vision*, London: Verso 1986.

Rosenbaum, Heide, *Familie als Gegenstruktur zur Gesellschaft. Kritik grundlegender theoretischer Ansätze der westdeutschen Familiensoziologie*, Stuttgart: Enke 1973.

– *Formen der Familie. Untersuchungen zum Zusammenhang von Familienverhältnissen, Sozialstruktur und sozialem Wandel in der deutschen Gesellschaft des 19. Jahrhunderts*, Frankfurt am Main: Suhrkamp 1982.

Ross, Ian Simpson, *The Life of Adam Smith*, Oxford: Clarendon Press 1995.

Roulston, Christine, *Virtue, Gender, and the Authentic Self in Eighteenth-Century Fiction. Richardson, Rousseau, and Laclos*, Gainesville u. a.: University Press of Florida 1998.

Rublack, Ulinka, *The Crimes of Women in Early Modern Germany*, Oxford: Clarendon Press 1999.

Runte, Annette, »Die ›Frau ohne Eigenschaften‹ oder Niklas Luhmanns systemtheoretische Betrachtung der Geschlechterdifferenz«, in: *Denkachsen. Zur theoretischen und institutionellen Rede vom Geschlecht*, hg. v. Theresa Wobbe und Gesa Lindemann, Frankfurt am Main: Suhrkamp 1994, S. 297-326.

Saurer, Edith, »Frauen und Priester. Beichtgespräche im frühen 19. Jahrhundert«, in: *Arbeit, Frömmigkeit und Eigensinn. Studien zur historischen Kulturforschung*, hg. v. Richard van Dülmen, Frankfurt am Main: Fischer 1990, S. 141-170.

Schade, Sigrid und Wenk, Silke, »Inszenierungen des Sehens: Kunst, Geschichte und Geschlechterdifferenz«, in: *Genus. Zur Geschlechterdifferenz in den Kulturwissenschaften*, hg. v. Hadumod Bußmann und Renate Hof, Stuttgart: Kröner 1995, S. 340-407.

Scheper-Hughes, Nancy, »Virgin territory: The male discovers the clitoris«, in: *Medical Anthropology Quarterly* 5 (1991), H. 1, S. 25-28.

Schiebinger, Londa, »Anatomie der Differenz. ›Rasse‹ und ›Geschlecht‹ in der Naturwissenschaft des 18. Jahrhunderts«, in: *Feministische Studien* 1 (1993), S. 48-64.

Schimank, Uwe, *Theorien gesellschaftlicher Differenzierung*, Opladen: Leske + Budrich 2000.

Schindler, Norbert, »Die Hüter der Unordnung. Rituale der Jugendkultur in der frühen Neuzeit«, in: *Geschichte der Jugend. Bd. 1: Von der Antike bis zum Absolutismus*, hg. v. Giovanni Levi und Jean-Claude Schmitt, Frankfurt am Main: Fischer 1996, S. 319-382.

Schippers, Heinrich, »Natur«, in: *Geschichtliche Grundbegriffe. Historisches Lexikon zur politisch-sozialen Sprache in Deutschland*, hg. v. Otto Brunner, Werner Conze und Reinhart Koselleck, Stuttgart: Klett-Cotta 1978, S. 215-244.

Schlaffer, Hannelore, »Frauen als Einlösung der romantischen Kunsttheorie«, in: *Jahrbuch der Deutschen Schillergesellschaft* Jg. 21 (1977), Stuttgart: Kröner, S. 274-296.

Schlögl, Rudolf, »Sünderin, Heilige oder Hausfrau? Katholische Kirche und weibliche Frömmigkeit um 1800«, in: *Wunderbare Erscheinungen. Frauen und katholische Frömmigkeit im 19. und 20. Jahrhundert*, hg. v. Irmtraud von Olenhusen, Paderborn: Schöningh 1995, 13-50.

Schmackpfeffer, Petra, *Frauenbewegung und Prostitution. Über das Verhältnis der alten und neuen deutschen Frauenbewegung zur Prostitution*, Oldenburg: Bibliotheks- und Informationssystem der Universität 1989.

Schmale, Wolfgang, *Geschichte der Männlichkeit in Europa (1450-2000)*, Wien u. a.: Böhlau 2003.

Schneider, Herbert W., *Adam Smith's Moral and Political Philosophy*, New York/London: Harper & Row 1970.

Schröder, Hannelore, *Die Rechtlosigkeit der Frau im Rechtsstaat. Dargestellt am Allgemeinen Preußischen Landrecht, am Bürgerlichen Gesetzbuch und J. G. Fichtes Grundlage des Naturrechts*, Frankfurt am Main: Campus 1979.

Schroer, Markus, *Das Individuum der Gesellschaft*, Frankfurt am Main: Suhrkamp 2000.

Schuller, Hermann, *Die Logik der Entfremdung. Versuch zu einer wissenschaftlichen Grundlegung der Entfremdungstheorie*, Regensburg: Roderer 1991.

Schwanitz, Dietrich, *Männer. Eine Spezies wird besichtigt*, Frankfurt am Main: Eichborn 2001.

Schwarz, Astrid, *Georg Forster: Zur Dialektik von Naturwissenschaft, Anthropolo-*

gie, Philosophie und Politik in der deutschen Spätaufklärung. Kontinuität und Radikalisierung seiner Weltanschauung vor dem Hintergrund einer ganzheitlichen Werkinterpretation, Aachen: Mainz 1998.

Schwinn, Thomas, *Differenzierung ohne Gesellschaft. Umstellung eines soziologischen Konzepts*, Weilerswist: Velbrück 2001.

Shell, Susan Meld, »Kant as spectator. Notes on Observations on the feeling of the beautiful and sublime«, in: *New Essays on the Pre-Critical Kant*, hg. v. Tom Rockmore, Amherst: Humanity Books 2001, S. 66-85.

Sheriff, John K., *The Good-Natured Man. The Evolution of Moral Ideal, 1660-1800*, Alabama: The University of Alabama Press 1982.

Shepard, Alexandra, *Meanings of Manhood in Early Modern England*, Oxford: Oxford University Press 2003.

Shepard, Ben, *A War of Nerves: Soldiers and Psychiatrists 1914-1994*, London: J. Cape 2000.

Shoemaker, Robert, »Male honour and the decline of public violence in Eighteenth-Century London«, in: *Social History* 26 (2001), S. 190-208.

Silverman, Kaja, *The Threshold of the Visible World*, New York/London: Routledge 1996.

Skinner, Gillian, *Sensibility and Economics in the Novel, 1740-1800*, London: Routledge 1999.

Sonnemann, Ulrich, *Negative Anthropologie. Vorstudien zur Sabotage des Schicksals*, Reinbek: Rowohlt 1969.

Spacks, Patricia Meyer, »Ev'ry woman is at heart a rake«, in: *The Past as Prologue. Essays to Celebrate the Twenty-Fifth Anniversary of ASECS*, hg. v. Carla H. Hay und Syndy Conger, New York: AMS Press 1995 (1974), S. 45-61.

Stäheli, Urs, »Zum Verhältnis von Sozialstruktur und Semantik«, in: *Soziale Systeme* 4 (H. 2, 1998), S. 315-340.

Stanitzek, Georg, *Blödigkeit. Beschreibungen des Individuums im 18. Jahrhundert*, Tübingen: Niemeyer 1989.

– »Brutale Lektüre ›um 1800‹ (heute)«, in: *Poetologien des Wissens um 1800*, hg. v. Joseph Vogl, München: Fink 1999, S. 249-265.

Stearns, Peter N., *Be a Man! Males in Modern Society*, New York/London: Holmes & Meier 1979.

Steinbrügge, Lieselotte, *Das moralische Geschlecht. Theorien und literarische Entwürfe über die Natur der Frau in der französischen Aufklärung*, Stuttgart: Metzler 1992.

Stengers, Jean und Neck, Anne van, *Masturbation. The History of a Great Terror*, New York: Palgrave 2001.

Stephan, Inge, »Gender, Geschlecht und Theorie«, in: *Gender Studies. Eine Einführung*, hg. v. Christina v. Braun und ders., Stuttgart: Metzler 2000, S. 58-96.

Stevenson, David, »Recording the unspeakable. Masturbation in the diary of Willam Drummond, 1657-1659«, in: *Journal of the History of Sexuality* 9 (2000), H. 3, S. 223-239.

Stockhammer, Robert, »Robinson und die Wörter. Über einen Versuch, die Zirkulation der Zeichen zu unterbrechen«, in: *Das Laokoon-Paradigma. Zeichenregime im 18. Jahrhundert*, hg. v. Inge Baxmann, Michael Franz und Wolfgang Schäffner, Berlin: Akademie 2000, S. 138-154.

Stolberg, Michael, »Self-pollution, moral reform, and the venereal trade: Notes on the sources and historical context of Onania (1716)«, in: *Journal of the History of Sexuality* 9 (2000), H. 1-2, S. 37-61.

Studt, Brigit, »Helden und Heilige. Männlichkeitsentwürfe im frühen und hohen Mittelalter«, in: *Historische Zeitschrift* Bd. 276 (2003), S. 1-36.

Taraba, Sylvia, *Das Spiel, das nur zu zweit geht. Die Seltsame Schleife von Sex und Logik. Bd. 1: Logik. Eine Logologik der »Gesetze der Form« von George Spencer Brown*, Heidelberg: Carl-Auer 2005.

Taylor, Charles, *Quellen des Selbst. Die Entstehung der neuzeitlichen Identität*, Frankfurt am Main: Suhrkamp 1996.

Taylor, Gary, *Castration. An Abbreviated History of Western Manhood*, New York: Routledge 2000.

Tebben, Karin, »Männer männlich? Zur Fragilität des ›starken‹ Geschlechts«, in: dies., *Abschied vom Mythos Mann: kulturelle Konzepte der Moderne*, Göttingen: Vandenhoeck & Ruprecht 2002, S. 7-22.

Teubner, Ulrike, Soziale Ungleichheit zwischen den Geschlechtern – kein Thema innerhalb der Systemtheorie, in: *Soziale Verortung der Geschlechter. Gesellschaftskritik und feministische Kritik*, hg. von Gudrun-Axeli Knapp und Angelika Wetterer, Münster: Westf. Dampfboot 2001, S. 288-316.

Tiger, Lionel, *Auslaufmodell Mann. Die neuen Rollen von Frau und Mann in der modernen Gesellschaft*, Wien/München: Deuticke 2000.

Tomaselli, Sylvana, »The Enlightenment debate on women«, in: *History Workshop* Bd. 20 (Herbst 1985), S. 101-124.

Tomes, Nancy, »Feminist histories of psychiatry«, in: *Discovering the History of Psychiatry*, hg. v. Mark S. Micale und Roy Porter, New York/Oxford: Oxford University Press 1994, S. 48-83.

Tönnies, Sibylle, *Der Dimorphismus der Wahrheit. Universalismus und Relativismus in der Rechtsphilosophie*, Opladen: Westdt. Verlag 1992.

Traister, Bryce, »Academic viagra: The rise of American masculinity studies«, in: *American Quarterly* 52 (H. 2, 2000), S. 274-305.

Trepp, Anne-Charlott, *Sanfte Männlichkeit und selbständige Weiblichkeit. Frauen und Männer im Hamburger Bürgertum zwischen 1770 und 1840*, Göttingen: Vandenhoeck & Ruprecht 1996.

Trömel-Plötz, Senta, »From male debates to women's conversations: A journey in feminist linguistics«, in: *Kommunikation von Geschlecht*, hg. v. Friederike Braun und Ursula Pasero, Pfaffenweiler: Centaurus 1997, S. 336-349.

Tyrell, Hartmann, »Anfragen an die Theorie der gesellschaftlichen Differenzierung«, in: *Zeitschrift für Soziologie* 7 (1978), H. 2, S. 175-193.

– »Zur Diversität der Differenzierungstheorie. Soziologiehistorische Anmerkungen«, in: *Soziale Systeme* 1 (1998), S. 119-149.

Ullman-Margalit, Edna, »Invisible-hand explanations«, in: *Synthese* 39 (1978), S. 263-291.

Ussel, Jos van, *Sexualunterdrückung. Geschichte der Sexualfeindlichkeit*, Reinbek: Rowohlt 1970.

Vila, Anne C., »Sex and sensibility: Pierre Roussel's Système physique et de la femme«, in: *Representations* 52 (1995), S. 76-93.

Vogl, Joseph, »Romantische Ökonomie. Regierung und Regulation um 1800«, in: *Das Laokoon-Paradigma. Zeichenregime im 18. Jahrhundert*, hg. v. Inge Baxmann, Michael Franz und Wolfgang Schäffner, Berlin: Akademie 2000, S. 227-240.

– *Kalkül und Leidenschaft. Poetik des ökonomischen Menschen*, München: Sequenzia 2002.

Vollhardt, Friedrich, *Selbstliebe und Geselligkeit. Untersuchungen zum Verhältnis von naturrechtlichem Denken und moraldidaktischer Literatur im 17. und 18. Jahrhundert*, Tübingen: Niemeyer 2001.

Wägenbaur, Brigit, *Die Pathologie der Liebe. Literarische Weiblichkeitsentwürfe um 1800*, Berlin: Schmidt 1996.

Walker, John A. und Chaplin, Sarah, *Visual Culture: An Introduction*, Manchester/New York: Manchester University Press 1997.

Walter, Willi, »Gender, Geschlecht und Männerforschung«, in: *Gender Studies. Eine Einführung*, hg. v. Christina v. Braun und Inge Stephan, Stuttgart: Metzler 2000, S. 97-115.

Waugh, Thomas, »The third body. Patterns in the construction of the subject in gay male narrative film«, in: *The Visual Culture Reader*, hg. v. Nicholas Mirzoeff, London/New York: Routledge 1998, S. 431-447.

Wedgwood, Nikki und Robert W. Connell, »Männlichkeitsforschung: Männer und Männlichkeiten im internationalen Forschungskontext«, in: *Handbuch Frauen- und Geschlechterforschung. Theorie, Methoden, Empirie*, hg. v. Ruth Becker und Beate Kortendiek, Wiesbaden: VS Verlag 2004, S. 112-121.

Weinbach, Christine, »Die systemtheoretische Alternative zum Sex-und-Gender-Konzept: Gender als geschlechtsstereotypisierte Form ›Person‹«, in: *Frauen, Männer, Gender Trouble. Systemtheoretische Essays*, hg. v. Ursula Pasero und ders., Frankfurt am Main: Suhrkamp 2003, S. 144-170.

– »Systemtheorie und Gender: Geschlechtliche Ungleichheit in der funktional differenzierten Gesellschaft«, in: *Gender Studies und Systemtheorie. Studien zu einem Theorietransfer*, hg. v. Sabine Kampmann, Alexandra Karentzos und Thomas Küpper, Bielefeld: transcript 2004, S. 47-76.

– *Systemtheorie und Gender. Das Geschlecht im Netz der Systeme*, Wiesbaden: VS Verlag 2004a.
– dies. und Stichweh, Rudolf, »Die Geschlechterdifferenz in der funktional differenzierten Gesellschaft«, in: *Geschlechtersoziologie*, hg. v. Bettina Heintz, *KZfSS* Sonderheft 41 (2001), S. 30-52.
– dies. und Stichweh, Rudolf, »Systemtheorie und Gender. Überlegungen zum Zusammenhang von politischer Inklusion und Geschlechterdifferenz«, in: *Soziale Systeme* 8 (H. 2, 2002), S. 307-332.

Wernz, Corinna, *Sexualität als Krankheit. Der medizinische Diskurs zur Sexualität um 1800*, Stuttgart: Enke 1993.

Whitehead, Stephen und Barrett, Frank J., *The Masculinities Reader*, Cambridge: Polity Press 2001.

Wieland, Karin, *Worte und Blut. Das männliche Selbst im Übergang zur Neuzeit*, Frankfurt am Main: Suhrkamp 1998.

Wiener, Martin J., »The victorian criminalization of men«, in: *Men and Violence: Gender, Honor, and Rituals in Modern Europe and America*, hg. v. Peter Spierenburg, Columbus: Ohio State University Press 1998, S. 197-212.

Williams, Craig A., *Roman Homosexuality. Ideologies of Masculinity in Classical Antiquity*, New York: Oxford University Press 1999.

Winkelmann, Dirk, *Selbstbeschreibungen der Vormoderne. Theorietypologien und ästhetische Reflexionen gesellschaftlicher Ausdifferenzierung bei Schiller, Novalis, Forster und Marx*, Frankfurt am Main u. a.: Lang 2000.

Wittrock, Björn, Johan Heilbron und Lars Magnusson, »The rise of the social sciences and the formation of modernity«, in: *The Rise of the Social Sciences and the Formation of Modernity*, hg. v. dens., Dordrecht u. a.: Kluwer 1998, S. 77-106.

Wobbe, Theresa, *Gleichheit und Differenz : politische Strategien von Frauenrechtlerinnen um die Jahrhundertwende*, Frankfurt am Main: Campus 1989.
– »Die Grenzen der Gemeinschaft und die Grenzen des Geschlechts«, in: *Denkachsen. Zur theoretischen und institutionellen Rede vom Geschlecht*, hg. v. ders. und Gesa Lindemann, Frankfurt am Main: Suhrkamp 1994, S. 177-207.
– *Wahlverwandtschaften. Die Soziologie und die Frauen auf dem Weg zur Wissenschaft*, Frankfurt am Main/New York: Campus 1995.

Wolin, Sheldon, *Politics and Vision. Continuity and Innovation in Western Political Thought*, Boston: Little Brown 1960.

Wood, Ann Douglas, »The fashionable diseases: Women's complaints and their treatment in nineteenth century America«, in: *Journal of Interdisciplinary History* 4 (1973), H. 1, S. 25-52.

Wrangham, Richard und Peterson, Dale, *Demonic Males. Apes and the Origins of Human Violence*, Boston: Houghton Mifflin Co. 1996.

Wunder, Heide, *»Er ist die Sonn, sie ist der Mond«. Frauen in der frühen Neuzeit*, München: Beck 1992.

– »Wie wird man ein Mann? Befunde am Beginn der Neuzeit (15.-17. Jahrhundert)«, in: *Was sind Frauen? Was sind Männer? Geschlechterkonstruktionen im historischen Wandel*, hg. v. Christiane Eifert u. a., Frankfurt am Main: Suhrkamp 1996, S. 122-55.

Wuthenow, Ralph-Rainer: »Nachwort: Die Rolle der Frau in den Ansichten eines Junggesellen«, in: Hippel, Theodor Gottlieb von: *Über die bürgerliche Verbesserung der Weiber*, Frankfurt am Main: Syndikat 1977, S. 260-275.

Young, Iris 1989: »Humanismus, Gynozentrismus und feministische Politik«, in: *Denkverhältnisse. Feminismus und Kritik*, hg. v. Elisabeth List und Herlinde Studer, Frankfurt am Main: Suhrkamp, S. 37-65.

Yousef, Nancy, »Savage or solitary? The wild child and Rousseau's man of nature«, in: *Journal of the History of Ideas* 62 (2001), Nr. 2, S. 245-263.

Zedelmaier, Helmut, *Der Anfang der Geschichte. Studien zur Ursprungsdebatte im 18. Jahrhundert*, Hamburg: Meiner 2003.

Zoske, Joseph, »Male circumcision: A gender perspective«, in: *The Journal of Men's Studies* 6 (1998), H. 2, 189-208.

Zurstiege, Guido, *Mannsbilder – Männlichkeit in der Werbung. Zur Darstellung von Männern in der Anzeigenwerbung der 50er, 70er und 90er Jahre*, Opladen: Westdt. Verlag 1998.

Zweig, Paul, *The Heresy of Self-Love. A study in Subversive Individualism*, New York/London: Basic Books 1968.

NF 350/1/12.07

NF 350/2/12.07

NF 350/3/12.07

NF 350/4/12.07